경북대학교학술총서 24

조선시대 노비와 토지 소유방식

이정수 · 김희호

경북대학교출판부

이정수

부산대학교 사학과 졸업
부산대학교 대학원 문학박사(역사학전공)
(현) 동서대학교 외국어학부 교수

저서관련 논문

이정수, 「16세기 중반~18세기 초의 貨幣流通 실태」, 『朝鮮時代史學報』 32, 2005.
이정수, 「16세기 綿布流通의 이중화와 貨幣流通 논의」, 『朝鮮時代史學報』 25, 2003.
이정수, 「中世 日本에서의 高麗銅錢 流通」, 『한국중세사연구』 12, 2002. 외 다수

김희호

경북대학교 무역학과 졸업
미국 노스캐롤라이나 주립대학교 대학원 경제학 박사
(현) 경북대학교 경제통상학부 교수

저서관련 논문

이정수 · 김희호, 「1689~1821년 지가와 물가변화의 비대칭성」, 『釜山史學』 37, 1999.
김희호 · 이정수, 「물가의 주기적 변동과 화폐의 초과수요」, 『금융학회지』 3권 2호, 1998. 외 다수

경북대학교학술총서 24

조선시대 노비와 토지 소유방식

초판 1 쇄 2006년 11월 15일
초판 2 쇄 2008년 1월 25일

지 은 이 이정수 · 김희호
펴 낸 이 노동일
펴 낸 곳 경북대학교출판부

등 록 일 1973년 10월 10일㉮ 97호
주 소 대구광역시 북구 산격동 1370번지
전 화 053-950-6741~3
팩 스 053-953-4692
이 메 일 press@knu.ac.kr
홈페이지 http://knupress.com

정가 22,000원

ISBN 89-7180-199-9 93910

※ 파본은 바꾸어 드립니다.

머 리 말

이 책은 15세기에서 19세기까지 토지, 노비, 물가, 그리고 시장(유통)이라는 주요 경제 요소들의 변화를 추적하여, 이들 간의 상호 작용을 살펴보고자 하였다. 특히 조선후기의 가장 특징적인 현상인 노비제가 해체되는 과정을 토지, 물가, 시장이라는 세 요소와 관련하여 살펴보고 있다.

이 책의 주요 내용은 크게 두 부분으로 구분된다. 1부는 조선시대 토지소유와 농민의 동향에 관한 것으로, 소농민 경제생활의 변화 과정을 시기별로 살펴본다. 또한 여러 문헌자료를 통해 조선 전기와 후기에 이르기까지 토지가격의 장기시계열을 구축하였다. 이를 이용하여 16~19세기 지가 변동의 추이를 살피고, 지가 변동을 야기한 주요 요인을 검토하였다. 그리고 이러한 지가 변동이 물가와 어떻게 연관이 있는지를 중점적으로 검토하였다. 특히 토지소유와 농업경영형태가 지가와 물가 변동을 통해 어떻게 변화되는지의 과정도 노비소유방식과 동일선상에서 분석하고 있다. 2부에서는 조선전기 노비의 토지소유 실태와 그 한계를 記上田畓 문제를 중심으로 살펴보았다. 그리고 조선후기의 노비제 해체와 농업경영형태, 시장과의 관련을 추적하였다. 특히 조선시대 노비와 관련된 기존 성과를 검토하고 노비매매가격 자료의 장기시계열 자료를 구축하였다. 이를 통해 조선후기 사회에서 노비가 사라지게 되는 과정을 소농민의 생산기반과 시장적인 측면에서 고찰하였다. 나아가 1부에서 살펴본 토지소유규모에 따라 노비의 소유방식이 어떻게 변화되는지, 그리고 노비제가 와해되는 과정을 살펴보았다.

16세기부터 시장과 교역이 발달하면서 양반지주들은 더욱 토지 집중에 주력하게 된다. 이로 인해 토지가격은 급등하는 현상을 보이고 농민과 노비가 소유한 다수의 토지가 양반지주들의 손에 들어가게 된다. 이러한 현상은 17세기 이후에도 지속적으로 전개되었다고 볼 수 있다. 地価는 이 시기에 여러 차례 등락을 거듭하지만 특히, 1690~1725년, 1765~1790년, 그리고 1830~1860년대 세 차례에 걸쳐 급격히 상승하였다. 흥미로운 점은 시기별로 지가의 상승 원인이 서로 다르며 경제적 특징을 그대로 반영하고 있다는 점이다. 화폐가 도입되고 국제무역이 발달하는 1690~1725년의 지가 상승은 경제 외부로부터 유동성이 팽창하면서 새로운 부가 창출되고 그로 인해 지가가 상승하는 특징을 보이는 반면, 시장과 유통경제가 발달하는 1830~1860년대의 지가 상승은 경제 내부에서 발달한 유통이익이 생산 자본화되는 과정에서 토지수요를 촉진시켜 지가를 상승시키는 현상을 보이게 된다. 한편, 1765~1790년은 물가가 지속적으로 상승하는 인플레이션(inflation) 시기였다. 이때의 지가 상승은 앞의 두 시기와는 다른 경제적 특징을 보인다. 토지생산성과 노비생산성의 감소 등 실물 경제적 요인으로 곡물이 귀해지면서 미곡가가 상승함에 따라 곡물의 파생수요인 지가 역시 상승하였던 것이다.

이러한 지가 상승을 가져오는 경제적 원인의 차이는 토지집중화와 밀접하게 연관되어 있다. 1690~1725년과 1830~1860년대에는 창출된 부가 생산 자본화되는 과정을 거치면서 상인과 상업 활동을 영위한 양반계층을 중심으로 토지가 집중화되는 반면, 1765~1790년은 농업생산성 감소 등 실물 경제적 원인으로 직접 농업생산을 하고 있던 소농이 해체되는 과정을 겪으면서 토지소유의 양극화가 진행되었다. 토지소유의 양극화는 노비는 감소시키고 임노동 수요를 증가시켜서 노비제가 와해되는 결정적 계기가 된다. 특히 여기에서는 지금까지 본격적으로 연구되지 않았던 조선후기 유통이익의 변화에 대해 주목하였다. 18~19세기 시장이 발달되면서 유통이익이 급격히 증가하는데, 그 유통이익이 토지에 투자되는 과정을 한국과 일본 소장의 고문서를 통해 새롭게 접근하여 해석을 시도하였다.

한국에서 노비제는 1894년 갑오개혁으로 공식적으로 혁파되었지만 그 이전부터 실제로는 거의 해체 단계에 있었다. 16세기경까지 전체 인구의 40% 전후에 달하던 노비는 18세기 말경에는 이미 급격히 감소하여 10%에도 못 미치게 되었다. 왜

갑자기 노비가 조선에서 사라졌을까? 이 책은 노비가 사라진 원인을 이 시기 民의 생활과 밀접한 농업생산형태와 토지집중에서 찾고 있다. 노비의 감소는 바로 조선후기 민의 생활 부침과 밀접하게 관련이 있는 것이다.

노비는 조선사회에서 그 역할이 서로 다른 두 가지 양면적인 측면을 가진다. 첫째, 노비는 토지와 더불어 양반 지주계급과 전근대 신분적 질서를 지탱해 주는 주요 수단이었다. 이 시기 양반지주는 주로 관직을 매개로 토지소유를 늘였으며, 토지집중과 더불어 농업과 가내 노동력의 핵심인 노비를 확충할 필요가 있었다. 따라서 양반 지주층은 노비의 끊임없는 재생산뿐 아니라 노비제의 강고한 유지에 깊은 관심을 가졌다. 둘째, 노비는 일반 양인과 더불어 국가의 주요 재정 기반일 뿐 아니라 국가 방위의 토대이기도 하였다. 따라서 국가와 양반 지주층은 노비를 둘러싸고 일정한 타협과 갈등을 겪는 가운데 英祖代 이후 노비종량법의 정착과 함께 노비 숫자는 감소하게 되었다. 하지만 노비는 국가와 양반계층의 입장에서 볼 때는 착취대상이며 수동적 계층이었지만 조선후기에 와서 그들은 사회 기층을 형성하는 주체세력으로 성장해 갔다. 실제 조선후기에 노비가 점차 사라지는 계기로는 신분·제도적인 측면보다 시장과 경제적인 원인이 더 크게 작용하고 있었다고 생각한다.

이 책에서는 이를 밝히기 위해 화폐와 유통, 농업생산형태의 변화 문제를 여러 문헌을 통해 밝혀내고 있다. 특히, 조선후기 양반층의 일기류, 노비매매 명문, 문집 등에 수록된 노비매매 자료를 토대로 노비가격의 장기시계열 구축을 시도하였다. 이를 통해 토지소유규모와 농업경영형태가 노비소유방식과 밀접하게 연관되어 있다는 새로운 사실을 제시하고 있다.

조선후기 토지소유규모와 농업생산형태에 대한 이해는 두 가지 서로 상반된 견해가 있다. 한편에서는 토지소유규모의 하향평준화와 소농경영 발전이 노비수요를 감소시켰으며 노비제를 와해시켰다는 주장이다. 16세기까지 양반지주는 주로 家作과 作介 형태로 그들의 토지를 경영하고 있었다. 작개노비들은 언제든지 가작노비로 전환될 수 있어서 신분적으로 불완전한 상태였기에, 작개노비는 불완전한 자립소농이었다. 그러나 16세기 중반 이후 농업기술(이앙법과 시비법 등)이 발전하면서 작개노비 등은 자립적인 소농으로 성장할 수 있게 되었다. 소농경영의 자립화로 노비수요는 줄고 소농경영이 확대됨에 따라 토지소유규모는 점차 하향평준화의 과정을 겪게 된다. 또한, 자립 소농경영은 노비에게 있어서 면천의 기회와 기대를 갖게 하면서 노비의 자기노력 확대로 이어졌다. 노비의 성장은 그들의 도망, 저항, 태업으로 나타나고, 이는 노비생산성의 하락을 가져와서 노비수요를 감소케 하였다는 것이다.

다른 한편에서는 토지소유의 집중화와 광작경영이 노비수요를 감소시켰다는 견해이다. 농업기술의 발달로 노동력이 대폭 절감되면서 더욱 넓은 토지를 경작할 수 있게 됨에 따라 토지소유의 양극분해가 급속히 진행되어 소수 지주에게 토지가 집중되는 현상이 나타났다. 광작지주는 생계유지를 목적으로 하는 소농경영과 달리 생산이윤의 극대화를 추구하는 새로운 농업경영을 추구하였다. 이 과정에서 광작지주가 임노동을 고용함으로써 노비수요를 감소시켰다는 것이다. 이는 노비의 관리비용 증가와 농업의 계절적 특성으로 인해 노비소유의 비효율성이 증대되자, 이윤을 극대화하기 위한 방안이었다.

이처럼 학자에 따라 조선후기 토지소유규모의 하향평준화 또는 집중화에 대한 상반된 견해에도 불구하고, 조선후기의 일반적인 경제현상은 노비수요가 감소했다는 사실이다. 즉, 조선후기에 들어와 노비인구가 감소하고 노비제가 해체되는 과정은 일반적인 현상인 것이다. 그렇다면 이 시기 노비수요 감소의 경제적 특징을 이용하면 조선후기 토지집중 정도를 연역적으로 추론할 수 있을까? 하는 의문을 갖게 된다. 이를 위해 이 책은 자료에 나타난 한 가지 중요한 사실, 즉, 토지와 노비 매매의 시장기능을 다시 관찰하고 있다. 1678년 화폐가 도입되면서 천한 행위로 치부되던 상거래가 활성화되고 고정요소로 생각되던 토지와 노비가 시장에서 본격적으로 매매되기 시작한다. 시장기능이 활성화되면서 토지와 노비 매매에 대한 정보가 시장가격과 거래량에 잘 반영되고 있다. 따라서 이들에 대한 시장정보를 이용하면 토지와 노비의 시장적 특징을 파악할 수 있다고 생각된다.

첫째, 소농경영에서 노비수요의 감소는 생산형태나 소농의 성장 때문이 아니라 소농경영으로 인해 소작농과 자작농의 생산이윤이 감소하기 때문이다. 즉, 소농경영에서 소작료(지대), 고리대, 각종 부세 등의 부담으로 인해 소농민의 이윤이 지속적으로 감소하면서 그들의 많은 수는 스스로 해체되어 빈농, 유민화되는 과정을 겪게 된다. 이들 소농민들은 도시 주변부로 몰려가서 상업에 종사하거나 노동을 매매하는 임노동자로 전락하게 된다. 결국, 소농경영은 노비수요를 감소시켰다기보다는 임노동자의 공급을 점차 확대시킨 것으로 해석되어야 한다. 1767년 이후 스스로 매매를 통해 노비가 되는 자매노비[自賣]의 거래가 사료에서 자주 나타나는데, 이는 신분제 사회에서 노동시장을 대체하는 기능으로서 노비시장의 성격을 잘 나타내고 있다. 1860년 이후에는 거의 모든 노비거래의 이유가 自賣를 통한 자매노비의 거래이어서, 노비시장과 임노동시장의 차이를 구분할 수 없다. 이미 시장 기능적으로 볼 때 노비제가 거의 해체되었다는 것을 알 수 있다.

둘째, 노비의 성장으로 인해 그들의 도망, 태업, 저항 등이 많이 발생한다. 따라서 광작지주의 경우 노비소유로 인한 관리비용은 증가하는 데 반해 노비생산성은 하락하면서 노비소유에 따르는 한계편익(marginal benefit)이 감소하게 된다. 또한 광작경영에서 농업의 계절적 특징으로 인해 비효율적인 노비노동보다는 계절적으로 임노동을 사용하게 된다. 따라서 광작지주는 노비수요보다는 한시적인 임노동자를 선호하게 되며, 노비 소유나 매입보다는 임노동계약을 통해 시장에서 파레토 최적(pareto optimal)을 추구하게 된다. 결국, 광장경영형태가 노비수요를 감소시켰다기보다는 임노동의 수요를 확대시킨 것으로 해석해야 한다.

결국 조선후기에 소농경영과 광작경영 가운데 어느 생산형태가 더 일반적인가 하는 질문은 올바르지 못하다고 생각한다. 왜냐하면 두 가지 농업생산형태 모두가 이 시기 동시에 나타나는 현상이기 때문이다. 토지소유규모의 특성별로 소농경영은 임노동의 공급을 확대시켰고 광작경영은 임노동의 수요를 확대시켰다. 그 결과 임노동시장이 발달하게 되고, 노비수요는 더욱 감소하게 되어 노비시장은 자연스럽게 사라졌다. 시장기능이 활성화되면서, 토지소유규모에 따라 소농과 광작 경영

형태가 서로 다른 경제채널로 시장 최적화를 추구하는 과정에서 노비제가 임노동제로 대체되었던 것이다. 따라서 소농경영과 광작경영은 노비제를 와해시킨 것이 아니라 임노동시장을 확대시킨 것으로 달리 해석되어야 한다. 17세기 후반 이후 화폐도입과 시장발달, 노동주체로서 노비의 자기성장, 지주의 임노동 선호 등은 파레토 최적을 추구하는 시장기능을 마련하는 환경이 되었다.

이 책 한 권으로 조선시대의 노비와 토지 소유방식을 모두 살펴보기에는 많은 무리가 있었다. 이 시기 사회 경제에서 노비가 사라지는 원인에 대해 역사를 바라보는 관점과 역사적 환경에 따라 학자마다 견해가 서로 다를 수 있다. 앞에서 조선의 노비와 물가 등 관련 분야를 연구하신 先學들께는 저자들의 무지함으로 부끄러움과 송구함을 감출 수 없다. 논리 전개에 많은 오류가 있으리라 생각되며, 그에 대한 책임은 전적으로 저자들에게 있다.

끝으로, 이 책의 출판을 도와주신 경북대학교 출판부 관계자 여러분께 감사드린다. 저서 집필에 정신적으로 용기와 도움을 주신 박장환 교수님, 항상 앞에서 학문적으로 이끌어 주신 손병해, 채상식, 윤용출, 김동철, 지두환 교수님께도 감사드린다. 더운 여름 말없이 뒷바라지를 해 준 가족들에게도 감사드린다.

2006.

이정수 · 김희호 씀

경북대학교학술총서 24

조선시대 노비와 토지 소유방식 · 차례

표 차례

그림 차례

제1부 조선시대 토지와 농민

제1장 조선전기 토지가격의 변동

1. 문제 시각

16세기에 들어와 조선사회는 사회 전반에 걸쳐 다양한 변화가 일어나고 있었다. 이러한 변화의 기저에는 생산력의 발전과 인구 증가가 있었고, 상품유통경제의 발전이 진행되고 있었음은 주목된다.

지금까지의 연구에 의해 상품을 매개하는 상인층과 그들의 성장 및 성격, 場市의 확산 그리고 곡물과 화폐의 유통 등[1] 16세기 유통경제의 여러 측면이 다양하게 밝혀졌다.

하지만 이들 연구가 상업활동의 주체 또는 상품유통구조에 집중되고 있었기 때문에 경제구조에 대응하는 가격구조에 관해서는 거의 관심을 기울이지 않았다. 물론 물가 변동과 상품유통의 문제는 불가분의 관계에 있기 때문에 기존의 연구에서도 物価 문제가 일부 언급되기는 했지만, 상품의 유통과정에서 생기는 부차적인 현상으로만 이해했을 뿐 직접적으로 물가 변동의 본질을 이해하고자 한 것은 아니었다.

그 결과 여전히 16세기 유통경제의 구체적 실상은 모호한 실정이다. 商人의

1) 李泰鎭, 『韓國社會史 研究』, 知識産業社, 1986; 宋在璇, 「16세기 綿布의 貨幣機能」, 『邊太燮博士華甲紀念史學論叢』, 1985; 李景植, 「16世紀 場市의 成立과 그 基盤」, 『韓國史研究』 57, 1987; 吳星, 「朝鮮初期 商人의 活動에 대한 一考察」, 『國史館論叢』 12, 1990; 崔完基, 「朝鮮中期의 穀物去來와 그 類型」, 『韓國史研究』 76, 1992; 朴平植, 「朝鮮前期의 行商과 地方交易」, 『東方學志』 77 · 78 · 79합집, 1993; 白承哲, 「16세기 부상대고(富商大賈)의 성장과 상업활동」, 『역사와 현실』 13, 1994.

성격이나 상인의 자본축적 과정, 국가와 상인 간의 관계 및 국가의 상업정책 등 여러 면에서, 이 시기 유통경제의 성격이 17세기 이후의 유통경제에 비해 어떤 동질성과 차별성을 갖는지 등의 문제도 명확하지 않다. 또한 16세기 상품유통경제의 발전이 지역사회 나아가 농민층에게는 어떠한 영향을 주었는지 등도 중요한 문제라 하겠다. 따라서 이 연구는 16세기의 경제발전과 그 이후의 변화 양상을 구체적으로 이해하기 위해서는 경제구조와 경제발전의 방향을 반영했던 가격구조와 물가 변동을 분석하는 작업이 매우 유효하다고 생각된다.

여기서는 이러한 문제 의식을 토대로 전근대 농업사회에서 기본적인 생산 요소인 土地의 가격 변화와 그에 따른 농민층의 동향을 가능한 한 통일적으로 파악하여, 16세기 상품유통경제의 실체를 이해하는 데 일조가 되고자 한다.

2. 분석 자료의 성격

우선 이 장에서 이용한 사료의 성격과 문제점에 대해 간단히 언급하면 대체로 다음과 같다.

물가사 연구가 물가 사료의 빈약으로 인해 크게 제약받는다는 것은 말할 필요도 없다. 지금까지 한국사에서는 이 분야에 대한 관심이 부족했기에 물가와 관련된 자료의 발굴이나 정리가 많이 이루어지지 못했다.

특히 본 연구의 대상 시기가 15 · 16세기이므로 조선후기보다 사료의 부족과 사료원의 제한 현상은 더 심각하다. 이처럼 양적으로 적고 불완전한 자료를 가지고 당시의 물가와 관련된 여러 경제 동향을 살피는 데는 한계가 뚜렷하다.

여기에서는 이용 가능한 중앙의 官撰 자료와 지방의 古文書 자료를 활용하여 해당 시기의 토지 가격의 변화 양상과 그것이 미친 영향에 대해 접근해 보고자 한다.

우선 토지 가격의 변화를 살펴보기 위한 한 방편으로 『朝鮮王朝實錄』에 간헐적으로 수록되어 있는 家屋価의 자료를 살펴보았다. 『實錄』은 그 성격상 구체적인

田畓價 자료가 없기에, 이를 통해서는 당시 토지 가격의 변화 추이를 구체적으로 고찰하는 것이 불가능하다. 하지만 일단 집값을 구성하는 데 있어 가장 주요한 부분의 하나가 垈地價이기에, 불완전하지만 집값의 변화를 통해 당시 地價의 추세를 고찰해 보고자 한다.

특히 『실록』의 가옥가 자료는 간헐적으로 수록되어서 일관된 시계열 자료를 제공받기 어렵고 지역적으로도 주로 서울의 사정만을 전하고 있다는 한계점이 있다. 또한 거래자 쌍방의 합의에 의해 성립된 정상적인 시장 가격이기보다는 王과 관료, 민 사이에 왕의 일방적인 요구에 의해서 거래된 자료가 대부분이기에 자료의 한계가 뚜렷하다. 그렇지만 이들 자료는 토지 가격뿐만 아니라 주변 정황에 대한 정보를 아울러 담고 있으므로 자료의 특성에 대한 엄밀한 검토가 전제되면 풍부한 해석을 할 수 있다는 장점도 있다. 즉 거시적인 관점에서 당시의 물가 변화의 추이에 대한 접근은 충분히 가능할 것으로 생각된다.

다음으로 당시 토지 가격의 변화를 구체적으로 살펴보기 위해 경북지방의 田畓賣買明文을 분석하였다. 이 자료들은 『慶北地方古文書集成』에 실려 있는 전답매매 명문 중에서 16세기의 것만을[2] 정리하였다.

이 장에서 살펴볼 16세기 전답매매 명문은 孫東滿氏家 소장 자료가 121건, 李容純氏家 소장 자료가 21건, 李根華氏家 소장 자료가 19건으로[3] 총 161건이다.[4] 이것은 자료의 수가 많고 소장 가문이 분명한 일괄적인 자료이며, 경북지방에 집중된 것이고 특히 16세기의 전반적인 田畓價의 변동 등 전답매매 실태를 구체적으로 파악할 수 있다는 점에서 자료적 가치가 높다.[5]

---

2) 여기에 실려 있는 田畓賣買明文은 16세기의 것이 172건, 17세기의 것이 57건 그리고 18세기 이후의 것이 174건이다. 단 16세기의 전답매매 명문은 孫東滿氏家, 李容純氏家, 李根華氏家의 세 가문에서 소장한 것이 161건이고, 기타 11건(嶺南大 博物館 소장 9건, 河回洞 永慕閣 소장 1건, 釜山大 柳鐸一 教授家 1건)이다(李樹健編, 『慶北地方古文書集成』, 嶺南大出版部, 1981, 636~682쪽).

3) 여기에서 분석한 田畓賣買明文을 소장한 세 집안의 소재 지역은 다음과 같다. 孫東滿氏家는 慶北 月城郡 江東面 良洞里, 李根華氏家는 盈德郡 蒼水面 仁良洞, 李容純氏家는 安東郡 臥龍面 周下洞이다.

4) 16세기 전답매매 명문 161건을 소장한 세 가문의 현존하는 자료 중, 15세기의 것은 없고 16세기의 것이 많이 남게 된 것은 훼손이나 망실 등의 이유보다는 16세기 이래 私的 토지소유 관념의 발전과 함께 田畓 매매가 상당히 성행하였던 것에 연유하는 것으로 생각된다.

또한 16세기 당시 田畓 매매 시의 결제수단은 거의 대부분이 綿布였으므로, 기준 화폐가 동일하다는 점에서 田畓 매매가를 상호 비교하여 그 변화의 추이를 고찰하는 데는 무리가 없다. 따라서 이 자료는 당시 경북지방의 토지 가격의 변화를 구체적으로 살필 수 있는 완전성이 높은 풍부한 시계열 자료를 제공하고 있기에 미시적인 접근이 가능하다.

이와 같이 『실록』의 가옥가 자료와 경북지방 전답 매매가 자료를 상호 보완적으로 살핀다면 당시의 단기적인 경제변동과 장기적인 경제동향뿐만 아니라 생산 · 시장 구조와 그것이 미친 사회 구조의 변화에 대한 해석도 어느 정도 가능하리라 생각된다. 특히 이 두 자료의 분석을 통해 중앙과 지방 간의 물가의 연동성과 격차에 대한 정보도 얻을 수 있을 것이다.

그럼 이하에서는 중앙의 官撰 자료인 『실록』과 경북지방의 古文書 자료를 통해 16세기 토지 가격의 동향에 대해 상호 보완적으로 살펴보고자 한다.

3. 지가의 변동

1) 가옥 가격의 변화

우선 『實錄』의 자료를 통해 16세기 家屋価의 변화에 대해 살펴보자.

아래의 〈표 1〉은 『실록』에서 발췌한 가옥가에 대한 자료로, 극히 소략하며 추상적인 것에 불과하다. 하지만 일단 집값을 구성하는 데 있어 가장 주요한 부분의 하나가 垈地価이기에, 만족스럽지는 못하나 집값의 변화를 통해 당시 地価의 추세를 고찰해 보고자 한다.

그런데 〈표 1〉의 집값 자료의 추이를 객관적으로 살펴보려면 가옥과 대지의

---

5) 이 자료를 소장한 세 가문의 성장 배경 등 자세한 내용은 李在洙, 「16世紀 田畓賣買의 實態 -慶北地方 田畓賣買明文을 中心으로」, 『歷史教育論集』 9, 1986을 참조.

대소라든지 위치, 상태 등 제반 문제를 고려해야 하지만 현실적으로 그것은 불가능하다. 따라서 〈표 1〉에서는 일차적으로 단순 비교를 통하여 가옥가의 일반적인 추이만 확인하는 것에 만족할 수밖에 없다.

〈표 1〉 15~16세기의 家屋価 변동

年 – 月	種 類	価 格	典 據 (實錄)
1450–08	尹鳳 집	綿布 353필	文宗 즉위–08–辛丑(30)
	鄭善 집	綿布 603필	
1452–12	貞安翁主 집	綿布 600필	端宗 즉위–12–壬辰(04)
1493–05	王子의 집터	綿布 5000여필	成宗 24–05–戊子(25)
1504–07	閔淑儀 집	綿布 2900필	燕山 10–07–甲寅(26)
1504–07	齊安大君 집	綿布 5500필	10–07–丙辰(28)
1504–09	月山大君 집	綿布 2750필	10–09–丁酉(10)
1505–02	愼承善 집	綿布 9000필	11–02–己未(03)
1505–02	南川君 집	綿布 13500필	11–02–乙亥(19)
1505–02	韓恂 집	綿布 2500필	11–02–庚辰(24)
1505–08	申公濟 집	綿布 3000필	11–08–庚午(18)
1505–08	金煥 집	綿布 4000필	11–08–壬申(20)
1505–09	鄭崇祖 집	綿布 4500필	11–09–辛丑(20)
1505–12	李允宗 집	綿布 2450필	11–12–己未(09)
1505–12	成熙 집	綿布 1000필	11–12–丁卯(17)
1506–02	元甫倫 집	綿布 400필	12–02–壬子(02)
1506–02	鄭眉壽 집	綿布 4500필	12–02–乙丑(15)
1540–12	故文城副正 湘의 집	5升綿布 7500필 이상	中宗 35–12–癸酉(16)
1542–08	王子女의 집	綿布 10000~15000필	37–08–壬午(05)
1544–03	故僉正 柳之淵의 집	常綿布 3250필과 5升綿布 1500필	39–03–辛亥(13)

그럼 위 〈표 1〉의 자료를 구체적으로 살펴보자.

우선 1450년(문종 즉위)에 尹鳳의 집값으로 綿布 353필, 鄭善의 집값은 면포 603필이 책정되고 있다. 윤봉과 정선은[6] 본래 조선인으로, 우리나라 실정에 밝았기

6) 尹鳳은 본관이 慶州이며, 黃海道 瑞興 출신이다. 太宗 초 火者로 명나라에 징발되어 가서 황제의 신임을 받아 宦官으로 內史 · 奉御 · 大監 등을 지냈다. 鄭善도 火者로 명나라에 징발되어 가서 宦官이 되었다. 이들은 太宗~世祖代에 걸쳐 여러 차례 본국에 女子 · 海青 · 海物 등 貢物을 요구하는 사신으로 왔다. 특히 정선은 일찍이 文宗이 東宮에 있을 때 섬겼던 까닭으로, 그가 본국에 사신으로 왔을 때 문종은 특별한 예우를 베풀었다(『文宗實錄』 권3, 文宗 즉위년 8월 丙子(5)).

에 중국 사신으로 파견되어 온 明의 宦官들이었다. 당시 우리 조정에서는 이들의 요구를 만족시켜 주고 환대하기 위해 많은 財物을 사여했는데, 그 중 하나로 이들에게 조선에 집을 마련할 자금으로 각각 면포 353필과 603필을 주었다. 한편 조정에서는 1452년(단종 즉위)에 世宗의 딸인 貞安翁主가 거주할 집값을 마련할 자금으로 면포 600필을 내려 주었다.

그런데 윤봉이나 정선 및 정안옹주의 집 규모에 대해서는 구체적으로 알 수 없으나, 당시 이들의 신분적인 위치로 보아 이들이 마련하려고 했던 집은 서민이나 일반 관료들의 것보다는 훨씬 규모가 컸을 것임은[7] 쉽게 짐작할 수 있다. 따라서 이들의 집값으로 내려 주었던 면포가 350~600필이었음을 통해 볼 때, 이 정도 금액이면 15세기 중엽 당시로는 최고 수준의 집을 마련할 수 있었을 것이다.

하지만 15세기 말엽인 1493년(성종 24)에는 王子의 집터를 마련하는 가격으로 緜布 5천여 필이나 책정되고 있다. 또 16세기 초반인 燕山君代에는 10여 개의 집값 자료가 집중적으로 보이는데, 집값의 편차가 심해 적게는 1506년(연산군 12)의 元甫倫의 집이 緜布 400필에서, 많게는 1505년(연산군 11)의 南川君의 집이 면포 13,500필에 달하고 있다. 이것을 제외하고는 대체로 집값이 緜布 1,000필~9,000필 사이였음을 볼 수 있다.

한편 16세기 중엽인 1540년(중종 35)에는 故文城副正 湘의 아내 尹氏가 그의 가옥을 進上하자 그 代価로 緜布를 내려 주었는데,[8] 그 액수가 구체적으로 얼마인지는 확실치 않다. 하지만 윤씨 가옥의 대가 중에서 150同(=7,500필)은 5승 면포로 내려 주라고 하였던 것을 볼 때 최소한 5승 면포 150同 이상이었음을 알 수 있다. 그리고 1544년(중종 39)의 경우에는 서울의 南部에 거주하던 故僉正 柳之淵의 아내 崔氏가 기와집 39칸과 그 부근 空地를 進上하자, 戶曹에서는 그 대가로 常緜布 3,250필과 5升緜布 1,500필을 책정하여 지급하였다.[9] 서울의 故文城副正 湘의 아내

7) 『文宗實錄』 권3, 文宗 즉위년 8월 庚子(29): "(尹鳳)謂館伴曰 此家穩便 館伴曰 本士族所居 豈不好哉 鳳喜溢于面."

8) 『中宗實錄』 권94, 中宗 35년 12월 癸酉(16): "諫院啓曰 故文城副正湘妻尹氏 進上家価 自有市直 數內一百五十同 以五升緜布 特命題給 近來連歲凶荒 民方阻飢 而賜与太濫 糜費多端 國儲匱乏 抑貿市裏 引徵民間 皆由於此 弊甚不貲 請一從市直 以絶外人獻物求售之弊."

9) 『中宗實錄』 권102, 中宗 39년 3월 辛亥(13): "伝于政院曰 南部居故僉正柳之淵妻崔氏 有願進上瓦屋

尹氏와 故僉正 柳之淵의 아내 崔氏가 進上한 가옥에 대한 대가는, 中宗이 市価에 맞게 지급하도록 한 것이었기에 당시 집값의 시세를 반영하고 있다고 여겨진다.

그런데 故僉正 柳之淵의 집이 기와집 39칸이라는 것을 볼 때, 당시 규모면에서 서민의 집보다는 훨씬 큰 것이지만 高官이나 왕자 · 부마 등 권세가의 집에 비해서는 상대적으로 크지 않았을 것으로 생각된다.[10] 그것은 1542년(중종 37)의 侍讀官 尹鉉이 王子女의 집을 짓는 데 적어도 면포 10,000~15,000필 정도가 소요될 것이라고 언급하고 있는 것에서도[11] 알 수 있다.

이상의 결과를 가지고 15세기~16세기 집값의 추이를 정리해 보면 대체로 다음과 같다. 15세기 중엽경인 文宗代 윤봉과 정선의 집값이 각각 면포 353필과 603필이었고 端宗代 정안옹주의 집값이 면포 600필이었는 데 비해, 16세기 초 · 중반경에는 집값이 면포로 최소 수천 필에서 최대 15,000필까지였음을 볼 수 있다. 결국 16세기에 들어와 15세기에 비해 집값이 급격히 상승하였음을 알 수 있는데, 이를 통해 16세기 이후 地価의 상승도 급격하였을 것임은 유추해 볼 수 있다.

2) 전답 가격의 변화

다음으로 『慶北地方古文書集成』에 실려 있는 孫東滿氏家, 李容純氏家, 李根華氏家 세 가문에서 소장한 16세기의 田畓賣買明文 161건을 분석해 보자.

우선 자료에 대한 접근은 다음과 같은 방식으로 하였다. 첫째, 자료가 경북지방 내에서도 月城郡, 安東郡, 盈德郡으로 각기 소재 지역이 다르므로 일단 세 가문을 각각 분석하였다. 둘째, 土地의 종류가 대개 논과 밭 두 가지이기에 이것을 따로 살펴보고, 또한 그 면적이 斗落 혹은 卜의 두 가지로 표기되고 있기에 斗落価와

三十九間与傍近空地 戶曹折価 以常綿布九十五同 其內三十同 則以五升綿布 題給爲可 今若以該曹所折与之 則寡居之婦 不無寃悶矣."

10) 『大東野乘』〈聞韶漫錄〉: "祖宗朝 風俗尙儉 宮闕亦用五土丹靑 大內未免卑隘 士夫家皆陋 堂必向北 以久室之猶存者見之 則可知也 四五十年來 權奸当國 貪風大熾 作室無不向南取明 大者百余架 小不下六七十架."

11) 『中宗實錄』 권99, 中宗 37년 8월 壬午(5).

卜価의 추이를 각각 구별하여 분석하였다. 셋째, 같은 해에 여러 개의 자료가 있는 경우는 무리가 없는 한 그 평균을 적용하였다. 넷째, 명확하지 않은 자료는 분석에서 제외하였다.

그럼 이하에서는 16세기 경북지방의 전답매매 명문 161건을 정리한 〈표 2〉부터 〈표 6〉까지의 분석을 통해 田畓価의 변화 양상을 살펴보겠다.

(1) 慶北 月城郡 孫東滿氏家 소장 자료의 검토

〈표 2〉 16세기의 慶北 月城郡(孫東滿氏家) 田畓賣買価 변동(綿布: 疋)

種類 / 年月	田 種	面 積			価 格 (綿布)			매매 원인	자료* 번호
		卜數	斗落數	1斗落의 卜數	1卜価	1斗落価	總 価		
1511-01(중종 6)	畓	14			0.75		10.5	艱難所致	314
1520-11(중종 15)	畓(荒租)		3			2	6	艱難所致	316
1521-03(중종 16)	田(麻種)		3			3.3	10	艱難所致	317
1523-05(중종 18)	田		5			1.4	7	貢賦雜事	318
1524-06(중종 19)	田	27.3			0.73		20		319
1524-12(중종 19)	田(皮麥)		13			1.3	17	還上	320
1525-01(중종 20)	畓		5			10	50	遠處爲難	321
1525-02(중종 20)	畓(荒租)		2			1	2		323
1526-02(중종 21)	畓+田		5.7+55.5				50	遠處爲難	324
1530-01(중종 25)	田(皮麥)		18			1.8	32	艱難所致	325
1530-02(중종 25)	畓		20			1.9	38	遠處爲難	326
1531-01(중종 26)	田	3.1			4.8		15	身故	327
1532-02(중종 27)	畓	13	7	1.86	0.62	1.14	8	遠處爲難	329
1533-03(중종 28)	畓	24.5	10	2.45	2.05	5	50	艱難所致	330
1533-09(중종 28)	畓	40			1.83		73	還上, 貢物	331
1536-03(중종 31)	田(麻種)		1			22.5	22.5	遠處爲難	336
1536-03(중종 31)	田(麻種)		1			22.5	22.5	遠處爲難	337
1536-08(중종 31)	畓	28.7			1.75		50	遠處爲難	339
1536-11(중종 31)	畓	9.8			1.22		12	遠處爲難	340
	田(麻種)		1			22.5	22.5		
1537-10(중종 32)	田(皮麥)	3	2	1.5	6.67	10	20	艱難所致	341
1538-06(중종 33)	田		10			7.5	75	喪需	343
1538-07(중종 33)	田	78.1			3.84		300	遠處爲難	344
1539-01(중종 34)	田		13			6.92	90	艱難所致	345
1541-11(중종 36)	田	20.8			6.73		140	生理無問	350
1542-07(중종 37)	田	4.5			3.33		15	艱難所致	353
1542-11(중종 37)	畓	45.7			7.66		350	要用事	354
1542-11(중종 37)	田	24.1			8.13		196	要用事	356
1543-02(중종 38)	畓	17.6	7	2.51	3.24	8.14	57	遠處爲難	357
1544-11(중종 39)	田	30.4			6.58		200	遠處爲難	359
1547-08(명종 2)	畓	12.4	7.5	1.77	14.11	23.3	175	艱難所致	362
1547-09(명종 2)	畓	20	7.5	2.67	13	34.67	260	身役	363
1547-10(명종 2)	畓	34.8			11.49		400	艱難所致	365
1548-05(명종 3)	田(皮麥)		5			24	120	喪需	368
1548-07(명종 3)	畓		4			25	100	艱難所致	369
1549-02(명종 4)	田+畓	38.6+18					1000	喪需	373
1549-10(명종 4)	畓	10	5	2				艱難所致	374

種類 / 年月	田 種	面 積			価 格 (綿布)			매매 원인	자료* 번호
		卜數	斗落數	1斗落의 卜數	1卜価	1斗落価	總 価		
1549-03(명종 4)	2等畓	17.2			8.72		150	身役	375
1550-09(명종 5)	加田畓		15			11.67	175		377
1550-10(명종 5)	畓	15.9			1.13		18	艱難,還上	378
1550-10(명종 5)	畓	22			15.91		350	艱難,還上	381
1550-11(명종 5)	畓		5			40	200	艱難,還上	382
1550-12(명종 5)	畓	12			16.67		200	遠處爲難	384
1550-??(명종 5)	畓	26.8			14.92		400	還上	385
1551-07(명종 6)	畓	25.8			7.75		200	艱難所致	388
1551-12(명종 6)	畓	23.9			23.01		550	艱難所致	394
1552-02(명종 7)	畓	26.4	10	2.64	13.25	35	350	艱難所致	391
1553-03(명종 8)	畓	7					廻風木 2	当番裏粮	399
1553-03(명종 8)	田	6.2			2.10		回奉木 13		400
1553-*3(명종 8)	田(皮麥)	23.8	15	1.59	4.20	6.67	100	遠處爲難	401
1553-12(명종 8)	畓	21.1			9.48		200	遠處爲難	408
1554-01(명종 9)	畓		3			3.33	回奉木 10	移買	410
1554-04(명종 9)	畓(荒租)	7				28.57	200	艱難所致	417
1554-12(명종 9)	田	11.8			16.95		200	還上	418
1555-01(명종 10)	1等畓	7			2.07		正木 14.5	艱難所致	420
1555-03(명종 10)	1等畓	52.2			1.45		回風木 60		422
1555-11(명종 10)	畓+皮麥田	57+13.9					5升木 50	艱難,還上	425
1555-12(명종 10)	畓	19.2	5	3.84	2.03	8	5升木 40	無後身故	426
1556-03(명종 11)	畓	6.5					回俸 5 外	艱難所致	429
1558-08(명종 13)	畓		3			8.67	回俸木 26	移買	435
1559-11(명종 14)	畓	3			1.83		回奉木 5.5	艱難所致	438
1572-02(선조 5)	田	9.5					6,7升木 4	艱難所致	455
1572-12(선조 5)	畓(租)	14	10	1.4			正木 10 外	艱難所致	457
1580-10(선조 13)	田	3.5	5	0.7	0.86	0.6	3	艱難,還上	463
1585-*9(선조 18)	田(皮牟)	2	15		3.5		正木 7	艱難所致	468
1588-12(선조 21)	田	5			1.6		8	還上	472
1591-02(선조 24)	田(麻)		2			1.5	正木 3	要用所致	475
1594-02(선조 27)	畓(租)	28	24	1.17	0.36	0.42	10	艱難所致	479
1594-06(선조 27)	田		23			1.74	正木 40	唐軍軍糧	481
1595-03(선조 28)	畓		4			2	正5升木 8	艱難所致	484

* 자료 번호는 『古文書集成』의 고문서 번호를 의미한다(『慶北地方古文書集成』, 636~682쪽). 또 年月항의 *3은 윤3월을, *9는 윤9월을 의미하고, ??는 몇 월인지 확인되지 않는 경우이다. 이것은 이하에서도 동일하다.

〈표 2-1〉 16세기의 慶北 月城郡(孫東滿氏家) 田畓賣買価 변동[12](米: 斗)

種類 / 年月	田 種	面 積			価 格 (米)			매매 원인	자료 번호
		卜數	斗落數	1斗落의 卜數	1卜価	1斗落価	總 価		
1553-09(명종 8)	畓(荒租)		12			1.75	21斗	艱難所致	403
1553-11(명종 8)	畓	20.6			1.05		21.5斗	艱難所致	406
1554-04(명종 9)	畓		7			2.43	17斗	艱難所致	416
1555-01(명종 10)	畓		15			3.1	45.6斗	艱難所致	419
1555-01(명종 10)	田	41			3.72		150.4斗	凶年	421
1555-*11(명종 10)	皮田		15			3.65	54.8斗	艱難所致	423
1555-*11(명종 10)	田		15			5.06	76斗	艱難所致	424
1558-08(명종 13)	畓		3			10.8	32.4斗	移買	435
1567-10(명종 22)	畓		3			18.1	54.4斗	艱難所致	449

12) 원래 『慶北地方古文書集成』에서의 토지 거래 가격은 쌀이나 벼, 콩 등 여러 곡물로 매겨졌지만, 편의상 쌀을 단위로 정리 · 통일하였다. 또한 벼(=租)는 正租, 租, 荒租로 다양하게 표현되었는데, 앞의 두 가지(正租, 租)는 동일한 것으로 판단했고, 荒租의 가격은 일반벼의 0.8로 환산하였다. 그리고 租의 가격은 米의 0.4로, 太의 경우는 米의 0.5로 환산하였다. 한편 여기에서 1石은 小斛인 15斗로 계산하였다.

위의 〈표 2〉와 〈표 2-1〉은 경북 월성군의 손동만家 전답매매 자료를 정리한 것으로, 16세기 자료 가운데 다수를 점하고 있다. 〈표 2〉는 전답매매 때 면포로 가격을 결제한 것이고, 〈표 2-1〉은 미, 벼, 콩 등의 곡물로 가격을 결제한 것인데, 이 두 가지를 별도로 정리하였다.

우선 설명의 편의상 〈표 2-1〉을 먼저 분석해 보자. 이것은 자료의 수는 부족하지만 米穀을 기준으로 한 田畓価의 추이를 검토할 수 있는 흔치 않은 중요한 자료이다. 이를 통해 綿布를 기준으로 한 田畓価의 변화와 서로 비교함으로써, 당시 지가의 변화 양상을 보다 객관적이며 구체적으로 이해할 수 있다는 측면에서 상당한 의미가 있다.

그럼 米로 표시한 畓 1斗落의 가격 변화를 보면, 1553년(명종 8)의 경우는 1.75斗였는데 1555년(명종 10)에는 3.1두로 점차 상승하다가 1558년(명종 13)에는 10.8두로, 다시 1567년(명종 22)에는 18.1두로 급등하고 있다. 또한 米로 표시한 田 1두락의 가격 변화는 자료의 부족으로 잘 알 수 없지만 畓価의 경우와 비슷한 추이를 보였을 것으로 추정된다. 이를 통해 볼 때 답 1두락의 가격은 1553년의 米 1.75斗에서 1567년 18.1두로, 약 14년 사이에 거의 10배 이상 급등하고 있음을 볼 수 있다. 따라서 이 시기의 지가 등귀가 단순히 면포의 추포화로 인한 면포 가치의 하락이라는 화폐적 요인으로 발생하는 것만이 아니라 실질물가의 상승이 있었음을 강력히 시사하고 있다.[13]

다음으로 전답매매 때 면포로 가격을 결제한 〈표 2〉를 살펴보자. 편의상 위의 〈표 2〉를 다시 畓 1卜価와 1斗落価로, 田 1卜価와 1斗落価로 재정리하면, 아래의 〈표 3〉과 같이 된다.

---

13) 16세기 중반 이후 화폐유통의 변화에 대한 것은 李正守, 「16세기 중반~18세기 초의 貨幣流通 실태 -生活日記類와 田畓賣買明文을 중심으로-」, 『朝鮮時代史學報』 32, 2005 참조.

〈표 3〉 月城郡(孫東滿氏家) 田畓賣買価 변동(綿布: 疋)

種類 / 年度	価　格 (綿布)			
	畓 1卜価	畓 1斗落価	田 1卜価	田 1斗落価
1511(중종 6)	0.75			
1520(중종 15)		2		
1521(중종 16)				3.3(麻)
1523(중종 18)				1.4
1524(중종 19)			0.73	1.3(皮麥)
1530(중종 25)		1.9		1.8(皮麥)
1531(중종 26)			4.8	
1532(중종 27)	0.62	1.14		
1533(중종 28)	1.94	5		
1536(중종 31)	1.49			22.5(麻)
1538(중종 33)			3.84	7.5
1539(중종 34)				6.92
1541(중종 36)			6.73	
1542(중종 37)	7.66		5.73	
1543(중종 38)	3.24	8.14		
1544(중종 39)			6.58	
1547(명종 2)	12.87	28.99		
1548(명종 3)		25		24(皮麥)
1549(명종 4)	8.72		17.67	
1550(명종 5)	15.83	25.84		
1551(명종 6)	15.38			
1552(명종 7)	13.25	35		
1553(명종 8)	9.48		4.20 回奉木 2.10	6.67(皮麥)
1554(명종 9)		回奉木 3.33	16.95	
1555(명종 10)	正木 2.07 回風木 1.45	正5升木 8		
1558(명종 13)		回俸木 8.67		
1559(명종 14)	回奉木 1.83			
1580(선조 13)			0.86	0.6
1585(선조 18)			正木 3.5	
1588(선조 21)			1.6	
1591(선조 24)				正木 1.5(麻)
1594(선조 27)	0.36	0.42		正木 1.74
1595(선조 28)		正5升木 2		

위의 〈표 3〉을 통해 대체로 다음과 같은 사실을 확인할 수 있다. 우선 綿布 1필에 대한 畓 1卜価의 변화를 보면, 1532년(중종 27)에는 0.62필이었는데 1536

년(중종 31)에는 1.49필로, 그리고 1542년(중종 37)에는 7.66필로 점차 상승하였고, 다시 1550년(명종 5)에는 15.83필로 급등하고 있다. 대체로 면포 1필에 대한 畓 1卜價는 1530년대 중반경까지는 2필 미만이었지만 1540년대 초반에 오면 최소 3필 이상, 그리고 1540년대 후반 이후로는 거의 10필 이상으로 등귀하고 있음을 볼 수 있다. 또한 면포 1필에 대한 畓 1斗落價의 양상은 1530년대 중반경까지는 5필 미만이었지만 1540년대 초반에 오면 8필 이상으로, 다시 1540년대 후반 이후로는 거의 25필 이상으로 등귀하고 있음을 볼 수 있다. 결국 면포 1필에 대한 畓 1斗落價의 양상도 畓 1卜價의 변화와 거의 일치하고 있음을 알 수 있다.

또한 田價의 경우도 畓價와 거의 비슷한 경향을 보이고 있다. 바로 면포 1필에 대한 田 1卜價의 변화를 보면, 1524년(중종 19)에는 0.73필이었다가 1538년(중종 33)에는 3.84필로 상승하고, 다시 1549년(명종 4)에는 17.67필로 급등하고 있음을 볼 수 있다. 물론 田 1斗落價의 변화 양상도 이것과 비슷하다.

결국 田畓價는 16세기 초경에 비해 1540년(중종 35) 전후 시기에 상승의 경향이 뚜렷이 나타나고, 다시 16세기 중반 이후 즉 明宗代 이후에는 등귀의 양상을 보인다. 1555년(명종 10) 이후의 자료는 常布와는 다른 正木이나 回風木, 回奉木과 같은 질 좋은 綿布의 가격으로 표시되고 있어서인지 모르지만[14] 가격의 하락 현상이 나타나고 있다. 하지만 앞의 米로 표시한 畓價의 추이에서 보았듯이 1555년 이후 실질지가가 급등하고 있음을 알 수 있다.

14) 대개의 田畓 賣買價가 綿布로 거래되고 있었지만, 일부의 경우는 구체적으로 正木 · 正5升布 · 回奉木 등으로 면포의 질이나 용도 등을 표시한 것을 보아서, 구체적으로 표시되지 않은 綿布는 아마도 당시 민간에서 통용되던 3升 이하의 常布였다고 생각된다. 명확치 않지만 回奉木 1필은 常布 약 17필의 가격에 해당하는 것으로 생각되며(자료 번호 401에 의하면 면포 100필의 가격이 回奉木 6필에 해당된다고 함), 5승목 1필은 常布 약 5필의 가격에 해당하는 것으로 생각된다(자료 번호 346 참조).

(2) 경북 安東郡 李容純氏家 소장 자료의 검토

〈표 4〉 16세기의 慶北 安東郡(李容純氏家) 田畓賣買價 변동(綿布: 疋)

種類 / 年月	田 種	面 積			價 格 (綿布)			매매 원인	자료 번호
		卜數	斗落數	1斗落의 卜數	1卜價	1斗落價	總 價		
1539-03(중종 34)	畓	11.2			8.04		90	艱難所致	346
1540-10(중종 35)	畓+田	1+12					82	還上,長利	347
1540-11(중종 35)	田		10			8	80	還上	348
1542-03(중종 37)	畓	29.3			5.46		160	回換	351
1542-04(중종 37)	畓		7			35.71	250	奉足價	352
1542-12(중종 37)	田	7.6	6	1.27	15.79	20	120	還上,長利	355
1546-11(명종 1)	畓	6.3			23.81		150	還上,長利	360
1548-12(명종 3)	田	32.6	20	1.63	12.27	20	400	艱難,還上	371
1550-10(명종 5)	畓	14	8	1.75	14.29	25	200	還上	380
1552-01(명종 7)	畓+田		5+1				250	艱難所致	390
1553-12(명종 8)	田		10			35	350	還上,長利	407
1553-10(명종 8)	田	25	17	1.47	14	30.59	350	還上	433
1554-01(명종 9)	反畓	10.4	8	1.3	38.46	50	400	艱難所致	411
1554-01(명종 9)	田	44.4			7.88		350	田稅	412
1556-01(명종 11)	畓		3			25	75	長利,軍役	427
1556-11(명종 11)	畓	18			30.56		550	還上	431
1563-12(명종 18)	畓	6.9			32.61		225	還上,長利	441
1564-02(명종 19)	畓	28.6			35		1,000	移買	442
1565-03(명종 20)	畓	30			36.67		1,100	移買	444

이것은 경북 안동군의 이용순家 전답매매 자료로, 앞의 손동만家에 비해서는 자료의 수가 적다. 〈표 4〉를 다시 畓 1卜價와 1斗落價로, 田 1卜價와 1斗落價로 재정리하면 아래의 〈표 5〉와 같다.

〈표 5〉 安東郡(李容純氏家) 田畓賣買價 변동(綿布: 疋)

種類 / 年度	價 格 (綿布)			
	畓 1卜價	畓 1斗落價	田 1卜價	田 1斗落價
1539(중종 34)	8.04			
1540(중종 35)				8
1542(중종 37)	5.46	35.71	15.79	20
1546(명종 1)	23.81			
1548(명종 3)			12.27	20
1550(명종 5)	14.29	25		
1553(명종 8)			14	32.8
1554(명종 9)	38.46	50	7.88	
1556(명종 11)	30.56	25		
1563(명종 18)	32.56			
1564(명종 19)	35			
1565(명종 20)	36.67			

위의 〈표 5〉를 통해 대체로 다음과 같은 사실을 확인할 수 있다. 우선 〈표 5〉는 자료의 수는 적지만 위의 〈표 3〉에서는 부족했던 16세기 중반경 田畓價의 양상을 구체적으로 살펴볼 수 있다는 점에서 상당히 유용하다. 綿布 1필에 대한 畓 1卜價의 변화를 보면, 1539년(중종 34)에는 8.04필이었으나 1546년(명종 1)에는 23.91필로, 다시 1565년(명종 20)에는 36.67필로 급격히 상승하고 있음을 볼 수 있다. 또한 田 1斗落價의 변화를 보면, 1540년(중종 35)에는 8필에서 1548년(명종 3)에 20필로, 다시 1553년(명종 8)에 32.8필로 畓價와 같이 급등하고 있음을 볼 수 있다.

(3) 경북 盈德郡 李根華氏家 소장 자료의 검토

〈표 6〉 16세기 慶北 盈德郡(李根華氏家) 田畓賣買價 변동(綿布: 疋)

種類 / 年月	田 種	面 積			價格(綿布)			매매 원인	자료 번호
		卜數	斗落數	1斗落의 卜數	1卜價	1斗落價	總 價		
1532-02(중종 27)	畓	22.4			5.58		125	移買	328
1536-06(중종 31)	田+畓		15+2				200	遠處爲難	338
1552-12(명종 7)	代田+田		5+3				225	艱難所致	397
1559-02(명종 14)	田+畓		15+2				5升木 41	被禍	437
	畓		3				5升木 9		
1560-11(명종 15)	畓		4			3	12	凶年	440
1570-10(선조 3)	代田		20			3.7	74	還上	450
1572-02(선조 5)	畓+田		11+8				5升木 60	移買	452
1572-02(선조 5)	田+麻田		8+5			1.85	24	移買	454
1578-12(선조 11)	畓		12			3.58	43	還上,喪需	460
1579-01(선조 12)	畓		5			9	45	艱難所致	461
1582-12(선조 15)	皮田	16.8	7	2.4	1.85	4.43	31	還上	465
1584-01(선조 17)	田		4			2.25	9	要用所致	467
1594-04(선조 27)	麻田		2			4	8	要用所致	480
1594-11(선조 27)	田	1.4			4.29		6	移買	483

이것은 경북 영덕군의 이근화家 전답매매 자료로, 앞의 두 집안에 비해 자료의 수가 적기 때문에 별도로 정리하지 않아도 될 것 같다. 다른 것에 비해 자료는 적지만 宣祖代 이후의 것이 주류를 이루고 있어, 16세기 후반의 田畓價 양상을 구체적으로 고찰하는 데 유용하다. 우선 면포 1필에 대한 畓 1斗落價는 1560년(명종

15)에 3필이었는데, 1578년(선조 11)에는 3.58필로 그리고 1579년에는 9필로 점차 상승하고 있음을 볼 수 있다. 또 면포 1필에 대한 田 1斗落価의 경우도 畓価와 비슷한 추이를 보임을 알 수 있다.

따라서 田畓価는 16세기 초반에 비해, 16세기 중반부터는 급등하였고 16세기 후반에도 그 현상은 지속되고 있음을 확인할 수 있다.

이러한 15세기 말 이래의 일반 물가 동향과 관련한 田宅価의 상승 추세는 아래의 내용을 통해서도 확인할 수 있다.

> (侍讀官 尹)鉉이 아뢰기를, "王子女의 第宅을 지나치게 크게 짓기 때문에 民弊 또한 많습니다. 옛날에는 木綿으로 그 값을 지급했다고 하는데, 지금은 집값이 옛날과 다르고 木綿도 전과는 달라서 전의 값으로 지급할 수는 없습니다. 官木綿 200~300同이면 충분히 집을 지을 수 있으니 그만큼 지급하면 되겠습니다. …" 하였다.[15]

尹鉉은 王子女의 집을 지나치게 크게 짓기 때문에 민폐가 많음을 지적하고, 또 이전과 달리 집값이 많이 올랐고 綿布의 질도 떨어져 이전 가격으로 집을 구입할 수 없으니 官木綿 10,000필~15,000필 정도를 지급하자고 하였다. 윤현이 王子女의 집값 마련 자금으로 언급한 官木綿 10,000필~15,000필도 당시 건축되고 있던 王子女의 가옥이 거대하여 발생하는 민폐를 막자는 의도로 건의한 가격이었기에, 당시 王子女의 집값은 이보다 高価였을 것으로 여겨진다.

이와 같이 田宅의 값이 상승하자, 이에 편승한 모리배들에 의해 많은 폐단이 야기되었다.

> 三公이 의논하기를, "奴婢와 田宅의 값이 전날에 비해 10배이므로 간사한 무리들이 이미 오래 전에 매매한 것을 '훔쳐다 판 것'이라느니 '분배받지 않았던 것'이라느니

---

15) 『中宗實錄』 권99, 中宗 37년 8월 壬午(5).

> 사칭하면서 은밀히 짜고 스스로 元隻이 되어 승부를 다툼으로써 요즘 시가를 받아 그 이익을 나누려는 것입니다. 이래서 간사한 짓이 날로 늘어나 訴牒이 구름처럼 쌓이니 이 폐단을 바로잡지 않을 수 없습니다. 輪對 때 말한 사연을 특별히 거행하게 하여 간사한 근원을 막는 것이 어떻겠습니까?" 하니, 알았다고 답하였다.[16)]

위의 三公의 언급과 같이, 奴婢와 田宅의 값이 이전에 비해 10배나 올라서 간사한 무리들이 이익을 꾀하여 모리배와 결탁해 이미 매매한 것을 贓物이라는 등의 이유를 가탁해 法司에 소송함으로써 사회적 문제가 되고 있다는 것이다. 이러한 경향은 아래의 내용에서 보다 구체적으로 확인된다.

> 諫院이 아뢰기를, "요사이 市井의 장사치들이 王子나 駙馬의 집과 서로 통하고 지내며 무릇 牟利를 하게 될 적에 田畓 · 家屋 · 臧獲 · 物貨 같은 것에 있어서 그 힘을 빙자하여 계획적으로 차지하여 그 이득을 함께 나누는데, 이런 폐단이 이미 풍습이 되었으므로 사람들이 모두 분개하여 답답해합니다. 지난번에 淸原尉 韓景祿과 礪城尉 宋寅을 推考하게 되었던 것이 곧 하나의 증험입니다. …" 하였다.[17)]

위와 같이 사간원은 商人들이 王子나 駙馬와 같은 宮禁 세력과 결탁해 田畓 · 家産 등을 계획적으로 차지하는 일이 풍습이 될 정도라고 하면서, 구체적으로 부마였던 청원위 한경록과 여성위 송인[18)] 같은 인물이 그와 같은 不法的인 행위를 자행하여 推考까지 받게 되었음을 실례로 거론하였다.

이상과 같이 16세기에 와서 家屋과 田畓도 米穀 등 다른 상품의 추이와[19)] 마찬가

---

16) 『中宗實錄』 권92, 中宗 34년 10월 戊寅(14).

17) 『中宗實錄』 권97, 中宗 36년 12월 戊辰(17).

18) 宋寅은 본관이 礪山이고, 영의정 軼의 손자이며 之翰의 아들이다. 1526년(중종 21)에 중종의 세째 庶女 貞順翁主와 결혼하여 礪城尉가 되고, 明宗 때 礪城君에 봉해졌다. 詩文에 능했으며 李滉 · 曺植 · 李珥 · 成渾 등 당대의 碩學들과 교유했으며, 만년에는 宣祖의 諮問 역할을 했다(『國朝人物考』 권49, 申翊聖撰 宋寅 碑銘과 『德川師友錄』 참조).

19) 李正守, 「朝鮮前期의 米価変動」, 『釜大史學』 17, 1993; 「朝鮮前期의 物価変動 -米穀 이외의 商品을 중심으로」, 『國史館論叢』 68, 1996.

지로 대체로 15세기 말부터 점차 가격이 상승하다가 16세기 중반 이후 급등하였음을 확인할 수 있다. 다만 『實錄』을 중심으로 분석한 중앙의 물가 자료는 1525년(중종 20) 전후 시기가 물가 상승에 있어 하나의 획기가 되었는 데 반해,[20] 경북지방의 경우는 1540년(중종 35) 전후 시기가 田畓價 상승의 획기가 되고 있음을 볼 수 있다. 이를 통해서 중앙의 물가 동향이 점차 지방의 물가에도 영향을 끼쳐 16세기 중엽경에는 전국적으로 물가가 등귀하는 추세였음을 짐작할 수 있고, 나아가 중앙의 물가가 지방의 물가에 영향을 미치는 시차의 간격을 확인할 수 있다.

4. 지가 상승과 농민층 동향

당시 농업경제의 기본적 생산 요소인 토지의 가격 변동은 농가경제의 전반을 규정하는 중요한 조건이었다. 토지의 가격 변동이 극심하였던 것은 백성의 식생활과 농가의 소득이 그만큼 가변적이고 또한 경제 기반이 취약하였음을 말해 준다.

토지 가격의 상승은 전반적인 농산물 가격의 상승을 가져와 소민들의 생활을 어렵게 하는 중요한 요소가 되었을 것이다. 또한 地價의 상승은 지주·상인층의 토지 매입 욕구를 충동질하여 이들에 의한 토지 투기를 가속화하는 한 요인이 되었을 것이다.

당시 지가의 상승에 따른 富商層과 地主層의 토지 투기 양상은 아래의 내용에서 엿볼 수 있다.

> 沈連源은 아뢰기를, "(慶尙道) 左道의 흉황은 右道에 비해 더욱 심했고, 그 중에도 극심한 곳이 13郡이었습니다. … 외방 백성의 곤궁이 이에 이른 것도 私債가 없기 때문입니다. 私債가 없는 까닭은, 오늘날 인심이 간악하여 대여 받을 적에는 좋아라

---

20) 李正守, 『16세기의 米價變動과 民의 動向』, 부산대 박사학위논문, 1997.

고 받아다가 먹고 나서는 반환할 때가 되면 官에 호소하기를 '官倉에 납부할 곡식을 사채업자에게 빼앗겼다.' 하기 때문입니다. 그래서 사채업자가 田地만 사들여 집안의 밑천으로 만들기 때문에 개인의 저축이 많지 않습니다. 한 고을의 곡식이 겨우 200~300여 석 정도라서 부족한 것을 메우기가 어렵습니다."고 하였다.[21)]

위의 심연원의 말과 같이, 외방 백성의 곤궁이 극심한 지경에 이른 것은 백성들이 私債를 빌렸다가 잘 반환하지 않자, 사채업자들이 자금을 대여하기보다는 그 자본을 토지 구입하는 데 전액 투자하기 때문이라는 것이다. 이에 사채업자들의 유휴 자본이 부족하여 흉년에 窮民들이 사채조차 빌릴 수 없을 지경에 이르렀다는 것이다. 여기서 주목되는 점은 흉황이 들어 농산물 가격이 상승하고 民들이 고의적으로 채무의 반환을 회피하자, 지주층의 자산이 고리대보다는 토지에 투자되는 즉 자산의 운용전환 현상이 일어났다는 것이다.

이처럼 16세기에 와서 토지 집중의 양상은 커다란 추세였고, 이로 인한 貧富의 차는 보다 격화되었다. 지주층의 토지 집적은 賜田 · 開墾 · 買得 · 寄進 · 强占 등 다양한 방법을 통해 이루어졌지만,[22)] 16세기에 와서는 토지 소유권의 성장에 따라 사전 · 기진 · 강점 등의 방법보다는 개간과 매득 등의 방법이 주류를 이루어 갔다. 매득을 통한 토지 확대는 토지의 저당과 매매 등 경제적 처분 행위를 전제로 하는 것이었다. 농민층의 토지의 저당과 매매는 貧寒 · 納稅 · 負債 · 婚需 · 喪債 · 移買 · 移舍 등 여러 가지 사정에서 연유하는 것이었다.[23)] 이 중에서도 16세기에 와서는 고리대나 부세 압박에 의해 방매되는 농민층의 토지가 증가함에 따라 이것이 지주층의 토지 집중의 중요한 원천이 되었다.[24)]

16세기 민간에서의 활발한 토지 거래와 지주층에 의한 토지 집적의 구체적 실상

21) 『中宗實錄』 권75, 中宗 28년 6월 壬辰(21).
22) 周藤吉之, 「朝鮮後期の田畓文記に關する硏究」, 『歷史學硏究』 7 · 8 · 9, 1937.
23) 李景植, 「16世紀 地主層의 動向」, 『歷史敎育』 19, 1976.
24) 孫東滿氏家 李根華氏家, 李容純氏家의 세 가문에서 토지를 거래한 내역에서도, 양인 · 노비층의 전답 방매 이유로 '艱難所致', '還上 · 長利 · 負債'로 인한 것이 높은 빈도수로 나타나고 있음을 볼 수 있다.

은 앞에서 소개한 慶北의 月城郡(손동만家), 盈德郡(이근화家), 安東郡(이용순家) 3개 郡의 田畓 매매 실태를 전하는 161건의 명문을 통해서도 알 수 있다. 이 전답매매 명문 161건의 賣主와 買主를 신분별로[25] 분석한 결과는 아래와 같다.

〈표 7〉 16세기 慶北地方 田畓 賣主의 신분[26]

빈도 \ 신분	兩班		良人		私奴婢		其他		합계	
	件	%	件	%	件	%	件	%	件	%
16세기 前期	25	34	26	36	17	24	4	6	72	100
16세기 後期	22	25	47	53	14	16	6	6	89	100
합계	47	29	73	45	31	20	10	6	161	100

위의 〈표 7〉과 같이 전답매매 총 161건 중에 賣主는 良人이 73건(45%), 奴婢 31건(20%), 兩班 47건(29%), 기타 10건(6%)임을 알 수 있다. 특히 전답 방매가 가장 활발했던 양인층의 경우는 16세기 전반기에 비해 후반기에는 田畓의 방매가 2배 정도(26건→47건)로 급증하고 있음이 주목된다. 이를 통해 16세기에 와서 전답의 매매가 전계층에 걸쳐 활발히 이루어졌고, 그 중에서도 양인층의 매매가 두드러졌음을 알 수 있다. 이 시기에 양인 · 노비층에 의해 방매된 토지는 대체로 양반층에게 집적되었을 것으로 생각된다. 그러한 사실은 아래의 〈표 8〉에서 보다 구체적으로 볼 수 있다.

〈표 8〉 16세기 慶北地方 田畓 買主의 신분[27]

빈도 \ 신분	兩班		良人		私奴婢		其他		합계	
	件	%	件	%	件	%	件	%	件	%
16세기 前期	48	67	12	17	11	14	1	1	72	100
16세기 後期	72	81	9	10	6	7	2	2	89	100
합계	120	75	21	13	17	10	3	2	161	100

25) 〈표 7〉과 〈표 8〉의 其他는 水軍 · 僧侶 · 書吏 · 記官 · 驛吏 등 中人 · 役賤層의 경우를 처리하였으며, 「… 宅私奴○○」 등과 같이 奴婢가 上典을 대리하여 田畓을 매매한 경우는 상전을 賣買主로 처리하였다.

26) 李在洙, 앞의 논문, 73쪽 〈표 7〉을 참조하여 재작성함.

27) 李在洙, 앞의 논문, 74쪽 〈표 8〉을 참조하여 재작성함.

위와 같이 전답매매 총 161건 중에 양반층이 買主인 경우가 120건(75%)으로 압도적으로 많았고 다음으로 양인의 경우가 21건(13%), 노비의 경우가 17건(10%), 기타 3건(2%)으로 나타나고 있다. 여기서도 16세기 전반에 비해 후반으로 갈수록 양반층의 토지 매입은 급증(48건→72건)하고 있음에 반해 양인·노비층의 토지 매입은 감소(12건→9건, 11건→6건)하고 있음을 볼 수 있다.

즉 지주제의 발전이 진행되면서 양인·노비층의 토지 방매가 점차 증대되었으며, 이들의 토지가 재지 양반층에게 집적되어 갔음을 알 수 있다.[28] 물론 富를 축적해 갔던 일부의 양인·노비들에 의한 토지 매입도 나타나고 있음은 주목되는 사실이다. 지주제의 발전 속에 몰락하는 농민이 대다수였지만, 일부 소수의 농민층 가운데에는 지주로 상승하는 자들도 있었던 것이다.[29]

또한 당시의 지주제 발전은 유통경제와 밀접한 관련을 맺고 있었다. 토지 집적을 통해 확보된 대량의 미곡 등 생산물이 시장과 연결되어 처분되지 못한다면, 토지 집적은 아무런 경제적 의미가 없는 것이다. 자가소비를 제외한 대부분의 소작료와 생산물은 상품으로서 시장에 유통되어야 했다. 지주제의 지속적인 발전도 이를 통해 가능한 것이었다. 16세기 대토지 소유의 진행이라는 이면에는 이러한 시장기구의 발달이 전제되고 있었던 것이다.

따라서 지주층들도 여러 측면에서 시장기구, 유통경제에 참여하여 상인층과 긴밀히 결탁하면서,[30] 일면 유통경제의 진전을 선도하고 있었던 것이다. 15세기 말부

28) 『成宗實錄』 권182, 成宗 16년 8월 庚辰(2): "(宋)軼曰 非徒鎭川 臣聞忠州居李福崇 林川居趙益祥 皆積穀幾至万碩 他邑亦有如此者 而忠淸監司所啓禾穀 摠一万一千碩而已 且令宰相殖貨者多 而封穀之家 率皆六品以下之員 宰相私積 皆不与焉."
위와 같이 忠淸道 忠州와 林川에 거주하는 李福崇과 趙益祥 같은 이는 저축한 곡식이 거의 만 석에 이를 정도라고 하였는데, 이들의 경우를 통해 당시 재지 지주층의 富의 집적 양상을 엿볼 수 있다.

29) 『成宗實錄』 권181, 成宗 16년 7월 壬申(24): "伝曰 鎭川居私奴林福 今爲賑民 納粟二千碩 其心可嘉 今当阻飢 有識之人 且不肯納 以賤隷而爲之 免賤以賞何如."
『成宗實錄』 권182, 成宗 16년 8월 戊申(30): "戶曹啓 全羅道南平居私奴家同 納粟二千碩 請從願論賞 伝曰 前日林福納粟 特令從良 非重其粟 乃嘉其心也."
위와 같이 私奴 林福과 家同 같은 경우는 흉년에 진휼곡으로 2천 석을 바칠 정도로 막대한 富를 축적하고 있다. 이들은 당시의 사회변화 속에서 소농에서 지주로 상승한 대표적인 경우로 생각된다.

30) 『中宗實錄』 권11, 中宗 5년 7월 戊午(4): "交城君盧公弼 以老辭判義禁府事 不允 史臣曰 公弼性簡

터 성행한 防納과 代納의 구조는 대지주층과 부상층의 결탁 관계를 구체적으로 보여 주는 경우였다. 이들은 상호 공생적인 관계에서 貢納制를 장악하고 代納의 이익을 독점, 분배하면서 이윤을 확대했던[31] 것이다.

이와 같이 지주층에 의한 토지 집중과 부세 수탈이 강화되면서 많은 농민이 몰락하여 貧農이나 無田農民層이 증가하였다. 이들 貧農과 無田農民들은 대체로 몇 가지의 형태로 존재하면서 생업을 영위하였다.

우선 농촌에 머물면서 지주층의 토지로 흡수되어 佃戶나 雇工化하는 경우가 있었다. 이때 이들은 지주 측의 봉건적 강제나 혹은 자의로 노비와 비슷한 처지로 身分을 하강시킴으로써 전호나 고공으로 되었다. 良人 佃戶의 私賤化는 租稅나 賦役의 부담이 없다는 점에 그 직접적인 동기가 있는 것이었다.[32]

이처럼 빈농이나 무전농민들 중 일부는 농촌에 머물면서 농업에 종사하였지만 또 다른 일부는 농촌을 떠나 도시 주변이나 場市 등을 생활 근거로 삼았다. 당시의 유통경제 발전은 몰락 농민층에게 새로운 생활의 출구를 제공하고 있었던 것이다.

> (執義 金)揚震이 아뢰기를, "… 백성들이 廢朝代에 살 곳을 잃고 사방으로 離散하다가 農業에 다시 복귀한 자가 거의 없습니다. (이들은) 他道에서 商業 · 手工業에 종사하거나 他鄕에서 寄食하며 游手游食하는 자가 많습니다." 하였다.[33]

위와 같이 토지에서 방출된 농민들의 다수는 다시 농업에 복귀하지 않고 상업 · 수공업에 종사하였고 생업에 안착하지 못한 자들은 유리걸식하였던 것이다. 이들

重有學識 處事詳明 所恨接待商賈 以要潤屋而已."
위와 같이 史臣은 당시 노공필과 같이 학식과 성품이 높은 人物조차도 商人과 결탁하여 이익을 꾀하는 세태를 비판하고 있다.

31) 『成宗實錄』 권201, 成宗 18년 3월 甲辰(4): "持平鄭錫堅啓曰 諸邑弓弩檻穽所獲虎豹皮 監司 私相贈遺 歲貢方物 以綿布 徵価于民間 一皮之価 多至三十余匹 其防納者 非京商 必宰相 民間相謂曰 我雖難苦捕虎 貢物之価 猶自若也 弓弩檻穽 不用意排設 弊實不貲."

32) 朴成壽, 「雇工研究」, 『史學研究』 18, 1964; 金東仁, 「朝鮮初期 雇工研究」, 『崇實史學』 1, 1983; 李景植, 앞의 논문, 1987.

33) 『中宗實錄』 권20, 中宗 9년 2월 丁巳(23).

流離人들은 당시 다른 사람의 軍役을 代行해 주는 代立으로 생활하는 자도 있었다.

> 憲府가 상소하기를, "… 지금 軍士와 백성은 모두 피곤하고, 軍額은 날로 감소됩니다. 步兵이라는 것은 이름은 있으나 군사다운 실지는 없습니다. 雇用의 대가를 주고 市井의 遊手者를 사서 대신 立役시키는 자가 많습니다. …" 하였다.[34]

위와 같이 番上 正兵이 保人으로부터 助役価로 받아 온 綿布를 市井의 遊手者에게 지급하고 軍役을 代行시키는 경우도 많을 정도로, 서울에는 일자리를 찾고자 하는 사람들이 많이 몰려들었다. 혹은 이들은 봄에는 나물을 캐고 여름에는 풀을 베고, 가을과 겨울에는 땔나무와 숯을 팔아 생활하는 자들도 있었다.[35] 또한 생업에 안착하지 못했던 다수의 농민층은 市場을 무대로 도적 활동을 업으로 하여 생계를 유지하는 경우도 많았다.[36] 따라서 당시의 지배층은 場市의 발달을 도적 흥행의 중요한 원인으로 인식하고 장시의 개설을 제한하거나 금지하려고 하였던 것이다.[37]

이들 몰락 농민과는 달리 自營農 가운데는 과감하게 자의로 농업을 버리고 상공업에 투신하는 자들도 다수 있었다.

> 領事 南袞이 아뢰기를, "신이 들으니, 지난 해 6 · 7월 사이의 旱魃로 흉년이 들자 농민들이 모두 牛馬를 사서 다투어 行商에 나섰다고 합니다. 이는 다름이 아니라 겨울을 지낼 것이 없기 때문입니다. 옛날에는 凶荒을 만나도 穀食을 얻는 방도로 移業을 택하지는 않았는데, 지금은 그렇지 않습니다. 조금이라도 農事가 되지 않으면 바로 商賈로 직업을 바꾸니 이는 농사에 힘쓰지 않는 폐단입니다. …" 하였다.[38]

---

34) 『中宗實錄』 권22, 中宗 10년 6월 戊寅(23).

35) 『燕山君日記』 권42, 燕山君 8년 1월 丙子(3): "持平李孝敦啓 昨教柴場事 敬差官看審回啓後發落 京畿土瘠人稠 田畓甚尠 生民衣食 皆仰山川 春則菜蔬以食 夏則刈草而賣 秋冬則以柴炭資生 王子君漸至繁盛 而柴場折給不已 則民無所資."

36) 『成宗實錄』 권204, 成宗 18년 6월 戊子(20): "(金)宗直啓曰 本道盜賊興行 比他道 尤甚者 以有場門也 盜賊所得贓物 賣于場門 故捜獲爲難 臣窃意凶年 則場門有益於救荒 不可廢也."

37) 李正守, 「16세기 도적 발생과 그 사회 · 경제적 의미」, 『韓國史硏究』 92, 1996.

38) 『中宗實錄』 권56, 中宗 21년 1월 癸卯(20).

위와 같이 남곤은 당시 실정을, 지난 해 흉년이 들자 농민들이 모두 牛馬를 사서 다투어 行商에 나섰음을 실례로 들면서, 이전에는 농민들이 凶荒을 만나도 생업의 방도를 다른 곳에서 구하지 않았는데 지금은 조금이라도 농사가 되지 않으면 상업으로 전환한다고 하였다. 이로 인한 농업의 위축을 우려하였던 것이다. 이와 같이 농민들이 쉽게 농업을 버리고 상업으로 전환할 수 있었던 것은 상업으로 전업하여도 충분히 생계를 유지할 수 있을 정도로 당시 유통경제가 발전하고 있었기 때문이다. 또한 많은 농민들이 상업으로 전업한 것은 유통경제가 농촌까지 침투하여, 농민들이 농업보다는 상업이 훨씬 많은 이익을 가져온다는 사실을 깨닫고 경제적인 행동을 하였기 때문이다.

> 大司諫 崔叔生 등이 상소하여 12가지의 일을 조목별로 진술하였는데, "… 農業에 종사하는 자는 利益을 얻지 못하고, 손을 놀리면서 末業을 좇는 자는 오히려 더욱 富饒하기 때문에 (농민들이) 소를 팔고 말을 사서 다투어 行販에 나서고 있습니다. 이에 밖으로는 場門이 奸盜가 의지하는 바가 되고, 안으로 市井에는 모여든 자가 넘칩니다. 曲坊과 委巷까지도 出市하지 않는 곳이 없어 이익을 추구함이 날로 성하고 달로 더하니, 本業이 황폐한 것도 실로 이로 말미암은 것입니다. 지금 그대로 두고 계획하지 않는다면 형세가 장차 구제하기 어려울 것입니다. …" 하였다.[39]

위와 같이 농민들이 농업보다 상업에 종사하는 것이 훨씬 이익임을 깨닫고 소를 팔고 말을 사서 다투어 行商에 나섬으로써 市場에는 사람들이 넘치고 마을마다 場市가 개설되어 농경지가 황폐할 지경이라는 것이다. 특히 유통경제가 발전한 서울이나 開城 등지에서는 빚을 내거나 田畓을 팔거나 혹은 並作을 주면서까지 상업 활동에 종사하는 사람들이 많이 생겼다.[40] 이와 같은 당시의 농민층 동향에 대해서 지배층은 심각한 우려를 나타냈다.

---

39) 『中宗實錄』 권21, 中宗 9년 10월 甲寅(25).
40) 『燕山君日記』 권46, 燕山君 8년 9월 己丑(20).

> 대사헌 김당 등이 世宗의 勸農敎旨를 써서 올리고 이어 아뢰기를, "… 요사이는 국가가 農政을 방치하여 백성이 末業에만 몰리고 농사일은 하지 않으며, 맛있는 음식과 고운 옷을 입는 자들이 날로 많아져 獄訟이 일어나므로, 奸僞가 더욱 심해지고 풍속이 점점 야박해집니다. 소 몰고 장사나 하고, 농사짓기는 부끄럽게 여기게 되어, 田이 있어도 갈지 않아 쑥대만 자라니 비록 알맞게 비가 오고 온화한 바람이 불어도 좋은 곡식을 수확할 수 없습니다. 다만 고루하고 둔하며 가난하고 약하여 他業을 갖지 못하는 자들만 農村에 들어와 다른 사람의 토지를 경작하여 富者의 집에 바치므로, 한 해 부지런히 고생해 봤자 하루 먹을 것도 없게 되니, 어찌 곤궁하고 또 도둑질하지 않겠습니까? …" 하였다.[41)]

당시 지배층의 시각은 농민들 가운데 능력 있고 견실한 자는 농사짓기를 부끄럽게 여겨 모두 상업에 종사하게 되어 農地는 황폐화될 정도라는 것이다. 단지 미련하고 가난에 시달려 다른 생업을 하지 못한 자들만 농촌에 들어와 佃戶가 되니, 이들은 노력해 봐야 소작료를 바치고 나면 끼니를 때울 양식조차 없게 되어 할 수 없이 도둑질을 하게 된다는 것이다. 이와 같이 견실한 농민은 모두 商業에 종사하고 不實한 자들만 농촌에 남아 佃戶로 농사에 종사할 경우, 국가로서는 큰 문제이고 지주로서도 그만큼 경영이 불안하게 되어 地主制 자체가 난관에 봉착하게 되는 것이었다. 따라서 지배층들도 당시의 이러한 상황을 심각하게 인식하고 있었다.

> (鄭)光弼 등이 의논드리기를, "農事를 지으면 利가 적고 商業을 하면 利가 많으니, 백성들이 농사를 버리고 商業을 하는 것은 막을 수가 없는 일입니다. 그러나 守令된 사람들이 民事에 힘을 쓰되, 徭役을 견감하고 農桑을 권면해서 백성들의 생업이 넉넉하게 된다면 商業을 추구하던 자들도 장차 농사를 짓게 될 것입니다. 市場을 열어서 서로가 필요한 물품을 교역하여 백성들에게 도움되는 바가 또한 많으므로

---

41) 『中宗實錄』 권27, 中宗 12년 1월 丁亥(11).

흉년이 들 때는 이를 막을 수가 없는 것입니다. 그러나 장사치들이 이를 빙자해서 이익을 거두어들이게 되니, 게으른 백성들은 다투어 그 일을 하게 됩니다. 그러므로 이 또한 도둑질하는 근본이 되는 것이니 마땅히 금해야 합니다. …" 하였다.[42]

정광필 등은 당시 백성들이 농사를 버리고 商業에 종사하는 것은 농업보다 상업 이익이 많기 때문이어서 강제적으로는 상업을 막을 수 없고, 근본적으로 賦稅를 견감하고 農桑을 장려하여 백성들의 생업이 넉넉하게 된 연후에야 백성들이 歸農할 것이라고 생각했던 것이다. 지배층들도 지주제나 유통경제의 발전 등 당시의 사회 변화를 이전과는 다른 시각으로 접근하면서 새로운 정책 방향을 모색하고 있었던 것이다.

이와 같이 16세기에 와서 생산력과 지주제의 발전을 기반으로 농촌 내부의 분화가 심화되면서 이전과 달리 농민층의 존재 형태도 다양하였다. 일부의 농민은 변화된 사회 현실에 적응하여 貧農들이 放賣하는 소량의 토지를 조금씩 사들이면서 地主로 성장하거나 혹은 적극적으로 유통경제에 뛰어들어 私商層으로 상업 이윤을 축적하는 자도 있었다. 하지만 이들은 소수의 경우에 지나지 않았고 농민층 다수는 몰락하여 貧農이나 無田農民이 되었다. 이들은 경제적으로 처한 처지는 서로 비슷하였지만 그 생활 기반이나 생업의 형태는 다양하였다. 우선 이들 중의 일부는 농촌에 머물면서 지주층의 佃戶나 雇工으로 생활하는 자도 있었고, 또 다른 부류는 농촌을 떠나 都市나 그 주변 혹은 場市에서 상업이나 수공업에 종사하거나, 그렇지 못한 경우는 市場을 기반으로 도적질을 업으로 생활하는 자도 있었던 것이다.

결국 16세기 대토지소유의 성행과 유통경제의 발전은 일면에 있어서는 농민층의 분화를 촉진시켜 몰락 농민을 양산하였지만, 동시에 내면적으로는 봉건적인 신분 질서의 해이와 농민층의 의식 성장을 수반하였던 것이다.

---

42) 『中宗實錄』 권33, 中宗 13년 5월 丙寅(28).

5. 맺음말

16세기에는 사회구조 전반에 걸쳐 다양한 변화가 일어나고 있었다. 그 중에서도 주목되는 것은 생산력의 발전과 인구 증가를 기저로 한 상품유통경제의 발전이었다. 이러한 상품유통경제의 발전에 따라 소농층의 생활은 점차 유통경제의 영향을 받지 않을 수 없게 되었고, 이를 계기로 지주·상인층의 소농층에 대한 가격과 고리대 형태의 수탈이 본격화되었다. 지주·상인층은 농업생산력의 증대로 인해 확대된 사회적 富를 독점하기 위해 갖은 방법을 동원해 토지 집적에 몰두하고 여전히 미성숙 단계에 있던 유통시장을 쉽게 장악해 갔다. 이런 상황 속에서 米穀, 土地 등 제반 상품의 가격 변동이 진행되었다.

전근대 농업사회에서 기본적인 생산요소인 土地의 가격 추이를 구체적으로 검토하기 위해 중앙의 官撰 자료와 지방의 古文書 자료를 활용하여 16세기 地価의 변화 양상을 살펴보았다.

우선 『朝鮮王朝實錄』에 간헐적으로 수록되어 있는 家屋価 자료를 검토하여 당시 토지 가격의 일반적인 추이를 고찰하였다. 15세기 중엽 明의 환관으로 조선에 사신으로 파견되어 왔던 尹鳳과 鄭善에게 우리 조정에서 사여했던 집값이 각각 綿布 353필과 603필이었고, 또 세종의 딸인 貞安翁主에게 사여된 집값이 면포 600필이었다. 이를 통해 15세기 중엽까지는 면포 500필 전후의 가격으로 당시로는 최고 수준의 집을 마련할 수 있었을 것으로 생각된다.

하지만 15세기 말부터는 사정이 급변하여, 연산군대의 자료는 대체로 집값이 수천 필 내외였고, 16세기 중엽의 故文城副正 湘과 故僉正 柳之淵의 아내가 進上한 집값은 5,000필 이상이었으며, 王子女의 집을 건축하는 데는 10,000~15,000필 정도가 소요될 것으로 언급되고 있다.

따라서 15세기에 비해 16세기에 들어와 집값이 급격히 상승하였음을 볼 수 있는데, 이를 통해 16세기 이후 地価의 상승도 급격하였을 것임은 유추해 볼 수 있다.

다음으로 『慶北地方古文書集成』에 실려 있는 16세기의 田畓賣買明文인 慶北

月城郡의 孫東滿氏家 소장 자료 121건, 慶北 安東郡 李容純氏家 소장 자료 21건, 慶北 盈德郡의 李根華氏家 소장 자료 19건(총 161건)을 분석하였다.

특히 이것들은 당시 경북지방의 토지 가격의 변화를 구체적으로 살필 수 있는 매우 풍부한 시계열 자료를 제공하고 있기에 미시적인 접근이 가능하며, 또한 米穀을 기준으로 한 田畓價의 추이를 검토할 수 있다는 점에서 귀중한 자료이다. 이를 통해 중앙의 관찬 자료가 갖는 한계를 보완할 수 있으며, 또 綿布를 기준으로 한 상품의 가격 변화와 서로 비교함으로써 당시의 제 상품의 가격 변화 양상을 보다 구체적으로 이해할 수 있다는 측면에서 중요한 의미가 있다.

우선 면포를 기준으로, 1필에 대한 田畓의 가격 변화를 살펴보았다. 손동만家의 전답매매 명문에 보이는 畓 1卜價의 변화는 대체로 1530년대 중반까지는 면포 2필 미만이었지만 1540년대 초반에는 최소 3필 이상 그리고 1540년대 후반 이후로는 거의 10필 이상으로 등귀하였다. 이용순家의 전답매매 명문에 보이는 畓 1卜價의 변화는 1539년(중종 34)에는 면포 8.04필이었으나 1546년(명종 1)에는 23.91필로, 다시 1565년(명종 20)에는 36.67필로 급격히 상승하였다. 이근화家의 전답매매 명문에 보이는 畓 1斗落價는 1560년(명종 15)에 면포 3필이었는데 1578년(선조 11)에는 3.58필로, 그리고 1579년에는 9필로 점차 상승하고 있음을 볼 수 있다. 물론 田價의 경우도 畓價와 거의 비슷한 양상을 보였다.

특히 손동만家의 전답매매 명문에 보이는 15세기 중반경 畓 1斗落價의 변화를 米를 기준으로 하여 살펴본 결과, 1553년(명종 8)에는 米 1.75斗였는데 1555년(명종 10)에는 3.1두로 점차 상승하였고, 1558년(명종 13)에는 10.8두로, 다시 1567년(명종 22)에는 18.1두로 급등하였다. 이를 통해 볼 때 답 1두락의 가격은 1553년의 米 1.75斗에서 1567년 18.1두로, 약 14년 사이에 거의 10배 이상 급등하고 있음을 볼 수 있다. 따라서 이 시기의 지가 등귀가 단순히 면포의 추포화로 인한 면포 가치의 하락이라는 화폐적 요인으로 발생하는 것만이 아니라 실질물가의 상승이 있었음을 강력히 시사하고 있다.

이처럼 16세기에 와서 米穀 등 여러 상품의 추이와 마찬가지로 家屋과 田畓도 대체로 15세기 말부터 점차 가격이 상승하다가 16세기 중반 이후 급등하였음을 확인할 수 있다. 다만 『實錄』을 중심으로 분석한 중앙의 물가 자료는 1525년(중종 20) 전후 시기가 물가 상승에 있어 하나의 획기가 되었는 데 반해, 경북지방의 경우는 1540년(중종 35) 전후 시기가 田畓価 상승의 획기가 되고 있음을 볼 수 있다. 이를 통해서 중앙의 물가 동향이 점차 지방의 물가에도 영향을 끼쳐 16세기 중엽경에는 전국적으로 물가가 등귀하는 추세였음을 짐작할 수 있고, 나아가 중앙의 물가가 지방의 물가에 영향을 미치는 시차의 간격을 확인할 수 있다.

당시 농업경제의 기본적 생산요소인 토지 가격의 변동은 농가경제에 큰 영향을 주었다. 지가 상승은 다른 財貨의 전반적인 가격 상승을 이끌어 소농들의 생활을 어렵게 하는 중요한 요소가 되었을 것이다. 16세기에 들어와 지주 · 부상층에 의한 토지 투기와 매입이 가속화되어 이로 인한 빈부의 차는 보다 격화되었다.

16세기 민간에서의 활발한 토지 거래와 지주층에 의한 토지 집적의 구체적인 실상은 앞의 손동만家, 이용순家, 이근화家 세 가문의 전답매매 명문 총 161건의 賣買主를 분석한 결과를 통해 보다 구체적으로 알 수 있다.

田畓 매매 총 161건 중에 賣主는 良人이 73건(45%), 奴婢가 31건(20%), 兩班 47건(29%), 기타 10건(6%)이었는데, 특히 田畓 放賣가 가장 활발했던 양인층의 경우는 16세기 전반기에 비해 후반기에는 전답의 방매가 2배 정도(26건→47건)로 급증하였다. 그리고 買主는 양반층이 120건(75%)으로 압도적으로 많았고 다음으로 양인의 경우가 21건(13%), 노비가 17건(10%), 기타 3건(2%)으로 나타났다. 16세기 전반에 비해 후반으로 갈수록 양반층의 토지 매입은 급증(48건→72건)하고 있음에 반해 양인 · 노비층의 토지 매입은 감소(12건→9건, 11건→6건)하고 있음을 볼 수 있다. 지주제의 발전이 진행되면서 양인 · 노비층의 토지 방매가 점차 증대되었으며, 이들 토지의 많은 부분이 재지 지주층에게 집적되어 갔음을 알 수 있다.

이처럼 지주 · 부상층에 의한 가격 수탈과 토지 집중이 강화되면서 많은 농민이 몰락하여 貧農이나 無田農民層이 증가하였다. 이들은 경제적으로 처한 처지는 서로 비슷하였지만 그 생활 기반이나 생업의 형태는 다양하였다. 우선 이들 중의 일부는 농촌에 머물면서 지주층의 佃戶나 雇工으로 생활하는 자도 있었고, 또 다른 부류는 농촌을 떠나 都市나 그 주변 혹은 場市에서 상업이나 수공업에 종사하거나, 그렇지 못한 경우는 市場을 기반으로 도적질을 업으로 생활하는 자도 있었다. 또한 이들과는 달리 일부의 농민은 변화된 사회 현실에 적응하여 貧農들이 放賣하는 소량의 토지를 조금씩 사들이면서 지주로 성장하거나 혹은 적극적으로 유통경제에 뛰어들어 私商層으로 상업 이윤을 축적하는 자도 있었다.

결국 16세기의 유통경제의 발전과 다양한 농민층의 동향 등 사회구조의 변화에 대해, 당시 지배층들도 이전과는 다른 시각에서 이러한 변화를 인식하고 새로운 정책 방향을 모색하지 않으면 안 되었다.

제2장 조선후기 토지가격의 변동

1. 문제 시각

조선후기에 와서 농업 기술의 발전과 수공업의 기술 발달로 인해 상업은 눈에 띄게 진전되었다. 17세기 이후 지방에는 場市가 점차 확대, 상설화되고 都市의 市廛도 그 규모와 경영의 면에서 뚜렷한 변화가 나타나는 등 국내 시장의 발전이 두드러졌고, 朝 · 中 · 日 삼국의 대외무역도 활발히 전개되어 국제 시장의 발전도 주목되었다.

이러한 상품유통경제의 발전에 따른 상품의 활발한 유통과 전국적인 시장의 발전은 필연적으로 이전의 면포와 미곡 등 물품화폐와 달리 同価 · 同質의 기능을 갖춘 화폐를 요구했다. 17세기를 전후한 銀貨와 銅錢의 활발한 유통은 바로 이러한 국내외의 변화를 반영한 결과였다. 이에 조선후기의 생산력과 생산관계의 변화, 일련의 상품유통 과정은 화폐와 밀접한 관련을 가질 수밖에 없었다. 이 시기 상인과 지주층은 토지소유를 확대하고 유통과정을 독점하여 생산과 유통을 통한 독점이익을 늘리면서 부의 불균형 현상이 더욱 심화되었다. 또한 물가의 등락은 농민계층에게 생산비용과 생계비용을 더욱 증가시켜 농민층의 부담을 가중시켰다. 조선후기의 경제 발전을 구체적으로 이해하기 위해서 경제 구조와 경제 발전의 방향을 반영했던 가격구조와 물가 변동을 분석하는 것은 매우 유효하다. 이 시기의 조선은 농업경제에 기반을 두고 있었기에 田畓은 가장 중요한 생산수단이며 상품의 하나였다. 바로 토지는 생산요소이며 자본재로서 부의 축적수단으로 사용되었고, 지가 변화는 부의 분배와 계층 분화에 큰 영향을 주었다.

한편 개별상품의 실질가격은 그 상품의 명목가격을 물가로 나눈 값으로 결정되는데, 지가의 경우도 마찬가지로 실질지가는 명목지가를 물가로 나눈 값이 된다.[1] 오늘날과 달리 당시는 농업사회였기에 미곡은 대표적인 생산재인 동시에 주식으로서 대표적인 소비재였으므로 미곡가격의 변화를 물가의 대용변수로 사용할 수 있다. 결국 당시의 실질지가는 명목지가를 미곡가로 나눈 값으로 추정할 수 있다.[2]

이 장에서는 18~19세기의 지가의 동향을 실질지가가 아닌 명목지가를 통해 살펴보고자 한다. 실질지가와 물가와의 관련에 대해서는 다음 3장에서 살펴보기로 한다. 전답은 그 위치나 비척도 등에 따라 같은 지역 내에서도 그 가격의 편차가 심하다. 따라서 지가 변화를 정확히 파악하기 위한 유효한 방법으로 동일 토지의 장기 지속적인 매매 기록을 추적할 필요가 있다. 하지만 사료상의 문제로 인해 同一地番의 장기적인 전후 매매 기록을 얻기는 쉽지 않다.

하지만 현재 발굴된 田畓賣買明文 가운데도 동일지번 전답의 전후 기록을 어느 정도 가지고 있는 자료를 얻을 수 있다. 따라서 여기서는 18~19세기 경북과 전남 지방의 전답매매 명문 가운데 동일지번 전답의 전후 기록을 볼 수 있는 粘連文記를 집중 분석하고자 한다. 또한 자료의 수가 충분치 않은 점련문기를 통한 해석상의 오류를 보완하기 위해 장기시계열을 갖추고 있는 경북지방의 전답매매 데이터를 산술평균하여 18~19세기 지가 변동의 추이를 개략적으로 파악하고자 한다. 이 두 가지 방법을 상호 비교 · 분석하여 조선후기의 지가 변동을 좀 더 구체적으로 이해할 수 있을 것으로 기대한다. 다만 여기서 17세기를 제외하고 18~19세기의 지가를 검토하고자 한 것은 17세기까지는 토지의 매매수단이 여전히 綿布나 米穀 등 현물

1) 재화와 물가의 상대가격에 대한 연구는 다음의 글이 참조된다.
Lucas, R., "Some International Evidence on Output-Inflation Tradeoffs", American Economic Review, 63(3), 1973, pp.326-334; Park, R., "Inflation and Relative price Variability", Journal of Political Economy, 86(1), 1978, pp.79-95.

2) 17세기 말~19세기 초 실질지가의 추정과 물가 변동에 대한 문제는 이정수 · 김희호, 「1689~1821년 지가와 물가변화의 비대칭성」, 『釜山史學』 37, 1999 참조.

화폐가 중심이었고 당시 면포는 惡布化가 심각하게 진행되어 화폐로서의 기능을 점차 상실하고 있었기 때문이다. 1678년(숙종 4) 이후 금속화폐인 상평통보가 제조, 유통되면서 同価·同質의 화폐적 기능이 구현됨에 따라 地価 비교의 검토가 객관적으로 가능하게 되었다. 이러한 문제의식을 토대로 전근대 농업사회에서 기본적인 생산요소인 田畓의 가격 변화의 추이를 파악하여, 조선후기 유통경제의 실체를 이해하는 데 일조가 되고자 한다.

2. 분석 자료의 성격

田畓価에 대한 검토에 앞서, 여기에서 이용한 자료의 성격에 대해 간단히 언급하면 대체로 다음과 같다.

조선후기의 地価 변화를 구체적으로 살펴보기 위해 경북과 전남 지방의 田畓賣買明文을 분석하였다. 현재 알려진 경북과 전남 지방의 전답매매 명문이 다수 있지만, 그 중에서도 자료의 수가 풍부하고 粘連文記의 수량도 대체로 많은 경북 月城郡의 孫東滿氏家, 盈德郡의 李根華氏家, 安東郡의 金俊植氏家 소장 고문서와 전남 求礼郡의 文化柳氏家 소장 고문서 중에서 18세기 이후의 전답매매 명문을 중심으로 검토하였다.

우선 경북지방의 손동만家와 이근화家 소장의 고문서는 『慶北地方古文書集成』에,[3] 그리고 김준식家 소장 고문서는 『光山金氏烏川古文書』에[4] 실려 있는 전답매매 명문(還退, 賭地, 相換, 典当 포함) 가운데 18~19세기의 것을 중심으로 검토하였

3) 여기에 실려 있는 田畓賣買明文(還退, 賭地, 相換 포함)은 16세기의 것이 172건, 17세기의 것이 57건 그리고 18세기 이후의 것이 197건이다. 단 17세기 이후의 전답매매 명문은 孫東滿氏家, 李根華氏家, 權滄龍氏家의 세 가문에서 소장한 것이 228건이고, 기타 26건(安東 太華洞 金俊植氏家 9, 河回洞 永慕閣 7, 權五赫氏家 2, 玉山書院 6, 醴泉郡 竹林洞 權榮基氏家 1, 嶺南大 博物館 1건)이다(李樹健編, 『慶北地方古文書集成』, 嶺南大出版部, 1981, 636~747쪽).

4) 여기에 실려 있는 田畓賣買明文(還退, 相換, 牌旨, 典当 포함)은 15세기의 것이 1건, 17세기의 것이 1건 그리고 18세기 이후의 것이 175건이다(韓國精神文化硏究院, 『光山金氏烏川古文書』, 1982, 215~246쪽).

다. 여기에서 살펴볼 18세기 이후의 전답매매 명문은 손동만家 자료가 118건, 이근화家 자료가 73건, 김준식家 자료가 175건으로 총 366건이다.5) 이것은 자료의 수가 많고 소장처가 분명한 일괄적인 자료이며, 경북지방에 집중된 점에서 특히 주목된다. 또한 시기적으로 조선시대의 전반적인 전답매매 실태 즉 16~19세기까지의 田畓価 변동, 매매 수단, 매매 사유, 매물의 전래 사유, 매매 단위 등을 구체적으로 파악할 수 있는 장기 연속적인 자료라는 점에서 그 자료적 가치가 매우 높다.

다음으로 전남지방의 구례 문화유씨가 소장의 고문서는 『古文書集成 38 -求礼文化柳氏篇(Ⅱ)』에 실려 있는 田畓賣買明文(還退, 賭地, 相換, 典当 포함) 가운데 18~19세기의 것을 중심으로 검토하였다.6) 여기서 전답매매 명문은 전체가 529건으로, 유씨가 문서 가운데 簡札 다음으로 높은 비중을 차지한다.7) 특히 명문 가운데 旧文記의 비중이 높은 것은 유씨가 문서의 큰 특징이다. 토지 명문 가운데 약 87%인 461건이 1건 이상의 添附 혹은 粘連文書이다.8) 일련의 구문기는 대개 同一地番 혹은 동일지역의 物件의 거래 상황이 기재되어 있기 때문에 地価 변화, 소유권의 이동 등 각종의 정보를 얻을 수 있다.

---

5) 전답매매 명문을 소장한 세 집안의 소재 지역은 다음과 같다. 손동만家은 月城郡 江東面 良洞里, 이근화家는 盈德郡 蒼水面 仁良洞, 김준식家는 安東市 太華洞이다. 다만 光山金氏禮安派의 종가인 김준식家는 원래 예안파가 수백 년간 卜居하던 禮安面 烏川洞에 있었으나 안동댐 공사로 인해 宗宅은 현재의 安東市 태화동으로 옮아오게 된 것이다.

6) 구례 문화유씨 가문이 소장한 고문서의 유래와 그 종류 그리고 가문의 인물과 내력 등 자세한 내용은 다음의 글이 참조된다.
이해준, 「雲鳥樓柳氏家의 生活日記考. 한말 · 일제시기의 촌락과 농민생활상」, 『전남문화재』 4, 1992; 「한말~일제시기 생활일기를 통해 본 촌락사회상 -求礼柳氏家의 『是言』과 『紀語』를 중심으로-」, 『한국민족운동사연구』(우송조동걸선생정년기념논총), 1997; 이종범, 「20세기 초 自營(小)地主의 農業経營과 農民生活: 구례군 토지면 오미동사례」, 『學林』 16, 1994; 「19세기 후반 賦稅制度의 운영과 社會構造」, 『東洋學』 89 · 90합집, 1995; 安承俊, 「求礼 雲鳥樓 文化柳氏家와 그들의 古文書」, 『古文書集成 37 -求礼 文化柳氏篇(Ⅰ)』(解題), 1998.

7) 여기에 실려 있는 田畓賣買明文(還退, 相換, 牌旨, 典当 포함)은 17세기의 것이 62건이고, 18세기 이후의 것이 467건이다(韓國精神文化硏究院, 『古文書集成 38 -求礼 文化柳氏篇(Ⅱ)』, 1998, 43~581쪽). 현재 문서 소장처는 全南 求礼郡 吐旨面 五美里 文化柳氏家(宗孫: 柳鴻洙, 堂号: 雲鳥樓)이며, 조선후기에 토지 매매가 이루어진 중심 지역도 吐旨面이었다. 李重煥은 『擇里志』에서 나라 안에서 가장 살기 좋은 곳 중의 한 곳으로 구례를 손꼽았다. 구례군 토지면 오미리 마을은 지리산의 한 봉우리인 형제봉 밑에 자리 잡고 있는 곳으로, 마을 앞으로는 섬진강의 큰 줄기가 서쪽에서 동쪽으로 흐르는 背山臨水의 마을로 그 입지적 조건이 매우 탁월한 곳이다.

8) 안승준, 앞의 논문, 1998.

따라서 이들 자료는 당시 전남과 경북 지방의 지가 변화를 구체적으로 살필 수 있는 완전성이 높은 풍부한 시계열 자료를 제공하고 있기에, 이의 분석을 통해 장단기 경제 동향뿐만 아니라 생산 · 시장 구조의 변화, 나아가 농민층의 존재 양태에 대한 접근도 어느 정도 가능하리라 생각된다.

3. 18~19세기 점련문기로 본 지가 변동

우선 전답매매 명문에 대한 해석은 다음과 같은 방식으로 하겠다.

첫째, 자료가 경북과 전남 지방의 것으로 지역이 다르므로, 우선 두 지역을 각각 나누어서 분석함과 동시에 시기적으로도 18세기와 19세기의 두 시기를 각각 구분하여 검토하고자 한다. 그런데 경북지방의 전답매매 자료인 경우는 전남지방의 경우와 달리 월성군, 영덕군, 안동군으로 각기 소재 지역이 다르기는 하나 地価 변화의 추이가 비슷할 것이라는 가정 하에 동일한 기준을 적용하여 분석하려 한다. 둘째, 동일 지역 내(郡-面-洞-里)의 筆地에 따라서도 토지의 肥瘠 등의 차이로 인해 地価의 차이가 엄존하기에, 地価의 비교는 同一筆地 田畓에 대한 新旧文記의 매매를 시대순으로 추적, 비교하여 실질적인 가격의 추이를 분석하겠다. 셋째, 금속화폐인 상평통보가 유통되지 않던 17세기 말 이전의 상품 거래에는 米 · 布, 牛馬, 銀 등과 같은 다양한 매매 수단이 이용되어 그 이후의 銅錢을 이용한 거래와 상호 비교하는 것에는 어려움이 있기에, 여기에서는 동전으로 주로 거래된 18세기 이후의 시기에 초점을 맞추어 분석하였다. 그리고 田畓価는 단기간에 대한 세밀한 분석보다는 장기적인 추이를 확인하는 것에 중점을 두었다.

1) 경북지방의 지가 변화

우선 경북지방 전답가에 대한 구체적인 분석에 앞서 이들 자료에서 나타난 화폐

유통의 특징을 간단히 언급하고자 한다. 조선 정부는 1678년(숙종 4)에 상평통보를 주조하여 서울을 시발로 하여 전국적으로 유통시키려고 시도를 한다. 그런데 경북 지방의 안동군과 월성군, 영덕군의 전답매매 자료를 통해 볼 때, 이곳에서는 1680년대까지는 田畓의 거래가 여전히 綿布나 米穀 등으로 행해지다가 1690년대 초반에 일시적으로 銀으로 행해졌으나, 곧이어 1695년경부터 동전이 본격적으로 사용되고 있음을 확인할 수 있다. 이를 통해서 볼 때 경북지방에서는 서울에서 상평통보가 주조된 지 10여 년이 지난 1695년 전후 시기에 동전이 본격적으로 유통되었음을 짐작할 수 있다.

그럼 경북지방의 손동만家, 이근화家, 김준식家 세 집안 소장의 전답매매 명문 228건을 통해 18~19세기 田畓價의 변화 양상을 살펴보자.

(1) 18세기 점련문기 자료의 검토

가. 慶北 月城郡 孫東滿氏家의 전답매매 자료

아래 〈표 1〉은 손동만家의 17세기 말 이후의 전답매매 명문 중 同一筆地 田畓의 新旧 거래만을 정리한 것이다. 특히 이 자료는 17세기 말~18세기 중반까지의 田畓價 추이를 구체적으로 살펴볼 수 있다는 점에서 주목된다. 그럼 손동만家의 전답매매 자료를 구체적으로 살펴보자.

〈표 1〉 18세기 慶北 月城郡의 田畓賣買価 변동(孫東滿氏家의 同一地番 田畓)

순번	내용 / 연대	田種	위치		면적		가격(銅錢: 兩)			자료 번호
			洞里	地番	卜	斗落	1卜	1斗落	總価	
1	1699-02(숙종 25)	畓	玄風	隷字 40	4	3	7.5	10	30	544-2
	1701-06(숙종 27)	畓	〃	〃	4	3	5	6.7	20	544-1
2	1708-01(숙종 34)	畓	宝石	195,196	4	3	3.8	5	15	553
	1717-12(숙종 43)	畓	〃	〃	4	3	15	20	60	567
	1733-11(영조 09)	畓	〃	19	4	3	4.3	5.7	17	580
3	1713-01(숙종 39)	畓	相村	20	3.5	2	8	14	28	561
	1714-01(숙종 40)	畓	〃	20	3.8	2	7.6	14.5	29	563

순번	내용 / 연대	田種	위 치		면 적		가 격(銅錢: 兩)			자료 번호
			洞里	地番	卜	斗落	1卜	1斗落	總価	
4	1728-01(영조 04)	畓	堤泉坪	阮字 61	19	8	2.2	5.3	42	588-3
	1732-02(영조 08)	畓	〃	〃	19	8	2.3	5.5	44	588-2
	1738-11(영조 14)	畓	〃	〃	19	8	1.8	4.3	34	588-1
5	1729-01(영조 05)	荒租畓	谷望亭	22,23	16.8	13	2.9	3.7	48	582-2
	1735-12(영조 11)	〃	〃	〃	16.8	13	1.2	1.5	20	582-1
6	1737-03(영조 13)	畓	初命,堤坪	嘯 50,丸 39	30.2	11	1.7	4.7	52	587
	1737-12(영조 13)	畓	〃	〃	〃	11	1.8	5	55	585
7	1729-02(영조 05)	畓	馬大	長字 34	6.9	4	5.7	9.8	39	590-3
	1744-02(영조 20)	畓	〃	〃	6.9	4	4.2	7.3	29	591
8	1737-01(영조 13)	畓	羅里浦谷	孤字 43	6	2	1.1	3.3	6.5	584
	1738-01(영조 14)	畓	〃	〃	6	2	1.3	3.8	7.5	587
9	1768-12(영조 44)	畓	大堤下	宵字 109	15.7	4	2.9	11.5	46	616
	1772-03(영조 48)	畓	〃	宵字	4.2	1	2.5	10.5	10.5	628
11	1784-02(정조 08)	畓	豆今	訓字 49	9	4	3.6	8	32	646
	1787-01(정조 11)	畓	〃	訓字 49	9	3.5	3.4	8.9	31	654
12	1787-01(정조 11)	畓	鶴岩	纓字	8.3		2.3		19	653
	1787-05(정조 11)	畓	鶴岩	纓字	8.3	3	2.9	8	24	657
13	1776-10(영조 52)	田	達田	振字 36	4.4	4	1.5	1.6	6.5	632
	1783-01(정조 07)	田	〃	〃	4.4	4	0.7	0.8	3	640
14	1785-04(정조 09)	田	後坪	宜 2, 終 44	9.8	10	3.1	3	30	650
	1788-01(정조 12)	田	〃	〃	9.8	10	3.9	3.8	38	658
15	1776-01(영조 52)	畓	双溪隄下	箱字 77	15	5	4.1	12.4	62	660-3
	1779-07(정조 03)	畓	〃	箱字 75	2.7	2	7.2	9.6	19.5	660-2
	1790-01(정조 14)	畓	〃	箱字 75, 77	17.7	7	4.2	10.7	75	660-1

위 〈표 1〉의 1번 玄風 隷字畓 3斗落의 地価는 1699년(숙종 25)에 30냥이었으나 2년 후인 1701년에는 20냥으로 하락하여 이전의 2/3 정도 가격으로 거래됨을 볼 수 있다. 다음 2번 宝石 3두락 답의 地価는 1708년(숙종 34)에는 15냥이었으나 1717년(숙종 43)에는 60냥으로 이전 가격의 4배 정도 상승하였다가, 1733년(영조 9)에는 다시 1708년과 비슷한 수준인 17냥으로 하락하고 있음을 볼 수 있다.

또 4번 堤泉坪 阮字畓 8두락의 地価는 1728년(영조 4)과 1732년에는 42냥과 44냥이었으나 1738년(영조 14)에는 34냥으로 이전의 3/4 정도로 하락하고 있음을 볼 수 있다. 다음 5번 谷望亭 荒租畓 13두락의 地価는 1729년(영조 5)에는 48냥이었으나 1735년(영조 11)에는 20냥으로 이전의 거의 2/5 수준으로 하락하고 있음을 볼 수 있다. 7번 馬大 長字畓 4두락의 地価는 1729년(영조 5)에는 39냥이었으나 1744년

(영조 20)에는 29냥으로 이전의 3/4 수준으로 하락하고 있음을 볼 수 있다.

이를 통해 17세기 말~18세기 중반, 경북 월성군의 地価는 대체로 몇 가지 국면을 나타냄을 볼 수 있다. 당시 지가는 17세기 말의 지가와 비교하여, 1701~1710년까지는 하락하다가 1710년대에 와서 급등하였으며, 또한 1720년대 후반~1730년대 초반은 1701~1710년과 비슷한 수준을 보이다가 다시 1730년대 중반~1740년대 중반에는 급락 양상을 보이고 있다.[9]

나. 경북 盈德郡 李根華氏家의 전답매매 자료

아래 〈표 2〉는 이근화家의 18세기의 전답매매 명문 중 同一筆地 田畓의 전후 거래만을 정리한 것이다. 특히 이근화家 자료는 다른 집안 자료에 비해 점련문기의 수는 적지만 18세기 중엽~18세기 말까지의 地価 추이에 대한 구체적인 정보를 얻을 수 있다. 그럼 이근화家의 18세기 전답매매 자료를 구체적으로 살펴보자.

〈표 2〉 18세기 慶北 盈德郡의 田畓賣買価 변동(李根華氏家의 同一地番 田畓)

순번	내용 / 연대	田種	위치		면적		가격(銅錢: 兩)			자료번호
			洞里	地番	卜	斗落	1卜	1斗落	總価	
1	1733-01(영조 09)	田	乭大	夙字 19	8.7	8	4	4.4	35	579
	1756-??(영조 32)	田	〃	〃	8.7	9	2.2	2.1	19	603
	1784-12(정조 08)	田	〃	〃	8.7	7	1.4	1.7	12	648
2	1754-01(영조 30)	畓	大坪	讚字 49,51	12.3	6	3.6	7.4	44.5	600
	1762-12(영조 38)	畓	〃	讚字 49,50,51	13.3	6	5.3	11.6	70	609
	1770-12(영조 46)	畓	〃	讚字 49,50,51	13.3	6	4.1	9.2	55	621
3	1771-11(영조 47)	田	遠黃	章字 43,44,45	7.7		1		7.5	625
	1778-02(정조 02)	畓	黃竹	歸字 90,94	7.5	5.5	4	5.5	30	635
		田	遠黃	章字 43,44,45	7.7	15				
4	1772-02(영조 48)	畓	耳岩	平字 16,28	6.6	3	1.6	3.5	10.5	627
	1777-02(정조 원)	畓	〃	平字 16,28	6.6	3	1.7	3.7	11	633
5	1783-12(정조 07)	畓	連貫	戎字 38,40	4	1.5	3.8	10	15	644
	1792-03(정조 16)	畓	〃	戎字 38,40	4	1.5	8.8	23.3	35	661

9) 1701년(숙종 27)의 地価를 기준점 100으로 할 때(단 1708년을 1701년과 같은 수준이라고 볼 때) 1699년은 약 159가 되고, 1717년(숙종 43)은 약 400, 그리고 1728~1733년은 약 114, 1735~1744년은 39~65 정도로 볼 수 있을 것 같다.

우선 〈표 2〉의 1번 乭大 夙字田 8두락의 地価는 1733년(영조 9)에는 35냥이었으나 1756년(영조 32)에는 19냥으로 이전의 1/2 수준으로 하락하였고, 다시 1784년(정조 8)에는 12냥으로 이전의 1/3 수준으로 급락하고 있다. 다음 2번 大坪 讚字畓 6두락의 地価는 1754년(영조 30)에는 44.5냥이었으나 1762년(영조 38)에는 70냥으로 상승하다가, 1770년(영조 46)에는 다시 55냥으로 하락하고 있다. 그리고 5번 連貫 戎字畓 4두락의 地価는 1783년(정조 7)에는 15냥이었으나 1792년(정조 16)에는 35냥으로 이전의 2배 이상으로 급등하고 있다.

이를 통해 18세기 중반~18세기 말까지 영덕 지방의 地価는 대체로 몇가지 국면으로 나누어 볼 수 있다. 우선 1730년대 초반에 강세를 보이다가 1750년대에는 하락하였고, 1760년대에 와서는 재차 상승 국면을 보였다. 그리고 1770년~1780년대에는 하락하다가 1790년대에 들어와 상승하는 양상을 보이고 있음을 알 수 있다.[10]

이상의 손동만家, 이근화家 두 집안의 전답매매 자료의 분석을 통해서 17세기 말~18세기의 경북지방의 田畓価는 대체로 몇 단계 변화의 획기를 찾을 수 있다. 우선 1690~1710년대의 상승기(高地価 시기), 1760년대와 1790년대의 안정기(平地価 시기), 그리고 1730년대 중반~1750년대 중반의 하락기(低地価 시기)로 나눌 수 있을 것 같다. 특히 1730년대 중 · 후반경에는 지가의 급락이 심각하였음을 볼 수 있다.

(2) 19세기 점련문기 자료의 검토

가. 경북 盈德郡 李根華氏家의 전답매매 자료

아래 〈표 3〉은 이근화家의 19세기 전답매매 명문 중 同一筆地 田畓의 전후 거래만을 정리한 것이다. 이를 통해 19세기 경북지방의 地価 추이에 대한 약간의 정보를 얻을 수 있다.

---

10) 앞의 월성군의 1728~1733년의 지가 수준이 약 114이므로 영덕군의 1733년(영조 9) 지가를 월성군과 동일한 수준으로 가정할 때 1754년(영조 30)과 1756년은 약 62, 1762년(영조 38)은 약 98 정도 그리고 1770년은 약 77, 1792년(정조 16)은 약 91 정도로 볼 수 있다.

〈표 3〉 19세기 慶北 盈德郡의 田畓賣買価 변동(李根華氏家의 同一地番 田畓)

순번	내용 / 연대	田種	위 치		면 적		가 격(銅錢: 兩)			자료번호
			洞里	地 番	卜	斗落	1卜	1斗落	總価	
1	1827-11(순조 27)	畓	馬峴	竟字 25	2.5	2	20.4	25.5	51	674
	1837-01(헌종 03)	畓	〃	竟字 25	2.5	2	6.8	8.5	17	680
	1841-11(헌종 07)	畓	〃	竟字 25		2		16.5	33	681
	1853-03(철종 04)	畓	〃	竟字	3.7	1.5	4.1	10	15	686
2	1810-11(순조 10)	畓	九岩	拱字 35	2.5	1	5.6	14	14	671
	1853-11(철종 04)	畓	〃	拱字 4,5,6	13.8	5	9.4	26	130	687
	1864-12(고종 원)	畓	〃	拱字 4,5,6	13.8	5	11.6	32	160	694
3	1883-01(고종 25)	畓	沙川	陶字 100	7.8	5	21.8	34	170	707
	1893-01(고종 30)	畓		陶字	8	4	31.3	62.5	250	714

우선 〈표 3〉의 1번 馬峴 竟字畓 2두락의 地価는 1827년(순조 27)에는 51냥이었으나 1837년(헌종 3)에는 17냥으로 이전의 1/3 수준으로 급락하다가 다시 1841년(헌종 7)에는 33냥으로 조금 상승하였으나 여전히 1827년 수준에는 미치지 못하였다. 다음 2번 九岩 拱字畓 5두락의 地価는 1853년(철종 4)에는 130냥이었으나 1864년(고종 1)에는 160냥으로 상승하고 있다.

따라서 19세기 영덕 지방의 地価는 1820년대에 비해 1830년대 후반~1840년대 초반은 낮은 수준이었고 다시 1850년대 이후로는 점차 상승의 추세에 있었음을 짐작할 수 있다. 19세기의 지가 동향에 대해서는 이하에서 보다 상세하게 검토하겠다.

나. 경북 安東 金俊植氏家 전답매매 자료

아래 〈표 4〉는 安東市 김준식家 소장의 전답매매 자료 중 同一 田畓의 전후 거래만을 정리한 것이다. 특히 김준식家의 자료는 앞의 두 집안에 비해 점련문기가 가장 많고 대부분이 19세기의 것이므로 19세기 이후 田畓価의 동향을 파악할 수 있다는 점에서 유효하다. 그럼 김준식家의 자료를 통해 19세기 전답가의 추이를 살펴보자.

〈표 4〉 19세기 慶北 安東의 田畓賣買価 변동(金俊植氏家의 同一地番 田畓)

순번	내용 / 연대	田種	위치		면적		가격(銅錢: 兩)			자료번호
			洞里	地番	卜	斗落	1卜	1斗落	總価	
1	1769-01(영조 45)	畓	蛇穴員	玉字 94	1.6	2	15.6	12.5	25	9
		田	〃	玉字 95	6					
	1775-04(영조 51)	畓	〃	玉字 94	1.6	2	17.5	14	28	13
		田	〃	玉字 95, 96	6.9					
	1778-12(정조 02)	畓	境員	玉字 94	1.6	4	15.6	6.3	25	14
		田	〃	玉字 93,95,96	14.3					
	1850-12(철종 01)	畓	蛇穴員	玉字 94	1.6	3	31.3	16.7	50	64
		田	〃	玉字 93,95	10.7					
	1893-01(고종 30)	畓	〃	玉字 94	1.6	4	46.9	18.8	75	126
		田	〃	玉字 93,95,96	14.3					
	1898-??(광무 02)	畓	〃	玉字 94	1.6	3	13.1	7	21	142
		田	〃	玉字 93,95	10.7					
2	1769-12(영조 45)	畓	境員	玉字 93,95	8.4	2	2.2	9.3	18.5	10
	1775-12(영조 51)	畓	蛇穴員	玉字 93	7.4	2	2.3	8.5	17	12
3	1792-01(정조 16)	畓	江亭洞員	厥字 17	6	2.5	10.7	25.6	64	16
	1794-03(정조 18)	畓	〃	〃	6	2.5	7.5	18	45	21
	1792-04(정조 16)	田	〃	〃	5		4.8		24	17
	1792-11(정조 16)	田	〃	〃	5	2	4.4	11	22	18
4	1797-05(정조 21)	畓	炬洞員	結字 31	2.1		4.8		10	24
	1800-05(정조 24)	畓	〃	〃	2		5		10	27
5	1798-02(정조 22)	田	長仁洞員	貽字 59	2.9		3.5		10	25
	1801-01(순조 01)	田	〃	〃	2.9		4.1		12	29
6	1808-06(순조 08)	畓	蛇穴員	玉字 98	18.5	5	2.7	10	50	32
	1841-12(헌종 07)	畓	〃	玉字 99	18.5	5	3.8	14	70	56
	1896-03(건양 01)	畓	〃	玉字 98	18.5	4	1.5	6.8	27	169
7	1814-??(순조 14)	畓	大同員	璣字 77	11.7	5	20.8	48.6	243	36
	1836-05(헌종 02)	畓	大谷員	〃	11.7	5	17.1	40	200	53
	1837-05(헌종 03)	畓	〃	璣字 67	2.7	1.5	5.9	10.7	16	54
	1875-11(고종 12)	畓	〃	璣字 67,77	14.4	6.5	34.7	76.9	500	102
	1888-09(고종 25)	畓	〃	璣字 67,77	14.4	6.5	31.3	69.2	450	115
	1897-12(광무 01)	畓	〃	璣字 67,77	14.4	6.5	31.3	69.2	450	136
8	1824-11(순조 24)	畓	平章員	瑟字		3		26.3	79	173
		田	〃	瑟字		1				
	1829-01(순조 29)	畓	〃	〃		3		31.7	95	43
		田	〃	〃		1				
	1861-12(철종 12)	畓	〃	〃		3		35	105	79
		田	〃	〃 23,24	7.5	1				
9	1829-12(순조 29)	田	中川員	調字 43	7.8	3	5.1	13.3	40	44
	1830-02(순조 30)	田	〃	〃	7.8	3	5.8	15	45	45
10	1832-10(순조 32)	畓	木好員	瑟字 13,14	17.2	7	9.3	22.9	160	51
	1865-12(고종 02)	畓	〃	〃 13,14,15	29.8	7	7.9	33.6	235	88
	1871-01(고종 08)	畓	〃	〃 13,14,15	29.8	7	7.7	32.9	230	97
	1879-12(고종 16)	畓	〃	〃 13,14,15	29.8	7	11.7	50	350	110
11	1843-12(헌종 09)	田	烏川員	藏字 24	4.2		6		25	57
	1863-11(철종 14)	田	〃	莊字 24	4.2	1	6	25	25	85
12	1849-01(헌종 15)	畓	後大谷員	璇字 40,62,63	25.8	6	3.9	16.7	100	58
	1849-09(헌종 15)	畓	〃	璇字 40,62,63	25.8	6	5.8	25	150	61
	1877-05(고종 14)	畓	大谷員	璇字 40,62,63	25.8	6	8.5	36.7	220	105
	1886-09(고종 23)	畓	〃	璇字 40,62,63	25.8	6	10.9	46.7	280	113
	1888-11(고종 25)	畓	〃	璇字 40,62,63	25.8	6	11.6	50	300	116

순번	내용 연대	田種	위치 洞里	위치 地番	면적 卜	면적 斗落	가격(銅錢: 兩) 1卜	가격(銅錢: 兩) 1斗落	가격(銅錢: 兩) 總価	자료번호
13	1849-04(헌종 15)	畓	莊谷員	廉字 43	13.1	4	3.8	12.5	50	59
	1859-10(철종 10)	畓	〃	〃		4		26.3	105	73
	1859-12(철종 10)	畓	〃	〃	13.1	4	7.3	23.8	95	75
	1860-10(철종 11)	畓	〃	〃	13.1	4	8	26.3	105	76
	1890-12(고종 27)	畓	佳藏員	〃	13.1	4	18.3	60	240	121
	1889-03(고종 26)	田	石南員	慈字 46	6.3	2	4	12.5	25	117
	1890-02(고종 27)	田	〃	測字 25	3.1	2	7.1	11	22	120
	1898-11(광무 02)	畓	〃	廉字 43	12.1	4	31.4	95	380	144
		田	〃	慈 46, 測 25	9.3	4				
14	1849-12(헌종 15)	田	蛇穴員	玉字 99	18.5	4	3.1	14.3	57	62
	1862-11(철종 13)	田	〃	〃	18	4	5	22.5	90	83
15	1850-12(철종 01)	畓	廣石員	陞字 38	13	3	2.7	11.7	35	63
	1858-09(철종 09)	畓	〃	〃	13	3	3.8	16.7	50	71
	1862-12(철종 13)	畓	〃	〃	13	3	5.5	24	72	84
	1901-04(광무 05)	畓	〃	〃	13	3	20	86.7	260	154
	1906-10(광무 10)	畓	〃	〃	13	3	20.8	90	270	163
16	1856-12(철종 07)	畓	先大谷員	璇字 64	19.8	5	7.6	30	150	67
	1895-11(고종 32)	畓	〃	璇字 64	19.8	5	17.7	70	350	132
17	1857-11(철종 08)	畓	火洞員	承 44, 結 31	16.1	5	15.5	50	250	69
	1876-03(고종 13)	畓	〃	〃	16.1	5	19.9	64	320	104
18	1857-12(철종 08)	畓	火洞員	承字 45,46,48	14.9	4	13.4	50	200	70
	1878-01(고종 15)	畓	〃	〃	14.9	4	18.5	68.8	275	107
19	1858-11(철종 09)	田	蘆川員	旣字 30, 37	15.9	4	3.2	12.5	50	72
	1863-11(철종 14)	田	芦川員	〃	15.9	4	2.8	11	44	86
	1870-11(고종 07)	田	蘆川員	〃	15.9	4	2.8	11.3	45	95
	1902-02(광무 06)	田	芦川員	〃	15.9	4	8.8	35	140	157
20	1860-11(철종 11)	畓	古老洞員	生字 74	25.6	9	6.3	17.8	160	77
		田	〃	生72,73,77,78	10.7					
	1900-12(광무 04)	畓	〃	生字 74	25.6	9	25.4	72.2	650	145
		田	〃	生72,73,77,78	5.9					
21	1861-11(철종 12)	畓	牛毛員	晦字 25, 26	28.7	7	9.8	40	280	78
		畓	〃	魄字 18	1.5					
	1890-12(고종 27)	畓	〃	晦字 25, 26	28.7	7	13.6	55.7	390	122
		畓	〃	魄字 18	1.5					
	1893-01(고종 30)	畓	〃	晦字 25, 26	33.7	7	12.5	60	420	127
		畓	〃	魄字 18	6.5					
	1893-11(고종 30)	畓	〃	晦字 25, 26	28.5	7	16.5	67.1	470	130
		畓	〃	魄字 18	1.5					
22	1862-11(철종 13)	畓	中野員	東字 15	11.3	3	10.2	38.3	115	81
	1868-01(고종 05)	畓	〃	〃	11.3	3	8.4	33.3	100	89
	1877-11(고종 14)	畓	〃	〃	11.3	3	16	60	180	106
	1879-*3(고종 16)	畓	〃	〃	11.3	3	11.5	43.3	130	109
	1899-12(광무 03)	畓	〃	東字 5	11.3	3	24.8	93.3	280	150

우선 위 〈표 4〉의 1번 蛇穴員 玉字田畓에서 1778년(정조 2) 4두락의 地価는 25냥이었으나 1850년(철종 1)에는 50냥으로 이전의 2배 정도나 상승했고 다시 1893년(고종 30)에는 75냥으로 이전의 3배 정도로 등귀하였음을 볼 수 있다.[11] 이를 통해 지가는 18세기에 비해 19세기에 들어와 대체로 상승 추세에 있으며 특히

1890년대에 와서 급등하였음을 볼 수 있다.

다음 6번 蛇穴員 玉字畓 5두락의 地価는 1808년(순조 8)에는 50냥이었으나 1841년(헌종 7)에는 70냥으로 이전보다 1.4배가량 상승하였지만 다시 1896년(건양 1)에는 27냥으로 급락하고[12] 있음을 볼 수 있다. 7번 大谷員 璣字畓의 地価는 1814년(순조 14)에는 243냥이다가 1836년(헌종 2)에는 200냥으로 조금 하락하였지만 다시 1875년(고종 12)에는 500냥으로 이전의 2배 이상으로 등귀하였으며 그 후 1888년(고종 25)과 1897년(광무 1)에도 450냥으로 높은 수준을 유지하고 있다.

그리고 13번 莊谷員 廉字畓 4두락의 地価는 1849년(헌종 15)에는 50냥이었으나 1859년(철종 10)에는 105냥으로 이전의 2배 이상 급등하였고, 다시 1890년(고종 27)에는 240냥으로 이전의 5배 정도로 계속 등귀하고 있음을 볼 수 있다. 15번 廣石員 陞字畓 3두락의 地価는 1850년(철종 1)에는 35냥이었으나 1862년(철종 13)에는 72냥으로 이전의 2배 이상 등귀하였고 1901년과 1906년에는 260냥과 270냥으로 처음의 8배 정도로 계속 등귀하였다. 그 외의 다른 地番의 田畓도 거의 비슷한 경향을 보이고 있음을 알 수 있다.

따라서 19세기 안동 지방의 地価는 대체로 1840년대까지는 보통의 수준을 유지하다가, 1850년대 이후부터는 계속적인 등귀 경향을 보이고 있음이 확인된다.[13]

이상의 이근화씨, 김준식씨 두 집안의 전답매매 자료의 분석을 통해서 19세기 경북지방의 田畓価는 대체로 몇 단계 변화의 획기를 찾을 수 있다. 즉 1891년 이후의 급등기(最高地価 시기), 1850년~1880년대의 상승기(高地価 시기), 1800년~1840년대의 안정기(平地価 시기)로 나눌 수 있을 것 같다. 특히 17세기 말~19세기 경북지방의 地価를 보면, 18세기에 비해 19세기에 들어와 상승의 경향이 계속

11) 앞의 영덕군의 1770년의 지가 수준을 약 77로 가정했는데, 안동군의 1778년의 지가 수준을 영덕군의 1770년과 같은 수준으로 볼 때 1850년은 약 154가 되고, 1893년은 231이 된다.

12) 1896년(건양 1)의 지가 급락은 1894년(고종 31) 7월에 新式貨幣章程을 공포하고 은본위제를 채용한 것과 관련 있는 것은 아닐까 생각된다.

13) 19세기 내에서 1808년(순조 8)의 가격 수준을 기준점 100으로 할 때(단 1808년과 1814년의 가격 수준을 동일하다고 가정함) 1836년(헌종 2)은 약 82, 1841년과 1849년은 약 140, 1859년(철종 10)은 약 294, 1862년은 약 288, 1875년(고종 12)은 약 206, 1888년은 약 185, 1890년(고종 27)은 약 672, 1897년은 약 185, 1906년은 약 1,080 정도로 볼 수 있다.

이어졌는데, 그 경향은 1850년 이후 본격적으로 진행되어 1890년 이후에는 가장 등귀하는 시기였음을 볼 수 있다.

2) 전남지방의 지가 변화

전답가의 분석에 앞서 전남지방의 화폐유통의 특징에 대해 간략히 언급하면 다음과 같다. 이 지역에서는 18세기 초까지 전답의 거래가 면포나 미곡 등 현물화폐로 행해지고 있는데, 앞의 경북지방의 경우 1695년경에 銅錢이 본격적으로 유통된 것과 비교할 때, 전남지방은 경북지방에 비해 동전의 본격적 유통이 시기적으로 10년 정도 늦음을 볼 수 있다.[14] 그런데 전라도는 경상도에 비해 일반적으로 場市가 더욱 발달하였을 뿐 아니라 해상이나 육상의 교통 측면에서도 중앙과의 연계성이 뛰어난 편이었다. 그런데 화폐 유통이나 사용에 있어서는 좀 더 보수적 측면을 보이는 것은 어떤 이유일까.

중앙 정부의 화폐유통 정책이 전남지방보다 경북지방에서 먼저 추진되었으며 더욱 강력하게 추진된 것은 아닐까, 또는 경북지방이 전남지방에 비해 중앙 정부의 화폐 정책을 쉽게 수용할 사회 · 정치적 조건이었던 것은 아닐까 등과 같은 추측도 가능하다. 하지만 이러한 두 지방의 화폐사용 실태의 차이는 좀 더 깊은 천착과 다른 지역에 대한 폭넓은 조사가 이루어질 때 보다 명확해질 것으로 생각된다.

그럼 전남지방의 전답매매 자료를 앞의 경북지방의 경우와 마찬가지로 18세기와 19세기로 나누어서 살펴보겠다.

(1) 18세기 점련문기 자료의 검토

아래 〈표 5〉는 文化柳氏家 소장 18세기의 전답매매 명문 중 동일필지 전답의

14) 전라도가 경상도에 비해 동전의 유통이 10년 정도 늦은 것은 일반적인 현상으로 생각된다. 그것은 해남 윤씨가와 부안 김씨가, 그리고 남원 · 구례의 삭녕 최씨가 등의 소장 고문서에서도 확인된다(韓國精神文化研究院, 『古文書集成 3 -海南尹氏篇』, 1986; 『古文書集成 2 -扶安 扶安金氏篇』, 1998; 『古文書集成 72 -南原 · 求礼 朔寧崔氏篇(1)』, 2004).

신구 거래만을 정리한 것이다. 이를 통해 18세기의 전남지방 전답가의 추이를 구체적으로 살펴볼 수 있다. 그럼 문화 유씨가의 18세기 전답매매 자료를 구체적으로 검토해 보자.

〈표 5〉 18세기 全南 求礼郡의 田畓賣買価 변동(文化柳氏家의 同一地番 田畓)

순번	내용 / 연대	田種	위 치		면 적		가 격(銅錢: 兩)			자료번호
			洞里	地番	卜	斗落	1卜	1斗落	總価	
1	1719-03(숙종 45)	畓	九亭員	奈字	17.7	4	2.1	9.5	38	27
	1722-03(경종 02)	畓	〃	〃	17.7	4	2.3	10.3	41	26
	1725-12(영조 01)	畓	〃	〃	14.2	4	2.8	10	40	131
	1732-10(영조 08)	畓	具亭子員	〃	14.7	4	1.8	6.5	26	112
	1733-01(영조 09)	畓	〃	〃	14.7	4	2.0	7.5	30	113
	1758-11(영조 34)	畓	九亭員	〃	17.7	4	2.5	11	44	25
	1764-04(영조 40)	畓	〃	〃	17	4	3.1	13	52	24
	1705-03(숙종 31)	畓	懼亭子	奈字	22.2	5	2.3	10	50	349
	1707-03(숙종 33)	畓	仇亭員	〃	22.2	5	1.8	8	40	345
	1715-01(숙종 41)	畓	〃	〃	22.2	5	1.6	7	35	343
	1740-04(영조 16)	畓	〃	〃	22.2	5	1.4	6	30	342
	1752-02(영조 28)	畓	〃	〃	22.2	5	1.4	6	30	341
2	1713-01(숙종 39)	畓	浦坪員	重字	10.4	3	2.4	8.3	25	29
	1735-*4(영조 11)	畓	〃	〃	10.4	3	1.3	4.7	14	30
3	1717-02(숙종 43)	畓	世草味員	称字	11.2	3	3.3	12.3	37	51
	1741-03(영조 17)	畓	馬鞭亭員	〃	11.9	3	2.1	8.3	25	50
	1752-11(영조 28)	畓	細草木員	禰字	11.9	3	1.8	7	21	49
	1756-02(영조 32)	畓	〃	〃	11.9	3	1.5	6	18	48
4	1714-02(숙종 40)	畓	松亭下員	海字	5.6	2	4.8	13.5	27	126
	1718-02(숙종 44)	畓	〃	〃	5.6	2	4.8	13.5	27	127
	1722-08(경종 02)	畓	〃	〃	6	2	5	15	30	130
5	1733-10(영조 09)	畓	大川員	金字	9.4	3	1	3.3	10	90
	1734-05(영조 10)	畓	〃	〃	9	3	1.3	4	12	83
	1750-03(영조 26)	畓	〃	〃	9.4	3	1.4	4.3	13	89
6	1725-03(영조 01)	畓	九万員	鹹字	4.4	1.5	3.4	10	15	152
	1729-10(영조 05)	畓	〃	〃	5	1.5	2.2	7.3	11	151
	1741-01(영조 14)	畓	〃	〃	4.4	1.5	2	6	9	150
7	1731-09(영조 07)	畓	柳梈坪	露字	16.4	5	1.6	5.4	27	125
	1735-02(영조 11)	畓	〃	〃	16.4	5	1.8	6	30	123
	1748-03(영조 24)	畓	〃	〃	16.4	5	1.8	6	30	122
	1751-03(영조 27)	畓	〃	〃	16.4	5	2.4	7.8	39	124

순번	내용 / 연대	田種	위치 洞里	위치 地番	면적 卜	면적 斗落	가격(銅錢: 兩) 1卜	가격 1斗落	가격 總価	자료번호
8	1714-02(숙종 40)	田	玉伊川坪	月字	22.1	9	1.8	4.4	40	362
	1715-03(숙종 41)	田	加叱加坪	〃	30	9	1.4	4.7	42	390
	1716-11(숙종 42)	田	〃	〃	32.1	9	1.1	3.9	35	361
	1727-03(영조 03)	田	〃	〃	32.1	9	0.7	2.7	24	391
	1741-05(영조 17)	田	〃	〃	27.3	9	0.5	1.7	15	364
	1741-10(영조 17)	田	〃	〃	27.3	9	0.5	1.7	15	389
	1783-07(정조 07)	田	〃	〃	27.2	9	1.1	3.3	30	363
9	1729-01(영조 05)	畓	三水坪	果字	41.9	10	2.3	9.7	96.5	39
	1767-02(영조 43)	畓	〃	〃	41.9	10	2.5	10.5	105	38
	1783-02(정조 07)	畓	〃	〃	41.9	10	3.8	16	160	37
10	1749-02(영조 25)	畓	天皇峙	騰字	53.3	11	1.3	6.1	67	241
	1765-12(영조 41)	畓	吾里洞	〃	53.4	11	1.9	9.1	100	240
	1766-01(영조 42)	畓	〃	〃	53.4	11	1.9	9.2	101	238
11	1750-04(영조 26)	畓	桶洑員	生字	16.3	4	1.2	5	20	355
	1753-02(영조 39)	畓	〃	〃	16.3	4	2.5	10	40	351
	1755-12(영조 31)	畓	〃	〃	16.3	4	2.8	11.5	46	352
	1769-02(영조 45)	畓	〃	〃	16.3	4	2.5	10	40	353
	1777-01(정조 01)	畓	〃	〃	16.3	4	2.8	11.3	45	354
12	1753-03(영조 29)	畓	九亭子員	李字	8	3	2.2	5.8	17.5	98
	1760-01(영조 36)	畓	〃	〃	10	3	1.9	6.3	19	97
	1787-01(정조 11)	畓	〃	〃	11.1	3	3.8	14	42	95
	1787-07(정조 11)	畓	〃	〃	11.1	3	3.6	13.3	40	94
13	1768-01(영조 44)	畓	八松亭	露字	14.4	5	3.1	9	45	415-1
	1773-12(영조 49)	畓	〃	〃	14.4	5	3.8	10.8	54	415
	1779-01(정조 03)	畓	〃	〃	14.4	5	3.8	11	55	414
14	1751-02(영조 27)	畓	九万里	李字	52.6	13	4.5	18.1	235	45
	1755-06(영조 31)	畓	〃	〃	52.6	13	4.5	18.1	235	44
	1791-12(정조 15)	畓	〃	〃	51.1	13	4.6	18.1	235	43

위 〈표 5〉의 1번 九亭員 奈字畓 1斗落의 地価는 1705년(숙종 31)~1707년(숙종 33)경에는 9냥 전후이다가 1715년(숙종 41)~1719년(숙종 45)경에는 8냥 전후로 약간 하락하였으나 1722년(경종 2)~1725년(영조 1)경에는 10냥 전후로 약간 상승하고 있다. 이후 1730년대 초반에는 7냥 전후로 1740년과 1752년에는 각각 6냥 정도로 더욱 하락하다가 1758년(영조 34)과 1764년(영조 40)에는 12냥 전후로 상승하고 있다. 2번 浦坪員 重字畓 3斗落의 지가는 1713년(숙종 39)에는 25냥이었으나 1735년(영조 11)에는 이전의 1/2 정도에 불과한 14냥으로 급락하고 있다.

그리고 3번 世草木員 称字畓 3斗落의 지가는 1717년(숙종 43)에는 37냥이다가

1741년(영조 17)에는 25냥으로 하락하다가 1752년(영조 28)과 1756년(영조 32)에는 각각 21냥, 18냥으로 더욱 하락하였다. 4번 松亭下員 海字畓 2두락의 지가는 1714년(숙종 40)과 1718년(숙종 44)에 각각 27냥이다가 1722년(경종 2)에는 30냥으로 조금 상승하고 있다. 5번 大川員 金字畓 3두락의 지가는 1733년(영조 9)과 1734년에는 각각 10냥과 12냥이다가 1750년(영조 26)에는 13냥으로 거의 비슷한 양상을 보이고 있다.

또한 6번 九万員 醎字畓 1.5두락의 지가는 1725년(영조 1)에는 15냥이다가 1729년(영조 5)에는 11냥으로 조금 하락하다가 1741년(영조 17)에는 9냥으로 더욱 하락하고 있다. 7번 柳停坪 露字畓 5두락의 지가는 1731년(영조 7)에는 27냥이다가 1735년(영조 11)과 1748년(영조 24)에는 각각 30냥으로 조금 상승하다가 1751년(영조 27)에는 39냥으로 더욱 상승하였다. 8번 加叱加坪 月字田 9두락의 지가는 1714년(숙종 40)~1716년에는 40냥 정도이다가 1727년(영조 3)에는 24냥으로 하락하고 1741년(영조 17)에는 15냥으로 더욱 하락하고 있다. 하지만 1783년(정조 7)에는 30냥으로 재차 상승하고 있다.

9번 三水坪 果字畓 10두락의 지가는 1729년(영조 5)에는 96.5냥이다가 1767년(영조 43)에는 105냥으로 조금 상승하다가 1783년(정조 7)에는 160냥으로 급등하였다. 10번 天皇峙 騰字畓 11두락의 지가는 1749년(영조 25)에 67냥이다가 1765년(영조 41)과 1766년에는 각각 100냥, 101냥으로 상승하였다. 11번 桶洑員 生字畓 4두락의 지가는 1750년(영조 26)에는 20냥이다가 1753년(영조 29)과 1755년에는 각각 40냥, 46냥으로 상승하다가 1769년(영조 45)과 1777년(정조 1)에도 비슷한 수준을 유지하였다.

12번 九亭子員 李字畓 3두락의 지가는 1753년(영조 29)에는 17.5냥이다가 1760년(영조 36)에는 19냥으로 조금 상승하다가 1787년(정조 11)에는 41냥 정도로 이전의 2배 이상 급등하고 있다. 13번 八松亭 露字畓 5두락의 지가는 1768년(영조 44)에는 45냥이다가 1773년(영조 49)과 1779년(정조 19)에는 55냥 전후로 점차 상승하고 있다. 14번 九万里 李字畓 13두락의 지가는 1751년(영조 27)과 1755년(영조 31)에는

235냥이다가 1791년(정조 15)에도 235냥으로 같은 수준을 보이고 있다.

이상에서 18세기의 전남 구례군의 지가는 대체로 몇 단계 변화의 획기를 찾을 수 있다. 18세기 이 지역의 지가는 대체로 1780년대의 상승기(고지가 시기), 1701년~1720년대와 1750년대 중반~1770년대의 안정기(평지가 시기), 1730년대 중반~1750년대 초반의 하락기(저지가 시기)로 나누어 볼 수 있다. 특히 1740년경에는 지가의 급락이 심각하였음을 볼 수 있다.

(2) 19세기 점련문기 자료의 검토

아래 〈표 6〉은 文化柳氏家 소장의 19세기 전답매매 명문 가운데 동일필지 전답의 新旧 거래만을 정리한 것이다. 이를 통해 19세기의 전남지방 전답가의 추이를 구체적으로 살펴볼 수 있다.

〈표 6〉 19세기 全南 求礼郡의 田畓賣買価 변동(文化柳氏家의 同一地番 田畓)

순번	내용 / 연대	田種	위치		면적		가격(銅錢: 兩)			자료번호
			洞里	地番	卜	斗落	1卜	1斗落	總価	
1	1801-03(순조 01)	畓	堂山坪	醎字	4.9	2	4.5	11	22	455
	1807-02(순조 07)	畓	〃	〃	4.7	2	5.7	13.5	27	520
	1808-12(순조 08)	畓	〃	〃	4.9	2	5.5	13.5	27	521
	1809-03(순조 09)	畓	〃	〃	4.9	2	8.2	20	40	522
	1814-02(순조 14)	畓	〃	〃	4.9	2	7.1	17.5	35	523
	1823-11(순조 23)	畓	〃	〃	4.9	2	2.4	6	12	453
2	1789-04(정조 13)	畓	加耕坪	金字	10.6	3	2.4	8.3	25	466
	1790-02(정조 14)	畓	〃	〃	10.6	3	2.2	7.7	23	465
	1801-01(순조 01)	畓	〃	〃	10.6	3	4.2	15	45	463
	1815-03(순조 15)	畓	〃	〃	10.6	3	2.8	10	30	464
	1822-10(순조 22)	畓	〃	〃	13	3	2.1	9	27	462
	1853-04(철종 04)	畓	月明洞	〃	10.7	3	5.1	18.3	55	487
	1862-10(철종 13)	畓	深城坪	〃	10.7	3	6.5	23.3	70	488
	1875-10(고종 12)	畓	月明洞	〃	10.7	3	9.3	33.3	100	486
3	1829-03(순조 29)	畓	五美洞	騰字	12	2.5	2.9	1.4	35	519
	1838-*4(헌종 04)	畓	〃	〃	12	2.5	3.3	16	40	518
	1895-11(고종 32)	畓	環洞坪	〃	13.1	3	10.3	45	135	512
	1896-01(건양 01)	畓	五美洞	〃	13	3	15.4	66.7	200	508

위 〈표 6〉의 1번 堂山坪 醎字畓 2두락의 지가는 1801년(순조 1)에는 22냥이다가 1807년과 1808년에는 27냥으로, 1809년과 1814년에는 40냥과 35냥으로 점차 상승 추세를 보이다가 1823년(순조 23)에는 12냥으로 급락하였다. 2번 加耕坪(月明洞) 金字畓 3두락의 지가는 1789년(정조 13)과 1790년에는 24냥 정도이다가 1801년(순조 1)에는 45냥으로 거의 2배가량 급등하였고, 1815년(순조 15)과 1822년(순조 22)경에는 29냥 정도로 다시 하락하였다. 그리고 1853년(철종 4)에는 55냥으로 급등하고 그 추세는 계속 이어져 1862년(철종 13)에는 70냥으로, 다시 1875년(고종 12)에는 100냥으로 계속 상승하였다.

그리고 3번 五美洞 騰字畓 3두락의 지가는 1829년(순조 29)에는 42냥이다가 1838년(헌종 4)에는 48냥으로[15] 조금 상승하다가 1895년(고종 32)과 1896년(건양 1)에는 각각 135냥과 200냥으로 급등하고 있다.

이상에서 19세기의 전남 구례군의 지가는 대체로 몇 단계 변화의 획기를 찾을 수 있다. 19세기 이 지역의 지가는 대체로 1890년대의 급등기(최고지가 시기), 1850년~1880년대의 상승기(고지가 시기), 1801년~1810년과 1830년~1840년대의 안정기(평지가 시기), 1810년~1820년대의 하락기(저지가 시기)로 나누어 볼 수 있다. 특히 전남지방의 지가는 18세기에 비해 19세기에 들어와 상승의 경향이 지속되었는데, 그 경향은 1850년 이후 본격적으로 진행되어 1890년 이후에는 가장 급등하는 양상을 볼 수 있다.

4. 18~19세기 지가 추이와 지역간 연동성

1) 18~19세기 지가 추이

여기에서는 앞에서 이용한 경북 월성의 손동만씨와 안동의 김준식씨 두 집안의

15) 1829년과 1838년의 2.5두락의 가격을 3두락으로 환산할 때 각각 42냥과 48냥으로 계산하였다.

田畓賣買明文 가운데 田을 제외한 畓에 대한 전체 매매 데이터를 이용하여 18~19세기의 지가 추이를 살펴보겠다.

지가의 장기시계열을 구축하기 위해서 1689년부터 1793년까지는 손동만家 자료를, 1793년 이후부터 1893년까지는 김준식家 자료를 이용하였다. 같은 해에 두 개 이상의 자료가 관측될 때는 그 평균값을 사용하였다. 지가의 장기적인 추이를 보다 쉽게 확인하기 위해 1700년을 기준으로 삼아 당시의 지가지수를 100으로 하였다.

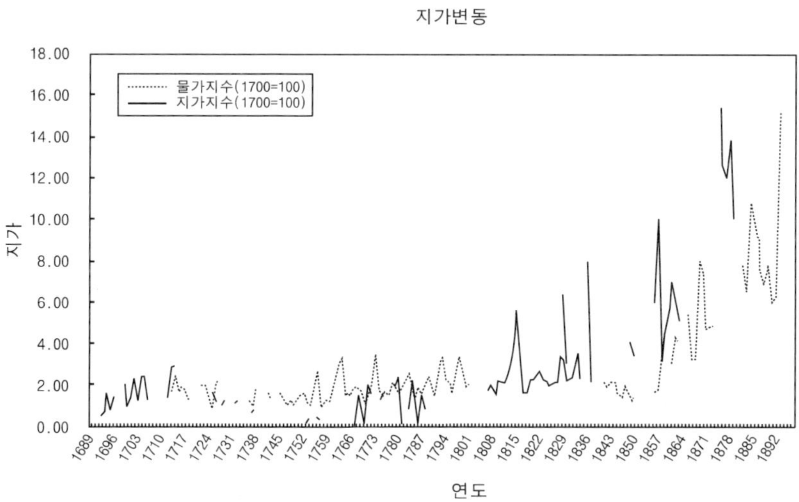

〈그림 1〉 조선후기 지가와 물가 변화(1689~1893년)

위의 〈그림 1〉을 통해 볼 때 18~19세기 지가는 크게 네 차례의 급격한 상승 국면을 형성하고 있음을 확인할 수 있다. 곧, 18세기에는 1689~1725년과 1765~1790년, 그리고 19세기에는 1830~1860년대와 1890년 이후[16]라고 하는 큰 흐름을 읽을

16) 1890년 이후의 지가 급등 현상은 앞의 세 시기와 달리 화폐적 요인이 많았을 것으로 생각된다. 주지하듯이 1866~1868년 사이에는 이전보다 100배의 명목가치를 높인 当百錢이 발행되었으며, 1883~1893년 사이에는 当五錢이, 그리고 1895~1905년 사이에는 白銅貨가 발행되었다. 이처럼 19세기 후반은 명목가치를 높인 화폐 주조와 남발, 유통으로 인해 급격한 인플레이션이 진행되던 시기였기에, 이 시기 지가의 경우도 그 영향을 강하게 받았을 것으로 생각된다.

수 있다.

이 결과를 앞에서 점련문기를 통해 분석한 결과와 비교해 볼 때 변화의 전후 시기에 있어서 조금 차이는 있지만 큰 추세는 비슷한 국면을 보이고 있음을 알 수 있다. 이는 점련문기 분석의 경우는 단기간의 좀 더 미시적인 흐름을 해석한 것인 반면 〈그림 1〉은 장기간의 좀 더 거시적인 결과를 해석한 것이므로, 그에 따른 차이라 생각된다.

〈그림 1〉에 보이는 조선후기의 지가 추이는 어느 정도 신뢰할 수 있는 결과로 보인다. 전라도 求礼(1705~1793년)와 경상도 常州(1781~1885년) 두 지방의 전답매매 자료를 장기시계열하여 분석한 결과에 의하면, 18세기에는 1730~1750년대 사이에 지가가 하락하다가 1750~1760년대를 고비로 상승으로 전환되며, 19세기의 지가는 1830~40년대를 중심으로 상승 추세로 전환되고 있음을 확인했다.[17]

따라서 18~19세기 지가의 장기 추이는 대체로 1689~1725년과 1765~1790년, 그리고 1830~1860년대와 1890년 이후의 큰 상승 국면과 1730~1740년대의 큰 하락 국면을 읽을 수 있겠다.

2) 지가 변화의 연동성

경북지방과 전남지방의 18~19세기 지가 변동의 추이를 살펴본 결과, 지역적인 특징과 시간적인 간격 그리고 자료상의 문제 등이 상존하지만, 당시 지가 변동의 추이는 두 지역이 대체로 비슷한 양상을 보이고 있음을 확인할 수 있다. 다만 地価가 1710년대의 경우 경북지방은 급등하였으나 전남지방은 이 시기에 안정을 보이다가 오히려 1720년 이후에 상승의 추세를 보였으며, 그리고 1780년대의 경우 경북지방에서는 지가가 하락하였으나 전남지방은 이 시기에 오히려 급등하는 양상을 보이고 있다. 또한 경북지방의 경우 1830년대에 지가가 하락하였으나 전남지방에서는

17) 全成昊, 『朝鮮後期 米価史 研究(1725~1875)』, 성균관대 박사학위논문, 1998, 204~209쪽.

오히려 1820년대에 지가가 하락하다가 1830년대에 와서는 점차 상승하는 경향을 보이고 있다. 이처럼 당시 두 지역 간의 지가는 약간의 시차를 보이고는 있지만 상당히 유의적이며 연동성이 강하다고 볼 수 있다.

특히 주목되는 점은 앞에서도 간략히 언급했지만, 상평통보의 유통에 있어서 경북지방의 경우 서울에서 상평통보가 주조된 지 10여 년이 지난 1695년경에 田畓의 거래에 동전이 본격적으로 이용되고 있음에 비해서[18] 전남지방의 경우는 경북지방보다 10년 정도 늦은 1705년을 전후하여[19] 전답의 거래에 동전이 본격적으로 이용되고 있다. 이러한 사실은 기존의 布 · 米穀 등 실물화폐 경제에서 명목화폐 경제로의 전환이 18세기에 들어와 본격적으로 진행되었음을 의미함과 동시에 중앙의 경제 동향이 지방경제와 밀접하게 연동될 수 있는 조건이 보다 성숙되었음을 나타낸다. 그런데 이러한 중앙과 경북 · 전남 지방의 동전 유통의 시차는 어떠한 의미를 가지며 그것이 직접적으로는 지가 변동의 추이에 어떻게 반영되고 있었을까. 그것은 다음의 기사를 통해서 어느 정도 추론 가능할 것이다.

> (영의정) 洪이 아뢰기를, "呂州 田土는 기름져서 土価가 본래 높아 1斗(落)의 地価가 數十貫에 이르렀습니다. 그러나 근년 이래로 地価가 매우 賤하여 불과 6, 7貫에 불과하다고 합니다. 가히 流亡이 날로 늘고 民戶가 축소됨을 알겠습니다. …" 하였다.[20]

위의 영의정 洪致中의 언급과 같이 경기도 여주의 경우는 1두락의 地価가 평소 수십 냥에 이르렀는데, 1731년(영조 7) 당시에는 겨우 6, 7냥에 불과할 정도로 급격하게 하락하여 심각한 사회 문제가 되고 있었다. 이처럼 조선후기의 지가 변동은 기존 지주제에도 큰 영향을 미쳐 경제의 재분배가 야기되었을 것이며, 소농 경제에

---

18) 慶北 醴泉郡 權滄龍氏家 소장의 田畓賣買明文에서도 田畓의 매매에 銅錢이 본격적으로 사용되는 시기는 1696년(숙종 22) 전후였다(李樹健편, 『慶北地方古文書集成』, 嶺南大出版部, 1981).

19) 앞의 註 14 참조.

20) 『備邊司謄錄』 권89, 英祖 7년 3월 27일: "洪曰(領議政) 呂州因土膏沃 土価本自高踴 一斗之地価至數十貫矣 近年以來価甚賤 不過六七貫云 可知流亡日滋 民戶日縮矣."

도 큰 영향을 주었던 것이다. 여기서 주목되는 점은 경기도에서는 1730년경에 심각한 저지가 현상이 발생하였지만 앞에서도 언급한 것과 같이 경북지방에서는 1735년경에, 그리고 전남지방에서는 1740년경에 지가의 하락 현상이 뚜렷이 나타났다는 사실이다. 한편 지가 하락 시점 이외에 지가 상승의 시점에 있어서도 이와 비슷한 현상을 볼 수 있다. 예를 들면 경북지방의 경우 1710년대에 지가 상승이 두드러졌으나 전남지방은 1710년대보다 1720년 초반경에 와서 지가가 더욱 상승하였다. 이것은 동전의 유통에서 보듯이 중앙의 물가 동향이 지방에까지 미치는 시간적인 간격의 차이로 볼 수 있지 않을까 한다. 물론 여기서 동전의 유통에서와 마찬가지로 18세기 초반경까지만 보면 경북지방이 전남지방에 비해서 중앙의 지가 동향에 좀 더 빨리 연동되고 있다고 볼 수 있다.

이처럼 18~19세기에 중앙의 경제 동향이 지방에 미치는 정도의 시차는 존재하지만 중앙과 지방 경제의 연동성이 상당히 진전되었음을 확인할 수 있다. 물론 이러한 경향은 경북지방과 전남지방의 지가 동향이 상당히 유의적인 관계에 있음을 통해서도 확인할 수 있다.

5. 맺음말

이 장에서는 18~19세기의 경북지방과 전남지방의 田畓賣買明文을 이용하여 명목지가의 변화를 분석하였다. 특히 이 시기 전답가의 변화를 보다 구체적으로 파악하기 위해 동일지역 내의 同一地番 田畓의 신구거래 사항을 기록한 점련문기를 이용해 당시 지가 변동 추이를 구체적으로 살펴보았다. 또한 자료의 수가 충분치 않은 점련문기를 통한 해석상의 오류를 보완하기 위해 장기시계열을 갖추고 있는 경북지방의 전답매매 데이터를 산술평균하여 18~19세기 지가 변동의 추이를 개략적으로 파악하였다. 나아가 이 시기에 중앙의 물가 동향이 지방에 실질적으로 미치는 효과를 간단히 살펴보고, 경북지방과 전남지방의 지가 동향의 상호 비교를 통해 지역 간의 물가 연동성 문제도 간단히 살펴보았다.

본 연구의 실증 결과는 다음과 같은 몇 가지 흥미로운 사실을 보여 준다. 첫째, 18~19세기 지가의 장기 추이는 대체로 1689~1725년과 1765~1790년, 그리고 1830~1860년대와 1890년 이후의 큰 상승 국면과 1730~1740년대의 큰 하락 국면을 읽을 수 있었다. 둘째, 중앙의 물가 동향이 시차를 두고 지속적으로 경북지방과 전남지방에 영향을 미치고 있다. 그 구체적인 사례로 지가의 급격한 하락 현상이 경기도에서는 1730년경에 진행되었으나 경북지방의 경우는 1735년경에, 전남지방은 1740년경에 나타났다. 이처럼 중앙의 물가 동향이 즉시 반영되지 못하고 일정한 시차를 두고 반영되는 것은 시장의 미성숙과 불완전한 정보 그리고 자본재로서 토지의 성격 때문인 것으로 생각된다. 셋째, 각 지역에서 동전이 본격적으로 유통되는 시점은 그 지역 물가 변동의 추이와 밀접한 관련을 맺고 있다. 곧 경북지방에서는 서울에서 상평통보가 주조된 지 10여 년이 지난 1695년경에 田畓의 거래에 동전이 본격적으로 이용되고 있음에 비해서 전남지방은 경북지방보다 10년 정도 늦은 1700년 초반경에 전답의 거래에 동전이 본격적으로 이용되었다. 이러한 동전의 유통 시차와 같이 경북지방과 전남지방의 지가 추이도 일정한 시차를 보이고 있었다. 넷째, 지가 추이에 있어 경북지방과 전남지방은 시차를 두고 상당히 유의적인 관계에 있음을 볼 때, 다른 지역의 경우도 이와 비슷한 양상을 보일 것으로 생각할 수 있다.

하지만 본 연구의 분석처럼 지가 변화가 지역마다 혹은 시기적으로 모두 상당히 유의적인 관계에 있는 것만은 아닐 수 있기에 연구 결과에 대한 해석은 상당히 제한적일 수밖에 없다. 또한 여기서 이용한 자료가 경북과 전남 지방 내에서도 일부 자료이며 점련문기의 수도 많지 않고, 그리고 아직도 분석해야 할 다른 지역의 자료가 다수 존재하므로 본 연구의 결과는 제한된 해석이 필요하다. 보다 구체적인 실질지가와 물가와의 관련은 다음 장에서 논한다.

제3장 조선후기 지가와 물가 변화

1. 문제 시각

17세기 후반 이후 한국 경제에는 화폐가 도입되고 유통산업이 확대되었다. 유통경제의 발달과 더불어 인구가 급증하면서 거래량은 확대되고 물가는 급속한 변화를 보이기 시작했다. 지주와 상인은 토지와 유통과정을 독점하면서 생산과 유통을 통한 독점이익을 추구하였다. 물가 상승으로 농민계층은 생산비용과 생계비용의 부담으로 분화되기 시작하고 농업부분에서 반발된 농민들은 유통부분으로 편입되었다.

이 시기에 한국경제는 농업경제에 기반을 두고 있었기에 산업생산에서 미곡을 중심으로 하는 농업생산이 주요산업이었다. 따라서 미곡은 대표적인 생산재인 동시에 주식으로서 대표적인 소비재이었으며, 미곡가격의 변화는 물가의 대용변수로서 경제에 큰 영향을 끼치게 된다. 토지는 생산요소이며 동시에 자본재로서 부의 축적 수단으로 사용되었기 때문에 지가 변화는 부의 축적과 계층 분화에 밀접하게 관련이 있다.

본 연구는 화폐가 도입되어 전국적으로 유통되기 시작하는 1689년부터 1821년까지의 지가 변화를 통해 부의 축적과 계층 분화를 가져오는 과정을 구체적으로 분석한다. 또한 이 시기에 인구 압력이나 생산성 등 실질변수가 실질지가에 미치는 효과를 실증적으로 분석한다.

지가 변화가 부의 재분배를 가져오는 과정은 물가와 지가 변화의 괴리에서 찾을 수 있다.[1] 물가와 지가 변화가 괴리를 보이는 이유는 토지수요가 미곡수요에서 발생하는 파생수요이기 때문이다. 이 경우 토지와 미곡의 수요 탄력성이 달라 외부적 교란에 대해 가격 변화가 서로 괴리를 보이게 된다. 특히, 미곡가격이 상승할 때 미곡수요는 비탄력적으로 감소하고 토지로부터 얻을 수 있는 생산물 가치인 지가는 미곡가격보다 작게 상승한다.

물가와 지가 변화의 괴리가 부의 축적과정에 미치는 효과를 살펴보기 위해 먼저 지대와 미곡가격이 서로 다른 두 계층, 지주와 소작농에게 갖는 의미를 살펴보아야 한다. 토지는 유지비용(또는 전용수입)이 전혀 들지 않기 때문에 지대는 지주에게 있어서 경제적 렌트(rent)이며 순 잉여이지만, 소작농에게는 토지경작비용이다. 미곡가격은 지주에게는 지대로 받은 수확물(미곡)을 판매해서 얻을 수 있는 유통이익과 같으나, 소작농에게는 생산물을 수확할 때까지의 생산요소비용(노동비용 또는 생계비용)이다. 따라서 지가와 물가의 상승은 지주에게는 잉여와 유통이익을 가져오는 반면 소작농에게는 토지임대비용과 생산비용을 상승시킨다. 더욱이 지가 상승을 초과하는 미가 상승에 의해 지주는 잉여와 유통이익을 통해 새로운 토지를 매입하고 부의 축적을 확대할 수 있지만 소작농은 오히려 잉여를 상실하게 된다.

물가 변화의 비대칭성과 물가의 급격한 변동은 물가와 지가 변화의 괴리를 확대하고 부의 재분배를 심화시키게 된다. 여기서 물가 변화의 비대칭성이란 물가가 상승할 때는 급속히 상승하지만 물가가 하락할 때는 그보다 작게 하락함으로써, 물가가 기간에 걸쳐 꾸준히 상승하는 추세를 보이는 것이다. 이 같은 물가 변화의 비대칭성으로 상인이나 지주는 유통이익을 가속화하고 소작농은 잉여 손실을 심화시키게 된다. 물가 변동성이 지가 변동성에 비해 큰 경우 지가가 상승할 때 물가는 더욱 빠르게 상승하며, 지가가 하락할 때 물가는 더욱 크게 하락하게 되어 물가와 지가 변화의 괴리가 더욱 심화된다. 따라서 물가 변동성이 클수록 이러한 가격간 괴리는 더욱 자주 발생하며 부의 재분배와 농민층의 분해는 가속화된다.

---

1) 상대가격과 물가변화에 대한 실증적 연구는 Glejser의 논문이 참조된다(Glejser, H., "Inflation, Productivity, and relative Prices-A Statistical Study", Review of Economics and Statistics, 47, 1965, pp.76-80).

이 시기에 부세제, 환곡제 그리고 고리대의 대납형태는 농민층의 분화를 고착시키게 된다. 부세의 경우 원래 結稅는 지주에게 부과되었으나 결국 소작인의 생산비용으로 전가되고, 6개월에 50%에 달하는 고리대는 소작인의 농업 생산비용을 더욱 가중시키게 된다. 이러한 생산비용의 상승은 농민을 농업에서 반발시키고 유통산업부분으로 편입시키는 결정적인 역할을 하게 된다. 또한 고리대의 대납형태는 춘궁기에 상인이나 지주들이 농민에게 화폐로 빌려주었다가 가을 수확기에 미곡으로 되돌려 받는 경우가 많았는데, 이것은 물가 상승기에 농민들에게 고리이자 외에 물가 상승폭까지 추가적으로 부담시키는 결과였다.

이 장에서는 물가와 지가의 자료를 통해 부의 재분배와 농민층의 분화를 실증적으로 분석하고자 한다. 이를 위해 물가와 지가 변화의 괴리를 구체적으로 설명하고 물가 변화의 비대칭성과 물가의 변동성을 실증적으로 분석한다.

2. 지가와 물가의 변화

여기서는 1689년부터 1821년까지의 자료를 이용하여 지가와 물가의 대용변수로서 미곡가의 관계를 살펴볼 것이다. 특히, 물가와 지가의 괴리 정도를 실질지가의 변화를 통해 검증하고자 한다. 1689년부터 1821년까지의 검정기간은 자료 수집의 수월성에 따라 결정되었다. 특히 1689년은 법정 명목화폐인 상평통보가 발행되어 전국적으로 통용되는 시기이며, 1821년은 화폐의 발행이 남발되고 이자율의 급격한 변화가 있기 이전의 시기이다.

1) 지가와 물가 자료

물가의 대용변수로서 米穀價를 사용하였다.[2] 미곡가의 자료는 주로 관찬 사료에서 발췌하였는데, 그것은 전근대 농업경제에서 미곡이 갖는 사회경제적 중요성으로 인해 위정자들이 미곡에 큰 관심을 가졌기 때문이었다. 미곡가 자료의 일관성을 유지하기 위해 지역적으로 서울 · 경기를 중심으로 하면서 그와 인접한 관서와 충청 · 호남 · 호서 지역의 자료도 포함하여 정리하였으며, 作況은 흉년일 때의 1석(=15斗)당 미곡가를 기준으로 하였다. 또한 같은 해에 여러 개의 자료가 있는 경우는 그 평균치를 이용했다. 미가에 대한 자료는 『朝鮮王朝實錄』, 『備邊司謄錄』, 『承政院日記』, 『日省錄』과 같은 관찬 사료와 具尙德의 『勝聰明錄』, 黃胤錫의 『頤齋亂藁』 등의 일기류를 이용하였다. 미곡가에 대한 자세한 데이타는 뒤의 〈부록 표 1〉에 자세히 나타나 있다.

물론 17세기 말~19세기 초경의 한국은 여전히 시장경제가 지금처럼 발달하지 못하였기 때문에 지역 간 미곡가의 격차가 존재할 수 있어서 이들 자료를 통해 당시 물가를 포함한 여러 경제현상을 설명하는 데는 문제점이 있다. 하지만 18세기 이후 조선에는 場市와 浦口를 중심으로 하는 전국적 유통망이 점차 형성되고 있었으며,[3] 그에 따른 米価의 지역 간 연계성도 이전에 비해서는 상당히 진전되었을 것으로 생각된다.[4] 또한 최근에 양질의 미가 자료가 본격적으로 발굴되기 시작하여 물가사와 관련한 주목되는 연구 성과가 발표되고 있다.[5] 그런데 그 연구 결과와 본 연구에서 이용한 자료의 검토 결과가 비슷한 추세를 보이고 있다고 생각되기에, 이 장에서는 위에서 소개한 자료를 중심으로 검토하였다. 이들 米価 자료를 통해 해당 시기의 물가 변화에 대한 한정된 해석을 시도해 본다.

地価에 대한 자료는 경북 月城郡의 孫東滿氏家 소장의 田畓賣買明文과[6] 전남

---

2) 조선시대의 米価에 대한 연구는 아래의 글들이 참조된다.
李正守, 『16세기 物価変動과 民의 動向』, 부산대 박사학위논문, 1997; 李憲昶, 「肅宗-正祖朝(1678-1800년간) 米価의 変動」, 『経濟史學』 21, 1996; 全成昊, 「18세기 米価推移와 米穀政策에 관한 연구」, 『史學硏究』 52, 1996; 「18-19세기 物価趨勢(1744-1862) -全羅道 靈巖 場巖里 南平文氏 古文書 分析」, 『朝鮮時代史學報』 2, 1997; 『朝鮮後期 米価史 硏究(1725~1875)』, 성균관대 박사학위논문, 1998; 安達義博, 「朝鮮後期の物価変動」, 『朝鮮學報』 132, 1989; 이영훈 편, 『수량경제사로 다시 본 조선후기』, 서울대출판부, 2004.

3) 高東煥, 『朝鮮後期 서울 商業發達史 硏究』, 지식산업사, 1998.

4) 18~19세기 地価의 지역 간 연동성에 대한 연구는 이정수의 글 참조(「18세기~19세기 土地価格의 変動 -경북과 전남 지방의 田畓賣買 明文을 중심으로-」, 『釜大史學』 23, 1999).

5) 李榮薰 · 全成昊, 「米価史 資料의 現況과 解說」, 『古文書硏究』 18, 2000.

6) 李樹健편, 『慶北地方古文書集成』, 영남대출판부, 1981.

海南 尹氏家 소장의 田畓賣買明文 두 자료를 이용하였다.[7] 손동만家 자료는 16세기의 것이 121건, 17세기 이후의 것이 118건 정도이며, 해남 윤씨가 자료는 16세기의 것이 5건, 17세기 이후의 것이 600건 정도이다. 지가의 기준은 1斗落地에 대한 가격이며 같은 해에 여러 개의 자료가 있는 경우에는 그 평균치를 이용했다.

지역 간 지가의 차이를 제거하기 위해 두 지역 지가의 산술평균값을 대표지가로 사용하였으며, 분석의 편의상 두 지역의 지가 자료 중 田은 제외하고 畓의 경우만을 분석 대상으로 하였다. 한편 지가 자료는 전라도와 경상도 지역 이외에도 존재하며 또한 경상 · 전라 지역 내에서도 손동만家나 해남 윤씨가 이외의 자료를 다수 얻을 수 있다. 그러나 이들 두 자료를 선택한 것은 전답매매 명문의 양이 풍부하여 장기시계열 추이를 분석하는데 용이하며, 또한 당시의 전국 평균적인 지가 수준을 보여줄 수 있을 것으로 생각하여 편의적으로 선택했다. 하지만 이들 자료를 이용하여 검정기간 동안 여러 경제현상을 해석하기에는 한계점도 적지 않다. 지가는 동일 지역 내에서도 토질에 따라 많은 격차가 존재하기 때문에 일관적인 지가 자료를 얻기 위해서는 同一 筆地에 대한 新旧 文記의 매매기록을 시대 순으로 추적하는 것이 중요한데 실제 이러한 양질의 사료를 구하는 것이 쉽지 않다.[8] 또한 지가를 미가와 비교 분석하는 데는 가능한 동일한 지역의 자료를 이용하는 것이 훨씬 유용하나 그 역시 쉽지 않다. 이러한 자료적인 한계로 인해 엄밀한 분석보다는 대체적인 추이를 확인하는 데 만족하고자 한다. 지가에 대한 자세한 데이타는 〈부록 표 2-1〉(경북 월성군 손동만家)과 〈부록 표 2-2〉(전남 해남 윤씨가)에 자세히 나타나 있다.

2) 지가와 물가의 추세

지가와 물가 변화의 관계를 분석하기 위해 동일한 시계열 자료를 이용하였으며, 이를 위해 매 3년을 한 기간 단위로 하여 자료의 3년 평균값을 사용하였다. 이들

7) 韓國精神文化硏究院, 『古文書集成 -海南尹氏篇』, 1986.
8) 이 책의 2장 참조.

3년 평균자료는 다음 〈표 1〉에 나타나 있다. 검정기간 132년 동안 44개의 3년 평균 자료를 얻을 수 있었으며, 자료 부족으로 얻을 수 없는 관측치는 missing values의 이전과 이후의 관측치를 사용하여 산술평균값을 사용하였다.[9]

물가의 대용변수로서 미곡 1석당 가격은 검정기간 동안 최저 1냥에서 최고 20냥에 이르고 평균 5~6냥을 형성하며 급격한 변동을 보이고 있다. 검정기간(1689~1821년) 동안 미가는 1696~1704년의 급등기(최고미가), 1764~1788년의 상승기(고미가), 1705~1713년과 1740~1755년, 그리고 1790~1821년의 안정기(평미가), 1715~1739년의 하락기(저미가)라는 대체적인 추세를 읽을 수 있다. 특히 미가는 1715~1739년 사이에 하락이 심하였으나 1760년 이후에 점차 상승의 추세로 돌입하고 있음을 알 수 있다.[10]

畓으로 표시한 토지 1두락당 가격은 최저 2냥에서 최고 16냥에 이르고 평균 7~8냥을 유지하면서 변화를 보이고 있다.[11] 검정기간(1689~1821년) 동안 지가는 1711~1731년과 1813~1821년의 상승기(고지가), 1744~1755년경과 1769~1812년경의 안정기(평지가), 그리고 1732~1743년의 하락기(저지가)로 구분할 수 있다. 특히 지가는 1732~1743년 사이에 하락이 심하였으나[12] 1750년 이후에 상승으로 전환되고 있음을 알 수 있다.

---

9) 미곡가의 missing values는 1701, 1707, 1713, 1716, 1722, 1740, 1785, 1803, 1809, 1815, 1818년이며, 지가의 missing values는 1749, 1761, 1767, 1794, 1806, 1812, 1818, 1821년이다. missing values를 추정하는 여러 방법이 있으나 방법에 따라 일정한 제약이 필요하기 때문에 산술평균값을 사용하였다. 제약을 이용한 missing values 추정방법은 Box-Jenkins와 de Boor의 연구가 참조된다(Box, G.E., and M. Jenkins., Time Series Analysis: Forecasting and Control, revised ed. San Francisco: Holden-Day, 1976; De Boor, C., Practical Guide to Splines, N.Y, Springer-Verlag, 1981).

10) 전성호는 1726~1875년의 미가 추이를 검토한 결과 18세기 상승 추세를 주도한 국면은 1740~1750년 사이이며, 19세기 상승 추세를 주도한 국면은 1855~1875년 사이라고 보았다. 그리고 미가는 18세기에는 완만한, 19세기에는 보다 급한 상승의 장기 추세를 추출할 수 있다고 하였다(전성호, 앞의 논문, 1998, 51쪽).

11) 『備邊司謄錄』 권89, 英祖 7年 3月 27日: "洪曰(領議政) 呂州因土膏沃 土價本自高踊 一斗地價至數十貫矣 近年以來價甚賤 不過六七貫云 可知流凶日滋 民戶日縮矣."
위와 같이 경기도 여주의 경우는 1두락의 地價가 평소 수십 냥에 이르렀는데, 1731년(영조 7) 당시에는 불과 6, 7냥에 불과할 정도로 급락하였음을 전하고 있다. 이러한 1730년대의 地價 하락은 여주 지방뿐만 아니라 경북 · 전라 지방의 경우도 5~6냥에 불과한 저지가 시기였음을 볼 때 전국적인 현상이었다고 여겨진다.

12) 이 결과는 18~19세기의 경북과 전남 지방의 同一筆地의 粘連文記를 통해 살펴본 地價의 동향과 어느 정도 비슷한 경향성을 보이고 있다(이 책 앞의 2장 참조).

〈표 1〉 물가와 지가의 3년 평균자료(1692~1821년)

연도	미가(냥/1석)	지가(냥/1두락)	연도	미가(냥/1석)	지가(냥/1두락)
1692	2.5	6.7	1758	1.3	2
1695	7.5	7.23	1761	2.2	3.63
1698	20	7.5	1764	11.25	5.25
1701	15	6.8	1767	7.85	6.69
1704	12.5	9.8	1770	18	8.12
1707	10	9	1773	10	8.45
1710	7.5	7.6	1776	4	10.44
1713	4.2	13.16	1779	5.75	9.64
1716	2.6	10.34	1782	10	11.67
1719	1	11.56	1785	13.75	10.42
1722	1.32	13.92	1788	17.5	7.69
1725	1.63	12.52	1791	5.38	10.7
1728	2.32	11.09	1794	4.58	9.35
1731	4.17	11.44	1797	8.5	8
1734	2.63	4.54	1800	7.2	11.92
1737	2.25	3.18	1803	5.1	15.83
1740	3.25	8.23	1806	3	9.27
1743	4.26	6.75	1809	5	2.71
1746	7	9.82	1812	7	8.26
1749	3.8	9.2	1815	6	13.8
1752	5	8.56	1818	5.5	13.9
1755	9	9.81	1821	5	13.95

물가와 지가의 변화는 다음의 〈그림 1〉에 자세히 나타나 있는데, 여기에서 물가는 지가에 비해 일정한 시차를 두고 선행하고 있다는 것을 알 수 있다. 즉, 이 시기에 사람들은 물가 변화에 따라 지가를 즉시 조정하는 것이 아니라 일정한 시차를 두고 반영한다는 것이다. 이러한 부분적 가격조정은 물가 변화에 대한 불완전한 정보와 자본재로서 토지의 성격 때문에 발생한다. 이 시기에 물가 변화가 지가에 즉시 반영될 정도로 사람들이 갖고 있는 정보가 완전하지 못하며 또한 물가 변화에 대한 정보를 가지고 있다 하더라도 자본재 가격인 지가에 이를 반영하는 데는 인식과 실행의 시차가 존재하였다.[13] 지가 변화에 대한 구체적인 실증분석

13) 이 시기에 물가는 화폐에 의해 크게 영향을 받는 것으로 나타났으며 화폐 수요와 공급의 불안정성은 물가를 불안정하게 변화시킨다. 화폐와 물가에 관한 연구는 김희호 · 이정수의 글이 참조된다(김희호 · 이정수, 「물가의 주기적 변동과 화폐의 초과수요: 1689~1821년 한국의 경우」, 『금융학회지』 3권 2호, 1998).

〈그림 1〉 지가와 물가의 변화(1692~1821년)

은 다음 절에 제시된다.

검정기간 동안 1713~1735년과 1788~1809년의 경우를 제외하고는 지가와 물가는 대체적으로 유사한 변화를 보이고 있다. 1713~1723년 사이에 물가는 하락하는 반면 지가는 상승하였고, 1723~1735년 사이 물가는 오히려 상승하는데 지가는 하락하고 있다. 1735년 이후 물가와 지가는 대체적으로 유사한 추세를 보이다 1788~1792년과 1796~1802년 사이의 짧은 기간 동안 물가가 상승하고 지가는 하락한 반면 1792~1796년과 1802~1809년 사이 물가는 하락하고 지가는 상승하고 있다.

3) 실질지가의 변화

실질지가는 명목지가를 물가로 나눈 값이며 실질지가의 변화는 지가와 물가 변화의 괴리를 나타낸다.[14] 다음의 〈그림 2〉에서 실질지가는 1723년에 최고치를

14) 재화와 물가의 상대가격에 대한 연구는 다음의 글이 참조된다.
Lucas, R., "Some International Evidence on Output-Inflation Tradeoffs", American Economic Review, 63(3), 1973, pp.326-334; Park, R., "Inflation and Relative price Variability", Journal of Political Economy, 86(1), 1978, pp.79-95.

이루다가 그 이외의 기간 동안에는 물가와 명목지가에 비해 급속히 감소하고 있다. 이러한 실질지가 하락은 물가 변화가 지가 변화보다 크기 때문이며 물가와 명목지가 변화의 괴리가 커지고 있다는 것을 나타낸다. 실질지가 하락은 이 시기에 부의 축적과 계층 분화를 밝혀 주는 중요한 단서가 된다.

실질지가 하락은 물가 상승이 지가 상승을 초과하고 있다는 것을 의미한다. 지가와 물가 상승은 지주에게 잉여와 유통이익을 가져오며 소작농에게는 토지임대비용과 생산비용을 상승시킨다. 더욱이 지가 상승을 초과하는 미가 상승으로 지주는 큰 이익을 얻어 새로운 토지를 매입하고 부의 축적을 확대할 수 있지만 소작농은 잉여 상실과 부의 상대적 손실을 입게 된다. 이렇게 물가와 지가 변화가 다른 이유는 토지가 미곡의 수요로부터 파생되는 수요이므로 동일한 교란에 대해 서로 다른 가격 변화를 보이기 때문이다. 미곡가격이 상승할 때 미곡수요는 비탄력적으로 감소하고 토지로부터 얻을 수 있는 생산물 가치인 지가는 미곡가격 상승보다 작게 상승한다.

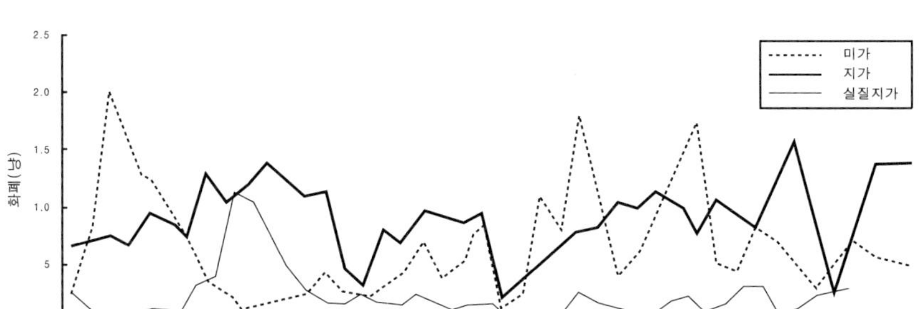

〈그림 2〉 실질지가의 변화(1692~1821년)

3. 지가와 물가 변화의 비대칭성

물가와 지가의 변화가 富의 재분배를 가져오는 과정은 물가와 지가 변화가 서로 다르기 때문이며, 이러한 물가 변화의 비대칭성과 물가의 변동성은 물가와 지가의 괴리를 심화시켜서 부의 축적을 가속화한다. 여기서 물가 변화의 비대칭성이란 물가가 상승할 때는 급속히 상승하지만 물가가 하락할 때는 그보다 작게 하락함으로써 물가는 기간에 걸쳐 꾸준히 상승하는 추세를 보이게 되는 것을 의미한다. 이 같은 물가 변화의 비대칭성으로 인해 지주는 보다 많은 유통이익을 얻게 되고 반대로 소작농은 더욱 많은 경작비용을 부담하게 된다. 또한 물가 변동성이 지가 변동성에 비해 큰 경우 지가가 상승할 때 물가는 더욱 빠르게 상승하며 지가가 하락할 때 물가 하락은 더욱 크게 나타나 물가 변동성이 심할수록 지가와 물가의 괴리가 더욱 자주 발생하게 된다. 이처럼 물가의 급격한 변동은 물가와 지가의 괴리를 가속화하고, 계층 간에 있어 부의 재분배를 심화시키는 역할을 하게 된다

여기서는 물가와 지가의 관계를 보다 구체적으로 살펴보기 위해, 먼저 지가와 물가의 상호 인과관계를 분석하고 물가의 비대칭적 변화, 그리고 물가와 지가의 변동성을 살펴본다. 실증적 분석을 위해 검정기간 동안 동일한 시계열 구간을 가진 물가와 지가의 3년 평균자료인 앞의 〈표 1〉을 이용했다.

1) 지가와 물가: Granger-인과 검정

지가와 물가의 상호 인과관계를 보다 구체적으로 분석하기 위해 다음 식을 이용하여 Granger-인과관계 검정을 해 보았다. 식(1)은 물가가 지가에 미치는 효과를, 식(2)는 지가가 물가에 미치는 효과를 나타낸다.

$$LNLP_t = \sum_{i=1}^{r} \alpha_i LNLP_{t-i} + \sum_{j=i}^{s} \beta_j LNPR_{t-j} + m_t \qquad (1)$$

$$LNPR_t = \sum_{i=1}^{r} \alpha_i LNPR_{t-i} + \sum_{j=i}^{s} \beta_j LNLP_{t-j} + m_t \qquad (2)$$

LNPRt은 물가지수(PR)의 자연로그 값이며 LNLPt는 지가지수(LP)의 자연로그 값이다. 물가와 지가 지수는 가격이 비교적 안정적이었던 1740년을 100으로 하여 산정하였다. mt는 오차항이며 백색잡음(white noises)이라고 가정한다. Granger 인과관계 검정을 사용하기 위해 먼저 식(1)과 (2)를 OLS 기법으로 회귀 분석하였고, 그 결과 제약되지 않은 잔차제곱의 합(SSRu)을 얻었다. 그 다음 모든 현재와 과거 시차의 독립변수가 종속변수에 아무런 영향을 미치지 못한다는 귀무가설에서 제약된 잔차제곱합(SSRr)을 얻었다. 만약 mt가 백색잡음(white noise)이라면 (SSRr-SSRu)/s를 SSRu/(n-r-s-1)로 나눈 값은 점근적으로 자유도(j, n-j-1)를 가진 F-분포를 따르게 된다. 1기부터 5기까지의 과거 시차변수를 사용하여 산출한 F-통계량은 다음 〈표 2〉에 정리되어 있다. F-통계량 아래 괄호의 값들은 F-통계량의 p값들이다.

Granger 인과관계 검정에서 F-통계량들은 LNPR과 LNLP의 과거 시차변수들(r, s)이 항상 동일하다는 가정 하에 분석되어 왔는데, 이들 (r, s)의 선정이 다소 작위적이고 또한 F-통계량이 이들 (r, s)의 시차 길이에 따라 민감하게 반응하게 되는 결점이 있다. 이를 해소하기 위해 Akaike의 FPE(Final Prediction Error) 기준을 사용하여 각 독립변수들의 최적 시차변수를 선정하였다.[15] 그 결과 식(1)에서 1기 시차의 LNLP와 5기 시차의 LNPR이, 식(2)에서 1기 시차의 LNPR과 1기 시차의 LNLP가 가장 낮은 FPE의 값을 가진 것으로 나타났다. FPE 기준에 의해 선정된 최적 시차변수와 그에 따른 F-통계량은 다음 〈표 2〉의 7번째 열에 나타나 있다.

Granger-인과관계 검정에서는 지가와 물가가 서로 영향을 못 미치는 것으로 나타났으나, Akaike의 FPE 기준에서는 식(1)과 (2)의 F-통계량이 유의적이어서 검정기간 동안 물가와 지가가 서로 영향을 미치고 있음을 알 수 있다. FPE 기준에 의한 식(1)에서 1기 과거의 지가와 5기 과거의 물가가 현재 지가에 가장 큰 영향을 미치고 있는 것으로 나타났으며, 식(2)에서는 1기 과거의 물가와 1기 과거의 지가가

15) Akaike, H., "Statistical Predictor Identification", Annals of the Institute of Statistical Mathematics, 22, 1970. FPE는 (n+r+s+1)/(n-r-s-1)과 SSR/r의 곱으로 산출하며 n은 관측자료의 개수, SSR은 잔차제곱의 합이다. 1시차부터 9시차까지 각각(r, s)에 조합으로 적용하여 산출된 FPE중 가장 작은 값을 갖게 되는 시차를 선택한다.

현재 물가에 가장 큰 영향을 미치고 있는 것을 보여 준다.

특히, 물가가 지가에 미치는 효과는 과거 12~15년의 물가부터 서서히 지가에 영향을 미치고 있는 반면 지가가 물가에 미치는 효과는 바로 지난 과거의 지가가 물가에 즉시 영향을 미치고 있음을 알 수 있다.

물가 변화가 지가에 시차를 두고 서서히 영향을 미치고 있는 이유는 우선, 이 시기에 물가에 대한 정보가 불완전하기 때문에 사람들이 물가 변화를 인식하고 이를 지가에 반영할 때까지 시간이 걸리기 때문이다. 다음으로는 이 시기에 자본재인 토지가격의 성격 때문이다. 즉, 자본재의 가격인 지가는 현재뿐만 아니라 미래에 발생할 수 있는 모든 토지생산물의 수익(미가)을 반영하게 되므로 물가 변화를 지가에 반영하는 데는 인식과 실행의 시차가 존재한다. 반면 지가 변화는 물가에 즉시 반영되는데, 이는 농업생산에서 지가 상승은 비용 상승으로 즉시 미곡가격에 포함되기 때문이다.

〈표 2〉 Granger-인과관계 검정

시차	1시차	2시차	3시차	4시차	5시차	FPE
물가가 지가에 미치는 효과 (식(1))						
F-통계량	0.9811 (0.3839)	0.6878 (0.5654)	0.5462 (0.7030)	0.4433 (0.8146)	0.8498 (0.5434)	[1.5]4.6194 (0.0384)
지가가 물가에 미치는 효과 (식(2))						
F-통계량	2.6810 (0.0811)	1.9603 (0.1374)	1.5181 (0.2196)	1.2989 (0.2907)	1.0857 (0.3958)	[1.1]3.3678 (0.0739)

* FPE는 Akaike의 final Prediction Error에 의해 얻어진 F-통계량이다.

2) 지가와 물가 변화의 비대칭성

물가 변화가 비대칭적인 경우 물가 하락폭이 물가 상승폭보다 작아서 시간에 걸쳐 물가가 꾸준히 상승하는 추세를 보이게 된다. 이 경우 물가와 지가 변화의 괴리는 확대되고 실질지가는 감소하며 하락 추세를 보이고, 상인과 지주는 잉여를 통해 부의 축적을 가속화한다. 여기서 물가와 지가 변화의 비대칭성을 분석하기 위해 과거변수와 시간변수(t)를 이용한 OLS 회귀분석을 사용하였으며, 그 분석

결과는 다음 〈표 3〉에 요약되어 있다. 여기서 물가와 지가 변수는 1740년을 100으로 하여 각 변수의 지수에 자연로그를 취한 값을 이용하였다.

〈표 3〉에 나타난 숫자는 각 변수의 회귀계수이며, 회귀계수 아래 괄호 안의 값은 t-통계량이다. F-통계량 밑의 괄호 안의 값은 F-통계량의 p값이다. 위 검정에서 F-통계량이 통계적으로 유의적이고 조정된 R2 또한 높아서 물가와 지가가 과거 변수와 시간에 의해 비교적 잘 설명되고 있다는 것을 알 수 있다. 물가 변화의 경우 과거 물가(LNPRt-1)가 현재 물가(LNPRt)에 미치는 효과는 유의적이고 정(+)의 효과를 가지고 있으며 물가는 시간이 지나면서 상승추세에 있다. 즉, 과거에 물가가 상승하면 현재 물가 또한 상승하려는 경향이 있으며 과거 물가가 하락하면 현재 물가는 하락한다. 하지만 물가가 상승추세를 보이므로 물가가 하락할 때는 상승할 때보다 변화폭이 작다. 이러한 상승추세를 가진 물가 변화는 실질지가를 지속적으로 하락시키면서 물가와 지가 변화의 괴리를 가속화하고 결국 부의 재분배를 심화시킨다. 지가의 경우 시간변수가 지가에 미치는 효과는 통계적으로 유의적이지 않았다. 이는 지가가 시간이 지남에 따라 추세가 없다는 것을 나타낸다. 또한 과거 지가가 현재 지가에 미치는 효과는 유의적이었고 그 효과의 크기는 1보다 작고 정(+)의 효과를 보인다. 이 같은 결과는 지가가 추세가 없고 시간이 지나감에 따라 평균으로 회귀하려는 성격을 갖기 때문이다. 따라서 지가는 추세가 없는 반면 물가는 상승추세에 있으므로 실질지가는 하락하려는 성질이 있다. 실질지가의 추세는 통계적으로 유의적이지 않지만 음(-)의 효과를 갖는다.

〈표 3〉 물가, 지가, 실질지가 변화의 비대칭성

구 분	상수	시간변수(t)	과거변수	F-통계량	조정된 R2	D.W.
물가(LNPRt)	0.1813 (0.993)	0.0069 (1.699)	0.6178 (5.003)	26.062 (0.0001)	0.5597	1.776
지가(LNLPt)	0.0226 (0.360)	0.0002 (0.450)	0.4205 (2.952)	8.716 (0.0051)	0.1719	1.861
실질지가 (LNRLPt)	−0.1876 (−0.9650)	−0.0048 (−1.14)	0.6723 (5.668)	25.924 (0.0001)	0.5584	1.724

3) 지가와 물가의 변동성

물가와 지가의 변동성 비교는 부의 재분배 현상을 설명하는 좋은 방법이 된다. 물가 변동성이 지가 변동성에 비해 클 경우 지가가 상승할 때 물가는 더욱 빠르게 상승하며 지가가 하락할 때 물가 하락은 더욱 크다. 더욱이 물가 변동성이 지가 변동성보다 크다는 것은 물가와 지가 변화의 괴리가 더 자주 발생한다는 것과 같으며, 이 같은 괴리의 가속화는 이 시기 부의 재분배와 농민계층의 분해를 심화시키는 역할을 하게 된다.

물가와 지가의 변동성을 측정하기 위해 변동성을 표준편차로 나타내었으며, 다음의 〈그림 3〉에서 Y축의 값들은 이들 변수의 표준편차 값을 나타낸다. 실질지가의 변동성을 살펴보면, 1716년부터 급상승하여 1723년에 4의 표준편차에서 최고치를 보이다가 1723년을 전후하여 다시 급격히 감소하고 있다.

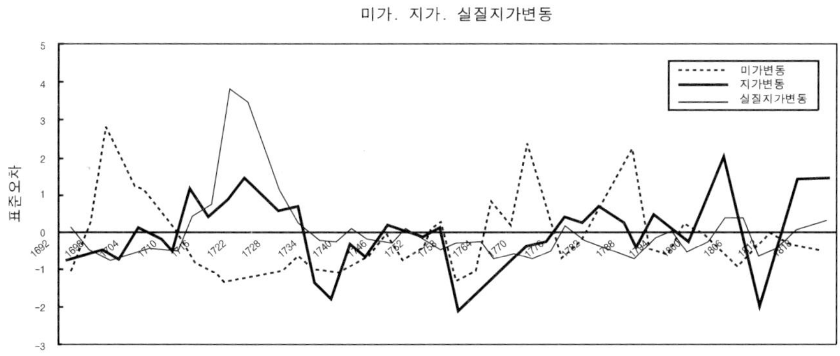

〈그림 3〉 실질지가의 변동성(1692~1821년)

1721~1732년의 짧은 기간을 제외하고 실질지가 변동성은 +0.3과 -0.9의 표준편차를 보이고 있다. 이에 반해 물가는 1703년에 3의 표준편차로 최고치에 접근하고 있으나 그 이외의 검정기간 동안 +2.5와 -1.2의 편차를 보인다. 또한 실질지가

변동성은 1721~1732년을 제외하고 전 검정기간 동안 물가와 명목지가의 변동성보다 현저하게 줄어들고 있다.

물가 변동성에 비해 실질지가 변동성이 작다는 것은 지가가 상승할 때 물가는 더욱 빠르게 상승하며 지가가 하락할 때 물가 하락은 더욱 크다는 것을 나타낸다. 또한 물가 변동성이 크다는 것은 물가와 지가의 괴리를 가속화하며 부의 축적을 심화시킨다. 물가와 지가 변화의 괴리와 더불어 이 시기의 부세제, 환곡제 그리고 고리대의 대납형태는 농업계층의 분화를 고착시키게 된다.[16] 다음의 〈표 4〉는 물가, 지가, 그리고 실질지가의 서술적 통계량을 보여 준다. 실질지가는 물가와 명목지가에 비해 표준편차와 변동계수가 현격히 감소하고 있다는 것을 알 수 있다.

〈표 4〉 미가, 지가, 실질지가의 통계량(1689~1821년)

구 분	평균	표준편차(S.D)	변동계수(C.V)	최대치	최소치
미가	6.6657	4.6881	70.3325	20	1
지가	9.1009	3.1762	34.9001	15.83	2
실질지가	2.2747	2.3611	23.7996	11.56	0.375

4. 실질지가의 결정

여기서는 검정기간 동안 물가 이외에 인구 압력과 생산성 등 실질변수가 실질지가에 미치는 효과를 실증적으로 분석한다.

1) 생산성과 인구 자료

토지생산성은 토지 1두락당 생산량을 사용했으며, 토지생산성에 대한 자료는

16) 조선후기의 조세 수탈에 대한 연구는 방기중의 글이 참조된다(방기중, 「17 · 18세기 前半 金納租稅의 成立과 展開」, 『東方學志』 45, 1984).

경북 칠곡의 李弼柱家 소장의 『漆谷廣州李氏古文書』에서 발췌하였다.[17] 검정기간(1689~1821년) 동안 자료 부족으로 토지생산성을 얻지 못한 경우,[18] 지가를 이용하여 토지생산성을 역으로 추정하였다. 즉, 토지 거래가 효율적으로 이루어진다면 토지 1두락의 가격(지가)은 그 토지를 사용하여 얻을 수 있는 미래의 총수입(Σ토지생산성*미곡가)의 현재 할인가치와 같다. 미래 무한한 기간 동안 현재와 동일한 토지 수입이 지속적으로 발생한다고 예상한다면, 지가는 토지생산성에 미곡가를 곱한 다음 이자율로 나누어 준 값이 된다. 따라서 토지생산성은 지가에서 역으로 추정할 수 있다. 이자율은 시기나 지역에 따라 차이가 있겠지만 私債인 경우는 전 기간을 통해 대체로 연 50% 이상이었으므로 할인율로 연 50%의 고정 이자율을 적용하였다.[19] 고정 이자율을 적용한 이유는 검정기간 동안 이자율이 비교적 안정적이었고 일정 기간과 일부 지역에 대한 이자율 자료를 확인할 수 있었으나 장기적인 시계열 자료를 확보하는 데는 어려움이 많았기 때문이다. 특히 조선후기의 이자율에 대한 대체적인 상황은 『大丘月村丹陽禹氏文書』의 자료를 통해 추정할 수 있다.[20] 조선시대 인구에 대한 자료는 현재 한국의 역사인구학의 방법론상 많은

---

17) 경북 칠곡의 토지 1두락당 생산량에 대한 것은 김건태의 연구에서 재인용하였다(金建泰, 『16~18世紀 兩班地主層의 農業経營과 農民層의 動向』, 1986, 성균관대 박사학위논문).

18) 토지생산량의 missing values는 1758, 1761, 1788, 1791, 1800, 1803, 1806, 1809, 1812, 1815, 1818, 1821년이다.

19) 조선시대 利子率에 대한 연구는 다음의 글들이 참조된다.
徐吉洙, 「朝鮮前期의 貸借關係 및 利子에 관한 硏究」, 『國際大學論文集』 10, 1982; 「朝鮮後期貸借關係 및 利子에 관한 硏究(1) -法定利子率의 変遷과 行錢의 影響을 중심으로-」, 『경제학연구』 31, 1983; 崔承熙, 「朝鮮後期의 古文書를 통해 본 高利貸의 實態」, 『韓國文化』 19, 1997; 김재호 · 박기주, 「농촌 이자율의 장기변동, 1742~1953 -靈巖 지방 契 利子率을 중심으로-」, 『수량경제사로 다시 본 조선후기』, 서울대출판부, 2004.

20) 〈표〉 조선후기 이자율 추이

연도	이자율	기간	연도	이자율	기간	연도	이자율	기간	연도	이자율	기간
1770	0.50	봄-가을	1790	0.50	봄-겨울	1800	0.50	봄-겨울	1806	0.50	봄-겨울
1778	0.32,0.38	5월-겨울	1792	0.11	2개월	1802	0.50	봄-겨울	1807	0.50	봄-겨울
1781	0.17,0.35	1개월	1797	0.50	봄-겨울	1803	0.50	봄-겨울			
1784	0.50	봄-겨울	1798	1.00	봄-겨울	1804	0.50	봄-겨울			

*자료 출처: 金炫榮편, 『大丘月村丹陽禹氏文書』, 韓國古文書學會, 1994.

위 표와 같이 조선후기의 이자율은 거의 일정하게 年利(9~10개월) 약 50% 정도가 일반적이었다. 이자율 변화가 없다는 사실은 이자율 개념이 화폐나 자본시장이 발달되지 못한 경제에서 시간선

논란이 있을 수 있겠지만, 권태환 · 신용하의 연구 결과를[21] 그대로 이용하였다. 생산성과 인구의 3년 평균자료는 다음의 〈표 5〉에 나타나 있다.

〈표 5〉 인구와 생산성의 3년 평균자료(1692~1821년)

연도	인구(명)	1두락 생산(석)	연도	인구(명)	1두락 생산(석)
1692	16,029,000	1.8933	1758	18,067,000	2.5122
1695	15,471,000	1.1467	1761	17,793,000	2.6945
1698	14,669,000	1.9067	1764	17,702,000	1.6733
1701	14,307,000	1.84	1767	17,689,000	1.3917
1704	14,436,000	1.7433	1770	17,759,000	0.7368
1707	14,807,000	1.96	1773	17,881,000	1.3799
1710	15,285,000	2.34	1776	18,003,000	1.7133
1713	15,791,000	1.3133	1779	18,098,000	1.3267
1716	16,217,000	1.34	1782	18,203,000	1.0667
1719	16,440,000	1.72	1785	18,321,000	1.48
1722	16,628,000	1.5267	1788	18,318,000	0.7149
1725	16,966,000	1.1133	1791	18,154,000	3.2477
1728	17,406,000	1.54	1794	18,170,000	3.3337
1731	17,654,000	0.6333	1797	18,301,000	1.537
1734	17,542,000	1.7267	1800	18,443,000	2.7036
1737	17,512,000	1.1933	1803	18,538,000	3.91
1740	17,780,000	1.9466	1806	18,599,000	3.89
1743	18,150,000	0.8467	1809	18,461,000	0.7087
1746	18,454,000	1.5533	1812	17,971,000	1.9267
1749	18,619,000	1.72	1815	17,022,000	3.57
1752	18,656,000	1.96	1818	16,471,000	3.79
1755	18,494,000	1.78	1821	16,217,000	3.81

* 인구 자료: 권태환 · 신용하(1977) 재인용.
* 생산성 자료: 김건태(1986) 재인용.

호(time preference)를 나타내는 長利의 개념이기 때문이다. 즉, 이자율은 오직 대차관계에서 시간에 대한 가격으로 인식되고 있기 때문이며 이 경우 투기적 화폐수요와 부의 축적수단으로서의 화폐수요는 거의 없다는 것을 의미한다.

21) 權泰煥 · 愼鏞廈, 「朝鮮王朝時代 人口推定에 관한 一試論」, 『東亞文化』 14, 1977.

2) 실질지가의 결정요인

실질지가의 변화를 분석하기 위해 검정기간 동안 인구와 생산성 변화의 3년 평균자료를 사용하였다. 실질변수와 실질지가의 관계를 분석하기 위한 OLS 추정기법은 오차항이 자기상관관계(auto-correlation)를 보여서 불편타당한(unbiased) 추정결과를 얻을 수 없었다.[22] 이를 해결하기 위해 cochrane-orcutt 반복 추정방법에 의한 GLS(Generalized Least Squares)기법을 사용하였으며 GLS 추정결과는 다음 식(3)과 같다.

$$LNRLP_t = -0.00001 - 0.9142\ LNPR_t + 0.1287\ PD_t - 0.4586\ LNPP_t \quad (3)$$
$$(-0.004)\ (-9.841)\qquad (1.734)\qquad (-0.514)$$

$$F = 11.355(0.0001),\ R^2 = 0.7277,\ MSE = 0.1921$$

여기서 LNRLP는 실질지가(RLP)의 자연로그이며, LNPR은 물가지수(PR)의 자연로그 값이다. 실질지가 변화를 분석하는 식에 물가변수를 포함하는 이유는 물가와 지가의 괴리를 확인하기 위해서이다. 만약 물가와 지가 변화가 동일하다면 물가가 실질지가에 미치는 효과는 통계적으로 유의적이지 못하다. PD는 토지생산성을 나타내며, LNPP는 인구(PP)의 자연로그이다. GLS 추정결과에서 회귀계수 아래의 값은 t-통계량이며, F-통계량 옆 괄호 안의 값은 F-통계량의 p 값이다. 여기서 생산성(PD)을 제외한 모든 변수들이 자연로그 값이어서 회귀계수는 각 독립변수가 실질지가(LNRLP)에 미치는 탄력성을 나타낸다.

GLS 검정에서 물가, 인구와 생산성이 실질지가에 미치는 효과는 F-통계량이 11.355로서 유의적이었으며 설명력(R2) 또한 비교적 높아서 물가, 인구와 생산성 변화가 실질지가에 장기적인 영향을 미치고 있음을 알 수 있다. 또한 GLS 추정분석

22) 식(3)의 OLS 검정에서 durbin-watson(DW) 통계량이 1.414로 나타나서 OLS 오차항이 자기상관(auto-correlation)을 보이고 있음을 알 수 있다.

에서 독립변수 간에 다중 공선성(multi-collinearity)을 검토하였는데, condition number가 1.0000에서 2.3446 사이로 변수 간에 공선성이 없는 것으로 나타났다.

GLS 검정결과에서 먼저 물가가 실질지가에 미치는 효과는 통계적으로 유의적이며 부(-)의 효과를 갖는다. 이 같은 결과는 앞에서 보여진 것과 같이 물가는 비대칭적으로 변화하며 상승추세를 갖지만 지가는 그렇지 못하기 때문이다. 따라서 실질지가는 물가가 상승함에 따라 감소하는 경향을 보이게 된다. 생산성이 실질지가에 미치는 효과는 통계적으로 유의하였고 정(+)의 효과를 갖는다. 즉, 생산성 증가는 토지 경작으로부터 얻을 수 있는 현재와 미래의 수익 증가를 나타내므로 실질지가를 상승시킨다. 인구와 실질지가의 관계는 통계적으로 유의적이 아니었으며 일반적인 관념과 달리 부(-)의 관계를 나타낸다. 이렇게 인구와 실질지가의 관계가 유의적이지 않은 이유는 인구 압력이 직접적으로 실질지가에 영향을 미치기보다는 물가와 명목지가를 통해 간접적으로 실질지가에 영향을 미치기 때문이다.[23]

3) 실질지가의 반응곡선

앞에서 인구와 생산성이 실질지가에 미치는 효과를 통계적으로 분석하였다. 여기서는 기간별로 실질변수의 변화에 대해 실질지가가 어떻게 반응하는지를 자세히 분석하기 위해 투입-반응함수(impulse-response function)를 살펴본다. 투입-반응함수에 의한 변수와 실질지가의 관계는 다음의 〈그림 4〉와 〈그림 5〉에 나타나 있다.

투입-반응함수는 현재와 과거의 독립변수가 종속변수에 미치는 효과를 가중치로 계산한 것이며, 반응가중치는 독립변수와 종속변수의 시계열 간의 공 상관계수(cross-correlation)와 일치한다.[24] 투입-반응함수가 타당한가 하는 타당성 검정에서

---

23) 인구 압력과 지가에 대한 연구는 박상대의 글이 참조된다(「조선후기의 인구 -토지압력에 대하여-」, 『한국사회학회』 21, 1987).

24) 반응함수에서 공 상관계수(cross-correlation)를 구하기 위해 먼저 변수의 시계열을 추정한 다음 이 추정 시계열을 실제 변수에서 빼준 pre-whitening 변수를 이용한다. 각 변수의 추정된 시계열은

Box-Pierce Q-통계량이 5% 유의수준에서 모두 유의적이 아니어서 투입-반응함수가 타당한 것으로 나타났다.

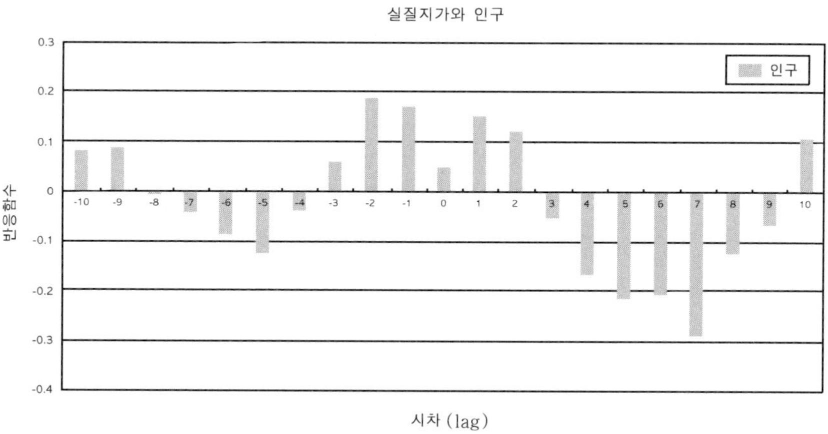

〈그림 4〉 실질지가와 인구

〈그림 4〉는 인구 변화에 따른 실질지가의 반응함수를 보여 준다. 과거 7기간(18~21년) 전의 인구 변화가 가장 크게 실질지가에 영향을 미치는 것으로 나타났으며, 기간이 현재에 근접함에 따라 그 효과가 감소한다. 또한 인구 증가는 일정한 기간(약 18년)을 주기로 한 번은 실질지가를 하락시키고, 다른 주기에서는 실질지가를 상승시키는 순환적인 영향을 미치고 있다. 하지만 단기간에 걸쳐 인구 변화에 따라 실질지가는 0.2정도 범위 이내의 작은 반응을 보이고 있어서, 인구와 실질지가의 관계는 그리 크지 않은 것으로 나타났다.

다음과 같으며 각 회귀계수 옆 괄호 안의 값은 표준오차이다.
LNRLPt=0.6507(0.1173)LNRLPt-1, PDt=0.4597(0.1467)PDt-1,
LNPPt=1.9927(0.01221)LNPPt-1-1.4624(0.223)LNPPt-2

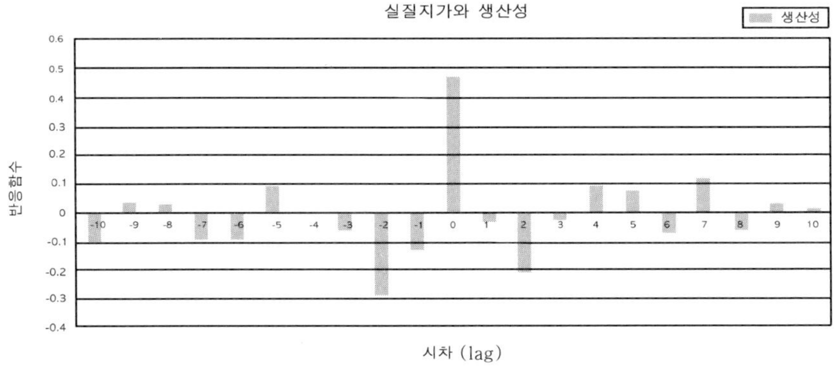

〈그림 5〉 실질지가와 생산성

〈그림 5〉는 생산성 변화에 따른 실질지가의 반응함수를 나타내며 생산성 변화에 따라 실질지가는 즉시 반응한다. 과거 2기간(6년) 전의 생산성 변화 역시 실질지가에 영향을 미치고 있으나 그 효과의 크기는 현재의 생산성 변화가 지가에 미치는 효과보다 훨씬 작다.

5. 맺음말

이 장에서는 1689년부터 1821년까지의 자료를 이용하여 지가의 변화를 분석하였다. 특히 물가와 지가의 비대칭적 변화가 부의 축적과 계층 분화에 미치는 효과를 구체적으로 살펴보았다. 또한 이 시기에 물가 이외에 인구 압력이나 생산성 등 실질변수가 실질지가에 미치는 효과를 분석해 보았다.

지가 변화가 부의 재분배를 가져오는 과정은 물가와 지가 변화의 괴리에서 찾을 수 있으며, 물가 변화의 비대칭성과 물가의 급격한 변동은 물가와 지가의 괴리를 가속화하고 부의 재분배 현상을 심화시킨다. 이는 '물가와 지가 변화의 비대칭성' 가설을 강하게 뒷받침해 준다. 또한 연구 결과는 다음과 같은 흥미로운 사실을 보여 주고 있다. 첫째, 지가와 물가는 상호 영향을 미치게 되는데, 물가는 시차를 두고 지속적으로 지가에 영향을 미치고 있다. 즉, 이 시기에 사람들은 물가 변화에 따라 지가를 즉시 조정하는 것이 아니라 일정한 시차를 두고 반영한다는 것이다. 이러한 부분적 가격조정은 물가 변화에 대한 불완전한 정보와 자본재로서 토지의 성격 때문에 발생한다. 둘째, 실질지가의 변화에 가장 큰 영향을 미치는 요인은 생산성이었으며, 인구 압력이 실질지가에 미치는 효과는 일반적인 관념과 달리 그리 크지 않았다.

여기에서는 시장이 효율적이며 지가와 물가가 수요와 공급 교란에 의해 영향을 받고 있다는 것을 묵시적으로 가정하고 있다. 하지만 검정기간(1689~1821년) 동안 조선의 경제에는 현대와 같은 시장 메커니즘이 일반화되어 있지 않으며, 존재한다 하더라도 상당히 한정적이다. 이 경우 실질지가의 변화가 본 연구의 분석처럼 수요와 공급 교란에 의해서만 결정되지 않을 수도 있어서, 연구 결과에 대한 해석은 상당히 제한적일 수밖에 없다. 또한 앞에서 지적한 바와 같이 물가의 대용변수로서의 미곡가격과 지가의 자료적인 한계도 있어서 물가와 지가 간의 관계를 분석하는 데는 제한된 해석이 필요하다.

〈부록 표 1〉 1689~1821년의 米価 변동(단위: 米 1石)

年 - 月	米價	地域	作況	出典	備考
1690-01	2.5냥	서울		肅宗 16-01-10(承)	1688:풍년, 1689:평작
1695-08	7.5냥	서울	흉년	숙종 21-08-30(實)	1696년 봄에는 30냥
1698-04	20냥	서울	흉년	숙종 24-04-24(實)	진휼청가 15냥
1698-09	3.75냥	청주	흉년	숙종 24-09-12(承)	대대적인 주전으로 錢賤
1700-10	1.5냥	함경남도	평년	숙종 26-10-24(備)	포 1필=돈 2냥
1702-01	9냥 9전		평년	숙종 28-01-18(備)	공시가
1703-01	15냥	관서	흉년	숙종 29-01-23(備)	관서 대기근
1703-10	7.5냥	경상도	흉년	숙종 29-10-17(備)	대흉작
1708-01	7.5냥		흉년	숙종 34-01-19(備)	
1718-*8	1냥			숙종 44-*8-05(承)	錢貴하여 銀의 시세와 동일
1724-10	1냥	영남		英祖 00-10-24(備)	錢貴米賤
1725-10	2.25냥	양양		영조 01-10-05(備)	
1726-08	6냥	호남	흉년	영조 02-08-08(備)	호남, 고미가
1726-09	8냥	호남	흉년	영조 02-09-05(備)	호남, 계속 흉작
1726-秋	0.75냥	서울	풍년	영조 03-08-13(備)	영조 2년 가을 1냥=仝石
1727-春	4.7냥			영조 03-08-13(備)	영조 3년 봄 1냥=租 8두
1727-05	1.9냥	호남		영조 03-05-10(備)	錢貴(1냥=米 8두)
1727-05	2.4냥	경외		영조 03-05-10(備)	錢貴(租 1석=1냥)
1728-01	6냥	서울		영조 04-01-23(備)	湖南大同의 서울 시세
1728-08	1.8냥	공주		영조 04-08-02(承)	장시 1냥 =8두
1728-09	1.5냥	서울		영조 04-09-19(備)	1냥=10두, 주전요청. 錢貴
1729-04	5냥	서울		영조 05-04-23(備)	
1729-*7	2냥	삼남		영조 05-*7-06(備)	1냥=미 7~8두, 錢木貴
1729-*7	1냥	관서		영조 05-*7-16(承)	錢貴米賤
1729-10	1.67냥	호서	풍년	영조 05-10-01(承)	1貫=9두
1730-08	1.5냥	전국	풍년	영조 06-08-30(實)	주전 요청, 錢貴
1730-08	6냥			영조 06-08-30(實)	貢物價
1730-11	2.7냥	영남	가뭄	영조 06-11-07(承)	주전 논의, 좌도=5두,우도=6두
1730-11	1.7냥	외방	가뭄	영조 06-11-17(備)	錢貴米賤, 1貫=貿米 8~9두
1731-09	5냥이상		흉작	영조 07-09-20(承)	
1731-10	5냥	서울		영조 07-10-08(實)	鑄錢 결정 후 穀價 등귀 조짐
1731-10	7.5냥		흉년	영조 07-10-11(備)	1,2년 1전=5승, 지금 1전=2승
1731-11	6냥			영조 07-11-15(備)	
1731-11	1.5냥	仁川		영조 07-11-18(備)	4월에 1전= 1두, 錢貴
1731-12	5냥	관서		영조 07-12-24(備)	
1733-08	3냥	호서	풍년	영조 09-08-14(備)	풍년의 貿穀價
1734-05	3냥		풍년	영조 10-05-14(備)	보리 대풍, 貢米 불과 3냥
1734-08	1.5냥	南中	평년	영조 10-08-23(備)	錢貴穀賤
1734-09	1.9냥	연해읍	대풍	영조 10-09-18(備)	錢貴穀賤
1734-10	1.5냥			영조 10-10-16(備)	純木令으로 米價 하락
1735-10	1.8~2.3냥			英祖 11-10-12(備)	
1736-05	3냥 미만	경기등		영조 12-05-29(實)	錢荒과 연이은 풍년으로 저미가
1736-06	2냥	서울	풍년	영조 12-06-03(備)	
1741-09	7.5냥			영조 17-09-06(實)	
1741-10	3냥 미만	北道		영조 17-10-20(備)	
1742-01	3.3냥	兩湖		영조 18-01-08(備)	貢米, 米賤木貴
1743-02	6~7냥			영조 19-02-13(實)	
1744년경	7냥 내외	서울		영조 21-04-09(備)	
1747-09	5냥		흉년	영조 23-09-16(備)	貸銀錢 折錢
1747년경	3냥	호남	평년	영조 23-10-23(實)	

〈부록 표 1〉 (계속)

年 - 月	米價	地域	作況	出典	備考
1747-10	2.6냥	서울		영조 23-10-28(備)	京賑米 발매가
1751-06	3냥			영조 27-06-03(備)	
1751-06	5냥			영조 27-06-02(實)	
1751-10	5.2냥	陰竹	흉년	영조 27-10-23(勝)	경기 흉작
1751-10	7냥	서울	흉년	영조 27-10-30(勝)	
1753-07	3냥	관서		영조 29-07-26(備)	關西稅米 市價發賣
1754-09	15냥	서울	대흉	영조 31-09-14(實)	米 1두=100전
1755-04	15냥	북도		영조 32-04-04(實)	田米
1758-01	1.3냥	서울		영조 34-01-02(實)	저미가(貢物米)
1758-10	5냥			영조 34-10-23(備)	三軍門保米代錢
1760-03	2.2냥			영조 36-03-20(備)	蒜山倉 常平米代
1762-08	15냥	서울		영조 38-08-26(承)	
1762-10	7~8냥	서울, 삼남	대흉	영조 38-10-14(備)	
1766-09	5.4냥	寧越場		영조 42-09-09(頤)	
1767-02	10.3냥	서울		영조 43-02-15(頤)	
1768	2.5~3.2냥			영조 44-09-05(備)	羅里舖倉 貿米價
1769-08	18냥	서울	대흉	영조 45-08-22(頤)	
1769-08	15냥 이상	扶安		영조 45-08-22(頤)	
1769	3냥		평년	영조 45-12-28(備)	羅里舖倉 貿米價
1770	3냥			영조 46-08-08(備)	官의 貿米價
1771-05	10여냥	관서	흉년	영조 47-05-13(實)	田米(大米는 갑절일 것)
1774-03	5냥		흉년	영조 50-03-12(備)	
1774-10	3냥			영조 50-10-28(備)	
1777-01	5.75, 5냥	서울,지방	평년	正祖 02-01-05(日)	
1780-04	4.5냥		풍년	정조 04-05-11(實)	穀賤, 錢貴
1780-11	5~6냥	京口		정조 04-11-17(實)	代錢納 1석당 3.5냥
1780-12	7~10냥	김해		정조 04-12-21(實)	米 1석=소금 2석
1782-08	15냥 초과	서울	흉년	정조 06-08-20(備)	米貴, 錢貴
1783-10	36냥		흉년	정조 07-10-20(實)	서울 錢貴
1788-06	2.5~3냥	湖南 山邑	풍년	正祖 12-06-22(實)	
1788	15, 20냥	서울		經濟野言	균역청의 貿米로 米價 등귀
1790-07	3.7~3.8냥	서울	풍년	정조 14-07-24(實)	균역청의 貿米로 米價 등귀
1791-11	6~8냥	강계	흉년	정조 15-11-11(實)	小米, 평년 小米 1석=3냥 이상
1793-02	7냥	畿湖		정조 17-02-20(備)	미가 등귀
1793-03	4냥 이상	廣州		정조 17-04-01(備)	
1793-04	5냥	북한산성		정조 17-04-15(備)	
1793-09	4냥			정조 17-09-28(實)	代錢價
1794-06	3.8~4.5냥	江邊邑鎭		정조 18-06-15(實)	미가 등귀, 新鑄錢
1795	8~9냥			정조 20-06-22(實)	작년 1석=8~9꿰미
1795-02	7.7~7.8냥	서울		정조 19-02-10(實)	貢米價, 富民藏穀
1795-06	9냥	서울	흉년	정조 19-06-04(實)	貢米價, 드물게 高米價
1796-08	2.3냥	南沿	소풍	정조 20-08-27(實)	
1798-04	7.2냥	서울		정조 22-04-27(實)	貢米價, 大錢荒
1800-12	3냥	평안도		純祖 00-12-22(備)	
1802년초	6냥	平薪		순조 02-03-08(備)	代錢價, 충청도
1806-01	3냥			순조 06-01-06(備)	미가 하락
1810-02	7냥여	서울	흉년	순조 10-02-무신(實)	米貴
1821-冬	5냥	호남		순조 22-07-19(日)	

* 범례: 出典의 實은 『朝鮮王朝實錄』, 備는 『備邊司謄錄』, 承은 『承政院日記』, 日은 『日省錄』, 勝은 『勝聽明錄』, 頤는 『頤齋亂藁』를 각각 의미함.

〈부록 표 2〉 1692~1797년의 地価 변동(慶北 孫東滿氏家 田畓賣買価)

연대 \ 내용	田 種	面積			價格(綿布, 銅錢 등)			매매 원인	자료 번호
		卜數	斗落數	1斗落의 卜數	1卜價	1斗落價	總 價		
1692-06(숙종 18)	畓	10	7	1.43	1.8	2.57	銀 18兩	要用所致	525
1693-01(숙종 19)	畓	15.6	5	3.12	1.09	3.4	銀 17兩	要用所致	526
1694-03(숙종 20)	畓	9.2	4.5	2.04	3.91	8	錢 36	要用所致	527
1694-11(숙종 20)	畓	13.2	5	2.64	3.03	8	錢 40	要用所致	528
1695-07(숙종 21)	畓	3.8	2	1.9	2.89	5.5	錢 11	移買	530
1695-00(숙종 21)	田	3	2	1.5	2.33	3.5	錢 7	要用所致	531
1695-12(숙종 21)	畓	15	荒租 6	2.5	1.47	3.67	錢 22	移買	582-3
1696-08(숙종 22)	畓	6	2	3	2.5	7.5	錢 15	要用所致	539
1699-02(숙종 25)	畓	4	3	1.33	7.5	10	錢 30	要用所致	544-2
1700-10(숙종 26)	畓	7	3	2.33	2.14	5	錢 15	要用所致	547-2
1701-06(숙종 27)	畓	4	3	1.33	5	6.67	錢 20	開吐	544-1
1701-12(숙종 27)	畓	27.2	12	2.25	1.8	4.16	錢 50	凶荒	545
1702-02(숙종 28)	畓	7.9	3	2.63	4.3	11.3	錢 34	要用所致	547-1
1703-01(숙종 29)	畓	19.2	9	2.13	2.86	6.11	錢 55	要用所致	546
1704-01(숙종 30)	畓	12.8			2.34		錢 30	要用所致	549
1704-11(숙종 30)	畓	17.3	5	3.46	3.47	12	錢 60	要用所致	550
1705-03(숙종 31)	畓	2.4	1	2.4	5	12	錢 12	生理爲難	551
1706-12(숙종 32)	畓	3.2	4	0.8	7.5	6	錢 24		552
1708-01(숙종 34)	畓	4	3	1.33	3.75	5	錢 15	要用所致	553
1708-11(숙종 34)	畓	16.8	7	2.4	1.61	3.86	荒租27石	負債	555
1708-12(숙종 34)	畓	7.1	3	2.37	4.22	10	錢 30	要用所致	554
1708-12(숙종 34)	畓	9.5	3	3.17	3.68	11.67	錢 35	要用所致	556
1710-03(숙종 36)	3等畓	7.7	4	1.93			雄牛 1	番布	558
1712-04(숙종 38)	田	3	2	1.5	4.67	7	錢 14	要用所致	562
1713-01(숙종 39)	畓	3.5	2	1.75	8	14	錢 28	凶荒	561
1714-01(숙종 40)	畓	3.8	2	1.9	7.63	14.5	錢 29	凶荒	563
1716-12(숙종 42)	田,果木	1	2,3				錢 10	凶荒	565
1717-12(숙종 43)	畓	4	3	1.33	5	20	錢 60	葬需	567
1719-03(숙종 45)	畓	14.4			2.29		錢 33	移執	569
1725-12(영조 1)	畓	13.8	4	3.45	2.39	8.25	錢 33	要用所致	575
1726-02(영조 2)	畓	11.2	5	2.24	2.41	5.4	錢 27	要用所致	576
1728-01(영조 4)	畓	19	租 8	2.38	2.21	5.25	錢 42	切有用處	588-3
1729-01(영조 5)	畓	16.8	荒租 13	1.29	2.86	3.69	錢 48	生理爲難	582-2
1729-02(영조 5)	畓	6.9	4	1.73	5.65	9.75	錢 39	葬需	590-3
1732-02(영조 8)	畓	19	8	2.38	2.32	5.5	錢 44	勢不得已	588-2
1733-11(영조 9)	畓	4	3	1.33	4.25	5.67	錢 17	凶荒	580
1733-11(영조 9)	畓	7.6	4	1.9	3.29	6.25	錢 25	要用所致	581
1735-12(영조 11)	畓	16.8	荒租 13	1.29	1.19	1.54	錢 20	要用所致	582-1
1737-01(영조 13)	田	3.3	4	0.83	1.21	1	錢 4	要用所致	583-1
1737-01(영조 13)	畓	6	2	3	1.08	3.25	錢 6.5	要用所致	584
1737-03(영조 13)	畓	30.2	11	2.75	1.72	4.73	錢 52	營石役	587
1737-12(영조 13)	畓	30.2	11	2.75	1.82	5	錢 55	凶年	585
1738-11(영조 14)	畓	19	8	2.38	1.79	4.25	錢 34	遠處耕難	588-1
1738-12(영조 14)	畓	6	2	3	1.25	3.75	錢 7.5	要用所致	589
1741-02(영조 17)	畓	11.5	正租 4	2.85	2.43	7	錢 28	要用所致	590-1
1744-02(영조 20)	畓	3	11.4	3.8	1.93	7.33	錢 22	要用所致	590-2
1744-02(영조 20)	畓	6.9	4	1.73	4.20	7.25	錢 29	要用所致	591
1753-12(영조 29)	田	7	皮牟 6	1.17	0.43	0.5	錢 3	要用所致	598-1
1754-10(영조 30)	畓	16	5	3.2	0.63	2	錢 10	要用所致	601
1756-04(영조 32)	畓		8			2	錢 16	凶荒	604
1757-12(영조 33)	田	4.5	3	1.5	0.89	1.33	錢 4	有用處	605

〈부록 표 2〉 (계속)

내용 / 연대	田 種	面積			價格(綿布, 銅錢 등)			매매 원인	자료 번호
		卜數	斗落數	1斗落의 卜數	1卜價	1斗落價	總 價		
1760-01(영조 36)	田	7	皮牟 15	0.47	0.43	0.2	錢 3	要用所致	598-2
1764-12(영조 40)	田	7	11	0.64	0.5	0.32	錢 3.5	要用所致	598-3
1767-02(영조 43)	田	皮牟12			0.25		錢 3	移買	613
1767-07(영조 43)	田		皮牟 12			0.25	錢 3	要用所致	612
1768-02(영조 44)	垈田	4.3	皮牟 4	1.43	6.98	7.5	錢 30	要用所致	614
1768-02(영조 44)	畓	41.8	17	2.46	2.51	6.18	錢 105	急有用處	615
1768-12(영조 44)	畓	15.7	5	3.14	2.93	9.2	錢 46	要用所致	616-1
1769-02(영조 45)	畓	11.4	5	2.28	2.63	6	錢 30	有用處	619
1770-03(영조 46)	田	4	8	0.5	1.25	0.63	錢 5	要用所致	620
1771-01(영조 47)	畓	2.5	0.5	5	2	10	錢 5	切有用處	622
1772-01(영조 48)	畓	30.5	10	3.05	1.77	5.4	錢 54	凶年	626
1772-03(영조 48)	畓	4.2	1	4.2	2.5	10.5	錢 10.5	要用所致	628
1772-08(영조 48)	畓	3.1	2	1.55	3.87	6	錢 12	要用所致	660-3
1772-08(영조 48)	畓	3.6	2	1.8	4.72	8.5	錢 17	要用所致	660-4
1775-04(영조 51)	畓		1.5			2.67	錢 4	香徒役	616-3
1775-12(영조 51)	畓	16.9	7	4.02	4.44	10.7	錢 75	切有用處	630
1776-01(영조 52)	畓	17.2	6	2.87	4.24	12.2	錢 73	移買	631
1776-01(영조 52)	畓	15	5	3	4.13	12.4	錢 62	移買	660
1776-10(영조 52)	田	4.4	4	1.1	1.48	1.63	錢 6.5	要用所致	632
1778-11(정조 2)	畓	12.3	3	4.1	2.2	9	錢 27	要用所致	636
1779-07(정조 3)	畓	2.7	2	1.35	7.22	9.75	錢 19.5	凶年	660-2
1779-12(정조 3)	畓	2.1	2	1.05	2.38	2.5	錢 5		616-4
1780-01(정조 4)	畓	9.3	3	3.1	2.69	11.67	錢 25		638
1781-05(정조 5)	田	7	5	1.4	0.43	0.6	錢 3	救療	639
1783-01(정조 7)	皮牟田	4.4	4	1.1	0.68	0.75	錢 3	軍馬變通	640
1783-02(정조 7)	皮牟田	8	8	1	0.88	0.88	錢 7	要用所致	641
1783-02(정조 7)	畓	13.9	3.5	3.97	2.88	11.43	錢 40	凶年	642
1784-02(정조 8)	畓	12.1	5	2.42	5.37	13	錢 65	要用所致	645
1784-02(정조 8)	畓	9	4	2.25	3.56	8	錢 32	要用所致	646
1784-02(정조 8)	畓		2			11.5	錢 23	負債	647
1785-01(정조 9)	畓	10.3	3	3.43	2.33	8	錢 24	要用所致	649
	田		1						
1785-04(정조 9)	田	9.8	10	0.98	3.06	3	錢 30	要用所致	650
1786-02(정조 10)	田	5.1	4	1.28	0.78	1	錢 4	要用所致	651
1787-01(정조 11)	垈田		7			18.6	錢 130	移買	652
1787-01(정조 11)	畓	8.3				2.29	錢 19	移買	653
1787-01(정조 11)	畓	9	3.5	2.57	3.44	8.86	錢 31	切有用處	654
1787-01(정조 11)	田	6.8	3	2.27	1.91	4.33	錢 13	切有用處	655
1787-02(정조 11)	田	8	5	1.6	2.38	3.8	錢 19	有用處	656
1787-05(정조 11)	畓	8.3	3	2.77	2.89	8	錢 24	凶年	657
1788-01(정조 12)	田	9.8	10	0.98	3.88	3.8	錢 38	負債	658
1788-02(정조 12)	畓		1			9	錢 9	切有用處	659
1790-01(정조 14)	畓	17.7	7	2.53	4.24	10.7	錢 75	要用所致	660-1
1797-04(정조 21)	畓		15			8	錢 120	凶年	669
1780-01(정조 4)	畓	9.3	3	3.1	2.69	11.67	錢 25		638
1781-05(정조 5)	田	7	5	1.4	0.43	0.6	錢 3	救療	639
1783-01(정조 7)	皮牟田	4.4	4	1.1	0.68	0.75	錢 3	軍馬變通	640
1783-02(정조 7)	皮牟田	8	8	1	0.88	0.88	錢 7	要用所致	641
1783-02(정조 7)	畓	13.9	3.5	3.97	2.88	11.43	錢 40	凶年	642
1784-02(정조 8)	畓	12.1	5	2.42	5.37	13	錢 65	要用所致	645
1784-02(정조 8)	畓	9	4	2.25	3.56	8	錢 32	要用所致	646
1784-02(정조 8)	畓		2			11.5	錢 23	負債	647

〈부록 표 2〉 (계속)

내용 / 연대	田 種	面 積			價 格(綿布, 銅錢 등)			매매 원인	자료 번호
		卜數	斗落數	1斗落의 卜數	1卜價	1斗落價	總 價		
1785-01(정조 9)	畓	10.3	3	3.43	2.33	8	錢 24	要用所致	649
	田		1						
1785-04(정조 9)	田	9.8	10	0.98	3.06	3	錢 30	要用所致	650
1786-02(정조 10)	田	5.1	4	1.28	0.78	1	錢 4	要用所致	651
1787-01(정조 11)	垈田		7			18.6	錢 130	移買	652
1787-01(정조 11)	畓	8.3				2.29	錢 19	移買	653
1787-01(정조 11)	畓	9	3.5	2.57	3.44	8.86	錢 31	切有用處	654
1787-01(정조 11)	田	6.8	3	2.27	1.91	4.33	錢 13	切有用處	655
1787-02(정조 11)	田	8	5	1.6	2.38	3.8	錢 19	有用處	656
1787-05(정조 11)	畓	8.3	3	2.77	2.89	8	錢 24	凶年	657
1788-01(정조 12)	田	9.8	10	0.98	3.88	3.8	錢 38	負債	658
1788-02(정조 12)	畓		1			9	錢 9	切有用處	659
1790-01(정조 14)	畓	17.7	7	2.53	4.24	10.7	錢 75	要用所致	660-1
1797-04(정조 21)	畓		15			8	錢 120	凶年	669

〈부록 표 3〉 1689~1823년의 地価 변동(海南尹氏家의 田畓賣買価) 【1石=15斗, 全1石=20斗】

연대 \ 내용	田種	面積		가 격(租, 銅銭 등)			매매 사유	자료 번호
		卜	斗落	1卜價	1斗落價	總價		
1689-01(숙종 15)	代田	14.2	4	0.7석	2.5석	正租 10석	要用所致	425
1690-02(숙종 16)	田	17.3	5	0.5석	1.73석	正租 130斗	要用所致	426
1690-02(숙종 16)	代田	12.8	4	0.86석	2.75석	正租 11석	要用所致	427
1690-03(숙종 16)	田	23.2	5	0.81석	3.73석	正租 全14석	上典牌字	428
1690-10(숙종 16)	畓	20.4	5	0.74석	3.0석	正租 15석	大凶	429
1690-11(숙종 16)	畓	21	7	1.46석	4.38석	正租 全23석	移買	430
1690-12(숙종 16)	田	6.7	2	0.48석	1.6석	正租 48두	凶荒	431
1691-01(숙종 17)	田	4	19	6.7석	1.41석	正租 402두		432
1691-02(숙종 17)	畓	6.3	1			正租 23두	凶荒	433
	田		0.6					
1691-02(숙종 17)	畓	21.1	7	0.89석	2.67석	正租 280두	凶荒	434
1691-02(숙종 17)	畓	8.5	4	1.41석	3.0석	正租 12석	移買	435
1691-03(숙종 17)	田	6.6	3	0.6석	1.33석	正租 4석		436
1691-10(숙종 17)	畓	20.4	5	2.29석	9.33석	正租 全35석	要用所致	438
1692-03(숙종 18)	畓	11	3	1.36석	5.0석	正租 15석	要用所致	439
1692-04(숙종 18)	畓	20	5	0.75석	3.0석	正租 15석	要用所致	440
1692-09(숙종 18)	田	12.6	5	0.56석	1.4석	正租 7석		441
1692-11(숙종 18)	田	13	10	0.92석	1.2석	正租 12석	喪費,資生	442
1693-02(숙종 19)	畓	20	5	1.0석	4.0석	正租 20석	要用所致	443
1693-03(숙종 19)	田	9	7	0.44석	0.57석	正租 全3석	貧寒所致	445
1693-03(숙종 19)	田	5	3	0.8석	1.33석	正租 全3석	貧寒所致	444
1694-11(숙종 20)	畓	13.9, 11.9	3, 5	2.33필	7.5필	6,7升木 60	移買	446
1695-01(숙종 21)	畓	7.8	2	3.21석	12.5석	正租 25석	貧寒所致	447
1695-02(숙종 21)	畓	3.5	1	3.8석	13.3석	正租 全10석	父早死	448
1695-02(숙종 21)	畓	3.5	1.4	0.97석	2.43석	正租 51두	貧寒所致	449
1695-02(숙종 21)	畓	9	3	3.56석	10.7석	正租 32석		450
1696-02(숙종 22)	畓	4.5	1	0.59석	2.67석	正租 全2석		451
1696-04(숙종 22)	畓	4.5	1			租 1, 6승 1	要用所致	452
1696-04(숙종 22)	畓	8.6	5	0.58석	1.0석	正租 5석	祭需,負債	453
1696-07(숙종 22)	畓	5	2	1.37석	3.43석	正牟 103두	凶年	454
1696-12(숙종 22)	畓	3	1			正租 30두, 身貢 1	負債,身貢	455
1697-02(숙종 23)	田	19	5	0.4석	1.53석	正租 115두		456
1697-03(숙종 23)	畓	6	1.5	1.11석	4.44석	正租 全5석	貧寒所致	458
1697-*3(숙종 23)	畓		16		6.3냥	銀 100냥	移買	459
1697-04(숙종 23)	畓	4	1	1.33석	5.33석	正租 全4석	貧寒所致	460
1697-04(숙종 23)	田	7.3	2	0.31석	1.13석	正租 34두	大凶	461
1697-06(숙종 23)	畓	3.4	1.5	0.59석	1.33석	正租 2석	大凶	457
1698-01(숙종 24)	畓	3	1	0.76석	2.27석	正租 34두	貧寒所致	462
1698-03(숙종 24)	畓	17.1	4	0.88석	3.75석	正租 15석	移買	463
1698-03(숙종 24)	代田	11.5	13			正租 15석, 7,8升木 20	要用所致	464
1699-02(숙종 25)	畓	10.2	3	1.18석	4.0석	正租 12석	要用所致	466
1704-01(숙종 30)	畓	7	3	3.0석	7.0석	正租 21석	要用所致	468
1705-02(숙종 31)	畓	3.9	1	2.05석	8.0석	正租 8석	母死亡	469
1705-04(숙종 31)	畓	23.8	5.5	2.31석	10.0석	正租 55석	大凶	470
1706-02(숙종 32)	畓	4	1.8	1.92석	4.26석	正租 115두		471
1707-01(숙종 33)	畓	20.4	5	0.88석	3.6냥	錢 18냥	要用所致	472
1707-02(숙종 33)	代田	24.2	10	1.36석	3.3냥	錢 33냥	負債	473
1707-11(숙종 33)	畓	12.1,4.2	4, 1	0.44석	1.93석	正租 全13석	上典牌字	474
	畓	23.4	4					

〈부록 표 3〉 (계속)

내용 / 연대	田種	面積		가 격(租, 銅錢 등)			매매 사유	자료 번호
		卜	斗落	\1卜價	1斗落價	總價		
1708-11(숙종 34)	田	4	2	1.25석	2.5냥	錢 5냥	要用所致	475
1709-01(숙종 35)	畓	4.6	2	5.0석	11.5냥	錢 23냥	貧寒所致	476
1710-11(숙종 36)	垈田	10.6	3.5	1.89석	5.7냥	錢 20냥	生活爲難	477
1712-03(숙종 38)	陳田	11	10	0.55석	0.6냥	錢 6냥	要用所致	478
1712-03(숙종 38)	畓	3.9	1	4.62석	18.0냥	錢 18냥	貧寒所致	479
1713-11(숙종 39)	畓	17.1	4	1.7석	7.3냥	錢 29냥	移買	480
1714-01(숙종 40)	畓	9.9	4	1.72석	4.3냥	錢 17냥	移買	481
1714-03(숙종 40)	垈田	27	10	0.39석	1.1냥	錢 10.5냥	大凶	482
1714-04(숙종 40)	畓	3.5	1	4.86석	17.0냥	錢 17냥	要用所致	483
1714-06(숙종 40)	畓	39.2	7	1.28석	7.1냥	錢 50냥	貧寒所致	484
1714-07(숙종 40)	畓	3	1.4	2.67석	5.7냥	錢 8냥	大凶	485
1714-07(숙종 40)	畓	7	3	2.57석	6.0냥	錢 18냥	凶荒	486
1714-11(숙종 40)	垈田	10.6	3.5	0.75석	2.3냥	錢 8냥	貧寒所致	487
1715-05(숙종 41)	田		8,6,2			正租 10석,		488
	田		2,1			細木 3필		
1716-02(숙종 42)	畓	7	3	1.29석	3.0석	正租 9석	凶荒	489
1716-03(숙종 42)	畓	17	4	2.0냥	8.5냥	錢 34냥	貧寒所致	490
1717-01(숙종 43)	畓	2	1	1.0냥	2.0냥	錢 2냥	貧寒所致	491
1717-02(숙종 43)	畓	17	4	2.35냥	10.0냥	錢 40	移買	492
1718-02(숙종 44)	畓	11.7	4	2.56냥	7.5냥	錢 30	有緊用事	493
1718-02(숙종 44)	畓	4	1.3	4.25냥	13.1냥	錢 17	貧寒所致	494
1719-02(숙종 45)	畓	7	3	3.86냥	9.0냥	錢 27	移買	495
1719-08(숙종 45)	畓	9.5	2			租 5석,錢 5	負債	496
	田	7	4					
1719-10(숙종 45)	畓	9.5	2	2.53냥	12.0냥	錢 24냥	要用所致	497
1720-01(숙종 46)	畓	7	3	3.29냥	7.7냥	錢 23냥	切有要用	498
1720-02(숙종 46)	畓	3.7	2	6.49냥	12.0냥	錢 24냥		499
1720-06(숙종 46)	田	12	6	2.0냥	4.0냥	錢 24냥	要用所致	500
1721-12(경종 01)	畓	14.1	3	3.83냥	18.0냥	錢 54냥	要用所致	501
1723-03(경종 03)	畓	0.5,13.5	0.3,3	4.86냥	20.6냥	錢 68냥	移買	502
1723-04(경종 03)	垈田	24.6	10	1.14냥	2.8냥	錢 28냥	要用所致	503
1723-12(경종 03)	畓	21.2	7	4.72냥	14.3냥	錢 100냥	冗故掣	504
1723-12(경종 03)	畓	8.3	3	5.42냥	15.0냥	錢 45냥	拘係冗故	505
1724-01(경종 04)	垈田	12	4	1.67냥	5.0냥	錢 20냥	移買	506
1724-02(경종 04)	垈田	24.6	10	1.42냥	3.5냥	錢 35냥	要用所致	507
1724-03(경종 04)	田	1	1	3.0냥	3.0냥	錢 3냥	貧寒所致	508
1724-12(영조 00)	畓	27.1	0.3			錢 28냥	負債	509
	代田		10					
1725-12(영조 01)	畓	16.4	5	3.17냥	10.4냥	錢 52냥	移買	511
1725-??(영조 01)	畓	10.6	3	4.25냥	15.0냥	錢 45냥	要用所致	512
1726-02(영조 02)	畓	27	6	2.63냥	11.8냥	錢 71냥	要用所致	513
1726-03(영조 02)	畓	27	6	2.63냥	11.8냥	錢 71냥	喪費	514
1727-01(영조 03)	畓	7.3	2	4.52냥	16.5냥	錢 33냥	奴婢物故	515
1727-03(영조 03)	畓	3.9	1			錢 23냥	移買	516
	畓	7.4	3					
	田	2.4	1					
1727-11(영조 03)	畓	17.1	4	4.09냥	17.5냥	錢 70냥	要用所致	517
1728-03(영조 04)	畓	8.9	3	5.39냥	16.0냥	錢 48냥	移買	519
1729-02(영조 05)	田	12.9	6	0.78냥	1.7냥	錢 10냥	要用所致	520
1729-02(영조 05)	畓	4.3	2.5	3.6냥	6.2냥	錢 15.5냥	貧寒所致	521
1729-03(영조 05)	畓	5.7	1.3	3.51냥	15.4냥	錢 20냥	要用所致	522

〈부록 표 3〉 (계속)

내용 연대	田種	面積		가격(租, 銅錢 등)			매매 사유	자료 번호
		卜	斗落	1卜價	1斗落價	總價		
1730-02(영조 06)	畓	19	4	4.0냥	19.0냥	錢 76냥		523
1730-03(영조 06)	垈田	23.9	9	1.07냥	2.8냥	錢 25.5냥	葬需	524
1730-03(영조 06)	畓	11.7	3	3.85냥	15.0냥	錢 45냥	葬需	525
1730-04(영조 06)	畓	6.3	1.2		16.4냥	錢 41냥	有要用處	526
	畓	3.5	1.3					
1732-03(영조 08)	畓	1.5	0.7			租 10두	貧寒所致	527
	田	1.7	1					
1733-02(영조 09)	垈田	14.8	6	0.2냥	0.5냥	錢 3냥	切有要用	528
1733-02(영조 09)	畓	12.3, 11.1	7, 4	1.25냥	2.9냥	錢 43냥	切有要用	529
	畓	2.4, 4.6	1, 2					
	畓	3.9	1					
1733-03(영조 09)	畓	10.7	4	0.93냥	2.5냥	錢 10냥	大凶	530
1734-02(영조 10)	畓	23.8	4	0.67냥	4.0냥	錢 16냥	大凶	531
1737-12(영조 13)	畓	6.5	2	1.38냥	4.5냥	錢 9냥	要用所致	532
1738-01(영조 14)	畓	23.8	4	1.68냥	10.0냥	錢 40냥	生道極難	533
1739-02(영조 15)	畓	8.9	3	2.92냥	8.7냥	錢 26냥	移買	534
1739-02(영조 15)	畓	9.3	3	3.23냥	10.0냥	錢 30냥	移買	535
1740-03(영조 16)	畓	19	4	2.11냥	10.0냥	錢 40냥	記上	536
1740-03(영조 16)	畓	11.8	2.8	2.16냥	9.1냥	錢 25.5냥	移買	537
1741-02(영조 17)	畓	6.5	2	2.0냥	6.5냥	錢 13냥	移買	538
1742-12(영조 18)	田	2.9	3	1.55냥	1.5냥	錢 4.5냥	要用所致	539
1744-02(영조 20)	畓	13.7	4	2.92냥	10.0냥	錢 40냥	移買	540
1744-04(영조 20)	畓	12	3	2.92냥	11.7냥	錢 35냥	移買	541
1745-12(영조 21)	田	3.9	3	1.15냥	1.5냥	錢 4.5냥	要用所致	542
1746-*3(영조 22)	畓	9.3	3	3.66냥	11.3냥	錢 34냥	要用所致	543
1750-03(영조 26)	畓	6.6	2	1.82냥	6.0냥	錢 12냥	移買	545
1751-02(영조 27)	田	3.9	3	1.03냥	1.3냥	錢 4냥	移買	546
1751-02(영조 27)	畓	4	1.3	3.63냥	11.2냥	錢 14.5냥	要用所致	547
1752-11(영조 28)	畓	4.3	2.5	0.58냥	1.0냥	錢 2.5냥	要用所致	548
1753-03(영조 29)	畓	23.8, 13.7	4, 4	2.2냥	9.2냥	錢 110냥	移買	549
	畓	12.6	4					
1754-04(영조 30)	畓	16.9	5	4.26냥	14.4냥	錢 72냥	移買	550
1755-02(영조 31)	畓	10.2	3	4.02냥	13.7냥	錢 41냥	要用所致	551
1755-03(영조 31)	陳畓	29.4	8	2.04냥	7.5냥	錢 60냥	移買	552
1763-02(영조 39)	畓	13.2	4	1.59냥	5.3냥	錢 21냥	要用所致	554
1766-01(영조 42)	田	15.3	6	0.62냥	1.6냥	錢 9.5냥	稅	555
1767-12(영조 43)	田	16.3	6	0.58냥	1.6냥	錢 9.5냥	要用所致	556
1768-12(영조 44)	畓	10.2	3	3.53냥	12.0냥	錢 36냥		557
1769-03(영조 45)	田	6.3	6	1.51냥	1.6냥	錢 9.5냥	葬需	558
1770-02(영조 46)	畓	9.8	3	2.86냥	9.3냥	錢 28냥	要用次	559
1770-02(영조 46)	畓	13.3	4	1.28냥	4.3냥	錢 17냥	移買	560
1773-02(영조 49)	畓	13.3	4	1.73냥	5.8냥	錢 23냥	移買	561
1773-05(영조 49)	畓	10.2	3	3.53냥	12.0냥	錢 36냥	移買	562
1773-12(영조 49)	畓	10.3	4	2.14냥	5.5냥	錢 22냥	要用所致	563
1775-02(영조 51)	畓	11.8	3	2.19냥	8.3냥	錢 25냥	要用致	564
1777-02(정조 01)	畓	9.8	3	3.27냥	10.7냥	錢 32냥	要用所致	565
1777-03(정조 01)	畓	14.5	4	2.35냥	8.5냥	錢 34냥	移買	566
1778-02(정조 02)	畓	14.5	3	2.28냥	11.0냥	錢 33냥	移買	567
1778-03(정조 02)	田	16.3	6	0.31냥	0.8냥	錢 5냥	移買	568
1779-01(정조 03)	畓	14.5	4	2.35냥	8.5냥	錢 34냥	移買	569
1823-01(순조 23)	畓	11.9	3	3.53냥	14.0냥	錢 42냥	喪費	570

제4장 조선후기 지가변동과 농업경영방식

1. 문제 시각

이 연구는 상평통보가 도입되고 시장이 발달하는 17세기 후반부터 노비제도가 와해되는 19세기 후반까지 지가 변동을 통해 농업경영형태를 살펴보고자 한다. 농업경영형태는 소농경영, 병작경영, 광작경영 등으로 나눌 수 있는데, 그 경영형태에 따라 서로 다른 노비와 토지의 소유방식을 나타내고 있다. 지가는 이 시기에 여러 차례 등락을 거듭하지만 특히, 1690~1725년, 1765~1790년, 그리고 1830~1860년대 세 차례에 걸쳐 급격히 상승하였다. 흥미로운 점은 시기별로 지가의 상승 원인이 서로 다르며, 상승 현상에 경제적 특징이 그대로 반영되어 있다는 점이다.

화폐가 도입되고 국제무역이 발달하는 1690~1725년에는 경제 외부로부터 유동성이 팽창하면서 새로운 부가 창출되고 그로 인해 지가가 상승하는 특징을 보이게 되는 반면, 시장과 유통경제가 발달하는 1830~1860년대에는 경제 내부에서 발달한 유통이익이 생산 자본화되는 과정에서 토지수요를 촉진시켜 지가를 상승시키는 현상을 보이게 된다. 즉, 17세기 말부터 18세기 초까지 지가 상승은 새롭게 창출된 유동성의 생산 자본화로 발생하며, 19세기 초부터 19세기 중반까지는 경제내부의 유통이익이 생산 자본화되는 과정에서 지가가 상승한 것이다. 한편, 1765~1790년은 물가가 지속적으로 상승하는 인플레이션(inflation) 시기였다. 이때의 지가 상승은 앞의 두 시기와는 다른 경제적 특징을 보인다. 농업생산성 감소 등 실물 경제적 요인으로 곡물이 귀해지면서 미가와 물가가 상승함에 따라 곡물의 파생수요인 지가 역시 상승하였던 것이다.

이러한 지가 상승을 가져오는 경제적 원인의 차이는 토지집중화와 밀접하게 연관되어 있다. 1690~1725년과 1830~1860년대에는 창출된 富가 생산 자본화 과정을 거치면서 상인과 상업 활동을 영위한 양반계층을 중심으로 토지가 집중화되는 반면, 1765~1790년은 농업생산성 감소 등 실물 경제적 원인으로 직접 농업생산을 하고 있던 소농이 해체되는 과정을 겪으면서 토지소유의 양극화를 진행시켰다. 이 책의 6, 7장에서 자세히 언급하겠지만 토지소유의 양극화는 노비는 감소시키고 임노동 수요를 증가시켜서 노비제가 와해되는 결정적 계기가 된다.

이 연구는 시기별로 지가 상승을 가져오는 경제적 원인을 분석하고, 이를 통해 토지소유규모와 농업경영형태를 추론하고자 한다. 특히, 조선후기 물가와 지가의 변동 원인, 그리고 농업경영형태의 문제를 정합적으로 관련하여 해석하고자 했다.

첫째, 1690~1725년 기간은 錢貴穀賤으로 표현되는 경제적 특징을 보인다. 지가는 상승하지만 물가는 지속적으로 하락하는 디플레이션(deflation) 현상을 수반하고 있다. 따라서 토지는 명목가격과 실질가격이 모두 상승하는데, 그 주요 원인으로 유동성 확대와 錢荒을 들 수 있다. 화폐도입과 무역확대로 인해 경제 외부적으로 유동성이 급격히 팽창하고 매매거래가 급격히 증가한 데 반해, 화폐공급 면에서는 주전 원료인 銅의 생산이 제한되어서 화폐가 부족한 전황현상이 발생하였다. 전황으로 인해 화폐의 가치는 귀해지고 상품은 천해지면서 물가하락 현상이 발생하였다. 화폐가 귀해지면서 상인과 양반층 심지어 국가 관청에서도 부의 축적 수단으로 동전을 퇴장시키지만, 일부는 생산자본인 토지로 투자되었다. 이러한 토지매입은 상인과 상업 활동을 영위한 양반층을 중심으로 토지소유를 확대시켰고 결국 광작경영이 늘어나는 역할을 하였다.

둘째, 1765~1790년은 錢貴穀貴로 표현되는 경제적 특징을 보이는데, 지가와 물가가 동반 상승하면서 실질지가는 이전시기에 비해 오히려 하락하였다. 이 시기는 전황현상이 여전히 지속되지만 토지와 노비의 생산성 감소 등 실물 경제적 요인에 의해 곡물 생산이 감소하여 물가의 상승압력이 지배적인 인플레이션(inflation) 기간이었다.[1] 이 시기 지가 상승은 미가 상승과 그 실물 경제적 요인에 의해 설명될 수 있다. 토지는 곡물의 파생수요이기 때문에 미곡의 품귀 현상은 물가 상승으로 이어지면서 곡물을 생산하는 토지의 가격을 상승시키게 된 것이다.

셋째, 1830~1860년대 지가 상승은 인플레이션을 동반하고 있어서 이전 시기와 같이 명목지가는 상승하나 실질지가가 오히려 하락하거나 안정적인 현상을 보이게 된다. 이 시기 지가와 물가 상승의 주요 원인으로는 유통이익과 전황의 해소를 들 수 있다. 18세기의 중요한 사회경제적 문제가 되었던 전황은 19세기에 들어와 갑산광산 등의 개발이 본격화되면서 화폐의 주전 원료인 동의 공급이 늘어남에 따라 점차 사라지게 되었다. 전황 해소는 이전 시기에 물가를 떨어뜨리는 화폐적 요인이 사라지게 되었음을 의미한다.

한편 농업경제에서 화폐유통이 본격화되면서 시장이 발달하고 경쟁적으로 되었다. 시장가격이 경쟁적으로 변화되면서 국가의 특권을 기반으로 한 독점 이익은 점차 줄게 되었다. 또한 국가의 재정 악화가 진행되면서 지출을 절감하려는 노력의 일환으로 貢價를 낮추고 시장에서 직접 공물을 조달하게 됨에 따라 貢人의 이익은 점차 사라지게 되었다. 이에 경제적 어려움에 봉착한 공인 계층이 공물권을 상인층이나 양반층 등에게 매각하는 사례가 급증하게 되었다. 특히 상인층은 대규모 자본을 기반으로 공물권과 주인권 등을 매입하여 유통 매점을 통한 독점적 이윤을 얻을 수 있게 되었다. 공물권의 매점을 통한 유통이익은 시장이 경쟁적이고 공가가 충분히 시장가격으로 하락하더라도 여전히 남아 있게 된다. 이 시기 상인층과 상업 활동을 영위한 양반층은 전답을 소유하기 보다는 공물권, 주인권, 도장권

---

1) 조선후기 물가와 화폐량과의 관련에 대해서는, 김희호 · 이정수의 연구 참조(김희호 · 이정수, 「물가의 주기적 변동과 화폐의 초과수요: 1689~1821년 한국의 경우」, 『금융학회지』 3권 2호, 1998).

등 流通權의 매매를 통해 많은 이윤을 얻기도 했다. 하지만 이러한 유통이익도 시장의 발달로 인해 점차 줄게 되었고, 1820~1830년부터 상인층과 양반층은 유통권을 팔고 토지를 매입하기 시작하였다. 이러한 상업자본의 토지집중화는 지가를 급격히 상승시키는 원인이 되었다. 하지만 이전 디플레이션 기간인 1690~1725년과는 달리, 전황의 해소로 물가 상승을 동반하면서 실질지가는 오히려 하락하게 되었다.

2. 1690~1725년의 유동성 확대와 지가 상승

1690~1725년에 토지가격이 급격히 상승하였는데, 기존 연구에서는 그 이유에 대한 명확한 설명이 부족하였다. 여기서는 지가 급등의 원인을 고찰함에 있어, 외부에서 유입된 유동성 확대와 전황현상에 주목하였고, 지가 상승은 상인과 양반층이 외부 유동성을 생산(농업) 자본화하는 과정에서 발생한 것으로 본다.

1) 국제무역을 통한 유동성 확대

17세기에 들어와 조선에서는 시장경제가 확대되고 거래량이 증가하면서 同価·同質의 기능을 갖춘 화폐를 필요로 하였다. 기존의 布貨(면포)는 질적 하락과 단일한 가치 구현 미비 등의 한계로 인해 발전된 유통경제하에서 화폐의 기능을 상실하게 되고 銀貨가 기존의 布貨를 대신하였다. 銀貨는 16세기 후반에 평안도 등 상업이 발달한 일부 지역을 중심으로 사용되다가 점차 전국적인 교환수단으로 확대되었다.[2] 하지만 銀貨 또한 통용화폐로서 기능의 한계점을 가지고 있었다. 즉, 銀貨의

2) 『宣祖實錄』 권93, 宣祖 30년 10월 庚午(13); 『備邊司謄錄』 권34, 肅宗 4년 1월 24일.

원료가 되는 銀을 지속적으로 대량 확보해야 하는 문제와 고액의 상품 거래에는 편리하나 소액 거래에는 불편한 문제가 있었으며, 또한 당시 中國에서 銀貨가 통용화폐로서 유통되는 현실에서 조선에서 銀貨를 통용화폐로 할 경우에 발생할 수 있는 정치, 경제상의 문제도 있었다. 이처럼 布貨와 銀貨가 갖는 화폐기능의 한계로 인해 정부는 1625년부터 적극적인 銅錢 유통 정책을 시도하였으며 계속적인 鑄錢과 통화 관리를 하게 되었다.

銅錢 주조의 주요한 원료는 銅과 含錫이었다.[3] 銅의 대부분은 일본에서 수입되었고, 함석은 일본보다 값이 저렴한 중국을 통해 들여왔다.[4] 즉 동전 원료인 동과 함석은 일본과 중국과의 公·私 무역을 통해 수입해야 했기에 당시 국제 결제통화였던 銀貨의 확보가 필요했다. 물론 국내 광산에서 鉱銀·生銅이 개발되기는 하였지만 이들의 개발은 15세기 이래 정부에 의해 억제되고 있었기 때문에 국내 銅과 銀의 산출액은 적은 수에 불과했다. 이에 반해 일본의 金銀 鉱山은 16세기 중엽부터 본격적으로 개발되어 그 산출량이 많고 가격도 저렴하여 일본에서 銀과 銅을 수입하는 것이 안정적이었다.[5] 따라서 당시 국내에서 유통되고 있던 銀貨와 銅錢의 원료는 주로 일본에서 수입된 倭銀·倭銅이었다.[6] 일본과의 사무역에 의한 은과 동의 수입량은 〈표 1〉에 자세히 나타나 있다.

倭銀의 수입량은 〈표 1〉에 나타나 있는 것처럼 1702년을 전후하여 2,000貫 정도를 유지하였으나 그 후 급격하게 감소하여 1,000貫 이하로 떨어졌다.[7] 1714년을 전환점으로 하여 倭銀의 수입량은 다시 증가하여 1732년까지는 1,010~1,950貫 정도 수준을 유지하였지만 그 이후에는 급격하게 감소하여 1752년 이후 더 이상 기록상으로 나타나지 않게 되었다.

---

3) 19세기 초의 鑄錢式에 의하면 銅錢은 生銅 73%, 含錫 13.5%, 常鑞 13.5%의 비율로 合成, 鑄造되었다(『万機要覽』 財用篇 4, 鑄錢式).
4) 『備邊司謄錄』 권91, 英祖 8년 3월 26일.
5) 小葉田淳, 『金銀貿易史の研究』, 法政大出版局, 1969; 『貨幣と鉱山』, 思文閣出版, 1999.
6) 『英祖實錄』 권76, 英祖 28년 4월 戊戌(7).
7) 은의 무게를 나타내는 1貫을 동의 무게를 나타내는 근으로 표시하면 6.25斤과 같다.

〈표 1〉 조선후기 日本 銀의 수입량(貫)과 銅의 수입 추정량(斤) –사무역의 경우[8)]

年度	銀輸入	동수입	年度	銀輸入	동수입	年度	銀輸入	동수입	年度	동수입
1684	1,938	169,749	1709	940	56,796	1734	770	30,000	1770	164,600
1685	2,007	91,142	1710	620	72,150	1735	950	45,000	1771	72,105
1686	2,887	315,015	1711	620		1736	430	85,000	1772	20,900
1687	2,044	264,235	1712	525		1737	485		1773	170,850
1688	2,487	188,577	1713	950	100,000	1738	770		1774	139,000
1689	1,995	181,732	1714	1,956	100,000	1739	595		1775	130,500
1690	2,231	587,969	1715	1,580	200,000	1740	910		1776	38,000
1691	2,731	437,669	1716	1,410	100,000	1741	750		1777	86,900
1692	2,437	421,874	1717	1,360		1742	450		1778	100,000
1693	2,274	681,387	1718	980	100,000	1743	110		1779	100,000
1694	2,579	692,353	1719	580	200,000	1744	500	23,428	1780	100,000
1695	2,449	372,252	1720	765	200,000	1745	250	23,428	1781	100,000
1696	2,440	628,348	1721	1,132		1746	260	23,428	1788	70,000
1697	2,405	1,436,000	1722	1,630		1747	270	23,428	1789	12,000
1698	1,400	26,453	1723	1,490	100,000	1748	100	23,428	1790	37,000
1699	1,980	626	1724	700		1749	310	23,428	1791	80,000
1700	1,565	1,100	1725	410	230,000	1750	196	23,428	1792	70,000
1701	2,730	4,456	1726	700	100,000	1751	110		1793	23,000
1702	1,807	24,726	1727	1,280	240,000	1752	10		1820–1826	150,000
1703	730	300	1728	1,100	100,000	1763		69,798	1827	200,000
1704	1,350	5,251	1729	1,350	100,000	1764		112,433	1828–1835	150,000
1705	1,078	5,351	1730	1,450		1765		103,000	1836–1844	161,000
1706	1,300	55,200	1731	1,590	100,000	1767		40,300	1845–1847	150,000
1707	927	3,426	1732	1,010	100,000	1768		55,000	1848–1854	161,000
1708	980	4,008	1733	700	100,000	1769		52,300	1855–1866	211,000

* 단 銀의 수입량은 1710년까지는 정확한 수치이고, 1711년 이후부터는 최저 수입량을 기록함.

한편 倭銅은 1613년 '己酉約條'의 체결로 公貿易의 조약이 제정되고 銅이 公貿易의 품목에 포함됨에 따라 매년 2만 6천~2만 9千 斤이 수입되었다.[9)] 하지만 1678년에 상평통보가 주조되면서 銅의 소비량이 급격하게 증가되고 公貿易을 통한 수입량으로는 동의 확보가 절대적으로 부족하였기 때문에 많은 부분이 私貿易으로 충당되었다. 倭銅의 수입은 1613년 이후 지속적으로 증가하다가 1697년에 140여 만 냥을 정점으로 하여 급격히 감소하여 그 후 연간 8만 냥 미만으로 떨어졌다. 하지만 1713년부터 다시 조금씩 증가하여 1730년대 초반까지는 대체로 매년 10만~20만 냥 수준을 유지

8) 〈표 1〉의 倭銅과 倭銀의 수입량은 다음의 田代和生의 연구를 바탕으로 작성하였다.
田代和生, 『近世日朝通交貿易史の硏究』, 創文社, 1981; 「對馬藩の朝鮮輸出銅調達 –幕府の銅統制と日鮮銅貿易の衰退」, 『朝鮮學報』 66, 1973; 「德川時代における銀輸出と貨幣在庫」, 『日本経済の發展 –近世から近代へ』, 日本経済新聞社, 1976.

9) 銅의 公貿易 규정은 4차례 개정을 거치는데, 첫째 1613년(광해군 5)~1650년(효종 1)까지는 매년 29,073斤 54匁, 둘째 1651년(효종 2)~1702년(숙종 28)까지는 매년 29,373斤 54匁, 셋째 1703년(숙종 29)~1808년(순조 8)까지는 매년 27,900斤, 마지막으로 1809년(순조 9)~1866년(고종 3)까지는 매년 26,900斤을 한도액으로 하였다(田代和生, 앞의 책, 1981).

하다가 그 후 급감한 후 1760년대 초반부터 1780년 후반까지 다시 증가하였다. 하지만 그 이후부터는 다시 감소하였고, 1820년대 이후 재차 증가하는 양상이었다.[10)]

이상과 같이 倭銅·倭銀의 수입량은 1700년 전후의 시기에 최고점을 이룬 후 급격히 감소하였다가 1714년경 조금씩 증가하였다. 그리고 1730년대 중반부터 1750년 전후와 1780년대 말부터 1810년 전후에 감소하였다가 다시 1820년대 이후에는 증가하는 양상이었다. 은과 동의 수입량의 시기별 추세는 <그림 1a>와 <그림 1b>에 나타나 있다.

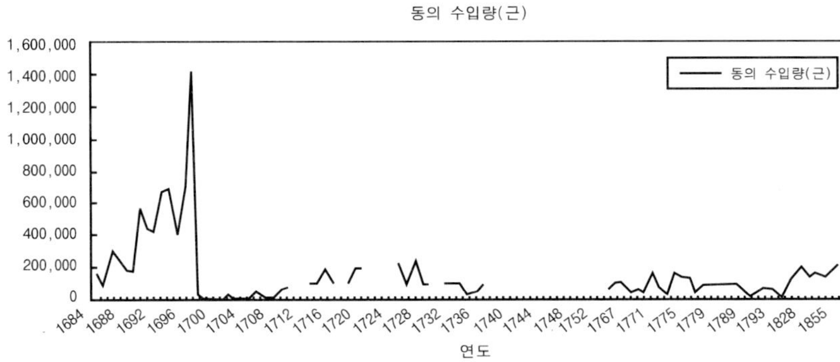

<그림 1a> 동의 수입량(단위: 근)

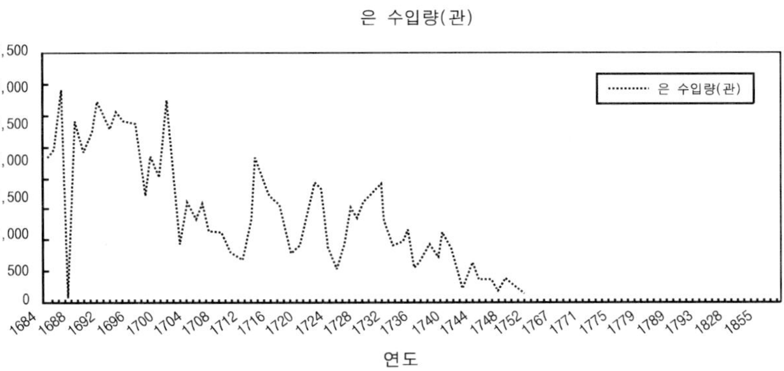

<그림 1b> 은의 수입량(단위: 관)

10) 幕府는 銅의 대외무역에 대한 영향력을 점차 강화시켰는데, 우선 1701년(숙종 27)에는 對馬島主의 무역 자율권을 제한하여 막부 통제 하에 두었고, 1713년에는 對馬島主의 銅調達高를 허가제로 하였으며, 나아가 1716년(숙종 42)에는 對朝鮮 輸出高를 매년 10万 斤으로 규정하였다(田代和生, 앞의 논문, 1973; 앞의 책, 1981).

물론 1731년을 전후하여 일본으로부터 은과 동의 수입량이 점차 감소하고 공급도 불안정하게 되자[11] 정부와 상인들은 국내 銅鉱의 채굴에도 관심을 갖게 되었다. 1731년 安邊銅鉱의 채굴을 시작으로 1741년에는 遂安銅鉱,[12] 1828년 함경도의 甲山銅鉱이 개발되었는데, 본격적인 국내 銅鉱의 채굴은 1828년 갑산동광의 개발 이후에 이루어졌다.[13]

이처럼 公 · 私 무역이 활발하게 전개되면서 대규모 무역으로 인한 유통이익이 발생하였다. 1670년부터 1752년까지 조선은 일본에서 수입한 은에 대한 결제로 중국에서 들여온 비단이나 白糸와 국내 인삼(자연삼)을 팔았다. 또한 일본에서 수입한 은과 국내 인삼을 중국에 팔아서 막대한 중개무역 이익을 취하게 되었다.[14] 이 당시 국제 결제수단이었던 은으로 추정한 중국과의 국제무역 규모는 숙종 때인 17세기 후반 들어 압록강을 넘는 은이 한 번의 사신 행차에 10여 만 냥에서 20만 냥에 이를 정도였으며,[15] 1년으로 하면 족히 50~60만 냥은 되었을 것으로 생각된다.[16] 이전에는 역관과 상인을 중심으로 한 중개무역이 공식적으로 제한되거나 억제되었지만, 무역규모가 커지면서 더 이상 단속이 불가능해지고 서민생활과 밀접하게 관련되면서 1707년(숙종 33)에 중국과의 책문후시(柵門後市)가 공인되었다.[17] 이로써 기존 밀무역으로 간주되었던 책문의 후시는 합법적인 사무역으로 사실상 인정되었던 것이다.[18] 이와 같이 중개무역의 이익과 화폐 주조는 모두 경제에 있어서 유동성을 크게 확대시키는 결과를 가져왔고, 이는 이전 현물경제에서는 경험하지 못했던 현상이었다.

---

11) 중개무역의 쇠퇴가 심각해진 시기는 대개 1720년대를 기점으로 하여 1730~1740년대 이후라고 생각된다(유승주 · 이철성, 『조선후기 중국과의 무역사』, 景仁文化社, 2002, 107~109쪽).

12) 『備邊司謄錄』 권81, 英祖 3년 윤3월 6일; 『備邊司謄錄』 권108, 英祖 17년 2월 16일.

13) 『日省錄』 純祖 28년 9월 5일.

14) 鄭成一, 『朝鮮後期 對日貿易』, 신서원, 2000; 李哲成, 『朝鮮後期 對淸貿易史 硏究』, 國學資料院, 2000; 柳承宙, 「朝鮮後期 對淸貿易의 展開過程」, 『白山學報』 8, 1970.

15) 『備邊司謄錄』 권47, 肅宗 19년 4월 5일.

16) 『通文館志』 권3권, 事大 開市.

17) 위와 같음.

18) 책문후시의 치폐 연도에 대해서는 유승주 · 이철성, 앞의 책, 2002, 107쪽 참조.

2) 화폐 주조량과 유동성 확대

여기에서는 조선후기 여러 사료를 이용하여 화폐량을 추정하여 본다. 추정기간의 시작인 1689년은 법정화폐인 상평통보가 공식적으로 주조되어 전국적으로 유통되기 시작한 시기이며 마지막 추정기간인 1821년은 화폐발행이 남발되고 이자율의 급격한 변화가 있기 바로 이전의 시기였다. 화폐공급량을 측정하기 위해 기록에 보이는 정부의 공식 화폐 주조량과 동의 수입량을 모두 사용하였다. 그런데 국제결제통화인 은의 수입량으로 화폐를 추정할 경우 화폐량을 과다하게 추정할 우려가 있으나 본원통화로서의 은의 역할 때문에 은을 포함한 화폐량도 함께 추정하였다.[19] 조선 정부의 공식 화폐 주조량의 통계는 『朝鮮王朝實錄』, 『備邊司謄錄』, 『承政院日記』 등의 관찬 사료에 기록된 것을 중심으로 했으나 富商 등에 의한 사주·협주나 기록상의 문제 등으로 인한 누락분이 발생할 수 있다. 화폐 주조량에 대한 기타 자료는 『潛谷遺稿』와 『龍湖問錄』, 『秋官志』 등에서 발췌하였다. 국가의 공식 화폐 주조량과 화폐량은 〈표 2〉에 자세히 나타나 있다. 화폐 주조량이 화폐량의 증가분을 나타내므로 화폐(공급)량은 누적 화폐 주조량으로 계산하였다.

〈표 2〉 정부의 화폐 주조량과 화폐량

년	화폐 주조량 (천냥)	공식 화폐량 (천냥)	년	화폐 주조량 (천냥)	공식 화폐량 (천냥)
1678-1681	50	50	1793	60	5,599
1684	0	50	1794	60	5,659
1686	20	70	1797	100	5,759
1690	18	88	1798	100	5,859
1695	550	638	1807	300	6,159
1729	700	1,338	1814	326	6,485
1731	350	1,688	1825	367	6,852
1732	280	1,968	1830	933	7,785
1742	500	2,468	1832	784	8,569

19) 조선시대의 화폐 주조량에 대한 것은 다음의 연구가 참조된다.
元裕漢, 『朝鮮後期 貨幣史硏究』, 한국연구원, 1975; 宋贊植, 『李朝의 貨幣』, 한국일보사, 1975; 李憲昶, 「1678~1865년간 貨幣量과 貨幣価値의 推移」, 『経濟史學』 27, 1999.

년	화폐 주조량 (천냥)	공식 화폐량 (천냥)	년	화폐 주조량 (천냥)	공식 화폐량 (천냥)
1750	164	2,632	1840	200	8,769
1751	607	3,239	1855	1,571	10,340
1765	330	3,559	1857	916	11,256
1772	100	3,669	1867	16,000	27,256
1774	640	4,309	1874	4,000	31,256
1775	500	4,809	1883	310	31,566
1785	670	5,479	1884	500	32,066
1791	60	5,539	1888	1,000	33,066

* 자료 출처: 『朝鮮王朝實錄』, 『備邊司謄錄』, 『承政院日記』, 『增補文獻備考』, 『万機要覽』, 『潛谷遺稿』, 『龍湖閒錄』, 『秋官志』

공식 화폐량: 정부의 누적 화폐 주조량을 의미함.

〈표 3〉 조선후기 화폐의 주전비율: 동전 1냥당 동과 은의 무게 변화율(%)

년	동전 1냥의 동 무게		은의 화폐가치	
	1냥의 동 무게*	무게 감소율(%)	1냥에 해당하는 은 무게	무게 감소율(%)
1678-1704	175전	--	0.40냥	--
1705-1742	140전	20.0	0.38냥	5.0
1743-1752	119전	15.0	0.20냥	47.3
1753-1780	93전	21.8	0.37냥	[-85.0]a
1781-19세기 초반	84전	9.6		
전 기간 평균	122전	16.6	0.33냥	

* 자료 출처: 『万機要覽』
* 상평통보 화폐단위 1냥=10전=100푼. 동의 무게 1전= 37.5g.
* a)는 음(-)의 부호를 나타냄.

여기에서 흥미로운 사실은 화폐도입 초기에는 화폐가 많이 주조되었지만 그 이후(1695~1729년) 약 30년간은 화폐의 주조가 억제되었다. 화폐 주조가 억제된 주요한 원인으로 지적할 수 있는 것은 그 당시 왕을 포함하여 다수 위정자들은 화폐경제가 가져오는 봉건신분제의 동요, 상업의 발달, 국가 지배이념의 훼손 등을 우려했던 것 같다.[20] 그러나 화폐경제가 파급되어 전국적으로 화폐가 상용되고

20) 원유한, 앞의 책, 1975.

상업거래가 활발하게 전개되면서 위정자들이 동전의 주조를 억제하는 명분보다는 그로 인해 발생하는 전황현상이 사회경제적으로 미치는 해악이 훨씬 커졌다. 따라서 1729년 이후에는 국가가 전황으로 인한 사회문제를 해결하기 위한 여러 가지 타개책을 모색하는 가운데 동전주조를 확대시켜 나갔다.

동과 은의 수입량을 본원통화량의 대용변수로 사용하는 경우 다음과 같이 계산하였다. 먼저 화폐 1푼의 가치에 해당하는 동전의 무게는 1689~1704년까지 2.5전, 1701~1742년까지 2.0전, 1742~1752년까지 1.7전, 1753~1780년까지 1.34전, 1781~1800년까지 1.2전으로 하였다. 이 시기 동전주조 비율에 따라 동전의 무게에서 동의 함유량을 73%로 하여 화폐 1푼당 동의 무게를 시기별로 1.75전, 1.4전, 1.19전, 0.93전, 0.84전으로 환산하였다. 그 다음 수입된 동의 무게에서 화폐 1푼에 해당하는 동의 무게를 나누어 주면 동의 수입량을 화폐 가치로 환산할 수 있다.[21] 이 시기 동전 1냥에 포함된 동과 은의 무게는 〈표 3〉에 나타나 있다.

흥미로운 사실은 〈표 3〉에서 화폐 1냥당 동의 무게가 점차 감소하고 있다는 것이다. 이는 화폐도입 후 국가가 동전의 주조를 억제하다가 전황현상이 심각해지면서 부작용을 최소화하기 위해 1729년 이후 동전주조를 늘이기 시작했는데, 화폐의 원료인 동의 수입이 외국무역으로 제한되면서 동전에 포함된 동의 무게를 감소시켜서 화폐 주조량을 증가시켰기 때문이다. 銀의 수입량을 기준으로 화폐량을 추정할 경우 銀과 銅錢의 교환비율이 1684~1689년 사이에는 은 1냥=동전 2.5냥, 1690~1699년에는 은 1냥=동전 2.6냥이었으며, 1700~1731년에 은 1냥=동전 5냥, 그리고 1732~1752년 사이에는 은 1냥=동전 2.65냥이었다. 수입된 은의 기본 단위가 貫이며 1관은 은의 무게 10냥에 해당한다.

동의 수입량은 公·私 貿易을 모두 합한 것이며 검정기간 동안 동의 채광이 국내에서 억제되었기 때문에 국내 채광량은 배제하였다. 그리고 수입된 동이 모두 화폐

---

21) 동전의 무게에 대한 것은 元裕漢, 「18世紀에 있어서의 貨幣政策 -銅錢의 鑄造事業 中心-」, 『史學研究』 19, 1967, 73쪽 참조. 1800년대 초반 주전식에 의하면 동전은 생동 73%, 함석 13.5%, 상납 13.5%의 비율로 주조되었다(『万機要覽』 財用篇 4, 鑄錢式).

주조에 사용되었다고 가정하였다.[22] 물론 수입된 동의 일부가 그릇이나 무기 제조 등의 용도로 사용되었을 경우도 있지만, 검정기간 동안은 대외 전쟁이 없는 평화 시기였고 또한 동의 가격이 고가였기에 그릇 제조에 사용된 銅은 많지 않았을 것으로 추정했다. 동과 은의 수입량을 화폐가치로 나타낸 본원통화량에 비교하여 실제 주전된 화폐량의 상대적 비율은 〈표 4〉에 자세히 나타나 있다. 〈표 4〉에서 동과 은의 수입량을 화폐가치로 환산한 본원통화량은 조선후기 잠재적 화폐공급량을 나타내는 반면, 화폐 주조량은 수입한 동을 주전하여 실제 시장에서 유통되고 있는 화폐공급량을 나타낸다. 일반적으로 금본위제도나 은본위제도하에서 본원통화량 대비 화폐 주조량의 비율은 정확하게 1이 되어야 하나, 조선후기 이 비율은 1보다 훨씬 작게 나타나고 있다. 이는 본원통화량에 은의 수입량을 포함하면서 은 수입량의 화폐가치가 과대평가되었기 때문이다. 하지만 동의 수입량으로 환산한 화폐공급량과 주전량을 비교하여 보면 그 비율이 화폐도입 초기(1689~1728년)에는 1보다 작다가 1729년부터 갑자기 증가하였다. 전 기간 동안 동의 수입량 대비 주전량의 평균 비율은 2.07이었다.

〈표 4〉 화폐 주조량/본원통화 비율

기간	화폐 주조량/본원통화 비율*	기간	화폐 주조량/본원통화 비율**
1684-1704	0.99	1684-1704	0.33
1705-1750	1.44	1705-1750	0.38
1705-1728	0.86	1705-1728	0.24
1729-1750	2.08	1729-1750	0.53
1751-1796	3.29	1751-1796	0.96
1684-1796	2.07	1684-1796	0.60

* 본원통화 비율은 동의 수입량 대비 주전량의 비율을 의미함.
** 본원통화 비율은 동과 은의 수입량을 합친 주전량의 비율을 의미함.

이는 조선후기 국가가 수입한 주전 원료인 銅의 양보다 더 많은 화폐를 만들어 유통시켰다는 것을 의미한다. 흥미로운 사실은 이러한 본원통화량 대비 화폐 주조량 비율은 정확하게 물가의 변동 행태와 유사하다는 것이다. 일반적으로 화폐가

22) 동의 수입량에 대한 것은 田代和生, 앞의 논문, 1973과 앞의 책, 1981 참조.

도입되고 난 후 1750년까지 본원통화 대비 주전량 비율은 0.9~1.4로 작게 나타는데, 이 시기는 물가가 지속적으로 하락하는 디플레이션(deflation) 기간이었다. 하지만 이 비율이 증가하는 1750~1793년 사이의 기간에는 물가가 상승하는 인플레이션(inflation)이 나타났다.[23)]

3. 18세기의 시장발달과 전황현상

조선후기 상평통보가 도입된 이후 처음에는 동전이 서울과 경기 지역 인근에서 유통되다가 1720년대에는 북으로는 회령, 서로는 의주, 남으로는 동래, 제주도에 이르기까지 전국적으로 유통되기 시작했다. 또한 18세기 들어 단순히 동전의 지역적 유통범위가 확대된 것뿐 아니라 농업생산을 위주로 하던 실물교환경제에서 화폐경제로 생산과 경제양식이 아주 광범위하게 전이되고 있었다.[24)] 이러한 화폐사용의 증가는 국가의 재정 지출과 수입 규모에서도 잘 볼 수 있는데, 〈표 5〉는 호조의 재정 수입과 지출 상황을 나타내고 있다.

이처럼 화폐유통이 전국적으로 확대되고 화폐경제의 발전이 점차 심도가 깊어지고 있는 데 반해 동전 공급은 상당히 제약되면서 시장에서 화폐가 항상 부족한 전황현상이 나타나게 되었다.

〈표 5〉 호조의 재정 수입과 지출액(냥)

연도	재정수입(냥)	재정지출(냥)	연도	재정수입(냥)	재정지출(냥)
1700	84,260	81,850	1749	169,790	
1723	115,026	106,674	1785	219,830	
1727	118,300	127,000	1792		274,890
1731		198,790	1807	306,986	323,338

* 자료 출처: 『万機要覽』 財用篇, 호조 1년 경비, 원유한(1972, 502쪽)에서 재인용.

23) 조선후기의 화폐와 화폐량에 대한 보다 자세한 내용은 이정수 · 김희호, 『朝鮮의 貨幣와 貨幣量』, 경북대출판부, 2006 참조.

24) 『承政院日記』 권716, 英祖 6년 12월 26일.

전황은 시장에서 거래량은 늘어나는데 화폐량이 부족하면서 화폐가치가 상승하고 상품가치가 하락하는 현상이다.[25] 전황은 18세기 100여 년간 오랫동안 지속되다가 19세기 들면서 이로 인한 사회문제가 점차 사라지게 되었다.[26] 이는 1828년 이후 갑산동광 등의 개발이 본격화되면서 주전 원료인 동의 부족이 많이 해소되었기 때문이다. 이 시기 동전 주조는 전황으로 인한 동전 부족을 해소하기 위한 것뿐 아니라 구민정책이나 정부 공사 등 특정한 재정지출의 목적으로 동전을 발행한 경우가 많았다.

전황의 화폐 경제적 원인은 기본적으로는 명목화폐가 도입되면서 시장이 발달하고 거래량은 확대되는 데 반해 화폐공급량이 제약적이어서 화폐의 가치가 귀하게 된 것이지만, 여기에는 다른 여러 사회경제적 요인들이 복합적으로 작용하고 있었다.[27]

첫째, 화폐경제가 확대되면서 전통적인 사회질서가 변질되고 모든 가치가 화폐가치로 구분되어 나타나는 병폐로 인해 다수 위정자들은 화폐유통에 반감을 가지고 있었다.[28] 왕을 포함한 위정자들의 이러한 태도는 동전 발행을 극도로 억제하는 정책으로 나타나 1698년부터 1729년까지 단 한 차례의 주전도 실행되지 않았다. 하지만 화폐도입 이후 시장이 발달하면서 동전이 부족해서 발생하는 전황이 심각한 사회문제로 대두되자 위정자들은 동전 발행을 다시 증가시키기 시작한다.

둘째, 조선 정부는 소비의 사치 성향, 상공업의 발달, 농민의 토지이탈 등 여러 문제를 염려하여 동과 은의 광산 개발에 대해 억제정책을 실시하였다. 이로 인해 동전의 주조 원료인 동과 함석은 국내에서 거의 공급되지 못하고 해외의 수입에

---

25) 錢荒과 관련된 연구는 아래의 것들이 참조된다.
元裕漢, 『朝鮮後期 貨幣史硏究』, 한국연구원, 1975; 「朝鮮後期 貨幣流通에 대한 一考察 -錢荒問題를 중심으로-」, 『韓國史硏究』 7, 1972; 宋贊植, 『李朝의 貨幣』, 한국일보사, 1975; 崔虎鎭, 『韓國貨幣小史』, 瑞文堂, 1974; 장국종, 「18세기 동화주조와 전황문제」, 『력사과학』 1, 1963; 방기중, 「17 · 18세기 前半 金納租稅의 成立과 展開」, 『東方學志』 45, 1984; 「19세기 前半 租稅收奪構造의 特質과 基盤」, 『국사관논총』 17, 1990; 이재윤, 「18世紀 貨幣経濟의 發展과 錢荒」, 『學林』 18, 1997; 成伯鏞, 「17~18세기 전반 동전유통구조의 성립과 錢荒」, 부산대 석사학위논문, 1996.

26) 원유한, 앞의 논문, 1972; 이재윤, 앞의 논문, 1997.

27) 아래 서술한 전황 발생의 여러 사회경제적 요인과 그것이 미친 사회적 영향에 대해서는 원유한의 글을 많이 참조하였다(원유한, 앞의 논문, 1972).

28) 『承政院日記』 권614, 英祖 2년 4월 12일.

의존할 수밖에 없었다. 따라서 동전의 원료 난으로 인해 鑄錢은 제한을 받았다. 한편, 상인들은 해외 무역을 독점하면서 동의 수입에 대해 매점을 통한 폭리를 꾀하면서 동전의 원료 난을 더욱 가중시켰다.[29)]

셋째, 화폐도입과 더불어 시장이 발달하고 상업 활동이 증가하면서 화폐경제가 생활에 깊이 침투하였고 화폐의 사용(수요)이 증가하였다.[30)] 이러한 화폐수요의 증가는 이 시기 전황을 심화시켰다.

넷째, 17세기 중반까지 교환수단으로서의 은의 사용이 확대되었다.[31)] 그러나 18세기 중반 이후 은의 유통량이 줄어들면서 대체적인 교환수단으로서 동전의 유통이 확대되었다.[32)] 이러한 동전의 사용 확대는 동전 주조가 억제되는 시기에 전황을 가중시켰다.

다섯째, 중앙과 지방의 각 관청과 군영에서 세금 등으로 들어온 동전을 퇴장시킴으로써 전황현상에 일조하였다.[33)] 관청이 연간 수입에서 퇴장시킨 동전의 비율이 약 80~90%가 넘었다는 기록으로 볼 때[34)] 이러한 국가 기관의 퇴장 행위는 심각했던 것으로 보인다.

여섯째, 영리를 추구하는 상인이나 지주층은 상업 이윤이나 미곡 등 토지 산물을 판매하여 동전을 받은 후 그것을 퇴장시켜서 고리대 자본으로 활용하는 경우가 많았다.[35)] 이러한 고리대업은 농업 생산이나 상업 활동의 이윤보다 훨씬 커서 심지어 5~6배의 높은 이윤을 가져왔다고 할 정도였다.[36)]

마지막으로, 화폐경제가 발달하면서 토지의 매매가 활발하게 되고 이를 통해

---

29) 원유한, 앞의 논문, 1967; 성백용, 앞의 논문, 1996.

30) 『備邊司謄錄』 권102, 英祖 13년 9월 26일: "又所啓 北關之端川以北 西路之江邊各邑 使不得行錢 法禁至嚴 盖出於謀國之長慮 近來江邊 莫不行錢."

31) 『宣祖實錄』 권93, 宣祖 30년 10월 庚午(13).

32) 『万機要覽』 財用編 金銀銅鉛.

33) 『備邊司謄錄』 권165, 正祖 6년 11월 7일.

34) 『日省錄』 正祖 12년 8월 17일; 禹禎圭, 『経濟野言』 〈錢貨変通之議〉.

35) 『星湖僿說』 人事門 錢害; 『備邊司謄錄』 권165, 正祖 6년 11월 7일.

36) 『肅宗實錄』 권29, 肅宗 21년 12월 무술(10): "鄕曲土豪 当青苗穀貴之時 以穀貿錢 仮貸貧戶 及秋而取其子母息 還以換穀 富戶以此坐收五六倍之利 而貧者益不能支."

토지를 집중화한 대지주는 농업생산을 독점하면서 농산물의 유통 또한 장악하여 막대한 농산물의 유통이익을 얻게 되었다. 하지만 이 시기 지주나 상인층에게 퇴장된 동전을 다시 시장으로 還流시킬 수 있는 경제 순환이나 국가적 차원의 제도적 장치가 미비함으로 인해 동전 퇴장과 전황은 더욱 가속화되었다.

이러한 전황은 당시의 사회 전반에 다방면으로 영향을 끼치게 되었는데, 그 가운데 주목되는 것으로는 대체로 다음과 같은 것을 들 수 있다.

첫째, 화폐가 귀해지면서 지주나 상인층들이 富의 축적 수단으로 화폐를 퇴장시키는 계기가 되었으며, 화폐의 퇴장은 화폐 부족을 가속화하는 악순환을 초래했다.

둘째, 상인이나 지주 나아가 관청에서조차 춘궁기 때 농민에게 화폐로 빌려주었다가 가을 수확기에 그에 상응하는 미곡으로 되돌려 받는 고리대에 열중하였는데,[37] 화폐부족 현상이 지속되는 시기에 화폐가치는 상승하나 물가나 재화의 화폐가격은 하락하게 되어 농민은 고리이자에다 물가의 하락폭까지 추가적으로 부담해야 했었다. 이 같은 화폐가치의 상승(물가의 하락)은 농민계층의 분해를 심화시키고 이렇게 농업에서 반발된 농민들은 유통산업 부분으로 유입되어 시장경제의 확대를 가속화하는 결과를 가져왔다.

셋째, 미곡 등의 거래를 중심으로 했던 船商이나 시전 · 공인층의 富가 주전원료를 매개로 한 대외무역 상인들에게 점차 이동되는 등 富의 재분배 현상을 초래했다.[38]

마지막으로, 전황은 전통적 가치관의 변화를 초래했다. 양반계층은 이전에 천한 행위로 치부하던 상행위를 통해 富의 축적에 적극 참여하였으며, 모든 일에서 富가 곧 貴한 것으로 인식되기도 했다. 이러한 가치관의 변화는 봉건적 신분제를 동요시키는 데 큰 역할을 하였다.

물가는 화폐량과 거래량, 그리고 화폐수요인 실질생산 등에 따라 변화한다. 하지만 화폐가 도입되는 초기 화폐경제에서는 경제의 공급교란인 기후, 전쟁, 생산요소

---

37) 『備邊司謄錄』 권102, 英祖 13년 9월 28일.

38) 『備邊司謄錄』 권99, 英祖 12년 6월 3일; 『備邊司謄錄』 권163, 正祖 5년 12월 25일.

가격 등에 의해 변화될 수도 있다. 실질거래량이 증가하면 제약된 화폐량에서 화폐 수요가 증가하고 화폐가치는 상승하게 된다. 그 결과 물가는 하락하게 된다. 이는 조선후기 물가 변화를 분석하는 데 있어서 화폐의 공급측면과 더불어 실질 화폐수요 측면이 동시에 고려되어야 한다는 것을 보여 주고 있다.[39] 이 시기 유통시장의 확대, 인구증가 그리고 화폐도입으로 인한 거래량은 증가하는 데 비해 화폐량은 제약적이다. 따라서 화폐도입 이후 처음 10년 동안 경제에 외부 유동성이 팽창하여 물가가 일시적으로 상승하게 되나 곧 실질거래량이 급증하면서 전황현상이 나타나고, 화폐가치는 상승하게(물가의 하락압력) 된다. 이에 정부가 다시 화폐 주조량을 늘리면 전황은 일시적으로 사라지나 거래량이 급속히 확대되는 경제 상황에서는 화폐부족 현상(전황)이 장기적으로 상존하게 된다.

전황으로 인한 현실 경제의 문제들은 정부의 廢錢 논의(1697~1730년)를 야기하게 되었으며, 화폐공급이 제약적인 현실에서 그 대안으로 조세를 실물화폐인 布納으로 복귀하는 '純木令'을 3차에 걸쳐 시도하였다. 이것은 화폐경제의 확대보다는 기존의 布貨를 주축으로 하는 실물화폐경제를 통해 부족한 정부 재원을 회복하려는 의도에서 나왔다.[40] 또한 관청, 상인, 지주 등에게 고리대를 위한 동전 퇴장을 억제하기 위하여 年 이자율을 국채의 경우 1할 이하, 사채의 경우 5할 이하로 받게 하는 조치를 취하기도 했다.[41] 하지만 이러한 정부의 시도는 시장경제가 확대되는 가운데 현실성이 결여되었고 결국 동전의 주조를 늘려 화폐공급을 확대하게 되는데, 이것이 18세기 중반 이후에 나타나는 고액전 주조 논의나 청전 수입통용 논의

39) 岩橋勝과 山崎隆三은 17세기 이후 일본의 물가 상승의 요인을 '인구증가'로 보아, 人口(수요)는 이전에 비해 2.5배가 증가하였지만 米生産(공급)은 1.5배만 증가하였기에 '人口壓'이 발생함으로써 미가가 상승했다고 보았다(岩橋勝, 『近世日本物価史の研究』, 大原新生社, 1981; 山崎隆三, 『近世物価史研究』, 塙書房, 1983). 하지만 宮本又郎은 17세기 인구 증가의 주요인이 평균 수명의 연장과 乳兒 사망률의 저하, 즉 생활수준의 개선으로 인한 것이었다고 볼 때, 생활수준의 저하를 의미하는 '인구압'에 의한 米 소비량의 감소는 논리가 맞지 않으며 오히려 金銀貨와 각종 手形 등 예금 통화적인 화폐량 증가가 미가 상승을 초래했다고 보고 있다(宮本又郎, 「江戶時代物価史: フアインデイソグスと問題点」, 『大阪大學経濟學』 32-2 · 3, 1983).

40) 방기중, 「17 · 18세기 前半 金納租稅의 成立과 展開」, 『東方學志』 45, 1984.

41) 『備邊司謄錄』 권71, 肅宗 44년 9월 16일; 『承政院日記』 권510, 肅宗 44년 9월 15일.

등이다.[42] 이러한 고액전에 대한 논의는 나아가 동전의 중량을 낮추어 동전을 주조하는 加鑄로 진행되었다. 결국, 錢荒은 정부의 여러 가지 비현실적인 대책을 통해서라기보다는 화폐 경제적인 측면에서 볼 때 갑산동광 개발 등 주전 원료의 확보와 함께 화폐 주조가 본격 늘어나면서 점차 사라지게 되었다.

외부 유동성 확대와 전황현상은 17세기 후반과 18세기 초반 화폐가치의 상승과 지가의 급격한 상승을 가져왔다. 즉, 화폐 주조와 무역이익 등 외부 유동성이 중요한 생산요소인 토지매입을 촉진시켰는데, 이 시기 토지매매 건수를 살펴보면 유동성 확대가 1690~1725년에 토지매입을 촉진시키고 있음을 짐작할 수 있다. 토지매매 건수는 경북 월성 손동만씨家와[43] 전남 해남 윤씨家의[44] 田畓買賣明文에서 발췌하였으며, 〈표 6〉에 자세히 나타나 있다. 토지는 비교의 정확성을 높이기 위해 밭은 제외하고 논만을 계산하였다(이 책 3장의 〈부록 표 2〉와 〈부록 표 3〉을 참조).

〈표 6〉 조선후기 토지매매 건수와 토지매매 면적(토지: 논)[45]

연도	경북 손동만씨가		전남 해남윤씨가		계	
	매매건수	매매면적 (두락)	매매건수	매매면적 (두락)	매매건수	매매면적 (두락)
1690-1725	27건	112.3	61건	198	88건	310.3
1726-1764	18건	115.2	41건	130.6	59건	245.8
1765-1790	26건	107	11건	38	37건	145
총 계	71건	334.5	113건	366.6	184건	701.1

* 자료 출처: 『慶北地方古文書集成』, 『古文書集成 3 -海南尹氏篇』

〈표 6〉과 같이 두 집안만의 사례이지만 17세기 말 화폐도입 이후 유동성이 확대되면서 1690~1725년 사이에 토지매매 건수와 매매 면적이 급증하고 있음을 알 수 있다. 이 시기는 18세기 내의 다른 시기에 비해 월등히 많은 매매 건수(88건)와 매매 면적(310.3두락)을 나타내고 있다. 이러한 토지매매의 횟수와 면적의 증가는

42) 최호진, 앞의 책, 1974; 원유한, 앞의 책, 1975.
43) 李樹健編, 『慶北地方古文書集成』, 영남대출판부, 1981.
44) 韓國精神文化硏究院, 『古文書集成 3 -海南尹氏篇』, 1986.
45) 畓의 매매 면적에서 斗落數는 알 수 없고 卜數만을 알 수 있는 경우가 몇 개 있는데, 이것은 卜數를 통해 근사치로 두락을 추정하였다. 그리고 荒租畓(3개 사례)인 경우는 正租畓의 0.8로 계산하여 두락을 환산하였다.

팽창된 유동성이 매매를 통해 토지로 집중되는 과정을 보여 준다고 생각된다. 화폐도입으로 유통경제가 확대되고 시장이 발달하면서 이전에 고정요소로 생각하던 토지가 활발히 매매되기 시작한다. 시장의 중요성은 단순하게 토지와 재화가 시장에서 거래되고 있다는 사실보다도 사람들의 생각이 시장적으로 전환되기 시작했다는 점이다. 이전에는 천하게 취급하던 상행위에 대한 생각이 바뀌면서 토지를 보유할 때 얻을 수 있는 이익(편익)과 비용을 비교하여 시장의 중요한 기능인 차익거래를 시작하는 것이다. 차익거래는 시장기능을 활성화하고 거래규모를 확대시키는 결과를 가져왔다. 시장이 확대되고 토지매매가 증가하면서 토지를 기반으로 한 신분제 사회가 동요되고 양반지주의 몰락, 상인과 평민에게로의 토지집중, 노비의 도망 등이 급격히 증가되기 시작한다.

이 시기 토지 매입이나 개간 등의 현상에 있어 주목되는 점은 양반지주뿐 아니라 평민이나 상인층들이 적극적으로 토지 축적에 참여하고 있다는 사실이다.[46] 기존에는 양반지주가 관직을 매개로 토지 확대를 진행시킨 것과 비교하면, 새로운 형태의 토지집중이 이루어 진 것이다. 이는 농업경영에 있어서도 새로운 양상을 나타내게 되는데, 그 가운데 상인이나 평민 지주를 중심으로 광작경영이 다수 출현하고,[47] 노비를 사용하기보다는 임노동을 적극 이용하는 경우가 많아졌다.[48]

4. 1765~1790년의 생산성 감소와 지가 상승

1690~1725년에는 대외무역과 화폐도입으로 유동성이 팽창하였고, 이를 바탕으로 토지수요가 확대되면서 지가가 상승하였다. 이에 비해 물가가 일반적으로 상승

46) 金建泰, 「朝鮮後期 農家의 農地所有 現況과 그 推移 -晋州地方을 중심으로-」, 『歷史學報』 172, 2001.

47) 金容燮, 『증보판 朝鮮後期農業史研究 Ⅱ』, 지식산업사, 1990; 宋贊植, 「朝鮮後期 農業에 있어서의 廣作運動」, 『李海南博士華甲紀念史學論叢』, 1970.

48) 이 책의 6장 참조.

하는 인플레이션 기간인 1765~1790년의 지가는 생산성 감소 등의 실물 경제적 요인에 의해 곡물이 귀해지면서 파생적 수요인 토지수요의 증가로 인해 지가가 상승하게 되었다. 〈표 7〉은 지가와 토지생산성의 변화를 나타내는데, 지가 변동이 토지생산성(석/1두락) 변동에 의해 설명되고 있음을 보여 준다. 토지의 생산성은 경북 칠곡지역의 1두락당 소출을 사용하였으며,[49] 지가 자료는 『慶北地方古文書集成』의 손동만씨가와 『古文書集成 3 -海南尹氏篇』의 전답매매 명문에서 발췌하였다.[50] 지가는 1斗落地에 대한 가격이며 같은 해에 여러 개의 자료가 있는 경우에는 그 평균치를 이용했다.

〈표 7〉 지가와 토지 생산성의 연평균 변화율(%)

연도	지가(냥/1斗洛)	토지생산성(석/1斗洛)
1689-1710년	0.06	-0.01
1711-1750년	-0.07	0.02
1751-1790년	0.03	-0.01
전 기간	0.01	-0.004

* 토지생산성 자료: 김건태(1996)에서 재인용.
* 지가 자료: 이정수(1999)에서 재인용.

〈표 7〉은 지가와 토지생산성의 변화율을 기간별로 구분하여 두 변수의 상관관계를 보여 주는데, 지가와 토지생산성은 음(-)의 관계로 변화하고 있다. 즉, 검정기간 동안 지가는 1.2% 상승한 데 비해, 토지생산성은 오히려 0.4% 감소했다. 이 결과는 지가가 생산성을 반영하며 생산성이 증가하면 지가가 상승할 것이라는 기존 연구결과와 전혀 다른 것이다.

이 시기 토지생산성의 하락은 경상도의 칠곡 · 대구 · 예천 · 경주 지역과 전라도

49) 金建泰, 『16~18世紀 兩班地主層의 農業経營과 農民層의 動向』, 성균관대 박사학위논문, 1996에서 재인용(李㴻柱家 『漆谷廣州李氏古文書』에서 발췌).

50) 李正守, 「18세기~19세기 土地価格의 変動 -경북과 전남 지방의 田畓賣買 明文을 중심으로-」, 『釜大史學』 23, 1999. 경북지방의 地価 자료는 月城郡 孫東滿氏家 소장의 田畓賣買明文(李樹健 編, 『慶北地方古文書集成』, 영남대출판부, 1981 所收)을, 전라지방의 지가 자료는 海南尹氏家 소장의 田畓賣買明文(韓國精神文化硏究院, 『古文書集成 3 -海南尹氏篇』, 1986)을 참조.

의 영암 · 해남 · 남원 · 영광 등의 지주제 경영에 있어 畓의 斗落 당 도조가 장기간 감소하고 있다는 사실을 통해서도 알 수 있다.[51] 전라도 영암의 사례를 구체적으로 보면, 1740년대의 두락당 20두(벼) 전후에서 1820년대 12두로, 다시 1880년대는 5두 수준으로 도조량이 1/4 수준으로 급락하고 있음을 볼 수 있다.[52] 한편, 18세기 경상도 칠곡의 廣州李氏家, 전라도 영암의 南平文氏家, 충청도 부여 昌原黃氏家 등 양반가의 농업경영에 있어 도지제의 추이를 검토한 결과도 흥미롭다. 이들 집안의 농업경영을 검토한 결과 처음 책정된 도지액이 실제 100% 수취된 해가 거의 없었으며, 18세기 후반 이후로 갈수록 도지의 수납률이 점차 떨어지고 있었다.[53] 이는 18세기 후반으로 갈수록 토지생산성이 하락하고 있었다는 사실과 깊은 관련이 있을 것으로 생각된다.

이 시기 생산성의 감소가 지가에 미치는 효과는 〈그림 2〉에 나타나 있다. 〈그림 2〉는 기간별로 생산성 변화에 대해 실질지가가 어떻게 반응하는지를 살펴보기 위해 투입-반응함수(impulse-response function)를 나타낸 것이다. 투입-반응함수는 현재와 과거의 독립변수가 종속변수에 미치는 효과를 가중치로 계산한 것이며, 반응 가중치는 독립변수와 종속변수의 시계열 간의 공 상관계수(cross-correlation)와 일치한다.[54] 투입-반응함수가 타당한가 하는 타당성 검정에서 Box-Pierce Q-통계량이 5% 유의수준에서 모두 유의적이 아니어서 투입-반응함수가 타당한 것으로 나타났다. 〈그림 2〉는 생산성 변화에 따른 실질지가의 반응함수를 나타내며, 생산성

---

51) 이영훈 · 박이택, 「농촌미곡시장과 전국적 시장통합, 1713-1937」, 『수량경제사로 다시 본 조선후기』, 서울대출판부, 2004.

52) 金建泰, 「1743~1927年 全羅道 靈巖 南平文氏門中의 農業経營」, 『大東文化硏究』 35, 1999, 299~303쪽. 또 주목되는 것은 전라도 영광 辛氏家의 사례이다. 신씨가의 1830~1935년 사이 두락당 지대량(벼)의 추이를 보면, 1830~1844년까지는 9斗 정도, 1860년대는 5~6斗 정도, 1876~1895년은 2~3두로 급격히 하락하고 있다. 그리고 지대 수납률도 1850년대 이후 급격히 하락하여 20~40%대로 떨어지고 있다(鄭勝振, 「19 · 20世紀前半 在地地主의 土地所有와 農業経營 -靈光 辛氏家의 事例分析-」, 『朝鮮時代史學報』 10, 1999, 112~116쪽).

53) 김건태, 앞의 논문, 1996, 178~198쪽.

54) 반응함수에서 공 상관계수(cross-correlation)를 구하기 위해 먼저 변수의 시계열을 추정한 다음 이 추정 시계열을 실제 변수에서 빼준 pre-whitening 변수를 이용한다. 실질지가와 생산성의 투입반응 관계를 살펴보기 위해 사용된 pre-whitening 계수는 0.6507이었다.

변화에 따라 실질지가는 즉시 반응한다. 과거 2기간(6년) 전의 생산성 변화 역시 실질지가에 영향을 미치고 있으나 그 효과의 크기는 현재 생산성 변화가 지가에 미치는 효과보다 훨씬 작게 나타나고 있다.

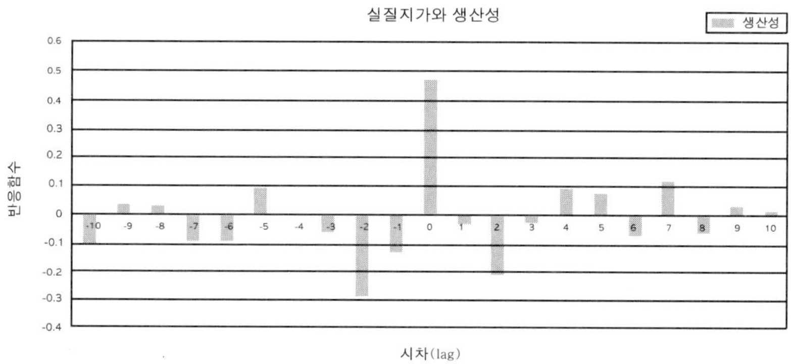

〈그림 2〉 실질지가와 생산성의 관계

한편, 1765~1790년의 지가 상승이 생산성 하락에 기인한 물가 상승에 의해 견인되었다는 것은 이 책의 제3장에서 잘 나타나 있다. 특히 과거 12~15년부터, 물가가 지가에 서서히 영향을 미치고 있는 것으로 나타났는데, 이는 물가가 상승하는 인플레이션이 1750년에 시작되었음에 반해 지가는 1765년대에 이르러서 상승하기 시작했다는 사실에서도 확인할 수 있다. 물가 변화가 서서히 시차를 두고 지가에 영향을 미치고 있는 첫 번째 이유는, 이 시기에는 물가에 대한 정보가 불완전하기 때문에 사람들이 물가 변화를 인식하고 이를 지가에 반영하는 데까지 시간이 걸리기 때문이다. 두 번째 이유는 이 시기 자본재인 토지가격의 성격 때문이다. 즉, 자본재의 가격인 지가는 현재뿐만 아니라 미래에 발생할 수 있는 모든 토지생산물의 수익(미가)을 반영하게 되므로 물가 변화를 지가에 반영하는 데는 인식과 실행의 시차가 존재한다. 반면 지가 변화는 물가에 즉시 반영되는데, 농업생산에서 지가 상승은 비용 상승으로 즉시 미곡가격에 포함되기 때문이다.

물가와 지가의 변화가 부의 재분배를 가져오는 과정은 물가와 지가 변화가 서로 다르기 때문이며, 물가 변화의 비대칭성은 이러한 물가와 지가의 괴리를 심화시켜서 부의 축적을 가속화한다. 여기서 물가 변화의 비대칭성이란 물가가 상승할 때는 급속히 상승하지만 하락할 때는 그보다 작게 하락함으로써, 물가는 기간에 걸쳐 꾸준히 상승하는 추세를 보이게 되는 것이다. 이 같은 물가 변화의 비대칭성으로 지주는 유통이익을 가속화하고 소작농은 경작비용의 부담을 심화시키게 된다. 또한 물가의 변동성이 지가 변동성에 비해 큰 경우 지가가 상승할 때 물가는 더욱 빠르게 상승하며 지가가 하락할 때 물가 하락은 더욱 크다. 또한 물가의 변동성이 심할수록 지가와 물가의 괴리가 더 자주 발생하게 되며 따라서 물가의 급격한 변동은 물가와 지가의 괴리를 가속화하고 이 시기 부의 재분배를 심화시키는 역할을 하게 된다.[55)]

지가 상승을 가져오는 경제적 원인의 차이는 토지집중화와 밀접하게 연관되어 있다. 즉, 1690~1725년대와 1830~1860년대는 창출된 富가 생산 자본화되는 과정을 거치면서 상인과 상업 활동을 영위한 양반을 중심으로 토지가 집중화되는 반면, 1765~1790년은 생산성 감소 등의 실물 경제적 원인으로 직접 농업생산을 하고 있던 소작농이 해체되는 과정을 겪으면서 토지소유규모의 양극화가 발생하는 시기였다. 결국 지가 상승은 부의 생산 자본화와 생산성 감소를 통해 토지소유규모를 확대하고 양극화시키는 결과를 가져온다. 이 책의 6, 7장에서 자세히 언급하겠지만 토지소유규모의 확대와 양극화는 노비를 감소시키고 임노동 수요를 증가시켜서 노비제를 와해하는 결정적인 역할을 하게 된다.

5. 1830~1860년대의 유통 이익과 지가 상승

물가가 일반적으로 상승하는 인플레이션 기간인 1765~1790년에 지가는 생산성

---

55) 이정수 · 김희호, 「1689~1821년 지가와 물가변화의 비대칭성」, 『釜山史學』 37, 1999.

변화 등 실물 경제적 요인에 의해 파생적으로 상승하였다. 그러나 1830~1860년대에는 유통이익이 생산 자본화되는 과정에서 토지수요가 증가하고 지가가 상승하는 과정을 겪게 되었다. 여기에서는 1830~1860년대 유통이익의 변화에 대해 한국과 일본에 소재한 상업과 유통 관련 고문서를 분석하여 구체적으로 살펴보고자 한다.

1) 「李氏家各樣買得田畓導掌貢物奴婢都案」에 나타난 유통권 매매와 유통시장 발달

18~19세기에 시장발달과 더불어 공물권, 도장권 등 유통을 이용한 이익이 증가하고 있다는 사실을 알 수 있다. 이 시기 양반층의 자산구성 비율을 살펴보면 유통이익이 어떻게 변화되고 있었는가를 유추해 볼 수 있다. 먼저 「李氏家各樣買得田畓導掌貢物奴婢都案」을[56] 분석하면 다음과 같다. 이 「都案」은 조선후기의 경제구조 변화를 구체적으로 살펴볼 수 있는 중요한 사료로서, 1769~1884년의 약 115년 동안 한 양반가의 자산매매 추이를 기록해 놓았다. 이 「都案」을 남긴 것은 梧里 李元翼(1547~1634)의 형인 李元輔 집안이다. 「都案」이 1769년부터 시작되는 것으로 보아 이것의 작성 주체는 李彦百으로 추정되며, 그의 아들 李文煥(1768~1842), 손자인 李時行에 이르는 3代에 걸친 자산관리 기록으로 추정된다.[57] 이 「都案」에서 볼 수 있는 몇 가지의 주목되는 점은 첫째, 거래 대상이 된 것은 田畓所有權, 각 宮房의 田畓導掌權, 各司의 貢物權, 奴婢身貢權이었다. 단일 거래에서 1,000냥 단위가 넘는 대규모 거래는 34건이었는데, 그 가운데 공물권이 20건으로 가장 많았고, 전답소유권이 10건, 기타가 4건이었다. 공물의 내용은 工曹 소관의 漆契가 가장 많았고 長興庫의 供上紙가 그 다음이었다. 흥미로운 사실은 대규모 거래에서 전답 소유권보다는 공물권의 거래가 훨씬 많이 이루어졌다는 점이다. 이는 생산보다는 유통에

---

56) 李佑成編, 『各樣買得田畓導掌貢物奴婢都案』(栖碧外史海外蒐佚本 77), 아세아문화사, 1999. 이하에서 「都案」이라 略함.

57) 李佑成編, 앞의 책, 1999의 '刊行辭 附記'에 이 都案을 일본에서 입수한 경로와 이원익 집안의 자산매매 기록임을 확인한 전후 사정이 잘 설명되고 있다. 또한 全成昊의 解題를 통해서도 이 도안의 가치와 내용을 충분히 알 수 있다. 이하 「都案」과 관련된 서술은 전성호의 글을 많이 참조하였다(全成昊, 「『各樣買得田畓導掌貢物奴婢都案』의 解題」, 아세아문화사, 1999).

대한 자본 투자가 더욱 활발하게 이루어지고 있었다는 것을 의미한다.

도장권의 경우 기록상으로 1769년 8월에 於義宮 소속 황해도 대평곶의 15석락 답의 도장권을 매득한 것이 처음으로 나타나며, 가장 늦은 도장권 매매는 1821년 4월 대빈궁 소속 전라도 영암 노아도 도장권이었다. 도장권은 주로 1780~1799년 사이에 약 37건이 거래되었으며, 이는 전체 도장권 거래의 약 54%에 해당된다. 공물권은 1789년 2월에 한성부 소관 세마 운석계 공물을 매득한 것이 처음 기록된 것이며, 마지막 거래는 1834년 3월 장흥고 소관의 공상지 공물이었다. 공물권의 거래가 집중된 시기는 1790~1809년 사이로서 이때 약 78건이 거래되었으며, 전체 거래의 66%를 차지한다. 전답 소유권은 1771년 3월 광주 어인주리 소재 田을 매득한 것이 처음이었으며, 1884년 9월 충주 소재 畓을 매입한 것이 마지막이었다. 전답 소유권은 1830~1849년 사이에 92건이 집중적으로 거래되었으며, 이는 전체 거래의 58%를 차지한다.

여기에서 도장권과 공물권은 1780~1809년 사이에 집중적으로 거래가 이루어지고 있는 반면 전답 소유권 매매는 1830~1849년 사이에 집중되고 있어서, 시기별로 이씨 가문의 자산구성 형태가 변화하고 있다는 사실을 알 수 있다. 특히, 1780~1809년 사이에 유통이익을 추구하는 공물권과 도장권이 집중 거래되다가, 나중에는 전답 소유권이 집중적으로 매매되고 있는 것으로 보아, 유통권을 통한 유통이익이 나중에 토지매입으로 나타나면서 유통자본이 생산자본으로 전환되고 있음을 알 수 있다. 그 과정에서 토지수요의 확대로 지가의 상승을 초래했다고 생각된다. 이 사실은 규장각 고문서인 한 주인공(이름 미상)의 소유재산목록(178134)에도 확인할 수 있다. 여기에서는 1762~1786년 사이에 상업망의 확대와 더불어 각종 유통이익이 발생하면서 토지매입보다는 도장권과 공물권, 주인권 등의 매입에 자본이 집중되고 있다는 사실을 확인할 수 있다.[58)]

기존 연구에서는 왜 이 시기 양반이나 상인 등의 자산이 토지보다 공물권이나

---

58) 吳美一, 「18 · 19세기 貢物政策의 변화와 貢人層의 변동」, 『韓國史論』 14, 1986; 金東哲, 「18 · 19세기 京主人權의 집중화 경향과 도고활동」, 『釜大史學』 13, 1989.

주인권 등의 유통권에 집중되는가? 그리고 1830~1860년대의 지가 상승의 원인은 무엇인가? 등에 대한 설명이 부족했다. 여기서는 유통이익이 1820년 이후 토지매입으로 다시 집중되면서, 지가의 급격한 상승을 초래했을 가능성을 보여 주고 있다.[59] 18세기 후반 박지원의 『열하일기』에 보이는 「허생전」은 이러한 시장발달과 독점적 유통이익을 추구하던 시대적 상황을 잘 대변한 것으로 보인다.

〈표 8〉에서 나타나 있듯이, 이씨가의 자산 중심이 18세기 말 도장권과 공물권에서 19세기 초 · 중반에는 전답 소유권으로 옮아가고 있음을 알 수 있다. 이는 18세기 말~19세기 초까지 유통이익을 추구하던 양반층이 1820년대 이후 토지를 집중적으로 매입하기 시작했다는 것을 의미한다. 또한 〈표 8〉에서 보면, 공물권의 거래 금액이 전답 소유권보다 2배 이상이나 되고 있다. 이는 18세기 후반~19세기에 전답 소유권보다는 유통권의 거래가 더욱 활발하게 이루어졌다는 사실을 나타낸다.

〈표 8〉 「都案」에서 나타난 이씨 가문의 자산 구성[60] (단위: 兩)

연대	전답 도장권	각사 공물권	전답 소유권	노비 신공권
연대미상-1779	585(2.9%)			
1780-1789	1,970(9.9%)		328(0.8%)	2,119(75%)
1790-1799	7,090(35.5%)	5,529(8.4%)	376(0.1%)	184(6.5%)
1800-1809	6,291(31.5%)	13,984(22.3%)	4,407(11.4%)	524(18.5%)
1810-1819	4,014(20.1%)	26,817(40.9%)	1,534(4%)	
1820-1829		16,501(25.3%)	11,856(30.6%)	
1830-1839		2,685(4.3%)	15,893(41.1%)	
1840-1849			2,839(7.3%)	
1850-1884			1,488(3.8%)	
총계	19,950(100%)	628,322(100%)	38,722(100%)	2,827(100%)

* 자료 출처: 李佑成編, 『各樣買得田畓導掌貢物奴婢都案』

59) 전라도 靈光 지역의 재지지주였던 辛氏家의 19~20세기 전반 토지 소유와 매득 상황의 추이를 보면, 1820~1850년 사이에 토지를 집중 매입하고 있음을 볼 수 있다. 이 집안의 1800~1900년 사이의 토지 매득 상황을 좀더 구체적으로 보면, 100년간 약 774斗落의 畓을 매입하고 있는데 그 가운데 1821~1850년 사이에 약 524두락을 집중 매입하고 있어, 전체 매입량의 약 68%가 이 시기에 집중되고 있다(鄭勝振, 「19 · 20世紀前半 在地地主의 土地所有와 農業経營 -靈光 辛氏家의 事例分析-」, 『朝鮮時代史學報』 10, 1999, 108~109쪽).

60) 전성호, 「『各樣買得田畓導掌貢物奴婢都案』의 解題」, 아세아문화사, 1999에서 재인용.

노비 신공권은 18세기에 거래규모가 작고 19세기에는 더 이상 기록으로 나타나지 않는데, 이는 18세기에 이미 노비제의 와해가 상당히 진척되었음을 나타내는 것으로 볼 수 있다.[61]

한편 규장각 고문서(178134)의 한 주인공의 1762~1786년 사이 '소유재산목록'에 보이는 자산구성 변화와 각양 자산의 매매거래에 대한 연구를 통해 보면, 전체 자산에서 도장권과 공물권이 차지하는 비중이 절대적으로 커서 약 93%를 차지하고, 전답 소유권은 7%에 불과하다는 것을 알 수 있다.[62] 이것과 「都案」에 나타난 18세기 이씨가의 자산 배분구성을 비교해 보면, 거의 비슷한 양상을 보이고 있음을 확인할 수 있다. 이는 18세기 유통경제의 발달로 인해 유통이익이 토지에서 얻을 수 있는 이익보다 훨씬 컸다는 것을 의미한다.

〈표 9〉와 〈표 10〉은 「都案」에서 나타난 도장권, 공물권의 매매차익을 나타낸다. 〈표 9〉에서 도장권의 매매로 인해 자산이익(capital gain)은 크게 발생하지 못했다. 전체 도장권의 매매거래 19건에서 이익을 보고 있는 것은 오직 4건이었으며, 손실을 나타낸 매매도 10건이나 되었다. 주의해야 할 점은 도장권의 매매차익이 없다는 것과 도장권 매입으로 인해 유통이익이 발생하지 못했다는 것과는 별개라는 사실이다. 공물권의 매매로 인한 자산이익(capital gain)은 도장권의 매매차익보다는 많이 발생했는데, 전체 거래 22건 가운데 이익을 본 거래는 7건이며, 손실을 본 것은 5건이었다.

공물권과 도장권의 매매차익이 줄고 있다는 사실은 유통이익이 줄고 있다는 사실과는 별개이지만 간접적으로 미래 유통이익의 감소를 의미한다. 특히 공물권의 매매차익의 추이를 보면, 1814년 이후에는 대부분의 거래에서 손실을 보고 있음을 알 수 있다.

---

61) 조선후기 노비제 해체에 대한 자세한 내용은 이 책의 6장과 7장 참조.
62) 吳美一, 앞의 논문, 1986, 147~148쪽; 金東哲, 앞의 논문, 1989, 126~188쪽.

〈표 9〉「都案」에서 나타난 도장권의 매매차익[63] (단위: 兩)

매입년	매입가격	매도가격	보유기간(년)
1773	100	144	31
1798	100	57	20
1790	100	77	35
1791	100	80	25
1793	100	85	26
1793	100	100	44
1795	100	167	20
1795	100	96	9
1797	100	96	15
1797	100	100	40
1797	100	100	40
1797	100	74	22
1798	100	71	12
1799	100	99	17
1806	100	65	10
1807	100	111	4
1808	100	111	28
1810	100	100	13
1832	100	100	0

* 자료 출처: 李佑成編, 『各樣買得田畓導掌貢物奴婢都案』

〈표 10〉「都案」에서 나타난 공물권의 매매차익(%)[64]

매입년	매입가격	매도가격	보유기간(년)
1789	100	125	30
1794	100	109	51
1802	100	114	43
1802	100	114	43
1802	100	123	4
1806	100	102	30
1808	100	100	9
1808	100	142	22
1810	100	100	24
1810	100	136	36
1814	100	91	23
1814	100	96	20
1817	100	95	7
1817	100	76	9
1819	100	100	10
1820	100	94	25
1825	100	100	9
1826	100	100	4
1827	100	100	1
1829	100	100	3

* 자료 출처: 李佑成編, 『各樣買得田畓導掌貢物奴婢都案』

63) 전성호, 앞의 해제, 1999 재인용.

64) 위와 같음.

따라서 「都案」에서 1830년 이후 도장권과 공물권의 매매가 사라지게 된 것은 미래 유통이익이 감소하였음을 의미하며, 그래서 이씨 가문은 도장권과 공물권을 팔고 토지를 집중적으로 매입한 것으로 보인다. 이는 미래이익의 창출방식이 유통이익보다는 생산을 통한 이익을 추구하는 형태로 전환되고 있다는 것을 나타낸다.

2) 「日本 天理大와 京都大 고문서」에 나타난 유통권 매매와 유통이익 변화

여기서는 공물권과 주인권의 매매에 대한 몇 가지 추가적인 사례를 통해 18~19세기에 유통이익이 실제로 어떻게 변화되고 있었는가를 살펴보고자 한다. 분석할 문헌 자료는 日本 天理大와 京都大學 河合文庫의 한국 고문서 가운데[65] 주인권 문기와 공물권 문기로서, 이들의 사례를 구체적으로 분석하여 조선후기 유통이익의 변화를 확인하고자 한다. 먼저 日本 天理大 소장의 '禁衛營募入主人文記'를 살펴보자. 금위영은 조선후기 중요한 군영의 하나인데, 이 문기는 그 군영의 군사를 모집하는 권리를 매매한 것이다.

〈표 11〉 禁衛營 主人權 매매 실태

번호	매매 시기	매도자	매입자	가 격	본문기수	비 고
1	1743. 10. 26.	姜相周	金益大	錢 120냥		
2	1818. 5. 15.	郭喜文 妻 全氏	馬允植	錢 600냥	4장	
3	1838. 12. 2.	馬允植	梁文源	錢 650냥	5장	전후 문서
4	1853. 5. 11.	梁文源	林德喆	錢 540냥	6장	전후 문서
5	1864. 11. 24.	林德喆	?	錢 1000냥	7장	전후 문서

* 자료 출처: 『日本所在 韓國古文書 -脫草本-』, 237~239쪽에 의해 작성.

〈표 11〉은 5건의 매매 기록뿐이지만 18세기 중반~19세기 중반 주인권의 가격 추이를 짐작할 수 있다는 점에서 주목된다. 이 주인권의 첫 거래는 알 수 없지만 本文記의 숫자로 볼 때 1743년 10월~1818년 5월 사이에 3~4차례의 거래가 더 있었

65) 이 자료들은 國史編纂委員會, 『日本所在 韓國古文書 -脫草本-』, 2002(韓國史料叢書 제46 上)에 실려 있다.

을 것으로 보이나 그 문기는 전하지 않고 있다.

금위영 주인권의 매매가는 1743년의 120냥에서 1818년의 600냥으로, 약 75년 동안 5배나 급등하였음을 알 수 있다. 하지만 1818년 이후의 거래에서는 가격 상승이 미미하며 오히려 1853년에는 540냥으로 가격이 하락하고 있다. 그 이후 1864년에는 다시 1,000냥으로 상승하고 있지만 이는 1860년대의 화폐의 대량 주조로 인한 인플레이션과 관련이 깊은 것으로 생각된다. 주지하듯이 1866~1867년 사이에 당백전 1,600만 냥이 주조되어 심각한 물가의 혼란을 가져온 것이 사실이다. 이처럼 금위영 주인권의 매매가 추이를 볼 때는 18세기 중반~19세기 초반까지는 유통을 통한 이익이 막대했지만 1820년대 이후에는 급감하고 있음을 짐작할 수 있다.

다음으로 京都大學 河合文庫 소장의 貢人文記 가운데 전후 거래가 연결되는 문기를 중심으로 분석해 보자. 河合文庫에는 여러 종류의 한국 고문서가 소장되어 있지만 그 가운데서도 공인 문기가 핵심을 이룬다고 할 수 있다. 그 공인 관계 문서의 종류를 보면, ㉠貢人文記 81건, ㉡貢人權 立案 申請 所志 1건, ㉢貢人帖文 6건이 있다. ㉠은 1697년에서 1873년 사이의 공인권 매매 문기이다. 貢物의 내역은 長興庫, 軍器寺, 惠民署, 宣惠廳 등에 납부하는 供上紙, 油芚, 牛黃, 麝香, 生蔘, 月課火藥 등이다.[66] 이 공인 문기는 문서의 수량도 많고 작성 시기가 조선후기 전 기간을 포괄하여, 공인권 매매가의 장기 추이를 확인할 수 있는 좋은 자료이다.

〈표 12〉 長興庫 供上紙 貢物權 매매 실태

번호	매매 시기	매도자	매입자	가격	본문기수	비고
1	1697. 5. 9.	金時達	安世徽	丁銀 170냥		
2	1750. 4. 22.	安世徽	韓興瑞	丁銀 205냥		
3	1750. 11. 25.	韓興瑞	崔壽天	丁銀 205냥	2장	전후 문서
4	1771. 3. 13.	崔壽天	朴大禧	丁銀 350냥	3장	전후 문서
5	1785. 7. 17.	申聖範	崔致桓	丁銀 320냥	4장	전후 문서 外家衿得
6	1809. 4. 2.	崔漢皓	延忠欽	錢 850냥	5장	전후 문서
7	1814. 8. 28.	延忠欽	崔匡植	錢 1130냥	6장	전후 문서
8	1851. 9.	崔 烱 (=崔匡植 子)	?	錢 750냥	7장	전후 문서

* 자료 출처: 『日本所在 韓國古文書 -脫草本-』, 447~452쪽(文記 1~9)에 의해 작성.

66) 崔承熙, 「京都大學所藏 韓國古文書 解題」, 『日本所在 韓國古文書 -脫草本-』, 國史編纂委員會, 2002.

〈표 12〉는 17세기 말~19세기 중반까지의 長興庫 供上紙 湖西 6月令 半封 공물권의 매매를 정리한 것이다. 이는 중간에 매매 문서의 누락이 없는 것으로 생각되어, 조선후기 전 기간의 장기적인 공물권의 매매가 추이를 구체적으로 확인할 수 있다는 점에서 주목된다. 여기서는 17세기 말~18세기까지는 매매 수단으로 丁銀을 사용했으며, 19세기에는 동전을 사용하고 있다.

공상지의 공물권 매매가는 1697년 5월의 처음 거래 가격이 丁銀 170냥이었는데 1771년의 가격은 정은 350냥으로 2배 이상 가격이 오르고 있음을 알 수 있다. 1809년에는 동전 850냥에서 약 5년 후인 1814년에는 1,130냥으로 가격이 상승하는 추세였지만 1851년에는 750냥으로 오히려 하락하고 있다. 앞의 금위영 주인권의 매매가 추이와 마찬가지로 19세기 초반까지는 공물권의 매매 가격이 상승 추세에 있었으나 그 이후에는 하락하는 추세임을 확인할 수 있다. 따라서 1820년 이후에는 유통이익이 급격히 줄고 있다는 의미로 볼 수 있다.

〈표 13〉은 18세기 중반~19세기 중반까지의 軍器寺 三南月課契 및 西北兩道藥丸契 공물권의 매매를 정리한 것이다. 이는 중간에 매매 문서의 누락이 없는 것으로 생각되어, 조선후기 약 100년간의 장기적인 공물권의 매매가 추이를 구체적으로 확인할 수 있다는 점에서 주목된다. 화약의 공물권 매매가는 1748년 10월의 처음 거래 가격이 錢 300냥이었는데, 약 43년 후인 1791년의 가격은 680냥으로 2배 이상 가격이 오르고 있음을 알 수 있다.

〈표 13〉 軍器寺 三南月課契 및 西北兩道藥丸契 貢物權 매매 실태

번호	매매 시기	매도자	매입자	가격	본문기수	비고
1	1748. 10. 20.	王斗瑞 外	王斗輝	錢 300냥		
2	1779. 6. 18.	王漢章 (=王斗輝 子)	金命純	錢 500냥	4장	전후 문서 帖文 1장
3	1789. 6. 30.	金命純	崔重健	錢 650냥	5장	전후 문서
4	1791. 12.	崔重健	郭再昌	錢 680냥	6장	전후 문서
5	1829. 11. 15.	郭再昌	石壽永	錢 600냥	7장	전후 문서
6	1831. 4.	石壽永	韓景植	錢 630냥	8장	전후 문서

번호	매매 시기	매도자	매입자	가격	본문기수	비고
7	1836. 5. 1.	韓景植	池永祐	錢 700냥	9장	전후 문서
8	1846. 12.	池永祐	劉鎭洪	錢 500냥	9장	전후 문서 帖文 2장 手記 1장

* 자료 출처: 『日本所在 韓國古文書 -脫草本-』, 479~486쪽(文記 62~72)에 의해 작성.

하지만 19세기 들어와 1829년에는 가격이 오히려 600냥으로 하락하고 있으며, 그 이후 이 추세는 계속 이어져서 1846년에는 500냥으로 하락하고 있다. 앞의 금위영 주인권과 공상지 공물권과 마찬가지로 이 경우에서도 1820년 이후에 유통이익이 급격히 줄고 있음을 확인할 수 있다.

〈표 14〉는 18세기 중반~19세기 초반까지의 宣惠廳 紙契 공물권의 매매를 정리한 것이다. 이는 중간에 매매 문서의 누락이 없는 것으로 생각되며, 조선후기 약 70년간 공물권의 매매가 추이를 구체적으로 확인할 수 있다는 점에서 주목된다.

〈표 14〉 宣惠廳 紙契 貢物權 매매 실태

번호	매매 시기	매도자	매입자	가격	본문기수	비고
1	1760. 2. 4.	尹以莘 外	田時闢	錢 500냥		
2	1777. 1. 20	田時闢	安益受	錢 370냥	1장	전후 문서 明文 1장 完文 1장
3	1782. 3. 25	安益受	趙明胤	錢 1000냥	2장	전후 문서 完文 1장
4	1786. 7. 24.	趙明胤	康宗	錢 1000냥	3장	전후 문서
5	1787. 10. 9.	康宗	金時福	錢 1000냥	4장	전후 문서
6	1793. 8. 9.	金時福	李思恭	錢 1150냥	5장	전후 문서
7	1795. 4. 17.	李思恭	千世翊	錢 1200냥	6장	전후 문서
8	1801. 12.	千世翊	劉光淵	錢 1354냥 5전 4분	7장	전후 문서 帖文 1장
9	1810. 7. 3.	劉光淵	安東潤	上同	8장	전후 문서
10	1829. 5. 6.	安東潤	?	上同	9장	전후 문서

* 자료 출처: 『日本所在 韓國古文書 -脫草本-』, 487~493쪽(文記 77~86)에 의해 작성.

종이의 공물권 매매가는 1760년 2월의 처음 거래 가격이 錢 500냥이었는데, 약 35년 후인 1795년의 가격은 1,200냥으로 약 2.5배의 가격 상승을 보이고 있다. 하지만 19세기 들어와 가격 상승은 정체되어 1801년의 약 1,354냥이 1829년까지 그대로 이어지고 있다. 이것도 앞의 3개 사례와 마찬가지로 19세기에 들어와 유통 이익이 급격히 줄고 있음을 확인할 수 있다.

이처럼 日本 天理大와 京都大學 河合文庫 소장의 주인권과 공물권 관련 문서를 분석해 볼 때, 앞 이씨 가문의 「都案」에서 본 바와 같이 이 가문이 1820년대 이후에 도장권과 공물권을 팔고 그 대신 토지를 집중적으로 매입한 것은 바로 1820년 이후의 유통이익의 감소와 밀접한 관련이 있음을 다시 한 번 확인할 수 있다.

3) 「규장각 고문서 소유재산목록」에 나타난 공인층과 상인층의 분화

여기에서는 상인과 상업 활동을 영위했던 양반층의 소유재산 변화뿐 아니라 공인층과 상인층의 관계를 분석하고 18~19세기 상업 유통망이 확대되는 과정을 살펴보고자 한다. 대동법 실시 이후 공물과 요역 등에 대한 현물납과 세금 징수가 강화되면서 국가 재정이 어느 정도 안정되었으나, 18세기 이후에는 공물 등 국가 수요가 급증하면서 국가재정은 점차 악화되었다. 이 시기 전체 대동미의 중앙 상납분 가운데 貢価 지출이 82% 이상을 차지할 만큼 공가 증가는 재정 악화의 주요 원인이었다.[67]

〈표 15〉와 〈표 16〉은 국가 재정수지를 나타내고 있는데, 대동법 시행 초기인 1652년에 국가재정은 흑자이었는데, 18세기 말에는 점차 재정 적자가 나타나고 있음을 알 수 있다. 호조에서 공가를 지급하는 別貿는 필요에 따라 조달되므로 증감이 일정하지는 않으나 18세기 들어 일반적으로 수요가 늘어나게 되어 재정수지의 악화를 가속화시켰다. 국가재정이 악화되면서 공가 지불도 자주 연체되기 시작했으며 초기 공인의 매점 이익도 점차 감소되었다.

---

67) 오미일, 앞의 논문, 1986, 113쪽.

〈표 15〉 대동법 시행 초기 중앙 상납미와 지방 유치미의 재정수지(단위: 石)[68]

	중앙상납	지 출	잔 고	지방유치	지 출	잔 고
호서(1652)	48,280	46,266	2,014	30,922	22,918	8,004
호남(1662)	61,218	6,889	54,329	85,916	30,732	48,184
영남(1677)	53,507	53,507	0	82,477	33,710	33,710

* 자료 출처: 『度支志』 外篇 권10, 貢獻部 2 宣惠廳節目.

〈표 16〉 1769년 중앙 상납미의 재정수지(단위: 石)[69]

지역	중앙상납	지 출	공가지출	지역	중앙상납	지 출	공가지출
경기	22,482	29,885	27,226	호남	98,398	68,933	57,118
강원	6,322	14,762	12,863	영남	80,325	81,321	60,009
호서	63,175	55,620	49,995	황해	6,492	1,008	1,008

* 자료 출처: 『增補文獻備考』 권152, 田賦考 12 大同 1.

대동법 실시 초기에 여유가 있었던 공물은 점차 수요가 증가하면서 공물가의 마련이 문제가 되었다. 대동법 실시 초기에는 원공가는 공물 시가의 10배로 책정되었다. 이때 정해진 원공가는 몇 십 년 동안 변화되지 않는 것이 일반적이며, 이전에 가격이 싼 공물의 가격이 상승하면 공인은 정부에 공가의 인상을 요청하였다. 또한 필요에 따라 지출하는 별무 공가도 공물의 시가에 비해 2.5~4배의 가격으로 책정되었기에 貢人들은 상당한 이윤을 남길 수 있었다. 그러나 18세기 이후 국가 재정이 점차 악화되면서 재정 악화를 막는 한 방편으로 처음에는 원공가 대신에 비교적 가격이 싸게 책정되는 별무 공가를 적용하였다가 나중에는 시장가격으로 공가를 점차 낮추게 되었다. 공가를 시장가격보다 높게 책정하는 원공가와, 공인이라는 매개를 없애고 호조나 선혜청에서 각 소용처에 대금을 직접 지급하여 각 소용처에서 私商들을 통해 공물을 시장가격으로 조달하는 방법[私貿]이 시행되었다.

이러한 원공가의 억제와 공가의 삭감 정책은 국가재정 악화를 타개하기 위한 주요 조치였던 것이다.[70] 이로 인해 공인은 공물 독점 공급을 통해 창출하던 매점

68) 오미일, 앞의 논문, 113쪽의 〈표 3〉을 재인용.
69) 오미일, 앞의 논문, 113쪽의 〈표 4〉를 재인용.
70) 오미일, 앞의 논문, 1986.

이윤이 급격히 줄게 되었다. 이러한 공납 정책과 공가 변화는 공인 내의 계층 분화를 급격히 진행시켰을 것으로 생각된다. 대동법 실시 초기 공인은 큰 자본이 없이도 넉넉한 공가를 바탕으로 공물을 충분히 상납할 수 있었지만 국가재정 악화와 공물 정책의 변화로 인해 소규모 자본을 가진 공인층의 어려움은 가중되고 그들의 몰락은 가속화되었을 것이다. 그래서 그들의 공물권을 부상이나 양반에게 매각하는 경우가 빈번히 발생했다. 새로 공물권을 취득한 계층은 이전과 같이 높은 공가가 유지되지 못해 매점 이익을 누리지는 못하지만 공물을 독점적으로 공납할 수 있게 됨으로써 여전히 유통독점 이익과 국가의 특권을 이용할 수는 있었다.

18세기 이후 주인권과 공물권의 추이를 살펴보면, 주인권과 공물권이 소수 특정인에게 집중화되고 있었고 공인권의 소유와 경영이 분리되는 형태가 나타나기 시작했다.[71] 규장각 고문서(178134)의 한 주인공의 재산목록 변동을 통해 이 시기 공물권 등 유통이익의 변화와 자산 투자의 양상을 살펴볼 수 있다. 1763~1786년 사이에 이 주인공의 총 재산은 銀 2,983냥 9전 7분, 銅錢 24,583냥으로, 이를 동전으로 환산하면 총 32,397냥에 이른다. 그의 자산 구성은 공물권과 도장권이 93%이었고, 전답 소유권이 7%를 차지했다. 그런데 그가 자녀에게 재산을 분할 상속하기 위해 작성한 1809년의 '和會文記'를 보면, 그의 재산은 銀 31,346냥으로 나타나는데, 이를 동전으로 환산하면 84,634냥에 이른다. 그의 재산은 1763년에 비해 46년 동안 2.6배 이상 증가하였던 것이다.[72] 이러한 재산 증식에는 그의 주요 자산비율(93%)을 차지하고 있던 공물권과 도장권을 통한 유통이익이 큰 역할을 하였을 것임은 쉽게 추론할 수 있다. 1809년에 이 주인공의 도장권과 공물권에 대한 자산 비중은 이전보다 감소한 71%이었는데, 이는 19세기 들어서 공물권이나 도장권 등의 유통이익이 점차 감소하였다는 것을 나타낸다. 이러한 현상은 앞에서 본 「都案」의 이씨가 자산 구성에서도 비슷하게 나타나고 있음을 확인할 수 있다.

한편, 이 시기 공물권과 도장권에 대한 소유와 경영이 분리되는 현상이 나타나고

---

71) 오미일, 앞의 논문, 1986; 김동철, 앞의 논문, 1989.
72) 오미일, 앞의 논문, 147~148쪽.

있음을 볼 수 있다. 곧 소유권을 가진 원주인이 일정한 대여료를 받고 권리를 대여해 주는 현상이 나타났던 것이다. 이렇게 도장권과 공물권의 경영을 맡은 사람을 分主人이라고 하고, 분주인은 일정한 分料를 주인권의 원주인에게 지불하였다. 분료는 500냥에 12.5石이었으며[73] 年 2.5%에 달한다.

18세기 후반에 유통이익이 토지를 빌려주고 받는 지대보다 높은 수익을 가져왔기 때문에 토지보다는 공물권이나 주인권에 투자하는 상인과 양반층이 많았던 것으로 생각된다. 이 시기 신분제가 동요하고 노비의 도망이 증가하면서, 노비생산성은 감소하는 데 반해 노비의 관리비용은 급격히 증가하였다. 따라서 노비를 통한 직영을 하던 지주는 농업경영보다는 공물권이나 주인권 등에 투자하여 유통이익을 추구하기 시작했을 것으로 보이며, 또한 병작경영을 하는 양반층도 소작인의 생산성이 떨어지면서 지대 수취보다는 유통이윤을 추구하였을 것으로 생각된다.[74]

특히 주목되는 것은 이 시기에 물가와 지가가 동시에 상승하지만 실질지가는 하락하고 있다는 사실이다. 실질지가의 하락은 물가 상승폭이 지가 상승폭보다 클 때 나타나는데, 이는 유통이익이 토지소유로 인한 자산이익보다 크다는 것을 의미한다. 한편, 실질지가의 하락은 소작농에게는 토지임대비용과 생산비용을 상승시켜서 소작농의 생산이윤을 하락시키는 원인이 되기도 한다. 지가 상승을 초과하는 미가 상승으로 인해 지주는 지대뿐 아니라 유통이익을 얻을 수 있게 됨에 따라 새로운 토지를 매입하고 부의 축적을 확대할 수 있지만 소작농은 잉여 상실과 상대적 손실을 입게 된다. 실질지가의 변동은 물가와 지가의 결정과 변동이 서로 다르기 때문이다. 지가는 토지생산성과 노비의 관리비용에 따라 결정되는 반면,[75] 물가는 화폐량과 화폐수요 등에 의해 결정된다.[76] 물가는 상승할 때는 급속히 상승하지만 하락할 때는 그보다 작게 경직적으로 변화함으로써, 결국 장기적으로 상승

73) 오미일, 앞의 논문, 154쪽.

74) 병작경영과 자작경영, 그리고 광작경영에 있어서 각 영농 주체의 구체적인 생산이윤에 대해서는 이 책의 7장 참조.

75) 이 책의 6장 참조.

76) 김희호 · 이정수, 「물가의 주기적 변동과 화폐의 초과수요: 1689~1821년 한국의 경우」, 『금융학회지』 3권 2호, 1998.

하는 추세를 보이게 된다. 따라서 물가가 비대칭적으로 상승하는 추세에서 상인이나 지주의 유통이익은 증가하게 된다. 따라서 물가 변동이 클수록 상대가격의 괴리는 더욱 크게 나타나며 부의 재분배와 농민층의 분해는 가속화된다.[77]

6. 맺음말

이 연구는 상평통보가 도입되고 시장이 발달하는 17세기 후반부터 노비제도가 와해되는 19세기 후반까지의 지가 변동을 통해 농업경영형태를 살펴보았다. 지가는 이 시기에 여러 차례 등락을 거듭하지만 특히, 1690~1725년, 1765~1790년, 그리고 1830~1860년대 세 차례에 걸쳐 급격히 상승하였다. 흥미로운 점은 시기별로 지가의 상승 원인이 서로 다르며, 그러한 상승에는 경제적 특징이 그대로 반영되어 있다는 점이다.

화폐가 도입되고 국제무역이 발달하는 1690~1725년의 지가 상승은 경제 외부로부터 유동성이 팽창하면서 새로운 부가 창출되고 그로 인해 지가가 상승하는 특징을 보이게 되는 반면, 시장과 유통경제가 발달하는 1830~1860년대의 지가 상승은 경제 내부에서 발달한 유통이익이 생산 자본화되는 과정에서 토지수요를 촉진시켜 지가를 상승시키는 현상을 보이게 된다. 즉, 17세기 말부터 18세기 초까지의 지가 상승은 새롭게 창출된 유동성의 생산 자본화로 발생하며, 19세기 초부터 19세기 중반까지는 경제내부의 유통이익이 생산 자본화되는 과정에서 지가가 상승하는 것이다. 한편, 1765~1790년은 물가가 지속적으로 상승하는 인플레이션(inflation) 시기였다. 이때의 지가 상승은 앞의 두 시기와는 다른 경제적 특징을 보인다. 농업생산성 감소 등 실물 경제적 요인으로 곡물이 귀해지면서 물가가 상승함에 따라 곡물의 파생수요인 지가 역시 상승하였던 것이다.

---

77) 이정수 · 김희호, 앞의 논문, 1999.

이러한 지가 상승을 가져오는 경제적 원인의 차이는 토지집중화와 밀접하게 연관되어 있다. 1690~1725년과 1830~1860년대에는 창출된 富가 생산 자본화 과정을 거치면서 상인과 상업 활동을 영위한 양반계층을 중심으로 토지가 집중화되는 반면, 1765~1790년은 농업생산성 감소 등 실물 경제적 원인으로 직접 농업생산을 하고 있던 소농이 해체되면서 토지소유의 양극화가 진행되었다. 이 책의 6, 7장에서 자세히 언급하겠지만 토지소유의 양극화는 노비는 감소시키고 임노동 수요를 증가시켜서 노비제가 와해되는 결정적 계기가 된다.

특히 여기에서는 지금까지 본격적으로 검토되지 않았던 조선후기 유통이익의 변화에 대해 분석하였다. 18~19세기에는 시장이 발달하면서 유통이익이 증가하는데, 문헌을 통해 그 크기를 가늠해 보고 유통이익이 토지에 투자되는 과정을 한국과 일본 소장의 고문서를 통해 새롭게 접근하여 해석을 시도하였다.

이들 문헌에 나타난 18~19세기 유통에 대한 특징적인 내용은 다음과 같다. 18세기 들어 시장이 경쟁적으로 변화되면서 국가의 특권을 기반으로 한 독점 이익은 점차 줄게 되었다. 또한 국가의 재정 악화가 진행되면서 지출을 절감하려는 노력의 일환으로 貢價를 낮추고 시장에서 직접 공물을 조달하게 됨에 따라 貢人의 이익은 점차 사라지게 되었다. 이에 생계유지를 목적으로 하는 공인 계층은 공물권을 상인층이나 양반층 등에게 매각하는 사례가 급증하게 되었다. 특히 상인층은 대규모 자본을 기반으로 공물권과 주인권 등을 매입하여 유통 매점을 통한 독점적 이윤을 얻을 수 있게 되었다. 이 시기 상인층과 상업 활동을 영위한 양반층은 전답을 소유해서 얻을 수 있는 지대 등 농업이윤보다 공물권, 주인권, 도장권 등 流通權의 매매를 통해 얻는 이윤이 많았다. 신분제가 동요하고 노비생산성이 감소하면서 노비를 사용하여 생산을 하던 지주는 생산이윤보다 공물권 등에 투자하여 유통이익을 추구하기 시작했을 것으로 보인다. 이러한 유통이익도 시장의 발달로 인해 점차 줄게 되었고, 1820~1830년부터 상인층과 양반층은 다시 유통권을 팔고 토지를 매입하기 시작하였다. 이러한 상업자본의 토지집중화는 지가를 급격히 상승시키는 원인이 되었다.

제2부 조선시대 노비와 노비시장

제5장 조선전기 노비의 토지소유와 성격

1. 문제 시각

전근대 사회를 규정짓는 가장 중요한 요소가 되는 것은 사회경제적으로 볼 때 농업경제와 신분제라고 할 수 있다. 조선시대의 私家에 있어 토지와 함께 신분적 지위와 생계를 유지하는 2대 경제적 기반의 하나가 奴婢라고 해도 과언이 아니다.[1] 奴婢는 家內使役은 물론 농경과 길쌈 등 각종 생산 분야에 종사하거나 身貢을 납부하는 등 당시 사회에 있어 주요한 노동력이며 국가의 稅源이었다.

특히 16세기 전후한 시기의 경우 여러 자료를 통해 유추해 볼 때 奴婢가 전체 인구 가운데 차지하는 비율은 적어도 40~50% 정도를 차지했을 것으로 여겨지며, 조선시대 전체를 통해서도 노비의 비율은 전체 인구 가운데 1/3 이상을 점하였을 것으로 생각된다. 이처럼 노비는 당시의 사회적 생산과 신분제를 유지하는 근간이 되었던 것이다. 노비의 존재형태와 그 성격 등에 대한 천착은 그 시대의 사회 구조와 성격을 규명하는 첩경이 될 수 있다. 따라서 이 문제는 일찍부터 연구자들의 주목을 받아 신분사, 제도 · 법제사, 그리고 경제사적 관점 등 다양한 시각에서 연구가 이루어졌다.[2] 특히 경제사적 관점에서는 농업경영에 있어서의 노비의 존재

1) 『世祖實錄』 권46, 世祖 14년 6월 丙午(18): "夫田地 人之命脈 奴婢 士之手足 輕重相等 不可偏廢."
2) 김석형, 『조선봉건시대 농민의 계급구성』, 북한 과학원출판사, 1957; 全炯澤, 『朝鮮後期奴婢身分研究』, 一潮閣, 1989; 池承鍾, 『朝鮮前期奴婢身分研究』, 一潮閣, 1997; 金容晩, 『朝鮮時代私奴婢研究』, 集文堂, 1997; 李榮薰, 「古文書를 통해 본 朝鮮前期 奴婢의 経濟的 性格」, 『韓國史學』 9, 1987; 「한국사에

형태와 그 성격 문제 등이 주목되었다.

노비의 신분, 경제적 문제를 논의할 때 무엇보다도 중요하게 취급되어야 할 것으로 노비의 경제적 자립과 신분적 예속의 정도를 들 수 있다. 조선시대에 있어서 노비도 다른 신분층과 마찬가지로 재산을 소유할 수 있어서 田畓뿐 아니라 노비까지 소유한 자들도 있었다. 재산을 소유한 노비는 신분적인 한계는 있지만 주인의 예속에서 어느 정도 자유로울 수 있었을 뿐만 아니라 경제적으로도 주인가나 소속 관사로부터 상당히 자유로운 위치에서 경제활동을 영위할 수 있었을 것이다. 따라서 노비의 재산권 문제는 노비의 성격 변화를 이해하는 데 중요한 척도가 될 것으로 생각된다.

특히 고문서와 일기류에서 종종 보이고 있는 노비가 자기 소유지를 상전에게 바친 '記上田畓'의 문제는 노비 토지소유의 성격을 이해하는 데 많은 시사를 주고 있다. 하지만 이 주제와 관련하여, 조선후기에 대한 연구는 있었지만[3] 조선전기에 대해서는 본격적인 검토가 아직 이루어지지 못했다.[4] 대체로 지금까지는 '記上'이나 '記上田畓'의 사례는 16세기 이전에는 잘 보이지 않고 17세기 이후에 많이 나타나는 특징적 현상으로 주목되었다.[5]

있어서 奴婢制의 추이와 성격」, 『노비 · 농노 · 노예』, 一潮閣, 1998.

3) 全炯澤, 「朝鮮後期 內奴婢의 土地所有」, 『歷史教育』 35, 1984; 「朝鮮後期 奴婢의 土地所有 -「記上田畓」을 중심으로-」, 『韓國史硏究』 71, 1990; 吳仁澤, 「朝鮮後期의 量案과 土地文書」, 『釜大史學』 20, 1996.

4) 최근에 박노욱은 記上의 의미와 기상의 주체, 그리고 記上田畓의 소유주에 대한 기존 통설에 문제를 제기하였다. 그는 記上의 의미를 '소유(권) 신고(고지)' 행위로 해석하였으며, 또한 記上田畓의 소유주는 노비가 아니라 노비소유주의 田畓인 경우도 많았다고 주장하였다(朴魯昱, 『朝鮮時代 記上田畓의 所有主 硏究』, 景仁文化社, 2005). 기상의 의미에 대한 해석은 어느 정도 수긍이 가며 기존의 해석과도 크게 배치되지 않는다고 여겨지나, 기상 전답의 소유주에 대한 해석은 좀 더 검토가 필요할 것으로 생각된다. 필자의 경우는 기존 해석과 같이 기상 전답은 노비의 사적 소유지로 생각하는데, 이러한 입장을 견지하며 이하에서 논리를 전개하겠다.

5) 李在洙, 『朝鮮中期 田畓賣買硏究』, 集文堂, 2003, 223~229쪽.
이재수는 전답매매 명문을 분석해 볼 때 '記上'이나 '記上田畓'을 매매하는 예는 16세기에는 거의 없고 17세기 이후에 부쩍 늘어나는 것으로 보았다. 이것은 17세기 이후 정상적인 기상보다는 상전이 불법으로 기상 받는 예가 늘어났기 때문이라고 설명하고, 17세기에 상전과 노비와의 田訟이 많은 것도 이에 기인한 것으로 보았다. 따라서 그는 記上을 17세기 이후의 특징적인 현상으로 주목하였다. 하지만 그의 설명과 달리 16세기에도 '기상'의 사례가 다수 보이고 있으며 또한 상전과 노비의 田訟도 많이 발생하고 있었던 것으로 생각된다.

여기서는 조선전기 노비 재산권의 문제를 규명하기 위한 일환으로, 양반가 소장의 16세기 고문서와 생활일기류에 보이는 記上과 관련된 사례를 구체적으로 검토해 보고자 한다. 이를 통해 조선전기 노비의 신분적, 경제적 성격 문제를 규명하는데 일조하고자 한다.

2. 노비의 재산소유와 관련 법규

1) 조선전기 노비의 재산소유

조선전기에 노비가 전답이나 노비 등 재산을 소유하였다는 사실은 일반적으로 인정되고 있는 사실이다. 그것은 해당 시기의 실록이나 생활일기류 그리고 토지문기와 같은 고문서를 통해서 구체적으로 확인할 수 있다.

우선 조선전기 노비의 재산소유 실태를 실록의 몇 가지 사례를 통해 구체적으로 살펴보자.

> 명하여 경외 대소인민에게 날짜를 정하여 布를 官에 납부하고 楮貨를 받도록 하였다. 호조판서 이응이 아뢰기를, "富商 左軍奴 仏丁이 추포 1천5백여 필을 다른 집으로 옮겨 놓았습니다." 하였다.[6]

정부가 상당한 의욕을 갖고 오랫동안 사용하고 있던 실물화폐인 布貨를 대신하여 명목화폐인 저화를 통용시키기 위해 강제적으로 민간의 布를 기한을 정해 官에 납부하게 하고 저화를 교환하여 가도록 했다. 그런데 官奴인 불정이 자기 소유의 추포 1,500여 필을 다른 집으로 옮겨 숨긴 것이 발각되어 추핵 받고 있다. 특히

---

6) 『太宗實錄』 권21, 太宗 11년 1월 壬午(21).

여기서 불정은 노비 신분임에도 불구하고 부상대고로서 布 1,500필 정도를 소유하고 있을 정도로 상당한 재산을 축적하고 있음을 확인할 수 있다.

> 사헌부에서 아뢰기를, "충청도 아산현의 官奴 禾万이 본부에 글로써 고하기를, '좌찬성 황수신이 기묘년에 진휼사로서 本邑에 이르렀는데, 官屯田 및 公衙의 채소밭을 얻고자 하여 신창에 사는 족인 별시위 김극강으로 하여금 狀告하여 떼어 받게 한 뒤, 서울로 돌아가서 자기 아내의 장사는 이미 지냈는데도 거짓으로 아직 장사를 지내지 못하여 아산에다 터를 정했다.' 하고 몽롱하게 계달하여 하사를 받고, 本縣을 다시 설치하지 못하게 하였습니다. 그 공아의 채소밭인즉 실은 이 奴의 아버지와 할아버지의 永業田인데, 햇수를 정해 임시로 官에 바친 것입니다. 田籍에도 종의 아버지 이름으로 되어 있으며 본현을 혁파한 뒤부터는 곧 도로 경작하고 있습니다. 그런데 황수신이 온양군으로 하여금 경진년의 소출을 빼앗아 가고, 또 금년에는 보리를 갈았습니다. …" 하였다.[7]

이것은 아산현의 관노 화만이 자기 조상 전래의 영업전을 좌찬성 황수신에게 강제로 빼앗겼다고 사헌부에 고소한 내용이다. 여기서 화만이 자기 소유라고 주장했던 땅은 그의 아버지와 할아버지의 영업전이며 田籍에도 자기 아버지의 이름으로 등록되어 있을 뿐 아니라 지금 경작하여 먹고 있다는 것을 통해서 볼 때 자기 소유가 확실하다. 이를 통해 노비의 전답 소유뿐 아니라 재산 상속을 구체적으로 확인할 수 있다.

또한 노비가 축적한 富를 바탕으로 합법적 혹은 불법적인 방법을 통해 免賤을 시도하는 사례를 살펴보자.

> 형조의 書吏 陳球가, 남이 뇌물을 주는 것을 받고 捕盜關門을 위조하여 공로가

7) 『世祖實錄』 권24, 世祖 7년 5월 辛亥(12).

> 없는 무리가 벼슬을 받거나 혹은 賤人을 면하고, 혹은 상을 받은 자가 무려 수백 명이나 되었으므로, 의금부에 명하여 국문하게 하였다.[8)]

이것은 형조의 서리 진구가 뇌물을 받고 서류를 위조해 벼슬이나 포상을 받게 하거나, 혹 노비 신분을 면역시킨 자가 수백 명에 이른다는 내용이다. 특히 주목되는 것은 노비가 축적한 富를 바탕으로 뇌물이라는 비합법적인 경로를 통해 노비 신분에서 벗어나려는 시도를 하고 있다는 사실이다.

> ㉠ 임금이 함길도의 군수 물자가 넉넉지 못할까 염려하여 호조에 명하여 사람을 모집하여 輸納하게 하였는데, 朝士 · 軍士 · 閑良人으로 官米 7石을 함흥 이북에 수송한 자는 1資級을 더하고 公賤 · 私賤으로서 私米 50석을 바친 자는 從良하게 하였다. 이때에 그 모집에 응하는 자가 심히 많았는데, 공천과 사천이 더욱 많았다.[9)]
>
> ㉡ 임금이 명하여, 지금부터 公私 賤口로서 함길도에 쌀을 운반하는 자에게 從良하는 법을 없애게 하였다.[10)]

이것은 정부가 함길도의 군수 물자를 비축하기 위한 방안의 하나로 특별히 공사 노비들이 자기 소유의 미곡 50석을 바친 자를 종량할 수 있도록 하였는데, 여기에 공사 노비들로서 모집에 응하는 자가 매우 많았다는 내용이다. 특히 정부가 공사 노비들의 종량 조건으로 제시한 미곡 50석은 많은 수량인데도 불구하고 응모한 자가 많았다는 것은 당시 노비들 가운데 상당한 재산을 축적한 자가 다수 있었음을 강력히 시사하고 있다. 이처럼 정부는 노비들의 응모가 예상 외로 많아져 소기의 성과를 조기에 거두게 되자 이 법을 시행한 지 2개월만에 중지하였던 것이다. 이처럼 노비 중 일부는 축적한 富를 바탕으로 합법적인 경로를 통해 노비 신분에서

---

8) 『世祖實錄』 권42, 世祖 13년 5월 辛卯(27).
9) 『世祖實錄』 권43, 世祖 13년 7월 丁卯(4).
10) 『世祖實錄』 권43, 世祖 13년 9월 壬申(10): "命自今除公私賤口 運米咸吉道者 從良之法."

벗어나는 경우도 있었음을 확인할 수 있다.

뿐만 아니라 성종대에는 흉년으로 인한 기민들을 진휼하기 위해 곡식을 모집할 때 私奴 林福과 家同 같은 경우는 진휼곡으로 2천 석을 바칠 정도로 막대한 富를 축적하고 있었다.[11] 이들은 당시의 사회변화 속에서 소농에서 지주로 상승한 대표적인 경우로 생각된다.

다음으로 고문서 가운데 田畓賣買明文에서 노비가 전답을 매수하거나 매도하는 것을 통해서 노비 재산의 문제를 구체적으로 확인할 수 있다.

전답매매는 전답매매 명문을 작성함으로써 일단 성사되는데, 명문은 매도하는 전답의 주인과 매수인이 동석하여 작성하는 것이 통례이다. 전답매매 명문을 작성할 때 일반적으로는 매매 당사자가 직접 매매명문을 작성하지만 타인의 전답을 대리하여 매매하는 경우도 있다. 대리매매는 대체로 賣渡人이나 買受人이 양반일 경우에 많은데 주로 양반 댁의 戶奴가 대행하는 것이 일반적이다. 이러한 대리매매의 경우는 17세기 이후로 갈수록 그 수가 급증하고 있다. 이 경우에는 '○○宅戶奴○○' 라든가 '上典主代奴○○', '上典牌字에 따라'라는 식으로 상전을 대리하고 있다는 표현이 명문에 밝혀져 있어서 대리매매임을 알 수 있다.[12] 이에 반해 명문 내에 상전을 대신한다는 문구가 없이 매수인란에 그냥 '私奴○○', '奴○○'로 되어 있는 경우나 매도인란에 畓主 '사노○○', '노○○'로 된 경우는 노비가 자신의 전답을 매수, 매도한 것으로 볼 수 있다. 이러한 예는 경북지역 양반가 소장 고문서를 정리한 『慶北地方古文書集成』이나,[13] 한국학중앙연구원에서 전국 각 지역 양반가 소장 고문서를 정리하여 편찬한 『古文書集成』의[14] 전답매매 명문에서 잘 확인할

---

11) 『成宗實錄』 권181, 成宗 16년 7월 壬申(24): "伝曰 鎭川居私奴林福 今爲賑民 納粟二千碩 其心可嘉 今当阻飢 有識之人 且不肯納 以賤隸而爲之 免賤以賞何如."
『成宗實錄』 권182, 成宗 16년 8월 戊申(30): "戶曹啓 全羅道南平居私奴家同 納粟二千碩 請從願論賞 伝曰 前日林福納粟 特令從良 非重其粟 乃嘉其心也."

12) 이재수, 앞의 책, 2003, 49쪽.

13) 李樹健편, 『慶北地方古文書集成』, 嶺南大出版部, 1981.
이재수는 여기에 수록된 전답매매 명문의 세밀한 분석을 통해 16, 17세기 노비가 일반인과 마찬가지로 자기 재산을 소유하였음을 구체적으로 밝히고 있다(앞의 책, 2003).

14) 지금까지 출간된 『古文書集成』은 거의 80권에 이르며, 여러 분야에서 이를 이용하여 많은 성과를

수 있다.

그 가운데 海南 尹氏家의 고문서를 정리한 『古文書集成 3 -海南尹氏篇-』을 보면 토지문기 총 661매가 실려 있다. 그 가운데 16세기 이전 것은 5건에 불과하고 대부분은 17세기의 것으로 500건이나 되며, 그 나머지는 18세기 이후의 것이다.[15] 그런데 특이한 것은 16세기의 명문 5건 가운데 4건이 노비가 실제 전답의 매수인이나 매도인으로 전답 매매를 하고 있다.[16] 그 가운데 실제 전답의 매수인과 매도인이 모두 노비인 사례를 통해 노비 재산소유 문제를 확인해 보자.

奴가 자기 소유의 田畓을 私奴에게 매도한 경우를 보자.

> 万曆 23년(1595) 乙未 7月 28日 奴 九月에게의 明文. 위의 명문을 작성하는 일은 내가 他官으로 옮겨가게 되었기 때문에 移買하기 위해 나의 조상에게 물려받아 畊食하던 縣山面 石毛里員 소재 此字畓 10斗落只 내 東邊畓 斗落只 30卜을 木綿 5同으로 값을 정하여 교역하고 永永放賣하니 후에 이것을 가지고 子息이나 同生 등이나 혹 내가 역시 雜談하거든 이 文記 내용으로 告官하여 辨正할 것. 畓主 奴 李西斤(手決) 訂人 奴 李□文(手決) 訂保 奴 李佳(手決) 筆執 軍士 李德成(手決).[17]

이것은 奴 이서근이 他官으로 옮겨감에 따라 조상 전래의 땅을 1595년 7월 28일에 奴 구월에게 목면 5同(=250필)을 받고 판다는 내용이다. 여기서 노 이서근이 땅을 판 이유가 타관으로 옮김으로 인한 것이며, 그가 매도한 땅은 조상에게서

내고 있는 실정이다.

15) 韓國精神文化硏究院, 『古文書集成 3- 海南尹氏篇-』, 1986.

16) 실제 노비가 매수인과 매도인으로 전답 매매를 한 4건을 나누어 보면 다음과 같다. 奴(매도)와 奴(매수)의 경우(土地文記 1번과 10번), 寺奴(매도)와 僧(매수)의 경우(토지문기 7번), 私奴(매도)와 戶奴(매수)의 경우(토지문기 9번)이다.

17) 韓國精神文化硏究院, 『古文書集成 3- 海南尹氏篇-』, 1986, 215쪽, 土地文記 10번: "万曆貳拾參年 乙未漆月貳拾捌日奴九月處明文 右明文爲臥乎事叚 矣身亦他官移去 仍于移買次 矣祖上衿得伝來 畊食爲白在 縣山面石毛里員此字畓十斗落只內 東邊畓斗落只 卜數參拾卜庫乙 価折木綿伍同以交易 永永放賣爲去乎 後此良中 子息同生等乃 矣身亦雜談爲去等 此文記內皃如告官辨正敎白 畓主 奴 李西斤(手決)訂人 奴 李□文(手決) 訂保 奴 李佳(手決) 筆執 軍士 李德成(手決)."

상속받아 경작하던 것이라고 하고 있는 것을 보아 자기 소유가 확실하다.

다음으로 私奴가 자기 소유의 田畓을 상전을 대리한 戶奴에게 매도한 경우를 보자.

> 万曆 22年(1594) 甲午 4月 7日 上典宅 戶奴 良世에게의 明文. 위의 명문을 작성하는 일은 奴의 父 鄭文이 貢賦를 對答하지 못하는 탓으로 도피한 후에 同員의 貢賦를 나도 역시 對答할 길이 없어 조상 伝來의 畊食하던 花山 二道 松乙隅員 소재 字畓 10斗落只 16卜을 木綿 3同으로 값을 정하여 교역한다. 숫자대로 받고 戶首 全同이 官에 올려 立旨를 받고 아울러 同戶의 奴 良世에게 永永放賣하니 후일에 同生 등이 雜談하거든 이 文記로써 告官하여 辨正할 것. 畓主 私奴 鄭生年十八(手決) 証保 祖老人 外同(手決) 証人 私奴 許春(手決) 筆執 內奴 李貴進(手決).[18]

이것은 私奴 정생이, 그의 아버지 鄭文이 貢賦를 내지 못해 도망한 관계로 그 자신이 공부를 추징당했지만 마련할 길이 없어 조상 전래의 이 땅을 1594년 4월 7일에 戶奴 양세에게 목면 3同(=150필)을 받고 판다는 내용이다. 奴 정생이 매도한 땅도 조상 전래로 경작하여 먹고 있던 것이라고 한 것을 보아 자기 소유가 확실하다.

이처럼 관찬자료인 실록과 사찬자료인 전답매매 명문을 통해 볼 때 조선전기 노비들의 경우 일반 양인과 마찬가지로 田畓을 위시한 자기 재산을 소유하였을 뿐 아니라 자식에게 상속할 수도 있었음을 알 수 있다. 또한 그 가운데는 많은 재산을 축적하여 그 富를 바탕으로 합법적이거나 불법적인 방법을 통해 노비 신분을 벗어나는 자들도 있었음을 확인할 수 있다.

---

18) 韓國精神文化硏究院, 『古文書集成 3- 海南尹氏篇-』, 1986, 215쪽, 土地文記 9번: "万曆貳拾貳年甲午四月初七日 上典宅戶奴良世處明文 右明文爲臥乎事叚 奴矣父鄭文亦 貢賦要沒對答不得乙仍于□避後同員賦乙 矣身以他條對答無路 祖上伝來畊食爲如乎 花山二道松乙隅員 字畓拾斗落只卜數拾陸卜庫乙 価折木綿參同以交易 依數捧上爲遣 戶首全同矣 呈官受立旨 幷以同戶奴良世處 永永放賣爲去乎 後次矣同生等 只雜談爲去等 此文記內皃如告官辨正向事 畓主 私奴 鄭生年十八(手決) 証保 祖老人 外同(手決) 証人 私奴 許春(手決) 筆執 內奴 李貴進(手決)."

2) 관련 법규와 내용

그럼 노비의 재산 소유와 상속 등과 관련된 법규와 내용을 검토함으로써 노비 재산권에 대한 정부의 시각이나 그 한계 등을 살펴보자.

노비의 토지 소유권과 관련하여 주목되는 것으로 고문서나 일기류 등에서 記上田畓이라는 용어가 종종 보이고 있다. '記上'(혹은 '己上')이라는 의미는 '기록하여 상납한다'는 뜻으로, 노비가 자신의 재산을 소속된 官廳이나 上典에게 바치거나 노비의 재산을 소속 관청이나 상전이 차지하는 경우에 사용하였다.[19] 이는 바로 노비가 재산을 소유하고 있었다는 사실을 구체적으로 알려주는 증거이다.

조선 정부는 일찍부터 노비의 재산권을 인정하고 노비소유주가 노비 재산을 함부로 침탈하지 못하도록 하는 규정을 제정하고 있었다.

> 형조에서 아뢰기를, "『續戶典』에 '노비로서 本主田地를 경작하던 자가 죽은 뒤에는 아울러 주인에게 돌려주고, 만약 自己田地라면 자식이 있는 자는 자식에게 주고, 자식이 없는 자는 본주에게 준다.' 하였으니, 청컨대 금후로는 私賤으로 公私賤에게 嫁娶한 자의 노비 家産은 『속호전』 田地의 예에 따라 區處하고, 만약에 本主가 자식이 있는 자의 재산을 침탈한다면 노비라도 자손이 狀訴하는 것을 허락하소서." 하니, 그대로 따랐다.[20]

---

19) 記上의 의미를 다룬 연구로는 아래의 것들이 참조된다.
李樹健, 「古文書를 통해 본 朝鮮社會史의 一研究 -慶北地方 在地士族을 中心으로-」, 『韓國史學』 9, 1987; 全炯澤, 「17 · 18세기 內奴婢의 土地所有 -'無後奴婢個人量案'을 중심으로-」, 『朝鮮後期奴婢身分研究』, 一潮閣, 1989; 앞의 논문, 1990; 朴魯昱, 「16~18세기 扶安金氏의 財産實態研究 -扶安金氏愚磻古文書를 중심으로-」, 충남대 석사학위논문, 1988; 文淑子, 「載寧李氏 寧海派 家門의 分財記 分析」, 『淸溪史學』 9, 1992; 沈羲基, 「18세기 초 安東府 田畓決訟立案의 法制的 分析」, 『古文書研究』 9 · 10, 1996; 金素銀, 「16세기 매매관행과 문서 양식」, 『古文書研究』 24, 2004; 安承俊, 『朝鮮前期 私奴婢의 社會經濟的 性格』, 韓國精神文化研究院 박사학위논문, 1999; 金容晩, 『朝鮮時代私奴婢研究』, 集文堂, 1997; 李在洙, 『朝鮮中期 田畓賣買研究』, 集文堂, 2003.

20) 『世祖實錄』 권11, 世祖 4년 1월 己丑(30): "刑曹啓 續戶典 奴婢耕本主田地者 身故後 並令還主 若自己田地 則有子息者給子息 無子息者給本主 請今後私賤嫁公私賤者奴婢家産 依田地例區處 若本主侵奪有子息者財産 奴婢許子孫狀訴 從之."

위에서 '本主田地'라는 것은 소유권이 노비소유주에게 있는 토지이고, '自己田地'라는 것은 노비에게 소유권이 있는 토지를 가리키는 것이 확실하다. 또한 자식이 있는 노비의 재산은 자식에게 상속하고 만약에 그것을 노비주가 침탈하고자 하면 상소할 수 있도록 하고 있다. 이것은 노비의 재산 소유권을 일정 정도 국가에서 보호하고자 한 조치였다고 생각된다.

『経國大典』 刑典에도 奴婢에게 자녀가 있는 경우에는 그 노비의 재산을 자녀가 상속받게 되지만, 자녀가 없는 경우에는 公賤인 경우는 그가 속한 국가기관에, 私賤인 경우는 본주에게 그 소유권이 귀속되도록 규정하고 있다.[21] 이 역시 자손이 있는 노비의 경우는 그 재산의 상속을 분명히 인정하고 있다.

하지만 노비가 자식이 있는데도 불구하고 그 재산을 노비주가 침탈하는 경우가 많아 문제가 되자 그것을 금지하는 법률을 재차 규정하고 있다.

> ㉠ 다른 집 婢를 취하여 자손이 있는데도 종의 소유물[己物]을 법을 어기고 (노비 주인이) 기상 받는 것은 制書를 어긴 율로서 시행한다.[22]
>
> ㉡ 만약 다른 집 婢를 취하여 자손이 있는데도 그 (노비) 주인이 (노비 재산을) 기상 받는 것은 制書를 어긴 율로서 논한다.[23]

물론 이것은 조선후기의 법조문이지만 노비주가 그의 奴가 다른 집의 婢와 결혼했다는 이유를 들어 노비의 재산을 침탈하는 행위를 금지하는 규정이다. 결국 이는 다른 집의 婢와 결혼하여 자손을 둔 경우에도 그 재산의 상속을 인정한다는 내용이다.

또한 자녀가 없는 노비가 그 재산을 생전에 타인에게 주었거나 방매한 경우 노비주가 그것을 빼앗고자 하여 논란이 다수 발생하고 있었던 것 같다.

---

21) 『経國大典』 刑典, 公賤條: "公賤無子女身死者奴婢田宅屬於本司本邑 私賤則幷其財産許本主區處."
22) 『新補受敎輯錄』 刑典 公賤條: "他婢作妾 有子孫 己物違法己上者 施以制違之律."
23) 『續大典』 권5, 刑典 私賤條: "如或娶他婢 有子孫 而其主記上者 以制書有違律論."

> 한성부에서 계하기를, "무릇 사노비로 후사가 없는 자가 그 가산을 이미 타인에게 허락하여 준 것을 그 본주인도 이를 다투고 있습니다. 이제 永樂 12년 7월 12일 형조의 수교를 상고하오면, '노비가 자식이 없이 죽은 자로서 만일에 그가 부리던 노비가 있으면 본주인의 사환으로 허락하고, 文契가 있는 자는 이 한도에 부재(不在)한다.' 하였사오니, 청컨대 家舍와 資産을 아울러 노비의 예에 의하여 결단하여 주게 하소서." 하니, 그대로 따랐다.[24)]

奴婢主가 노비의 재산 처분에 일정한 제약을 가하려고 하자 無後奴婢들 중 자신이 죽기 전에 소유 재산을 처분하는 경우가 많았을 것이다. 이 규정은 이로 인해 無後奴婢가 죽기 전에 타인에게 방매한 토지를 그 사후에 노비주가 추쇄하여 몰수하는 일이 종종 있음으로 인해 그 소유 토지를 둘러싸고 노비주와 매입자 사이에 소유권 분쟁이 발생하는 것을 방지하고자 한 내용으로 생각된다. 이처럼 국가는 사노비로 자식이 없는 자가 그 재산을 생전에 타인에게 넘겼더라도 재산을 받은 사람이 文契를 소지하였다면 노비주가 이를 다툴 수 없다고 규정하고 있다. 이 역시 무후 노비라도 자기 재산의 처분권을 상당 부분 인정한 것이라 볼 수 있다. 17세기의 현실을 반영하고 있는 『수교집록』과 『속대전』에서는 이를 좀 더 보완하고 있다.

> ㉠ 자녀 없이 죽은 노비의 재물은 그의 소속 관사나 주인에게 준다는 조문에 따라 시행하되, 죽은 지 오래된 자는 거론하지 못하게 하여 분란의 소지를 없앤다. 당사자가 살아 있을 때 証筆을 갖추어 방매한 재산과 收養하여 자식으로 삼아 그대로 (奴婢)續案에 기입하고 그 자손에게 전해 준 것도 혼동하여 몰수하여 들이지 못한다.[25)]

---

24) 『世宗實錄』 권42, 世宗 10년 11월 壬戌(14): "漢城府啓 凡私奴婢無後者 以其家産 旣許他人 其本主又爭之 今考永樂十二年七月十二日刑曹受敎 奴婢無後身死者 如有所使奴婢 許本主使喚 有文契者不在此限 請幷家舍貲産 依奴婢例決給 從之."

25) 『受敎輯錄』 刑典 公賤條: "無子女奴婢己物 給己之官主之文施行 而身死久遠者 則勿爲擧論 以絶紛紜 当身生時具証筆放賣 及收養爲子 仍屬續案伝孫者 毋得混同沒入."

㉡ 私賤의 자녀 없이 죽은 노비의 재물은 그 주인에게 준다는 것은 大典의 公賤조에 보인다. 공천은 즉 그의 소속 관사에 준다는 것 역시 대전에 보인다. 그런데 죽은 지 오래된 자는 거론하지 못한다. 당사자가 살아 있을 때 証筆을 갖추어 타인에게 방매한 재산은 혼동하여 몰수하여 들이지 못한다. 만약 다른 집 婢를 취하여 자손이 있는데도 그 (노비) 주인이 (노비 재산을) 기상 받는 것은 制書를 어긴 율로서 논한다. 公賤도 동일하다. 公賤이 收養하여 자식으로 삼아 그대로 (奴婢)續案에 기입하고 그 자손에게 전해 준 것은 역시 (노비 주인이) 기상 받을 수 없다.[26]

이 규정 또한 무후 노비가 생시에 방매한 재산을 노비주가 몰수하지 못하도록 함과 동시에 수양자를 입양하여 노비 속안에 올린 경우는 자손과 마찬가지 경우로 취급해 재산을 상속할 수 있다는 내용이다.

이상의 규정이나 법규를 통해 볼 때 국가는 노비 재산권의 배타적 권리를 상당 부분 보호하며 인정하고 있었음을 확인할 수 있다.

3. 記上田畓의 사례와 성격

여기서는 국가의 노비 재산권에 대한 규정이나 내용이 민간의 현실에서는 실제 어떻게 반영되고 있는지의 여부를 16세기 양반가의 고문서와 생활일기류를 통하여 구체적으로 확인해 보고자 한다. 이를 통해 법적 규정과 현실에서의 적용 여부를 비교 검토함으로써 노비의 신분적, 경제적 자립도와 노비 재산권의 성격을 좀 더 명확히 이해할 수 있을 것으로 생각된다.

---

26) 『續大典』 권5, 刑典 私賤條: "私賤無子女身死者己物 給己之主 見大典公賤條. 公賤則給其官 亦見大典 而身死久遠 勿施 当身生時具証筆放賣他人者 毋得混入 如或娶他婢 有子孫 而其主記上者 以制書有違律論 公賤同. 公賤有收養爲子 仍屬續案而伝孫者 亦毋得記上."

1) 고문서의 경우

16세기 노비 전답의 '기상'과 관련된 자료 가운데 특히 16세기 고문서를 다수 수록하고 있는 『慶北地方古文書集成』이 매우 주목된다.

우선, 그 가운데 하나로 경주 손동만씨 집안의 기상과 관련된 전답매매 명문을 살펴보자.

> 嘉靖 2年(1523) 癸未 5月 1日 百姓 君子에게의 明文. 명문을 작성하는 일은 妻父母 生前에 부리던 奴 崔達이 늙고 병들었을 뿐만 아니라 자식과 처 등이 모두 죽고 오직 長子인 崔同이 있으나 먼 곳에 거주하여 孝養할 수 없으며 生理도 어렵다. 그의 私耕田畓 등을 일부는 자식에게 죽기 전에 分給을 하였고, 長命等員 소재 밭 5斗落只를 나에게 已上하여 맡기었는데 위 崔達이 죽은 후 그의 깃기(衿記)로 한 貢賦雜事를 매번 추징하는 데 出處가 없어서 同田을 인접 고을의 君子에게 木綿 7疋을 받고 永永放賣하니 후일에 다른 일이 있으면 이 明文을 告官할 것. 田主 司正 崔(手決) 証保 筆執 曺(手決)[27]

위의 내용은 司正 崔가 그의 처부모가 부리던 奴 최달에게서 장명등원 밭 5두락을 기상 받았는데, 최달이 죽은 후 그의 깃기로 된 땅에서 매번 공부 잡사를 추징당하지만 마련할 방법이 없어서 이 땅을 1523년 5월 1일에 인접 고을의 백성 군자에게 판다는 것이다. 여기서 주목되는 것은 노 최달이 죽기 전에 자기 소유의 田畓을 상속할 자식이 있었음에도 불구하고 일부만 자식에게 분급하였고, 그 주인에게도 밭 5두락을 기상하였다는 점이다. 여기서는 구체적으로 그가 주인에게 토지를 기상

27) 李樹健편, 『慶北地方古文書集成』, 嶺南大出版部, 1981, 637쪽, 田畓賣買明文 318번: "嘉靖貳年癸未五月初一日百姓君子茂火明文 成置事段 妻父母生前使用奴崔達亦年老有病是沙余 子息及妻等幷只見死爲遺 惟一長子崔同遠處居住孝養不得的于生理爲難亦 其矣私耕田畓等乙 除除子息亦中未死前分給遺在 田長命等員五斗落只庫乙 矣處亦中已上爲良在乙逢授爲有如乎 上項崔達死後其矣衿記了爲在 貢賦雜事每每推徵出處無由爲乎等用良 同田庫乙同里接君子亦中 折木綿漆疋捧上永永放賣爲去乎 後次別爲所有去等 此文內乙用良告官者 田主 司正 崔(手決) 証保 筆執 曺(手決)."

한 이유나 奴主가 기상을 강요하였는지의 여부는 알 수 없지만 아마도 기상을 할 수밖에 없는 이유가 있었을 것으로 생각된다.

다음은 私奴 복만이 1540년(중종 35) 1월 딸에게 재산을 상속함과 동시에 그의 上典에게도 일정액의 재산을 기상하는 내용이다.

> 嘉靖 19年(1540) 庚子 1月 22日 女子 兄弟 등에게의 明文. 위의 明文을 成給하는 일은 나의 나이가 76세로 언제 죽을지 모를 뿐 아니라 나의 두 딸이 각기 다른 상전 몫으로 분재되었으며, 上典은 내가 늙은 것을 관계치 않고 無子息 奴의 一例로 보아 매년 收貢을 하고 일일이 侵勞하기에 安興員 畓 16卜, 反居谷員 田 3卜, 爐 1, 鍮盆 1, 大牛 2隻 등을 上典 앞으로 한 자식 몫으로 특별히 記上하며, 그 나머지 家舍, 田畓 및 日用 家財 등을 너희 兄弟에게 伝係하니 각기 執持할 일. 장녀 玉今에게 분재한 것은 加亇員 畓 14卜, 安興員 畓 12斗落只內 6斗落只, 栗谷員 田 1石落只內 8斗落只, 反居谷員 家入田 5卜, 召木員 田 17卜, 下邊 瓦家 1坐, 車子 1, 釜 1, 鼎 1, 甕 5, 斧 1, 穀食 5石, 栗谷員 加耕田 25卜, 東邊 果實木 10條이다. 차녀 福今에게 분재한 것은 加亇員 畓 14卜, 墓枝員 畓 6卜, 安興員 畓 12斗落只內 6斗落只, 栗谷員 田 1石落只內 8斗落只, 下邊 反居谷員 家入田 3卜, 召木員 田 17卜, 끼어서 좁은 上邊 瓦家 1坐, 大牛 1隻, 西邊 果實木 10條, 釜 1, 鼎 1, 甕 5, 農器, 斧, 穀 5石이다. 財主 父 私奴 卜万(手決) 証保 同生弟 卜山(手決) 妹夫 私奴 內隱山(手決) 筆執 鄭守溫(手決).[28]

28) 李樹健편, 위의 책, 152쪽, 私奴卜万許与文記 15번: "嘉靖拾玖年庚子正月二十二日女子兄弟等亦中明文 右明文成給爲臥乎事叱段 矣身亦時年七十六歲以今明日生死難知叱分不喩 矣女子二人各各他上典衿付爲有去乙 矣上典敎是 矣身乙不計年老無子息奴一例□每年收貢爲於 物物侵勞爲白去乙 安興員畓十六卜反居谷員田三卜□ 爐壹 鍮盆壹 大牛貳隻等乙 矣上典前一子息條以各別記上爲白遣 其余家舍田畓及日用家財等乙 汝矣兄弟亦中伝係爲去乎 各各執持爲乎事, 長女子玉今衿 加亇員畓十四卜 安興員畓十二斗落只內六斗落只 栗谷員田壹石落只內八斗落只 反居谷員家入田五卜 召木員田十七卜 下邊瓦家一坐 車子壹 釜壹 鼎壹 甕五 斧壹 穀食伍石 栗谷員加耕田卄五卜 東邊果實木十條印, 次女子福今衿 加亇員畓十四卜 墓枝員畓六卜 安興員畓十二斗落只內六斗落只 栗谷員田壹石落只內八斗落只 下邊反居谷員家入田三卜 召木員田十七卜 上邊瓦家一坐 以俠窄乙仍于 大牛壹隻 西邊果實木十條 釜壹 鼎壹 甕伍 農器 斧 穀伍石印 財主 父 私奴 卜万(手決) 証保 同生弟 卜山(手決) 妹夫 私奴 內隱山(手決) 筆執 鄭守溫(手決)."

이 문서는 16세기 노비 재산권의 자녀 상속뿐 아니라 노비 재산을 둘러싼 노비주와의 관계를 잘 보여 주고 있다. 특히 16세기 노비의 재산 소유와 그 성격을 이해하는 데 많은 시사를 주고 있다. 사노 복만은 76세나 되는 고령으로 언제 죽을지 모를 지경이기에 두 딸에게 재산을 상속해 준 것이다. 그런데 上典은 복만의 나이가 70이 넘었음에도 불구하고 매년 收貢을 계속하였고,[29] 복만의 두 딸이 他家 몫이라는 이유로 무후 노비와 같이 보아 사사건건 侵勞하는 등 강압을 가하고 있었던 것이다. 이에 어쩔 수 없이 복만은 상전에게 한 자식 몫으로 재산을 특별히 記上하고, 나머지 재산을 두 딸에게 나누어 주고 있다. 결국 복만은 두 딸에게 재산을 무리 없이 상속하기 위해 상전과의 일정한 타협 속에 재산의 일부분을 넘겨주었던 것이다. 이는 노비의 재산을 둘러싼 노비와 상전과의 치열한 신경전을 보여 주는 전형적인 예이며, 또한 그러한 내용을 문서에 상세히 기록하고 있다는 점에서 특이하다. 특히 신분적 한계에도 불구하고 사노 복만은 여러 곳의 전답뿐 아니라 곡식, 소, 기와집 등 상당한 재산을 축적하고 있었다. 그리고 上典이 他家의 婢를 취하여 자식을 낳았다는 이유 등을 내세워 집요한 협박과 압력을 행사함에도 불구하고 자신의 재산을 주체적으로 처리하고 있었다는 점은 주목된다.

2) 생활일기류의 경우

(1) 『眉巖日記』

『미암일기』는 柳希春(1513~1577)이 고위관료로서 在官과 在地에 있으면서 약 10년간(1567, 선조 즉위~1577, 선조 10)의 생활을 기록한 일기이다. 특히 일기를 기록한 햇수는 10년이지만 매일의 기사 내용이 풍부하여 당시의 정치, 사회, 경제상을 이해하는 데 크게 유효하다.[30]

---

29) 『経國大典』 戶典, 徭賦條: "外居奴婢除選上雜故外 年十六歲以上 六十歲以下並收貢 皆納司贍寺." 이 규정을 볼 때 공노비의 경우는 60세 이상이 되면 貢納이 면제(방역)됨을 볼 수 있지만 사노 복만의 경우는 76세의 고령임에도 불구하고 上典에게서 계속 納貢을 강요당하고 있다.

30) 李成妊, 「16世紀 朝鮮 兩班官僚의 仕宦과 그에 따른 收入 -柳希春의 『眉巖日記』를 중심으로-」,

아래 기사는 中宗의 부마였던 한경록이[31] 을사사화에 연루되어 賜死된 윤흥례의[32] 奴 희손을 적몰하여 자기 奴로 삼고 희손이 소유하고 있던 재산을 모두 記上받은 내용이다.

> 어제 府에서 啓한 바를 보니, "淸原府院君 韓景祿은 (중략) 尹興礼의 奴 希孫을 籍沒하여 자기의 奴로 삼고 따라서 希孫이 소유하고 있던 田畓·家舍 등의 물건도 전부 저의 것으로 記上을 했습니다. 그런데 尹元衡이 패하여 僞勳의 실황이 드러나자 記上했던 물건들을 보유할 수 없게 됨을 헤아리고 다시 공교하고 간사한 꾀를 내어 매매의 文記를 만들어 영구히 차지하려는 계책을 하였습니다. 興礼의 籍物은 모조리 돌려주라는 命이 내렸으니 希孫의 물건은 즉시 그 主人에게 돌려줘야 하는데도 탐욕을 부림이 그지없고 감히 僞造의 文記를 만들고 그것을 근거로 그대로 갖고 있으니 누누한 말씀의 恩命이 결국은 헛된 것이 되었습니다. 그 用心이 극히 못되었으니 청컨대 속히 파직을 명하소서." 하였다. 上께서 다만 推考를 하자고만 명하셨다.[33]

여기서 희손이 한경록에게 재산을 기상하게 된 구체적 이유는 알 수 없지만 전후 사정으로 보아 희손의 재산이 강제적으로 기상되었음을 충분히 짐작할 수

『歷史學報』 145, 1995; 「朝鮮中期 어느 兩班家門의 農地経營과 奴婢使喚 -柳希春의 『眉巖日記』를 중심으로-」, 『震檀學報』 80, 1995.

31) 한경록은 中宗의 둘째 딸인 懿惠公主와 결혼하여 부마가 되었다. 아버지는 韓承權이며, 외할아버지는 曺継商 그리고 李芑의 姪孫으로 훈척가문을 형성한다. 또한 小尹(尹元衡 일파)과 大尹(尹任 일파)의 다툼으로 발생한 乙巳士禍(1545년) 뒤 논공행상으로 마련된 衛社功臣 2등에 녹훈되었다(『明宗實錄』 권2, 즉위년 9월 乙亥(15)).

32) 윤흥례는 大尹의 핵심인 尹任의 아들로 윤원형 일파가 일으킨 乙巳士禍로 인해 아버지와 함께 1545년 9월에 賜死되었다. 그리고 1547년 9월에 그의 家産이 적몰되었는데, 그때 그의 재산이 한경록에게 넘겨진 것으로 생각된다(『明宗實錄』 권2, 즉위년 9월 辛未(11); 『明宗實錄』 권6, 2년 9월 己巳(21)).

33) 『眉巖日記』 권7, 1572년 10월 7일(3-270): "見昨日府啓 淸原府院君韓景祿 … 尹興礼之奴希孫沒爲其奴 則希孫田畓家舍等物 全數記上 而及其尹元衡見敗 僞勳之情狀呈露 自知記上之物勢不得保有 更生巧詐之謀 作爲賣買文記 欲爲永執之計 至於命下還給興礼籍物 則希孫己物 卽当盡還其主 而貪黷無厭 乃敢僞造文記 據奪仍執 使渙汗恩命 終歸於虛地 其爲用心 極爲無狀 請亟命罷職 上命只推考."
선조 5년(1572)의 실록 기사에도 동일한 내용이 보이고 있다(『宣祖實錄』 권6, 5년 10월 己未(6)).

있다. 또 주목되는 점은 한경록이 적몰했던 희손을 다시 본주인 윤흥례에게 돌려주게 되자 그가 기상했던 희손의 재산도 마찬가지로 회수되고 있다. 그러자 한경록은 희손의 재산을 정식으로 매입한 것으로 하는 위조 문기를 작성하여 그의 재산을 계속 차지하려 했다는 것이다. 이를 통해 기상보다는 매매 문기가 재산권 행사를 위한 더 확실한 증거가 되었음을 알 수 있다.

(2) 『瑣尾錄』

『쇄미록』은 吳希文(1539~1613)이 주로 임진왜란으로 피난하던 중의 생활상을 기록한 일기(1592, 선조 25~1601, 선조 34)로, 양반 사족의 생활상을 구체적으로 기록하고 있다. 특히 場市와 物品 流通에 관한 기록이 적지 않아 일찍부터 이 방면의 연구자의 주목을 받아 왔다.[34)]

아래의 기사는 오희문이 1596년 10월에 죽은 종 막정에게서 己上 받은 평양 소재의 田畓을 보령 태수 황응성에게 팔려고 하는 내용이다.

> 또 죽은 종 막정의 己上 文記는 보령 태수(황응성)가 본래 평양에 살았기 때문에 그가 얼마 전에 찾아왔을 때, 일러 말하기를 '마땅히 관을 거쳐(입안한 후) 보내주면 후일에 그 전답을 살펴보고 매입하겠다.' 하였다. 그래서 그저께 이미 입안을 받아 두었다고 쓰고 오늘 福之에게 이것을 맡겨 태수의 아들에게 전해서 그 아버지에게 바치도록 하였다.[35)]

奴 막정은 아내 粉介가 도망함으로 인해 發病한 후 사망하게 되고, 그에게 자식

34) 李景植, 「16世紀 場市의 成立과 그 基盤」, 『韓國史硏究』 57, 1987; 전경목, 「日記에 나타나는 朝鮮時代 士大夫의 일상생활」, 『정신문화연구』 19-4(통권 65), 1996; 鄭万祚, 「朝鮮時代 龍仁地域 士族의 動向」, 『韓國學論叢』 19, 국민대 한국학연구소, 1996; 文叔子, 「解題 -古文書를 통해 본 龍仁 海州吳氏 가문의 사회적 基盤-」, 『古文書集成』 36, 韓國精神文化硏究院, 1998; 李成妊, 「조선중기 吳希文家의 商行爲와 그 성격」, 『朝鮮時代史學報』 8, 1999.

35) 『瑣尾錄』 권4, 1596년 10월 11일(下-102): "且亡奴莫丁 己上文記 保寧太守(黃応星)本居平壤 故前日來見時 謂曰 当経官送之 則後日推尋欲買云 故昨昨已得立案 今付福之 伝保寧子 使獻其父矣."

이 없었으므로 결국 상전 오희문 가에서 막정의 재산을 갖게 된 것으로 생각된다. 여기서 주목되는 것은 황응성은 기상 문기 외에 관의 입안을 받아 줄 것을 오희문에게 요구했으며, 또한 그후 그 전답을 직접 살펴보고 구입하겠다는 신중한 태도를 보이고 있다. 하지만 실제 이 거래는 성사되지 못한 것으로 생각된다. 대개 이 당시 전답의 매매는 관의 입안 없이 白文으로 하는 것이 일반적인 관행이었는데, 이 경우는 입안을 요구하고 전답을 직접 살펴보고 매입하겠다는 점에서 기상 전답에 대해 매수자가 매우 신중한 태도를 보이고 있음을 볼 수 있다.

아래 기사는 오희문을 대신하여 사위인 子方 즉 신응구가[36] 죽은 종 막정의 평양 田畓을 추심하여 방매한 내용이다.

> ㉠ 또 들으니 子方[필자주: 申応榘]이 세전에 평양을 방문할 때 죽은 종 막정의 田畓을 그 일가 사람에게 팔고 소 1필과 목면 20필을 받았는데, 소는 체격은 비록 작으나 품질이 좋은데 목면은 거칠고 나빠서 돌려주고 다시 가져오라고 했다 한다.[37]
>
> ㉡ 아차도의 밭 반일갈이는 가격이 암소 1마리이다. 집 앞의 삼베 밭은 목면 9필이다. 岾上의 기장 밭 반일갈이는 목면 9필이다. 또 밭 하루갈이는 鴉青 2필인데, 목면 6필로 계산했다. 이 밭은 매우 나빠서 가격이 적었다고 한다. 논 7두락은 목면 2필, 鴉青襦天益 새 것 1인데 목면 5필로 계산했다. 또 밭 반일갈이는 묵은 것이어서 사려는 사람이 없었다고 한다. 또 밭 두 곳은 막정이 생시에 이미 방매하였다고 한다. 또 논 2두락은 당초 팔 때는 거론되지 않았던 것이어서 팔지 못하였는데 마땅히 다시 막정의 형에게 물어볼 것이라고 한다.[38]

---

36) 여기서 子方은 쇄미록의 여러 곳의 기사를 통해 볼 때 사위인 신응구를 지칭한다(『瑣尾錄』 권4, 1596년 1월 26일(下-7); 『瑣尾錄』 권7, 1600년 9월 20일(下-518) 등).

37) 『瑣尾錄』 권7, 1598년 2월 5일(下-374): "又聞子方歲前往平壤時 亡奴莫丁田畓 放賣於其族人處 牛一隻木二十疋 而牛則体雖少 品好 木則麤惡 故還退 使之改備云."

38) 『瑣尾錄』 권7, 1598년 4월 1일(下-388): "阿次島田半日耕 雌牛一首. 家前麻田 木九疋. 岾上稷田半日耕 木九疋. 又田一日耕 鴉青二疋 以木六疋 准計 此田甚惡故価微云. 畓七斗落只 木二疋鴉青襦天益新件一 以木五疋計之. 又田半日耕 陳無願買者云. 又田二庫 則莫丁在時 已爲放賣云. 又畓二斗落只 則当初賣時不爲擧論 故不賣 当更問莫丁兄云矣."

이것은 노비주가 그 소유 노비가 죽은 후 그 재산에 대한 소유권을 행사한 경우이다. 특히 ㉡은 막정이 생전에 소유했던 전답의 결수와 그것을 신응구가 매매한 구체적 내역이다. 여기서 주목되는 것은 막정이 소유한 전답이 제법 많은 결수로 여러 곳에 산재해 있으며, 그 전답의 종류도 麻田, 稷田, 畓 등으로 다양하다. 또한 그는 생시에 田 2곳을 이미 방매하였는데 그것을 상전인 오희문에게는 알리지 않은 것으로 보인다. 한편 신응구가 막정의 전답을 추심하여 방매하였지만 이후에 다시 畓 2두락이 발견되어 막정의 형에게 추문할 예정이라는 것이다. 이를 통해 볼 때 막정은 상당한 재산을 소유하고 있었으며 그 재산을 상전의 허락 없이 방매할 수 있었음을 알 수 있다.

(3) 『默齋日記』

『묵재일기』는 李文楗(1495~1567)이 母喪과 在官 시기 그리고 流配地에 있으면서 약 31년간(1535, 중종 30~1567, 명종 22)의 생활을 꼼꼼히 기록한 생활일기이다. 일기의 구성은 이문건이 母喪을 당하여 시묘살이하는 시기(居憂日記, 1535년 11월 1일~1537년 1월 6일), 脫喪을 하고 새로 司諫院正言을 시작으로 중앙 官人으로 활약하는 시기(仕宦日記, 1537년 4월 1일~1537년 6월 3일; 1545년 1월 1일~1545년 4월 23일), 그리고 乙巳士禍에 연루되어 동부승지 직에서 파직되면서 그의 貫鄕인 星州로 유배된 시기(流配日記, 1545년 9월 16일~1567년 2월 16일)의 세 부분으로 나누어 볼 수 있다. 그 중에서 일기의 대부분은 유배지인 星州 생활의 내용이 주를 이루고 있다. 하지만 안타깝게도 중간의 약 11년 11개월분이 欠落이 되어 현존하는 것은 17년 8개월간의 기록이다.[39]

이것은 현존하는 가장 빠른 시기의 일기 가운데 하나이며, 매일의 기사 내용이 다방면적이고 세밀하여 16세기 중엽 士禍期의 정치사뿐 아니라 민간풍습 등 생활상,[40] 국가의 향촌지배 모습이나 서적의 출판과 유통 등 사회상,[41] 양반들의 수입과

39) 欠落된 시기는 1537년 6월 4일~1544년 말까지, 1545년 9월~12월, 1547년 2월~12월, 1548년 7월~1550년 12월, 1557년 6월, 1559년 5월~1560년 12월, 1562년 11월~12월, 1563년 1월까지이다.

경제생활, 奴婢 · 匠人들의 존재형태 등 경제상을[42] 이해하는 데 크게 유효하다. 특히 주목되는 점은 기상과 관련된 내용이 다른 자료보다 아주 풍부하고 상세히 보이고 있어 노비 재산권을 둘러싼 노비와 노비주와의 갈등을 구체적으로 파악할 수 있다.

이문건과 그 소유 노비의 재산을 둘러싼 갈등을 일기의 기사를 중심으로 살펴보자. 아래 기사는 1535년 11월에 이문건이 婢 어린의 재산을 기상 받고 있는 내용이다.

㉠ 婢 어린의 記上 명문을 德進으로 하여금 고쳐 쓰게 하고 訂人 四同과 命同 등에게 사인을 하도록 했다.[43]

㉡ 陳地를 立案하는 일로 有山을 州에 보내어 狀을 올리게 하고 婢 어린의 記上 명문을 斜出하는 일로 아울러 守孫을 보내었는데 저녁에 돌아왔다.[44]

이문건은 四同과 命同 등을 증인으로 참석시켜 婢 於隣의 기상 명문을 작성하도록 하고 바로 다음날 관에 올려 입안을 받고 있는 내용이다. 여기서 어린이 기상하는 이유는 알 수 없지만 이문건의 강요가 있었음을 짐작할 수 있다. 대개 이 당시

---

40) 金景淑, 「16세기 사대부 집안의 제사설행과 그 성격 -李文楗의 『默齋日記』를 중심으로-」, 『韓國學報』 98, 2000; 金素銀, 「16세기 星州지역 士族의 交遊와 書院 건립계획 -『默齋日記』를 중심으로-」, 『정신문화연구』 26-2, 2003; 金聖洙, 「16世紀 鄕村医療의 實態와 士族의 대응」, 『韓國史硏究』 113, 2001.

41) 金炫榮, 「『默齋日記』 解題」, 國史編纂委員會(韓國史料叢書 41), 1998; 「조선전기 '士族支配体制論'의 새로운 전망 -16세기 慶尙道 星州地方을 소재로 하여-」, 『韓國文化』 23, 서울대 한국문화연구소, 1999; 「16세기 한 양반의 일상과 재지사족」, 『朝鮮時代史學報』 18, 2001; 우정임, 「『默齋日記』에 나타난 明宗代 지방의 書籍流通 실태」, 『지역과 역사』 17, 2005.

42) 安承俊, 「16세기 李文楗家의 奴婢使喚과 身貢收取 -『默齋日記』를 중심으로-」, 『古文書硏究』 16 · 17, 2000; 金素銀, 「16세기 兩班 士族의 수입과 경제생활 -『默齋日記』를 중심으로-」, 『崇實史學』 15, 2002; 「李文楗家의 경제 운영과 지출 -槐山入鄕을 관련하여-」, 『고문서연구』 21, 2002; 李成妊, 「16세기 李文楗家의 收入과 経濟生活」, 『國史館論叢』 97, 2001; 沈羲基, 「16世紀 李文楗家의 奴婢에 대한 体罰의 實態分析」, 『國史館論叢』 97, 2001; 金東珍, 「16世紀 星州와 林川地域의 官屯畓 経營 -李文楗家와 吳希文家를 중심으로-」, 한국교원대 석사학위논문, 2001; 이정수, 「『默齋日記』를 통해 본 지방 匠人들의 삶」, 『지역과 역사』 18, 2006.

43) 『默齋日記』 권1, 1535년 11월 7일(上-2): "婢於隣記上明文 令德進改書之 訂人四同命同等充寫焉."

44) 『默齋日記』 권1, 1535년 11월 8일(上-2): "以陳地立案事 遣有山呈狀于州 婢於隣記上文斜出事 並送守孫 暮乃還."

전답의 매매는 관의 입안 없이 白文으로 하는 것이 일반적인 관행이었는데, 이 경우는 기상 명문을 작성한 후 바로 다음날 관의 입안을 받고 있다는 점이 주목된다.

아래 기사는 1535년 11월에 이문건이 자기 奴 銀同의 밭을 강제로 추심하려고 한 내용이다.

> ㉠ 閏山이 陳地를 찾아보고 논으로 만들기에는 부적합하다고 하였다. 또 銀同의 밭 반일갈이를 추심할 수 있을 것이라고 하였다.[45]
>
> ㉡ 鄭莫同을 불러서 銀同의 밭의 내력을 추궁하니 과연 그것이 있다고 하고 만약 추쇄한즉 거부할 것이라고 했다.[46]
>
> ㉢ 義同이 다시 와서 말하기를 정막동이 밭을 매입한 것은 몇 년이 되었는데 지금 司書가 銀同의 물건이라고 추쇄하고자 하나 은동이 이미 他人에게 매도하였으며 그 사람이 斜出하여 立案을 받았으니 어찌 하겠습니까 하였다. 장차 두렵구나, 두렵구나.[47]

이문건은 은동 소유의 밭 半日耕을 강제로 추심하려 시도했으나 정막동이 그 밭을 몇 년 전에 매입한 것이 분명하고 관의 입안을 받았기 때문에 결국 추심하지 못하고 못내 아쉬워하고 있다. 이를 통해 노비가 자기 소유의 전답을 타인에게 방매하였을 때 그 매수자가 관의 입안을 받을 경우 노비주가 그것을 다시 빼앗기가 어렵다는 것을 볼 수 있다.

아래 기사는 1551년 2월과 3월 사이에 이문건이 奴 孝文과 婢 玄召史의 논을 강제로 추심한 내용이다.

---

45) 『默齋日記』 권1, 1535년 11월 12일(上-3): "閏山尋見陳地 不合作畓云云 且告銀同田半日耕可推云云."

46) 『默齋日記』 권1, 1535년 11월 13일(上-3): "招致鄭莫同 詰其銀同田來歷 則果然有之 若推則焉能拒耶云云."

47) 『默齋日記』 권1, 1535년 11월 27일(上-5): "義同复來言 鄭莫同處買田有年 而今司書以銀同物 欲推之 銀同已賣他人 其人斜出立案奈何云云 將恐惧恐惧."

㉠ 方實에게 后生과 함께 가서 광주의 孝元 등 3口를 잡아오게 하고 아울러 孝文의 논 10斗落을 추심하도록 했다.[48]

㉡ 延同을 花原에 보내어 玄召史의 논을 추심하게 했다.[49]

㉢ 刦成이 말하기를 현소사의 논이 단지 1.5斗落이라고 했다. 9일과 10일 사이에 직접 가서 살펴보겠다고 알렸다.[50]

㉣ 식후에 나가서 겁성의 논을 죽 둘러보고 대기하여 모여 있는 사람에게 질문하니 婢 현소사의 상속 받은 것이 3斗落 6卜2束이라고 하였다. 書員에게 이를 측량하게 한즉 과연 6卜余였다. 이전에 이 논의 3분의 1을 다른 사람에게 주었다고 핑계하며 말뚝 표시를 해 둔즉 말뚝을 뽑고 반을 나누어 3卜1束을 黔眞에게 깃기(衿記)하도록 하였다. 겁성에게 이를 알렸다.[51]

위의 ㉠은 이문건이 奴 후생을 광주에 보내어 奴 효문의 답 10두락을 강제로 추심하게 한 내용이다. 그리고 ㉡ 이하는 婢 현소사의 답을 강제로 추심하고 있는 내용이다. 현소사는 조상에게서 정식으로 6卜2束의 땅을 상속받았는데, 이문건이 그 가운데 半인 3卜1束을 강제로 다른 婢인 검진의 이름으로 깃기하도록 하고 있다.

아래 기사는 1551년 3월에 이문건이 婢 검진의 논을 다시 기상 받는 내용이다.

㉠ 貴孫을 花園의 刦成에게 보내어 檢眞 논의 記上 明文을 작성하게 하였다.[52]

㉡ 귀손이 돌아왔다. 겁성이 작성한 검진의 記上畓 3卜1束의 明文을 보내 왔다.[53]

---

48) 『默齋日記』 권5, 1551년 2월 4일(上-357): "令方實偕后生 往捉光州兒孝元等三口來 兼推孝文畓十斗落處."

49) 『默齋日記』 권5, 1551년 2월 29일(上-366): "令延同往花原 推玄召史畓庫."

50) 『默齋日記』 권5, 1551년 3월 4일(上-368): "刦成言 玄召史畓只一斗半落云 九日十日間親往考檢事敎之."

51) 『默齋日記』 권5, 1551년 3월 10일(上-370): "食後乃出 歷臨刦成畓 待人集試問 婢玄名召史衿得則三斗落只六卜二束云云 令書員量此 則果六卜余也 前此 以此畓取三分之一 托他衿云 限以杙表 卽令拔杙分半 三卜一束爲黔眞衿施行 敎刦成使知之."

52) 『默齋日記』 권5, 1551년 3월 18일(上-373): "送貴孫于花園刦成處 使成檢眞畓記上明文."

㉢ 목사에게 검진의 記上畓 3卜1束의 斜出을 고하였다.[54]

이처럼 이문건은 귀손을 화원의 겁성에게 보내어 檢眞의[55] 기상 명문을 작성해 보낼 것을 명령하고, 이에 겁성이 그것을 실행하여 명문을 보내오고 있다. 그리고 다음달에 검진의 기상 답을 관에 올려 입안을 받고 있다. 이를 통해 이문건이 노비의 재산을 기상 받기 위해 얼마나 혈안이 되고 있었는지를 잘 알 수 있다. 그는 현소사의 땅을 바로 자신의 이름으로 빼앗지 않고 婢 검진의 이름으로 깃기한 후 검진에게서 다시 기상 받는 방법을 통해 불법적 강제를 합법으로 가장하고 있다. 또한 차후의 논란을 방지하기 위해 기상 답에 대해서 즉시 관에 올려 입안을 받고 있다.

아래 기사는 2년여의 긴 시간에 걸쳐 이문건이 奴 莫山의 논을 추쇄하는 내용이다.

㉠ 万守가 전라도에 (노비의) 貢을 거두는 일로 갔다. 車同 역시 南原에 가서 妻를 찾는다고 했다. 全州 판관 李愿과 珍山 수령 (許)而浩에게 글로써 들깨를 구하고 또 莫山의 記上畓을 추심해 줄 것을 부탁했다.[56]

㉡ 礪山 군수 金英世가 역시 답장을 하였다. 답장 가운데 이르기를 막산의 孫인 厶가 계묘년에 (상전이 보낸) 奉礼의 牌字를 받아 記上 등의 畓을 모두 팔았다고 한다. 이에 그 문기를 베껴서 보낸다고 하였다. 가증스럽게도 위조한 것이다.[57]

㉢ 礪山에 거주하는 蘇逢의 奴 守信이 雄馬 1필을 가져와서 막산의 논 한 곳을

---

53) 『默齋日記』 권5, 1551년 3월 19일(上-373): "貴孫還來 刦成作檢眞記上畓三卜一束明文送來."
54) 『默齋日記』 권5, 1551년 4월 24일(上-386): "令道前告斜出婢檢眞記上畓三卜一束."
55) 黔眞과 檢眞은 전후 내용으로 볼 때 동일 인물임을 알 수 있다.
56) 『默齋日記』 권7, 1556년 11월 10일(下-164): "万守往全羅道 收貢事也 車同亦如南原 尋妻云云 全州二衙李愿珍山倅而浩前修書求荏 又令呈推莫山記上畓."
57) 『默齋日記』 권7, 1557년 4월 25일(下-208): "礪山郡守金英世亦有答 答中言 莫山之孫厶 於癸卯年 受奉礼牌字 盡買(? 賣)記上等畓云云 故謄其文記送去云云 可憎 僞造也."
국사편찬위원회의 탈초본 일기에는 위의 줄친 부분과 같이 買로 되어 있어나 필자는 賣의 오기로 생각된다. 왜냐하면 문맥상 買일 경우는 '막산의 손자 마가 계묘년에 (상전이 보낸) 봉례의 배자를 받아 기상 등의 답을 모두 매입했다'로 해석되어 아무래도 어색하기 때문이다.

사고자 하였다. 다음날 명문을 작성하여 관청을 거쳐 그에게 주었는데 筆執은 子公이고 証人은 仁孫이었다.[58)]

㉣ 奴 万守가 비로소 光州에서 돌아왔다. (중략) 元 감사가 紙, 墨, 黃毛를 많이 보내 왔고 또 空冊 등도 보냈다. 莫山의 記上 田畓에 대한 결과를 보내왔는데 趙応世가 담당 관리였다.[59)]

㉤ 載原에 사는 三伊의 아들 順連이 雄馬 1필을 보내어 와서 막산의 列字 논을 사고자 한다고 했다. 부인이 그렇게 하고자 하여 인하여 논을 파는 明文을 써서 부쳤다.[60)]

이문건은 1556년 11월에 奴 만수를 전라도에 보내어 礪山 奴 막산의 기상 답을 추심하도록 하였다. 그런데 막산의 손자가 그 논을 모두 매도하였다는 소식을 듣고는 전라도 지역의 지방관들에게 막산의 논을 추쇄해 줄 것을 부탁하였다. 그리고 관청의 판결 결과를 받기 약 2개월 전에 막산의 기상 답 한 곳을 바로 전북 여산에 거주하는 蘇逢의 종 守信에게 관청의 입안을 받은 후 雄馬 1필을 받고 팔고 있다. 그리고 약 2년 후 막산에게서 기상한 列字의 논을 載原에 사는 순연에게 웅마 1필을 받고 매각하였다. 여기서 이문건은 막산에게서 기상을 받았다고 하지만 전후 사정을 볼 때 그것은 사실이 아닌 것으로 생각된다. 왜냐하면 막산은 자손이 있었기 때문에 재산을 상속할 수 있는 정당한 권리가 있었으며, 또한 이문건은 막산의 생전에 그 땅을 추쇄하지 않아서 卜數의 차이가 생겼다고 후회하는 것을[61)] 통해서도 알 수 있다. 따라서 막산의 자손은 상속받은 논을 정당하게 매각했던 것으로 생각된다. 그런데 이문건은 여산 군수와 전라도 감사의 힘을 빌려 매각한 답을 매입자에게

---

58)『默齋日記』 권8, 1558년 2월 24일(下-275): "礪山居蘇逢奴守信持雄馬一匹來 欲買莫山畓一庫 明日成文経官与之 子公筆執 仁孫立証."

59)『默齋日記』 권8, 1558년 5월 3일(下-292): "奴万守始還自光州 …… 元監司多送紙墨黃毛 又送空冊等 書莫山記上田畓得決而來 趙応世爲員云."

60)『默齋日記』 권8, 1561년 4월 19일(下-418): "載原三伊子順連 送雄馬一匹 欲買莫山畓列字處云 妻氏欲爲之 乃書賣畓明文付之."

61)『默齋日記』 권8, 1558년 11월 3일(下-343): "万守言 礪山莫山畓記上處字卜數 皆詐不以實 … 莫山生時旣不推刷 奈何哉."

서 다시 강제로 빼앗은 것으로 생각된다.

아래 기사는 1561년 11월에 이문건이 奴 加知 등 4명의 재산을 강제로 기상받는 내용이다.

㉠ 일찍이 자리에서 내려와 加知, 尙伊, 尙實, 石只 등 4명의 奴가 私婢를 妻로 삼아 자식을 낳아 기른 죄를 다스렸는데, 奴 石只는 5명의 자식을 낳았다고 한다. 그들의 재물을 記上하도록 했다.[62]

㉡ 들으니 奴 石只가 발악하여 그의 재물을 팔아 도주하고자 한다고 한다. 鄭主夫에게 알려 잡아오게 하고 그 文記는 수취하도록 했다 한다.[63]

이문건이 몰래 다른 집의 여종을 처로 맞이하여 자식을 낳고 기른 죄를 들어 加知 등 4명의 家奴 재산을 강제로 기상시켰다. 그런데 법적으로는 다른 집의 婢와 결혼하여 자손을 둔 경우에도 노비 재산의 상속은 인정되었기 때문에 이문건의 이러한 행위는 불법적인 것이었다. 그래서 ㉡과 같이 종 석지는 상전의 부당한 압력에 강력히 반발하여 그의 재산을 지키기 위해 그의 재산을 팔고 도주를 시도하고자 하였던 것이다.

이문건이 노비의 재산을 집요하게 강제적으로 추쇄하거나 기상시키도록 하는 행위의 단면을 극명히 보여 주는 사례로는 그의 작은 어머니(김씨) 연안 댁의 婢인 內卩今과의 재산 분쟁을 들 수 있다.

㉠ 砧谷의 從孫兄이 산 꿩을 가져다주면서, 玉善의 딸 內卩今이 함부로 상전댁의 논을 팔고자 하니 중지시켜 줄 것을 청하였다. 呂安에게 이를 묻게 하고 그 논의 매수인에게 이미 記上한 지가 오래되었다는 뜻으로 타이르게 하였다.[64]

---

62) 『默齋日記』 권9, 1561년 11월 7일(下-481): "早下坐外 決罰加知尙伊尙實石只等四奴 私婢爲妻子息産長罪 奴石只生五子云 使記上其己物."

63) 『默齋日記』 권9, 1562년 1월 21일(下-502): "聞奴石只發惡 欲賣財物而走云云 捉告鄭主夫 收取文記云云."

㉡ 文応의 奴 今恩이 와서 말하기를 내절금의 남편이 다시 記上畓을 팔려고 하니 중지시켜 줄 것을 청하고 채소를 두고 갔다.[65)]

㉢ 목사에게 다시 논을 판 내절금을 잡아 가두는 일을 고하였는데, 그렇게 하겠다고 하였다.[66)]

㉣ 今銀이 와서 말하기를 成年과 介同 등이 내절금의 아버지 논을 다투어 사겠다고 하면서 承旨(이문건)가 사는 것을 허락했다고 말한다고 하니, 불러오게 했다.[67)]

1554년 9월에 砧(確)谷의 從孫兄이 이문건을 찾아와서 玉善의 딸인 내절금이 자기 모친이 이미 기상한 답을 방매하려고 하니 중지시켜 줄 것을 부탁하였고, 다시 다음 해에는 내절금의 남편이 기상 답을 방매하려고 하니 금지시켜 줄 것을 청하였다. 하지만 내절금의 논은 성년과 개동 등 다수의 사람들이 매입하려고 계속 시도하였고, 결국 매각된 것으로 보인다. 이에 이문건은 목사에게 내절금의 죄를 다스려 줄 것을 거듭 부탁하였고, 이 분쟁은 이후 거의 10년 동안 지속되었다.

㉠ 연안 댁의 田畓을 함부로 판 婢 내절금을 관청에 불러 문초하였는데 말하기를 이는 모두 아버지의 물건이며 文記가 있다고 했다 한다.[68)]

㉡ 목사가 確谷 田畓의 입안을 보내 주었다.[69)]

㉢ 万水가 돌아와 보고하기를 그저께와 어제 介山과 成山 등의 논을 베었는데, 오늘 連石이 다시 內卩今을 불러와 소란을 일으켜 막음으로써 打作은 할 수

---

64) 『默齋日記』 권6, 1554년 9월 19일(上-740): “砧谷從孫兄持供生稚言曰 玉善女子內卩今擅賣上典宅畓 請止之云云 伻呂安問之 令喻買畓人記上已久之意.”

65) 『默齋日記』 권7, 1555년 5월 2일(下-9): “文応奴今恩來言 內卩今之夫复賣記上畓 請禁云云 遺菜去.”

66) 『默齋日記』 권7, 1555년 5월 10일(下-12): “令道前更告賣畓人內卩今捉囚事 依施云云.”

67) 『默齋日記』 권7, 1555년 11월 14일(下-66): “今銀來言 成年介同等爭買內卩今父畓曰 承旨使買云云 令召來.”

68) 『默齋日記』 권9, 1563년 7월 29일(下-576): “延安宅田畓擅賣婢內卩今 入庭納招曰 皆是父物 有文記云云.”

69) 『默齋日記』 권9, 1563년 8월 6일(下-577): “牧伯成確谷田畓立案出送.”

없었다고 했다.[70]

㉣ 연석과 내절금 등을 추핵할 일을 청하여 官에 推捉할 것을 고하였다.[71]

약 10년 후인 1563년 7월에 와서 이 분쟁은 성주 관청에서 적극 개입하면서 이문건家의 승소 쪽으로 급진전하였다. 동년 7월 28과 29일 양일간에 성주 관에서는 개산과 성산 등 전답 매입자와[72] 내절금을 불러 심리하고, 약 10일 후인 8월 6일에 이문건의 종손형은 입안을 받게 되었다. 이때 성주의 목사는 崔弘渡였으며 판관은 孟崇善으로, 이들은 적극 이문건을 지원했던 것이다. 결국 거의 10년간 끌어왔던 분쟁은 官權의 적극적인 지원을 얻은 이문건家의 승리로 귀결되었다. 이문건은 입안을 받은 다음날 종 귀손을 보내어 개산과 성산 등에게 그 논의 병작을 허용하겠다는 뜻을 전하며 그들을 달래고 있다.[73] 하지만 내절금 등이 여전히 그것을 수긍하지 않고 저항을 계속하자 이문건은 관청에 부탁하여 이들을 推捉하게 하였다. 이 경우도 역시 위의 막산과 마찬가지로 부모에게서 내절금은 재산을 상속받을 수 있는 정당한 권리가 있었으며 상속한 논을 매각했던 것으로 생각된다. 이 논이 이문건 가의 소유가 아니라 내절금의 소유였다는 것은 다수의 사람들이 이것을 적극 매입하려고 했고 실제로 그것을 매입하고 있음을 통해서도 확실히 알 수 있다. 이것이 이문건 가의 소유였다면 주변 사람들이 이 땅을 매입할 리가 만무하기 때문이다. 하지만 이문건은 내절금의 땅을 매수하고자 하는 사람들에게 갖은 협박과 회유로 그 땅을 사지 못하도록 했을 뿐 아니라 이미 땅을 산 매수자에게서 官權을 동원해 강제로 다시 빼앗은 것으로 생각된다.

또한 일기에는 이문건家뿐 아니라 다른 양반가의 기상 관련 내용이 다수 보이고 있다.

---

70) 『默齋日記』 권9, 1563년 10월 11일(下-594): "万水還報 昨昨与昨刈介山成山等畓 今日連石复招內卩今來 使之作挐爲梗 不得打作云云."

71) 『默齋日記』 권9, 1563년 10월 12일(下-594): "連石內卩今等請推事 告官推捉."

72) 『默齋日記』 권9, 1563년 7월 28일(下-575): "確谷買畓人等入庭 言內卩今處買得事納招云云."

73) 『默齋日記』 권9, 1563년 8월 7일(下-578): "令貴孫 往喩確谷田畓執耕人等分用所出之意."

㉠ 京儒 陳守가 婢의 밭을 추심하는 일로 내려왔다고 하면서 와서 보았다. 그의 奴 石富가 술과 고기를 바쳐 함께 먹었다.[74)]

㉡ 서소문동에 거주하는 柳光植이 와서 보았는데, 婢가 己上한 물건을 추심하는 일로 세전에 내려왔다고 하였다.[75)]

㉢ 尹士權의 아들 軫軒 등이 와서 보았다. 花原 奴의 田宅을 記上하는 일로 내려와서 일을 마치고 서울로 돌아간다고 하였다.[76)]

㉣ 价川 수령인 希平의 奴 金伊哲이 와서 말하기를 서신은 天尾川에 빠뜨렸다고 하면서 上典께서 檢同이 매수한 田畓을 探知하고자 한다고 하였다. 즉시 편지에 畓 15斗落과 田 4日耕을 買得하여 斜出한 일에 대해 써서 奴에게 부쳐서 보냈다.[77)]

㉤ 南悰의 사위 成瑞麟이 奴의 논을 추쇄하는 일로 내려왔다고 하면서 와서 보았다. 목사에게 記上한 문서를 내줄 때 내는 수수료[作紙]의 면제에 대해 부탁해 줄 것을 말했다.[78)]

㉠과 ㉡, ㉢처럼 한양에 사는 진수와 유광식 등이 노비의 재산을 추심하기 위해 성주에 내려와서 그곳에서 상당한 영향력을 행사하고 있던 이문건을 방문하고 있다. 또한 개천의 수령 희평이 파견한 奴와 성서린도 노비의 전답을 추심하여 기상받기 위해 성주에 내려와 이문건을 방문하고 있다. 이처럼 경향 각지에서 양반들은 자기 노비 소유의 재산을 추심하여 기상 받기 위하여 혈안이 되고 있었으며 갖은 수단과 방법을 동원하였음을 짐작할 수 있다.

한편 이문건은 재산 증식의 한 방법으로 다른 양반가에서 기상 받은 전답을

---

74) 『默齋日記』 권2, 1545년 12월 9일(上-179): "京儒陳守推婢田下來云來見 其奴石富供酒肉 共飮食之."
75) 『默齋日記』 권3, 1547년 1월 13일(上-295): "西小門洞居柳光植來見 推婢己物事歲前下來云云."
76) 『默齋日記』 권7, 1555년 12월 1일(下-80): "尹士權子軫軒等歷見 以花原奴田宅記上事下來 畢事還京云云."
77) 『默齋日記』 권4, 1548년 5월 22일(上-334): "价川倅希平奴金伊哲來言 書狀則沒於天尾川矣 上典欲探知檢同田畓買處云云 卽書片簡以畓十五斗落田四日耕買得斜出事 付還之."
78) 『默齋日記』 권5, 1551년 3월 3일(上-367): "南悰女夫成瑞麟 推奴畓事下來云 來見 請於牧令公前記上作退除作紙云云."

매입하는 경우도 있었다.

㉠ 万水가 三嘉에서 돌아왔다. (중략) 生員 洪五福이 그를 대접했다고 하고 나의 서신에 대한 답장을 보내왔다. 또 畓의 明文에 正法畓 2斗落과 方吾乙山畓 4斗落 등을 7세 雄牛 1首와 倉米 5石의 값으로 永永放賣한다고 써서 작성해 보냈다. 아울러 姜亇同 畓의 記上 明文을 보내 왔다.[79)]

㉡ 崔世業이 奴를 보내어 서신으로 안부를 묻고 海味 3色을 보냈다. 또 그의 奴 梁山이 記上한 大洞田畓을 가히 추심하여 收用할 수 있다고 하였다.[80)]

㉢ 유신의 늙은 벗 趙大要가 서신으로 안부를 묻고 새우젓을 보냈다. 또 奴 立連의 記上 田畓을 방매하는 일로 奴를 보낸다고 하였다. 그가 와서 말하기를 畓 3斗落을 일찍이 댁에 들였다고 했다. 나는 살피지 못했다.[81)]

㉠과 같이 이문건은 홍오복이 奴 강마동에게서 기상 받은 正法畓 2두락과 方吾乙山畓 4두락 등을 매입하고 있다. 또 최세업이 奴 양산에게서 기상 받은 大洞田畓과 조대요가 奴 입연에게서 기상 받은 전답을 매입하려고 하기도 하였다.

이처럼 16세기에 경향 각지에서 노비주들은 자기 노비 소유의 재산을 기상 받기 위하여 혈안이 되고 있었음을 알 수 있다. 이러한 노비주들의 강압적인 행위로 말미암아 양자 간에는 재산 소유권을 둘러싼 분쟁이 빈번하게 발생하였음을 짐작할 수 있다.

---

79) 『默齋日記』 권9, 1563년 9월 3일(下-584): "万水還自三嘉 … 生員洪五福響之 答送吾簡 且書畓明文正法畓二斗落方吾乙山畓四斗落等處 七禾雄牛一倉米五石折受 永永放賣云 成送 并送姜亇同畓記上明文來."

80) 『默齋日記』 권9, 1561년 5월 22일(下-427): "崔世業遣奴書問 送海味三色 又示其奴梁山記上大洞田畓 可推尋收用云云."

81) 『默齋日記』 권9, 1563년 12월 3일(下-608): "惟新老友趙大要書問 送蝦醢 且陳奴立連記上田畓放賣事送奴云 來人言 畓三斗落 曾入于宅云 吾則不省也."

3) 기상전답의 성격

여기서는 16세기 기상 전답이 갖고 있는 특성에 대해 살펴보고, 또한 기상 전답의 성격을 통해 해당 시기 노비의 경제적 성장과 노비 재산권 행사의 한계와 같은 양면성을 이해해 보고자 한다.

조선전기에 이미 노비는 전답 등 재산을 소유하고 자기 경영을 영위함으로써 주인가로부터 경제적, 신분적으로 벗어나려는 시도를 지속적으로 전개하고 있었다. 하지만 여전히 그들의 재산 소유권의 내용이나 질은 일반 양인과는 달리 상당한 한계가 있었다.

국가에서는 일찍부터 노비 재산권에 대한 몇 가지 규정을 마련하고 있었다. 이는 노비주가 무제한적으로 소유 노비의 재산을 침탈하는 행위를 방지하고자 하는 최소한의 노력이었다. 우선 노비가 자식이 있는 경우 그 재산의 상속을 인정하고 있었다. 그리고 비록 자식이 없는 경우라도 그 재산을 생전에 타인에게 넘겼을 때 재산을 받은 사람이 文契를 소지하였다면 노비주가 이를 다툴 수 없다고 규정하고 있다. 이 역시 無後奴婢라도 노비의 재산 처분권을 상당 부분 인정한 것이라 볼 수 있다. 이처럼 한계가 있기는 하지만, 국가는 노비의 배타적인 재산권을 법률을 통해 어느 정도 보장하고 있었다.

하지만 현실에서는 이러한 공식적인 법규가 제대로 지켜지지 않고 노비주가 소유 노비의 재산을 강제적으로 추쇄하거나 기상 받는 행위가 보편적으로 행해지고 있었다. 그 결과 노비와 노비주 사이에는 재산을 둘러싼 갈등이 지속되었으며 분쟁으로까지 확대되는 경우가 적지 않았다. 그러나 양자의 갈등이 발생했을 때 노비는 사회 신분적 한계로 인해 그 재산의 일부나 전부를 노비주에게 양도하는 경우가 많았던 것으로 보인다. 간혹 소송으로 이어질 경우도 있지만 지방관은 정해진 법규와 관계없이 거의 노비주의 입장에서 처리함으로써 노비주가 승소하는 경우가 대부분이었다고 생각된다. 이처럼 기상 전답은 일반 매매 전답에 비해서 차후에도 분쟁이 발생할 여지를 많이 안고 있었다. 그것은 아래 기사를 통해서도 엿볼 수 있다.

> 밤에 안로가 와서 말하기를, '파주에 사는 최기가 나쁜 奴婢의 토지를 추심하고 소송하여 기상 받았는데 그 토지를 팔려고 하나 사려는 사람이 없을 것이라고 말하고는, 악인의 물건이니 사려 하지 않는 것이 마땅합니다.' 하였다. 밤이 깊어서 돌아갔다.[82]

이것은 이웃의 안로가 이문건을 찾아와 파주에 사는 최기가 소송을 통해 획득한 기상 전답을 팔려고 하나 악인의 물건이어서 사려는 사람이 없을 것이라고 하는 말을 전하는 내용이다. 이를 통해 일반 전답과 달리 기상 전답은 노비주와 노비의 분쟁이 발생할 소지가 많았으며, 또한 분쟁을 통해 기상 받은 전답은 매매에도 어려움이 있었을 것임을 짐작할 수 있다.

그래서 노비주들은 기상 전답을 가능한 서둘러 매도하는 경우가 많았던 것으로 보인다. 물론 그것을 매수하는 입장에서는 여러 사항을 고려하였을 것이다. 아마도 기상 전답을 파는 측에서는 매입자에게 가격 등 여러 측면에서 일반 전답에 비해 좋은 조건을 제시하였을 것으로 생각된다. 실제 오희문이나 이문건 등의 경우를 보아도 이들은 토지의 매입이나 개간을 통해 재산 증식에 힘을 쏟고 있었지만 기상 전답의 경우는 가능한 방매하고 있음을 확인할 수 있다.

또한 노비주들은 기상 전답의 경우 차후 분쟁이 일어날 소지가 높다고 생각하여 가능한 한 빨리 官의 입안을 받고 있었다. 당시 전답의 매매는 명문의 작성으로 일단 성립되었으나 법제적으로는 해당 관청에 稅契過割의 절차를 밟아서 立案을 받아야 완료되었다. 그러나 이 입안은 까다롭고 번거로운 절차로 인하여 국가의 강제에도 불구하고 잘 시행되지 않았다.[83] 16세기에는 사적 소유권이 사실상 인정되고 있었기 때문에 입안 없이 白文으로 매매되는 경우가 많았다. 그런데 기상 전답의 경우는 까다로운 절차에도 불구하고 가능한 빨리 입안을 받고 있음을 확인할 수 있다. 또한 기상 전답을 매수하는 측에서도 기상 문기 외에 관의 입안을

---

82) 『默齋日記』 권3, 1546년 1월 1일(上-186): "夜安璐來話 有坡州崔沂推訟惡奴婢記上 其田地欲賣之 無乃買之乎云云 以惡人己物不当図買也 夜深乃去."
83) 崔淵淑, 『朝鮮時代 立案에 관한 硏究』, 한국학중앙연구원 박사학위논문, 2000.

받아 줄 것을 요구하는 경우가 많았을 것으로 생각된다. 이처럼 노비주들이 기상 전답에 대해 가능한 한 빨리 방매한다든지 입안을 받는 사정은 일반 전답과는 다른, 그것이 갖는 특수한 성격에 기인한 것으로 생각된다.

조선전기 지주층들은 토지 확대를 통한 재산 증식에 혈안이 되었다. 이것은 대내외 유통경제의 활성화로 인해 토지 생산물의 상품화와 그것의 시장화가 전제되었기 때문이었다. 대체로 15세기에는 토지의 매득보다는 개간에 주력했다면, 16세기에 들어와서는 토지의 매득에 보다 적극적으로 참여하였다. 또한 지주층들은 토지의 개간이나 매입 이외에도 소유 노비의 재산을 기상 받는 데도 전력을 기울이고 있었음을 확인할 수 있다. 노비 재산권 보호에 대한 법제적 규정에도 불구하고 현실에서는 노비주에 의한 강제적인 침탈이 숱하게 자행되고 있었으며, 실제 법을 집행해야 할 지방관들도 노비주의 입장에서 그들의 침탈을 묵인하거나 도와주고 있었던 것이다.

물론 노비 재산권의 정도를 일률적으로 논하기는 무리가 있을 것으로 생각된다. 노비의 존재가 公奴婢인가 私奴婢인가, 率居奴婢인가 外居奴婢인가에 따라 일정부분 차이가 있었을 것이다. 아마도 공노비에 비해 사노비의 재산권이, 외거노비에 비해 솔거노비의 재산권이 노비주로부터 좀 더 침해될 소지가 많았을 것으로 생각된다. 또한 노비주의 사회 · 정치적 위치나 영향력에 따라 노비 재산권의 침해 정도는 달랐을 것으로 예상할 수 있다. 이문건과 같이 官權을 동원할 수 있을 정도의 노비주는 법 규정을 뛰어넘어 자기 소유 노비의 재산을 강제적으로 침탈할 가능성이 높았을 것으로 여겨진다.

이처럼 16세기 당시 노비들 가운데는 경제적으로 상당한 재산을 축적한 경우도 다수 확인될 정도로 그들은 경제적 자립을 통해 신분적 예속에서 벗어나고자 끊임없이 시도하였다. 하지만 당시의 기상 전답을 통해 볼 때 노비의 재산권은 노비주의 강압과 침탈로 인해 상당 부분 침해당할 정도로 여전히 불안한 상태에 놓여 있었다고 보아진다.[84] 따라서 16세기 당시로는 노비들이 재산 축적을 통해 경제적 자립과 신분적 예속에서 벗어난다는 것은 매우 어렵고 힘든 상황이었으며, 또한 상당한 한계가 있었다고 생각된다.

4. 맺음말

노비의 재산권과 밀접한 관련이 있는 16세기 記上田畓에 관련된 문제를 양반가 소장의 경북지방 고문서와 생활일기류의 자료를 중심으로 여러 측면에서 검토해 보았다. 이는 당시 노비의 신분과 경제적 성격을 구체적으로 이해하는 데 유효하다고 생각된다. '기상'이라는 용어는 노비가 자신의 재산을 소속된 官廳이나 上典에게 바치거나 노비의 재산을 소속 관청이나 상전이 차지하는 경우에 사용하였다. 지금까지의 연구에 의하면 '記上'이나 '記上田畓'은 16세기 이전까지는 잘 보이지 않고, 17세기 이후에 부쩍 늘어나는 특징적인 현상으로 주목되었다. 하지만 16세기에도 奴婢主들은 노비 소유의 재산을 적극 추심하거나 기상을 받는 데 혈안이었으며, 이는 그들 재산 증식의 주요 수단 가운데 하나였다.

노비는 다른 신분층과 마찬가지로 재산을 소유할 수 있었을 뿐 아니라 자손에게 상속도 가능하였다. 실록이나 고문서 등에 의하면 신분적 한계에도 불구하고 조선전기 노비 가운데는 상당한 富를 축적한 자들이 확인되며, 그들은 이를 바탕으로 합법 혹은 불법적인 방법을 통해 노비 신분을 벗어나는 자들도 있었다. 정부는 노비주가 노비 재산을 무한정 침탈하지 못하도록 하는 규정을 일찍부터 제정하여 노비의 재산권을 어느 정도 보호하고 있었다. 자녀가 있는 노비의 재산은 자녀에게 상속할 수 있도록 하는 상속권을 인정하였다. 그리고 자녀가 없는 노비의 재산은 비록 노비주에게 귀속되는 것이 원칙이지만, 그 노비가 자신이 죽기 전에 소유 재산을 처분할 수 있도록 하고 있다. 이는 無後奴婢라도 자신의 재산 처분권을 상당 부분 인정한 것으로 볼 수 있다. 이처럼 국가의 규정이나 법규를 통해 보면

84) 오인택은 "記上法은 노비의 토지소유가 갖는 불안정성과 그들의 경제적 성장을 동시에 표현하는 것"이라고, 기상의 성격을 설명하였다(앞의 논문, 1996, 167쪽).

노비 재산권의 배타적 권리를 어느 정도 보호하며 인정하고 있었음을 볼 수 있다.

하지만 국가의 법규와는 달리 노비의 재산권은 記上과 관련된 여러 자료들을 분석해 볼 때 현실에서는 상당히 제약을 받고 있었다. 특히 『默齋日記』에는 풍부한 사례가 보이고 있어 노비 재산권을 둘러싼 노비주와의 갈등을 구체적으로 파악할 수 있었다. 奴婢主가 소유 노비의 재산을 강제적으로 추쇄하거나 기상 받는 행위가 광범위하게 행해지고 있었다. 자식이 있는 노비가 그 재산을 상속할 경우에도 그것을 일부 혹은 전부를 기상 받고 있는 사례도 다수 보이고 있었다. 그리고 노비가 생시에 정상적으로 매도한 전답인데도 이미 기상하였던 것이라는 핑계를 들어 매입자에게 강제로 빼앗는 경우도 보인다. 또는 자기 奴가 다른 집의 婢와 결혼해 자식을 두었다는 것을 罪로 내세워 강제로 재산을 기상하도록 하는 등 노비주에 의한 전방위의 압력이 자행되고 있었다. 그 결과 노비와 노비주 사이에는 재산을 둘러싼 갈등과 분쟁이 다수 발생하고 있는 것이 현실이었다. 하지만 양자의 갈등이 일어났을 때 노비는 그 재산의 일부나 전부를 노비주에게 양도하는 경우가 많았던 것으로 보인다. 간혹 분쟁이 소송으로 이어질 경우도 있지만 지방관의 경우 법규와 관계없이 거의 노비주의 입장에서 처리함으로써 노비주가 승소하는 경우가 대부분이었던 것으로 생각된다.

이처럼 기상 전답은 일반 전답에 비해서 차후에도 분쟁이 발생할 소지를 많이 안고 있었다. 그래서 노비주들은 일반 전답과 달리 기상 전답에 대해서는 비교적 공통적인 행위를 보이고 있었다. 우선, 기상 전답의 경우는 번거롭고 까다로운 절차에도 불구하고 되도록 빨리 관청의 입안을 받고 있었다. 또한 노비주들은 기상 전답을 서둘러 매도하는 경우가 많았다. 이는 노비주가 불법적인 강제를 동원하여 기상을 받은 경우에 더욱 두드러지게 나타나는 현상이었다고 생각된다. 이는 바로 기상 전답이 갖는 특수한 성격과 관련이 깊은 것이다.

이처럼 16세기의 기상 전답을 통해 볼 때 노비 가운데는 경제적으로 상당한 재산을 축적한 경우도 있지만 여전히 노비 재산권은 노비주의 끊임없는 강압과 침탈로 인해 불안한 상태에 놓여 있었다고 여겨진다. 따라서 16세기 당시로는 노비들이 재산 축적을 통해 경제적 자립과 신분적 예속에서 벗어난다는 것은 매우 어렵고 힘든 상황이었으며, 또한 상당한 한계가 있었다고 생각된다.

제6장 조선후기 노비와 노비시장

1. 문제 시각

조선시대 노비에 대한 기존 연구는 '노비가 노예인가 아니면 농노인가'라는 문제를 중심으로 진행되었다. 따라서 노비 연구는 노비의 신분과 소유권의 변화를 제도적인 측면에서 분석하고 있으며, 신분제의 동요를 노비제 해체의 한 원인으로 보고 있다. 조선후기 노비정책 변화, 노비의 자기노력 확대, 양인의 토지상실 등 신분제가 흔들리면서 1894년 갑오개혁을 통해 노비제도가 사라지게 되었다. 한편, 노비의 수요 감소를 노비제도의 해체에 대한 주요 원인으로 추론하는 경제사적 연구들도 있다. 노비의 수요가 감소되는 경제적 이유는 다음과 같다. 첫째, 유민과 빈농층의 증가로 인해 임노동의 공급이 확대되면서 노비수요가 급격히 감소되었다. 둘째, 이앙법과 시비법 등 농업기술의 발달과 함께 소농경영이 안정화되고 집약농법에 의한 가족 노동력을 집중 이용하게 됨에 따라 노비수요가 감소되었다.[1] 셋째, 노비의 자기노력 확대와 자의식 발달로 노비 관리비용이 증가하면서 노비수요가 감소되었다.

---

1) 소농경영의 발달을 노비수요의 감소 원인으로 보는 것은 다음의 연구가 참조된다.
이영훈, 「韓國史에 있어서 近代로의 移行과 特質」, 『経済史學』 21, 1996; 「한국사에 있어서 奴婢制의 추이와 성격」, 『노비, 농노, 노비 -隷屬民의 比較史』, 역사학회편, 一潮閣, 1998; 金建泰, 「조선후기 私奴婢 파악방식」, 『歷史學報』 181, 2004; 김재호, 「자매노비와 인간에 대한 재산권, 1750-1905」, 『経済史學』 38, 2005.

하지만 이들 연구는 노비시장 기능을 본격적으로 분석하기 보다는 대체로 노비수요의 감소 요인을 사료에 근거하여 추론하는데 그치고 있다. 예를 들어, 유민과 빈농층이 증가하면서 임노동 공급이 확대되고 노비수요가 감소되고 있다는 것을 추론하고 있지만 실제 시장에서 임노동과 노비노동이 서로 대체적이라는 구체적인 증거를 제시하고 있지 못하다. 또한 소농경영이 발달하면서 노비수요가 감소되었다고 추론하지만 실제 노비수요와 소농경영과의 관계가 입증되지 못하고 있다. 한편, 노비의 자기의식이 발달하면서 노비 관리비용이 증가하고 그에 따라 노비수요가 감소되었다고 추론하는데, 문제는 노비 관리비용이 실제 증가되었는지에 대한 정확한 근거를 제시하지 않고 있다는 것이다. 물론 이러한 결과는 노비시장에 대한 사료가 충분하지 않다는 데 그 원인이 있지만 그보다는 노비를 신분과 소유권 변화라는 제도적 측면에서 조명하면서 시장 기능적 측면을 고려하지 않았기 때문이라고 생각된다.

조선후기 노비수요 변화를 가져오는 원인은 기존 연구의 추론과 다를 수 있다. 대체로 기존 역사학계에서는 이앙법 등 농업생산력의 발전과 함께 토지가 소수 지주에게 집중화되면서 광작경영이 발달하고,[2] 가족단위의 농업생산이 불가능하면서 효율적인 농업경영을 위해 노비보다는 계절적으로 雇工이나 임노동자를 사용했을 것이라고 본다.[3] 한편, 경제사학계의 논리는 다음과 같다. 16세기 중반 이후 농업기술(이앙법과 시비법 등)이 발전하면서 작개노비 등 소농층은 자립적인 소농경영을 할 수 있게 되었다. 소농경영의 자립화로 노비수요가 줄고 자작소농 경영형태가 확대되고, 이는 노비에게 있어서 면천의 기회와 기대를 가져다주면서 노비의 자기노력 확대를 가져왔다. 노비의 자기노력 확대는 노비의 도망, 저항, 태업으로

---

2) 金容燮, 『증보판 朝鮮後期農業史研究 I』, 지식산업사, 1995; 『증보판 朝鮮後期農業史研究 Ⅱ』, 지식산업사, 1990; 宋贊植, 「朝鮮後期 農業에 있어서의 廣作運動」, 『李海南博士華甲紀念史學論叢』, 1970; 李世永, 「18 · 19세기 兩班土豪의 地主経營」, 『韓國文化』 6, 1985.

3) 허종호, 『조선봉건말기의 소작제 연구』, 사회과학원출판사, 1965; 金容燮, 「朝鮮後期의 経營型富農과 商業的農業」, 『증보판 朝鮮後期農業史研究 Ⅱ』, 지식산업사, 1990; 윤용출, 『조선후기의 요역제와 고용노동』, 서울대출판부, 1998; 朴成壽, 「雇工研究」, 『史學研究』 18, 1964; 韓榮國, 「朝鮮後期의 雇工」, 『歷史學報』 81, 1979; 朴容淑, 「18 · 19세기의 雇工」, 『釜大史學』 7, 1983; 崔潤晤, 「18 · 19세기 농업고용노동의 전개와 발달」, 『韓國史研究』 77, 1992.

나타나고 노비의 생산성 하락을 가져와서 노비수요가 감소하게 되었다고 본다.

노비수요 감소가 소농경영 발달 때문인지 혹은 광작경영 발달 때문인지 하는 문제는 조선후기 계층분화와 본원적 자본축적이 언제 시작되었는가와 밀접하게 관련되어 있다. 토지집중과 노비성격에 대한 문제는 다음 장에서 자세히 분석하기로 하고, 여기에서는 단순하게 조선후기 노비시장의 기능에 대해 초점을 맞추고자 한다.[4] 특히, 노비매매 증가와 노비시장 발달은 노비인구 비율을 감소시키고 노비의 고공화를 통해 노비제도를 해체하였다. 조선중기까지 노비매매의 건수는 매우 적었으며 노비매매 자체가 신분제 사회에서 천한 상행위로 치부되었다. 이러한 사회 분위기 속에서 노비주가 노비를 타인에게 매도할 때는 빈곤으로 인한 생계유지 목적이 다수였다. 따라서 노비매매는 활발하지 못하다가 1678년 이후 화폐가 도입되고 시장이 발달하면서 노비매매가 공개적이 되었고 그 건수 또한 급격히 증가한다. 이전의 노비는 주인에 영원히 종속적이며 매매가 어려운 개체이었으나 시장이 발달한 후에는 노비소유의 비용과 편익(생산가치)에 따라 매매가 가능한 개체로 의미가 바뀌게 된다. 노비소유의 비용(관리비용 포함)이 편익보다 크다면 노비를 매도하고 고공을 이용하였을 것이다. 이러한 시장기능을 차익거래 조건(arbitrage condition)이라고 하는데, 노비시장이 완전하다면(또는 효율적이라면) 이 차익거래 조건이 성립해야 한다.

농업생산을 못하게 된 유민과 빈농층은 생활을 영위하기 위해 노동력을 팔아야 했는데, 엄격한 신분제사회에서는 임노동을 사고파는 유연한 노동시장이 존재하지 못했다. 노동하기를 원하는 사람들이 노동력을 매매하면서 이 당시 지배이념이었던 신분제의 형식을 갖춘 것이 노비시장이다. 따라서 조선후기 노비시장에서 노비가격은 임노동 임금과 완전히 대체적인 성격을 가지게 된다. 한편, 시장이 발달하면서 종속적 신분인 노비의 보유가치는 노비의 한계생산가치(value of marginal product)를 정확하게 반영하게 된다. 신분상승 욕구와 자기경리 확대 등 노비의

4) 이정수 · 김희호는 지가와 물가의 비대칭성을 이용하여 토지축적과 농민층의 분해과정을 설명하고 있다(「1689~1821년 지가와 물가변화의 비대칭성」, 『釜山史學』 37, 1999).

자기의식 발달로 인해 노비노동에 대한 관리비용(monitoring cost)은 일시적으로 증가하면서 노비보유에 대한 한계편익(marginal benefit)은 감소하게 되었다. 노비의 한계편익은 노비의 한계생산가치에서 관리비용을 뺀 값이다. 노비시장에서 노비의 한계편익이 하락하면 매매를 통해 노비수요가 감소하고 노비제가 해체되는 것이다.

이 연구의 목적은 다음 두 가지이다. 첫째, 화폐가 유통되고 시장이 발달하는 1689년부터 노비제도가 해체되는 1893년까지 약 200년간 노비가격의 장기시계열 자료를 구축하고, 둘째, 노비제도의 해체과정을 지금까지 시도되지 않았던 시장기능적 측면에서 분석하고자 한다. 이를 위해 다양한 노비매매 문서를 분석하여 노비가격의 추이 및 변동시기를 확인하고 노비시장의 기능을 실증적으로 설명하고자 한다. 이 시기 노비가 신분제 사회에서 임노동을 대체하는 성격을 가지고 있는지를 확인하기 위해 노비가격이 고공 임금과 대체적인가를 확인해 본다. 또한, 노비가격이 노비의 한계생산가치를 그대로 반영하는지 살펴본다. 아울러 노비시장이 충분히 효율적이라면 노비매매에 차익거래가 발생하는지, 차익거래의 균형조건을 추정할 수 있다. 차익거래 조건을 이용하면 이 시기 노비의 한계편익을 실제로 측정할 수 있으며, 측정된 편익을 이용하면 노비의 성장과 더불어 관리비용이 실제로 증가했는지를 살펴볼 수 있다.

1678년 화폐(상평통보)가 본격적으로 유통됨과 동시에 시장거래가 활성화되면서, 신분제 사회에서 토지와 더불어 고정요소로 생각되던 노비가 본격적으로 매매되기 시작한다. 1767년부터 나타나는 자매노비(自賣奴婢)의 거래는 신분제 사회에서 노동시장을 대체하는 기능으로서 노비시장의 성격을 잘 나타내고 있다.[5] 1860년 이후에는 거의 모든 노비거래의 형태가 빈농층과 유민이 自身이나 子女의 스스로 매매[自賣, 子賣]를 통한 자매노비의 거래이어서 노비시장과 임노동시장의 차이를

---

5) 김재호는 자매노비의 가장 큰 원인으로 기근 등 생활 빈곤을 들고 있으며, 자매노비를 용인하는 국가정책과 갑오개혁으로 노비제도가 해체되었다고 보았다. 하지만 조선후기 자매노비의 거래에 관심을 가지면서도 자매노비 매매의 원인(빈곤 등)과 소유권에 대해 주로 논의하고 있어서 기존 신분제의 사고 틀을 크게 벗어나지 못하고 있다고 생각된다(앞의 논문, 2005).

구분할 수 없으며, 이미 시장 기능적으로 노비제도가 해체되었다는 것을 알 수 있다. 따라서 제도적으로는 1894년 갑오개혁에 의해 노비신분이 사라졌지만 시장적 측면에서는 그보다 훨씬 이전에 노비제도가 해체되었다는 것을 발견할 수 있다.

2. 노비와 노비정책

여기에서는 조선후기 약 200년간 노비가격의 장기시계열 자료를 이용하여 노비의 시장 기능적 측면을 중심으로 분석하고자 한다. 이를 위해 다양한 노비매매문서를 분석하여, 이 시기 노비거래와 노비시장이 신분제 사회에서 고용노동과 임노동시장을 대체하는 성격을 가지고 있는지를 확인하여 본다. 또한 문헌에서 나타나는 노비시장의 특징, 즉, 노비 관리비용과 노비계약, 그리고 보상인센티브를 자세히 살펴보고자 한다. 마지막으로, 노비정책의 변화를 시장적 측면에서 문헌적으로 검토해 보고자 한다.

1) 노비와 고용노동

17세기 이후 조선에서 노동의 형태를 단순하게 노비노동과 작인노동으로 구분하는 것은 노동형태를 너무 단순화시킨 것이다. 이 시기에 이미 농업경영에서 가족노동력의 부족을 메우기 위한 방법으로 노비노동 이외에 고용노동이 시작되고 있었다.[6] 화폐경제의 발달과 더불어 상업적인 농업경영방식이 발달하면서 토지매매가 활발히 이루어지고 토지가 집중화되기 시작한다. 토지가 집중화되면서 서민과 사대부가에서도 토지를 매각하는 사람들이 늘어가고 사회적 신분계급이 상당히 흔들리게 된다. 신분제 변동과 더불어 빈농들의 유민화가 급속히 진행되면서 임노동시

6) 앞의 註 3을 참조.

장이 도시를 중심으로 형성되기 시작한다. 이 시기에 토지를 가지지 못한 양반들도 노동을 상품화하여 매매하기 시작하면서 사회적 신분제가 와해되고 고용의 예속관계가 점화 약화되기 시작하였다. 이 시기 노동의 고용계약은 신분적 예속관계라기보다는 상당히 대등한 경제적 관계를 나타내고 있다. 고용노동의 형태는 장기고용계약이 형성되는 雇工(머슴)과 단기고용계약인 雇人 등이 있으며,[7] 고용주의 형태에 따라 사적인 고용(雇工)과 공적인 고용(雇役)으로 구분된다.[8] 공적인 고용은 주로 非農業 부문으로서, 정부에서 군역, 신역 등을 대신해서 시행하는 고용노동이다. 고공은 형법상 노비보다 한 등급 정도 상위의 신분인데, 양반도 자기가 원하면 고공이 될 수 있었다. 고공은 법제상 호적에 신분을 등재하여 이 사람이 고공임을 나타내었다.[9] 따라서 고공제도는 다분히 신분이 예속적이면서도 신분의 귀천을 나타내는 양천관계에서 탈피하고 있었다. 또한 토지가 있는 자작농이 생계유지의 목적에서 타인을 위해 노동을 매매하여 고공이 될 수 있었다.

이 당시 이앙법과 시비법 등의 발달로 농업생산성이 증가하였고 상품유통경제의 발달로 상업적인 농업경영이 본격적으로 시작되었다. 또한 토지매매를 통해 토지집중화가 이루어지고 대규모 농업경영(광작)이 가능하게 되었다. 농업경영이 광역화되면서 계절적으로 대규모 노동인력이 필요하나 농업생산 특성상 장기적인 노동을 제공해 주는 노비나 고공의 경우 노동효율성이 떨어지게 된다. 따라서 광작을 하는 지주들은 노동의 효율성을 높이고 가족 노동력의 보충을 위해 노비나 장기고공보다는 日雇나 季雇를 통해 일시적인 고용노동을 사용하게 되었다.[10] 이에 따라 19세기 이후에 일시적인 고용노동계약이 많이 나타나게 되는데, 노동시장이 발달하지 않았던 조선에서 일시적인 고용계약은 여러 가지 사회적 문제를 가져왔다.

첫째, 일시적으로 고용되는 농민이나 노동자가 자신도 모르게 불리한 고용계약

---

7) 김용섭, 앞의 논문, 1990; 최윤오, 앞의 논문, 1992.

8) 윤용출, 앞의 책, 1998.

9) 『大典會通』 刑典 推斷 ; 『秋官志』 考律部 定制 雇工.

10) 고용노동의 사용 확대에 대한 사료는 유형원의 『磻溪隨錄』과 辛敦复(1692~1755)의 『山林経濟補說』 참조(金容燮, 「山林経濟의 (補說)과 그 農業経營論」, 『邊太燮博士華甲紀念論叢』, 삼영사, 1985).

이 맺어져서 나중에 고가(임금) 지급에 대한 분쟁이 많이 발생하게 되었다. 고용노동 분쟁이 많이 발생하자 정부에서는 고용계약 시 쌍방의 합의에 의해서만 계약이 가능하도록 법[勒賣傭 금지법]으로 정하게 된다. 둘째, 일시적인 고용노동이 일반화되면서 임노동자들이 패를 지어서 고가(임금)나, 공식(식사)을 많이 주는 곳으로 떠돌아다니며 일을 하게 되었다. 이러한 현상은 잦은 민란 발생, 빈농의 유민화와 더불어 사회를 불안정하게 만드는 요인이 되기도 하였다. 이러한 일시적 고용노동의 사회문제는 노동시장과 노동형태의 측면에서 상당히 중요한 의미를 갖는다. 먼저, 고용계약 시 서로 합의에 의해서만 고용내용이 성립되도록 하는 법은 그 당시 고용노동과 고용계약에서 고용주와 고공 간에 신분적 예속관계가 약화되고 경제적으로 대등한 관계를 마련해 주는 결정적인 전기가 된다. 둘째, 고공과 노동자들이 보다 높은 임금을 주는 곳으로 이동하면서 지역별로 노동시장이 발달하게 되었고, 지역에 따르는 임금격차를 해소하여 고용노동시장에서 단일 임금이 형성되는 역할을 하게 한다.

19세기 중엽 이후 농업경영이 광역화, 상업화되면서 지주는 관리 능력이 있는 농민에게 농업경영을 맡기는 기존의 간접방식(전호노동)에서 직접 경영하는 직영방식(戶外집 임노동)으로 전환하게 된다. 이를 위해 지주는 부족한 가족 노동력 대신에 장기고용계약을 맺고 있던 고공과 더불어 계절적으로 호외집 임노동을 고용하게 된다. 19세기 말엽 해남 윤씨가의 농업경영 연구 사례에 의하면, 1872년 직영지의 비율이 전체의 16.5%이던 것이, 1895년에는 29.9%에 이를 정도로 증가하고 있다.[11] 이러한 호외집 임노동의 증가는 19세기 중엽 이후 본격적으로 임노동의 형태를 갖춘 노동시장이 발달하기 시작했다는 것을 의미한다.

19세기 후반 호외집 임노동을 이용한 직영지 경영의 증가에 대해 구체적인 사례가 적고 일반적이지 못하다는 비판이 있다. 하지만 이 시기 호당 토지소유규모의 면을 볼 때 토지소유와 농업경영의 하향평준화 현상을 일부 볼 수 있지만 과연

---

11) 崔元奎, 「韓末 · 日帝下의 農業経營에 관한 研究 -海南 尹氏家의 事例-」, 『韓國史研究』 50 · 51, 1985, 297~298쪽.

이런 현상이 조선후기의 전 시기를 대표하는 현상인가에 대해서는 여전히 의문점이 많다. 오히려 어떤 양반가의 고문서를 보면 조선후기 토지의 확대와 집중현상을 볼 수 있다.[12)]

2) 노비의 관리비용

노비소유에 대한 한계편익을 추정하기 위해 생산성과 관리비용에 대한 자료가 필요하다. 생산성에 대한 자료는 이 시기 작인의 1인당 생산량을 이용하여 추정이 가능하지만 노비의 관리비용(monitoring cost)을 실제로 측정하는 데는 많은 어려움이 있다. 만약 노비시장이 효율적이라면 차익거래로 인해 균형조건이 성립되고, 노비의 시장가치는 노비보유로 인한 한계편익과 일치할 것이다. 시장균형조건을 이용하면 노비의 관리비용은 노비의 한계생산가치에서 노비가치를 뺀 값으로 추정할 수 있다. 실제 노비의 관리비용을 측정하는 문제는 6절에서 자세히 분석하기로 하고 여기에서는 여러 사료를 통해 노비의 관리비용을 변화시키는 요인을 문헌적으로 설명하기로 한다. 특히, 노비의 자기성장 노력, 노비의 저항, 도망, 태업에 대한 기존연구의 성과와 문헌적 자료를 통해 서술적으로 살펴보고자 한다.

노비가 존재한 이래 어떤 형태로든 그들의 저항과 자기성장 시도는 계속되었다고 볼 수 있다. 따라서 노비의 관리비용 증가는 단순히 조선후기에만 나타나는 문제가 아니다. 흥미로운 것은 조선후기에 화폐가 도입되고 시장이 발달하면서 노비의 관리비용이 어떻게 변화되었는가 하는 점이다. 시장이 발달하는 1690년 이후 노비가격의 급격한 폭락은 노비의 재산가치 하락 또는 관리비용 증가로 볼 수 있다.[13)]

---

12) 金建泰, 「朝鮮後期 農家의 農地所有 現況과 그 推移 -晋州地方을 중심으로-」, 『歷史學報』 172, 2001; 鄭勝振, 「19 · 20世紀前半 在地地主의 土地所有와 農業経營 -靈光 辛氏家의 事例分析-」, 『朝鮮時代史學報』 10, 1999.
특히 전라도 영광 辛氏家의 田畓 소유규모의 추이를 보면, 17세기 중반에 6결 정도였는데, 19세기 후반에는 17여 결의 규모로 약 230년간 3배 정도나 증가하고 있다. 토지 증가의 요인은 주로 買得에 의한 것이었다(정승진, 위의 논문, 1999, 106~107쪽).

노비의 자기성장 노력은 조선후기의 사회 · 경제적 변화와 함께 두드러졌다. 이는 단순하게 노비의 인구비율이 조선전기에는 40~50%에서, 19세기 후반에 이르러 10% 이하로 감소하였다는 사실을 통해서도 알 수 있다. 조선후기 상공업의 발달과 양반체제의 해이로 인한 제도 개편 등의 사회 · 경제적 변화와 더불어 노비계층은 스스로 많은 자기성장 노력을 지속하였다. 자기성장 노력은 노비계층의 의식성장과 생산 활동을 통한 부의 축적, 그리고 신분상승으로 나타났다.[14]

노비의 저항과 자기성장 노력으로는 첫째, 경제성장을 바탕으로 한 신분상승 노력을 들 수 있다. 조선후기의 납속면천이 이에 해당한다. 임진왜란의 발발로 군량이나 국가재정에 큰 어려움이 발생하면서 募粟事目이 만들어졌으며 모속에 응하는 노비에게 노비신분을 면하게 하는 납속면천이 자주 이루어졌다. 이러한 납속면천은 그 이후 인조, 현종, 숙종대에도 계속 실시되었다. 공 · 사천으로 모속에 응하는 자가 많았다는 것은 노비의 경제적 성장을 의미한다.[15] 둘째, 奴婢主에 대한 각종 저항을 들 수 있다. 노비의 온건하고 지속적인 저항방법으로는 '도망'이 있다.[16] 도망은 특히, 양란을 계기로 급증하면서 18세기에 들어와서 더욱 보편화되었던 것 같다. 그것은 18세기 양반 일기 중의 하나인 月峯 具尙德(1706~1761년)의 『勝聰明錄』의 아래 기사를 통해서도 짐작할 수 있다.

> 奴 今同이 며칠 전에 돌아왔다. 잠시 죄를 다스리지 않고 使喚을 시켰다. 어제 또 쌀과 콩 등의 물건을 몰래 가지고 도주하였다.[17]

또한 노비 도망의 구체적 실상은 양반 가문에서 작성 · 보관하고 있는 戶口單

---

13) 이영훈, 앞의 논문, 1998.

14) 金容晩, 「朝鮮時代 17 · 18세기 民衆의 動向 -奴婢層을 中心으로-」, 『國史館論叢』 37, 1992; 全炯澤, 「노비의 저항과 해방」, 『역사비평』 34, 1996.

15) 全炯澤, 『朝鮮後期奴婢身分硏究』, 一潮閣, 1989; 金容晩, 『朝鮮時代私奴婢硏究』, 集文堂, 1997; 平木實, 『朝鮮後期 奴婢制度 硏究』, 지식산업사, 1982.

16) 鄭奭鍾, 『朝鮮後期社會変動硏究』, 一潮閣, 1983.

17) 『勝聰明錄』 2冊, 1733년 4월 4일(203쪽): "奴今同數日前來現 姑不治罪固以使嗅(? 喚) 昨日 又盜米太等物而逃走"

子·分財記, 그리고 호적대장 등에 잘 나타나 있다. 安東의 光山金氏 禮安派 宗家와 慶州 玉山의 驪州李氏 玉山派 宗家, 그리고 高靈의 佔畢齋 金宗直 宗家의 戶口單子, 丹城戶籍 대장 등을 분석한 기존 연구를 보면 각 양반가에서 노비의 도망이 지속되고 있음을 알 수 있으며, 그 결과 각 가문의 노비 수가 점차 감소되고 있다는 것이 밝혀졌다.[18] 하지만 양반의 노비도망에 대한 추쇄기록은 급격히 감소하고 있다. 이처럼 조선후기에 들어와 노비의 도망이 극심해진 것은 당시 농업생산력의 발전, 상공업의 발달, 광산 개발, 도시 성장, 고용노동의 발전 등 사회경제구조의 변화로 인해, 도망해서도 신분을 감추고 생활할 수 있는 여건이 점차 확대되고 있었기 때문으로 생각된다.[19] 이영훈은 소농경영의 발달로 노비가 작인으로서 독립 가능성이 커지면서 공노비와 사노비의 도망이 증가하고 있다는 것을 보여 준다.[20] 한편 현종대와 영조대에 이르러 공노비 도망에 대해 노비 추쇄를 금지시켜서 정부의 노비 정책도 노비에게 편향적으로 변화하고 있음을 알 수 있다.

셋째, 도망 이외의 노비의 또 다른 온건한 저항으로는 태업, 신공거납, 자기경리에 치중하는 것 등을 들 수 있다. 노비의 태업이나 신공거납 등에 관련된 것은 다음과 같이 양반의 생활일기와 같은 자료에서 다수 확인된다.

> 奴 內隱石이 開城府에서 돌아와 鍮鉢 2개, 銅盤 1개로서 10년 동안 闕한 身貢을 때우려고 하니 내가 웃으며 받았다.[21]

마지막으로, 노비의 극단적인 저항으로는 奴婢의 殺主, 毆打士族, 訟主, 背主, 奸士族婦女, 作亂 등을 들 수 있다.[22] 이는 국가의 법제와 봉건적 신분 질서를 부정하는 행위였다. 나아가 노비들은 京鄕의 각종 정변에 적극 가담하여 양반체제

---

18) 金容晩, 앞의 책, 1997, 369~390쪽; 金建泰, 「朝鮮後期 私奴婢 파악방식」, 『歷史學報』 181, 2004.
19) 全炯澤, 「조선후기 私奴婢의 推刷」, 『全南史學』 6, 1992.
20) 이영훈, 앞의 논문, 1998.
21) 『眉巖日記』 1冊, 1568년 2월 2일(115쪽).
22) 金容晩, 앞의 책, 1997의 374~385쪽에서 연대기에 보이는 16~19세기 奴婢의 殺主事件과 奴主相奸 사건을 〈표 6-3〉과 〈표 6-4〉로 잘 정리하고 있다.

에 정면 도전하기도 했다.[23] 결국 노비는 봉건정부와 양반 노비주의 강력한 강제력에도 불구하고 納粟 · 軍功 등을 통한 신분상승을 꾀하는 한편 도망, 태업, 신공거납, 殺主 · 作亂 등의 각종 저항을 통해 자기 성장을 꾀하며 봉건적 모순을 극복해갔던 것이다.

이러한 가운데 노비를 부리는 奴婢主의 관리비용(monitoring)이 증가했을 것임은 충분히 짐작할 수 있으며, 이는 결국 노비 대신 雇工을 이용하거나 노비 자체의 고공화를 가속시켜[24] 노비의 노동력은 임금을 받고 노동을 하는 임노동으로 점차 전환되었다. 이러한 사실은 아래의 기사를 통해서도 짐작할 수 있다.

> 금번의 이 시절을 당하여 노비 용고로서 절도를 하지 않은 자가 없다. 이런즉 요사이 논을 反耕하는 곳은 백분의 일도 되지 않는다. 문을 닫아건 집이 수두룩하고 묵은 논이 무수히 많다. 또한, 비록 生存하고 있다고 하더라도 種子가 없어 경작하지 못하는 자가 수없이 많다. 餓死와 病死하여 죽은 시신이 서로를 베고 누웠고, 飢哭과 喪哭의 소리가 서로 이어진다.[25]

위의 일기 내용처럼 奴婢 傭雇로서 절도하지 않는 자가 없을 지경이며 묵은 논이 무수히 많다는 것을 통해 노비에 대한 노비주의 관리비용의 증가는 충분히 짐작할 수 있다. 그리고 다음에 나타나는 雇奴 洪石才의 기사를 통해 노비의 고공화 현상을 엿볼 수 있다.

> 雇奴 洪石才가 晋州 東山에서 왔다.[26]

---

23) 鄭奭鍾, 앞의 책, 1983의 315~319쪽과 金容晩, 앞의 책, 1997의 387~388쪽에서 조선후기 노비층의 정변 가담 사건을 잘 정리하고 있다.

24) 全炯澤, 「朝鮮後期 奴婢勞動에 있어서의 雇立制의 전개」, 『邊太燮博士華甲紀念史學論叢』, 삼영사, 1985.

25) 『勝聰明錄』 2冊, 1733년 4월 9일(204쪽): "今歲之奴婢傭雇無非竊盜 即今野田反耕 百分居一 闔門者多陳田無數 雖有生存者 而無種不耕者亦無數 餓死病死之屍相枕 飢哭喪哭之聲相聞."

26) 『勝聰明錄』 3冊, 1742년 1월 17일(365쪽).

노비가 더 좋은 환경이나 임금을 많이 주는 곳으로 자유롭게 옮겨 다니고 있음을 알 수 있다. 이러한 노동의 이동성 증가는 노비의 고공화를 가능하게 하는 시장기능 중의 하나이다. 노비주의 끈질긴 노력에도 불구하고 18세기 이후 양반 가문에서 노비의 수는 급속히 줄어들고 노비의 성격도 사치노비로서의 의미를 강하게 띠게 되었다고 여겨진다. 이에 노비는 主家의 경제적 · 경제외적 강제를 배제하고 점차 부를 축적하여 독자적인 경리를 경영하는 계층으로 성장하였던 것이다. 4절에서는 자료를 이용하여, 노비시장에서 노비의 관리비용이 실제 얼마나 변화하고 있는지 구체적으로 측정할 것이다.

3) 노비계약과 보상인센티브

조선후기에 들어와 노비의 도망, 저항, 태업 등이 빈번히 발생하였고, 그에 따라 노비 관리비용이 더욱 증가하게 되었다. 한편, 노비에 대해 보상인센티브도 많이 발달되는데, 먼저 이영훈이 지적하였듯이 作介노비제와 농지의 책임경지 경영기법 도입이 인센티브의 한 개념이다.[27] 즉, 작개노비에게 책임경지를 할당하여 소규모 농지를 책임지고 경영하도록 하는 소농경영의 개념이 도입된다. 둘째, 소농의 책임 경영에서 작개노비의 소출은 원래 주인의 몫이었는데 점차 정액제로 변형되어 노비가 책임경영으로 인해 재산을 증식할 수 있게 되는 사적인 인센티브가 도입되었다. 또한, 나중에 다시 언급하겠지만 정부의 노비정책 중에서도 노비의 신공 감면, 노비추쇄 금지 등은 공적인 인센티브로 보아야 한다. 흥미로운 점은 노비 인센티브가 외형적으로는 노비주가 신분제의 동요와 노비정책의 변화로 인해 어쩔 수 없이 시도하는 수단처럼 보이지만, 달리 시장관점에서 보면 노비주가 노비의 생산력을 극대화시키기 위해 의도적으로 도출해 낸 파레토 최적(pareto optimal)이라는 점에서 시장 기능적 의미가 강하다. 특히, 이러한 파레토 최적의 인센티브는 노비계약의

27) 이영훈, 앞의 논문, 1998.

변화로 나타나고 있다.

Fenoaltea는 노비노동에 대해 시장 기능적으로 노비계약의 변화 과정을 잘 설명하고 있다. 노비는 단순한 노동형태인 농업노동에 주로 사용되었는데, 농업노동은 세심한 주의가 필요한 노동(care-effort)이 아니라 많은 단순 작업시간이 필요한 노동(work-effort)이다.[28] 좀 더 세심한 기술이 필요한 작업은 장인층들이 맡아서 하였다. 단순작업노동(work-effort labor)에서 생산성을 증가시키기 위한 인센티브 중 하나는 강제노동방식(pain incentive)이다.[29] 하지만 이러한 강제노동방식에서는 노동생산성이 어느 한계에 도달하면 노비들이 더 이상 열심히 일하지 않으려는 파레토 안정상태(pareto-stable)에 도달하게 된다. 강제노동방식에서 노비소유주가 노비의 생산성을 높이기 위해 강제적으로 일을 시키게 되면 노비의 태업과 저항 등으로 인해 오히려 생산성이 하락하게 된다. 이에 따라 노비에 대한 소유주의 관리비용은 더욱 크게 증가하고 노비생산성은 추가적으로 하락하게 되는 악순환이 발생한다. 노비에 대한 관리비용이 증가하는 반면 노비생산성은 떨어지면서 노비소유로 인한 한계편익(marginal benefit)은 줄어들고 노비의 실질가치는 하락하게 된다.[30]

한계편익을 증가시키기 위해 노비소유주는 기존의 강제노동방식(pain incentive)에서 높은 노동생산성에 대해 보상해 주는 방식(reward incentive)으로 노비노동에 대한 인센티브(incentive)를 변화시키게 된다. 하지만 보상인센티브방식에서는 강제로 노동을 시키는 노비제보다는 자율에 의한 노동계약제가 노비소유주의 이윤을 극대화시키므로 노비소유주는 노비제도(unfree work)보다는 노동계약제(labor contract)를 택하게 된다. 이러한 시장기능(효율성)에 의한 노동고용계약 방식의

---

28) 강제노동방식과 보상인센티브의 효과와 그로 인한 노동 강도에 대한 연구는 Fenoaltea의 논문 참조(Fenoaltea, S., "Slavery and Supervision in Comparative Perspective: A Model", Journal of Economic History, 44(3), 1984, pp.635-668).

29) 단순노동에서 강제노동방식이 생산성을 증가시키고 있다는 주장은 Lynn의 논문 참조(Lynn, R., Personality and National Character, Oxford Univ. Press, 1971, pp.94-97).

30) 노비의 편익과 비용에 관한 것은 Canarella · Tomaske의 논문 참조(Canarella, G., and J. Tomaske., "The Optimal Utilization of Slaves", Journal of Economic History, 35, 1975, pp.621-629).

변화는 19세기 말 조선의 노비제도를 와해시키고 시장기능에 의한 노비시장 혹은 대체적인 임노동시장을 등장시키는 결정적인 역할을 하게 된다.

4) 노비정책

여기에서는 17세기 이후 조선에서 시행된 노비정책을 간단히 살펴보기로 한다. 이 시기에 노비는 지역이나 시기에 따라 다소간 차이는 있겠지만 대체로 전 인구의 30~40%를 차지할 정도였으며, 그 가운데 사노비가 절대다수를 차지하였을 것으로 생각된다.[31] 당시 노비는 士族의 수족에 해당되며 노비의 유무가 그들의 성쇠와 직결된다고 생각할 정도로 봉건지배 체제를 유지하는 데 매우 중요한 존재였다. 따라서 정부와 지배층은 노비와 관련된 각종 정책이나 통제, 매매, 획득, 증식 등에 많은 관심을 표명하였다. 국가적인 입장에서 볼 때 노비수의 증감은 재정수입과 軍額의 증감에 직결되기 때문에 노비정책에 대해 公私 혹은 지배층 간의 이해관계는 때로 첨예하게 대립하기도 하였다.

노비의 양천교혼 시 국가와 노비소유주 사이에는 이권 경쟁이 발생하는데, 이로 말미암아 고려시대 이래 조선후기까지 노비의 신분규정과 귀속이 수차에 걸쳐 변동되어 왔다. 고려시대에는 靖宗 5년(1039)에 賤者隨母法이 제정된 이래 일관된 원칙으로 지속되었다. 이것은 良賤相婚의 경우 소생이 母婢의 신분을 받고 母婢主에게 다시 소속되는 것을 골자로 하고 있다. 良賤交婚도 婢嫁良夫인 경우에는 '천자수모'의 종모법에 의해 그 소생이 婢主의 소유물이 되므로 묵인이 가능하지만 奴娶良女의 소생이 노비가 되는 것은 종모법에 위배되므로 매우 엄격하게 금지하였다. 이처럼 고려시대에는 一賤則賤이라는 엄격한 규정에 의거하여 노비의 수가 점차 급증하였다.[32]

조선시대에 들어와서는 신분제의 혼란을 막고 국가의 양인 확대를 겨냥한 從父法이 구체화되었다. 太祖 6년(1397) 7월 奴婢合行事宜 제정으로 良夫의 自己婢妾産

31) 전형택, 앞의 책, 1989; 김용만, 앞의 책, 1997; 정석종, 앞의 책, 1983; 이영훈, 앞의 논문, 1998.
32) 洪承基, 『高麗時代奴婢研究』, 韓國研究院, 1981.

은 종량하여 5품을 限品으로 서용케 하고 他人婢妾産은 자기 婢로 속신한 후 司宰監 水軍에 소속시켰다. 太宗 14년 1월에는 2품 이상 官의 自己婢妾産은 종량하여 5품을 한품으로 서용케 하고 他人婢妾産은 자기 비로 속신한 후 사재감 수군에 充定하였으며, 水軍의 女孫도 수군에 充立케 하였다. 이로써 종부법은 양반 · 양인비첩산 모두에게 적용되었으며 同年 2월에는 河崙이 一良則良이라고 주장하기에 이르렀다. 동년 6월 종부법이 확정된 다음 7월에는 大小員人의 自己婢妾産 · 妻邊婢妾産을 속신하여 사재감 수군에 소속하게 했다.[33)]

이러한 종부법 실시로 인해 양반층들은 기존 노비 증식의 주요 수단으로 이용되었던 婢嫁良夫 소생의 획득이 불가능해짐에 따라 이것에 대해 크게 반발하였다. 결국 世祖 14년(1468)에는 종부법 대신 從賤法이 다시 제정되고, 그 내용은 『経國大典』 刑典 公私賤條에 실리게 되었다. 종천법은 "凡賤人所係 從母役 賤娶良女 從父役"을 골자로 하는 것으로, 공사의 노비수요를 충족시키기 위해 취한 조치였다. 이것은 영조 7년(1731) 1월 재차 종모법이 실시될 때까지 거의 준수되었다.

그러나 종천법의 실시는 결과적으로 노비인구를 지속적으로 증가시켰으며 양역인구의 급속한 감소를 가져왔다. 특히 임진 · 병자의 양란 이후 전쟁의 피해와 함께 국가재정이 극도로 악화되었다. 이에 奴良妻所生 從母從良法이 거론되었으며 顯宗 10년(1669)에는 從母從良法이 실시되었지만 여러 차례 良賤이 互換되다가 결국 영조 7년(1731)에 從良法으로 정리되었다. 이처럼 從賤 · 從良法이 60여 년간 여러 차례 바뀌었지만 실제에 있어 호적에 기록한 것은 賤役을 따르는 것이 일반적이었다.[34)] 1731년에 제정된 從良法은 노비제도가 와해되는 1890년대까지 유효하였다.

이상에서 조선시대 노비정책의 추이를 간단히 정리해 볼 때 실제 노비정책의 큰 방향은 1731년 이전 從賤法과 그 이후의 從良法으로 대별해 볼 수 있다. 따라서 노비정책이 奴婢価에 미치는 영향의 경우도 이 두 시기를 나누어 생각해 볼 수

33) 池承鍾, 『朝鮮前期 奴婢身分研究』, 一潮閣, 1995; 崔炳云, 「朝鮮太祖朝의 奴婢의 辨正에 關하여」, 『全北史學』 2, 1978.

34) 平木實, 앞의 책, 1982; 鄭奭鍾, 앞의 책, 1983; 全炯澤, 앞의 책, 1989; 朴容淑, 『朝鮮後期 鄉村社會研究』, 경북대 박사학위논문, 1986.

있겠다. 從良法의 실시는 從賤法에 비해 실제 노비수의 감소를 가져오는 결과를 보였을 것으로 생각된다. 이는 곧 노비 공급의 감소를 의미하는 것으로, 이론적으로 보면 수요가 일정하다고 가정할 때 노비 공급의 부족은 당연히 노비가의 상승을 야기할 것이다. 하지만 다음 절에서 살펴보는 것과 같이 실제 노비가격은 1710~1720년대에 최고 수준을 나타내고 시간이 지남에 따라 점차 하락하여 1860년대에는 최저 수준으로 떨어지고 있다. 따라서 노비정책은 결과적으로 실질노비가격에 거의 영향을 주지 못함을 알 수 있다. 국가의 노비정책 이외에 인구증가 등 사회 구조적인 요인과 시장적 요인이 실질노비가격에 보다 큰 영향을 미쳤을 것이라고 짐작할 수 있다.

한편, 이영훈과[35] 전형택이[36] 자세히 언급하고 있듯이 17~19세기에는 노비세습에 대한 비판적인 시각이 지배적이었다. 이에 따라 노비정책의 변화는 노비에게 유리한 방향으로 편향되게 나타났다. 노비신공의 축소, 사노비의 신공수취 금지, 공노비 추쇄 금지, 사노비의 속량기회 증가, 노비에 대한 체형 금지, 죄인 자손에 대한 노비 연좌제 폐지, 채무노비 금지 등을 들 수 있다. 다른 한편으로 이것은 국가가 노비를 직접 관리함으로써 노비를 공민화시켜 국가의 납세와 군역의 의무를 감당하게 하기 위한 통제정책이기도 하다.

3. 노비가격의 장기시계열과 노비가격 변화

검정기간 동안 조선에서 노비가격의 변동은 크게 1689~1860년까지 상승기와 하락기의 변동 사이클을 보이고 있다. 하지만 자매노비의 매매가 거의 모든 노비매매의 원인이 되고 노비시장과 임노동시장의 차이가 없어지는 1860년 이후에는 노비가격이 급격히 하락하고 있다. 나중에 자세히 살펴보겠지만, 물가는 노비가격과

35) 이영훈, 앞의 논문, 1998.
36) 全炯澤, 「한국 奴婢의 존재양태」, 『노비, 농노, 노비-隷屬民의 比較史』, 一潮閣, 1998.

유사한 변동 주기를 보이고 있지만 물가의 변동 폭이 노비가격의 변동보다 커서 실질노비가격은 지속적으로 하락하는 추세를 보이게 된다. 특히, 1860년대에 이르러 미곡으로 표시한 실질노비가격은 역사상으로 최저값에 도달하게 된다. 1860년 이전에도 실질노비가격이 하락했었지만 왜 이 시기에 최저값에 도달하게 되었는가에 대한 해답이 노비제도의 해체를 분석하는 첫 번째 단계일 것이다.[37] 여기서는 실질노비가격이 1860년대에 최저값을 나타내는 가장 중요한 원인으로 실질임금과 생산성의 하락을 들고 있으며, 이러한 실질노비가격의 하락이 노비제도의 해체를 직접적으로 가져온 것으로 추정된다.

1) 노비가격의 자료와 장기시계열

여기서는 1689년부터 1893년까지 여러 자료를 이용하여 약 200년간 노비가격의 장기시계열 자료를 수집하고 정리한다. 1689년은 명목화폐인 상평통보가 발행되어 통용됨으로써 시장이 확대되는 시기였으며, 1894년은 제도적으로 갑오개혁을 통해 신분제가 해체되는 시기였다. 奴婢価는 성별, 나이, 용도, 노동력과 출산능력에 따라 많은 차이를 보이나 『経國大典』의 노비 매매가 규정(奴婢 16~50세 1口는 楮貨 4千張, 15세 이하와 51세 이상 1口는 저화 3천장)에 따라 16세~50세의 노비가를 기준(4/4=1)으로 15세 이하와 51세 이상의 노비가격은 3/4(=0.75)의 가중치를 두어 계산하였다.[38] 다만 노비매매 명문 중 나이를 정확하게 확인할 수 없는 경우는 1口인 경우는 16~50세의 경우로, 2口 이상인 경우 1/2은 16~50세의 경우로 나머지 1/2은 15세 이하와 51세 이상의 경우로 취급하였다. 노비가격의 장기시계열 자료는 〈부록 표 1〉에 자세히 나타나 있다.

〈부록 표 1〉에서 역상으로 처리한 1701년(숙종 27)의 婢 1口, 1713년(숙종 39)의

37) 그 이전의 노비가격이 너무 높은 수준에 있어서 Malthus의 인구경제학에서 주장하는 것처럼 인구가 증가하고 그 결과 다시 균형수준인 낮은 수준의 가격으로 회귀되었다고 볼 수 있으며, 또는 자료의 측정기법에서 이전의 노비가격이 너무 과대평가되어 있을 수도 있다.

38) 조선시대 奴婢価에 대한 연구는 鄭奭鍾, 앞의 책, 1983; 金容晩, 앞의 책, 1985 참조.

奴 1口, 1717년(숙종 43)의 婢 1口, 1773년(영조 49)의 婢 1口의 매매가 등과 같이 당시 시가에 비해 특별히 高価인 경우는 실증분석에서 제외하였다. 이들 경우는 노동노비라기보다는 作妾과 같은 특별한 목적을 위한 거래였다고 생각된다. 그것은 1713년의 奴의 경우는 매매 당시 나이가 75세였으며 그 외의 婢 3口는 나이가 10대~20대 사이였음을 통해서 그 성격을 충분히 짐작할 수 있다. 따라서 노동력을 제공하는 가치가 아닌 비정상적으로 높은 거래에 해당하는 자료는 통계분석에서 제외하였다. 한 해 동안 여러 노비가 매매되는 경우에는 평균거래 가격을 그 해의 노비가격으로 하였다.

노비가격의 장기시계열 자료를 수집하고 정리하기 위해 여러 가지 사료를 근거로 하였다. 노비가에 대한 사료는 法典類로서 『経國大典』과 『續大典』, 고문서류로서 『서울대 奎章閣』 소장의 노비매매 명문,[39] 『慶北地方古文書集成』의 노비매매 명문, 『嶺南古文書集成』Ⅰ, Ⅱ의 노비매매 명문, 『嶺南大図書館』 소장의 노비매매 명문, 『光山金氏烏川古文書』의 노비매매 명문, 『扶安金氏愚磻古文書』의 노비매매 명문, 『古文書集成 3 -海南尹氏篇』의 노비매매 명문, 『古文書集成 5~7 -義城金氏篇(正書本)』의 노비매매 명문, 『古文書集成 33, 69 -寧海 載寧李氏篇(1), (2)』의 노비매매 명문, 『古文書集成 37, 38 -求礼 文化柳氏篇(1), (2)』의 노비매매 명문, 『古文書集成 39 -海南 金海金氏篇』의 노비매매 명문, 『古文書集成 41, 42 -眞城李氏篇(1), (2)』의 노비매매 명문, 『古文書集成 47 -晉州 丹牧 晉陽河氏篇(1)』의 노비매매 명문, 『古文書集成 50, 51 -慶州崔氏篇(1), (2)』의 노비매매 명문, 『古文書集成 52 -河回 豊山柳氏篇』의 노비매매 명문, 『古文書集成 57 -晉州 雲門 晉陽河氏篇』의 노비매매 명문, 『古文書集成 76 -密陽 密城朴氏篇』의 노비매매 명문, 그리고 『天理大所藏 韓國古文書』의 노비매매 명문, 『京都大所藏 韓國古文書』의 노비매매 명문, 『勝聰明錄』 등에서 발췌하였다.

〈부록 표 1〉의 두 번째 칸은 노비의 성별로 매매되었던 노비의 수가 기록되었으

39) 서울대 규장각 소장의 노비매매 명문에 대한 자료는 정석종의 연구에서 재인용하였다(鄭奭鍾, 앞의 책, 1983, 217~233쪽).

며 매매된 노비숫자 옆 괄호 안은 노비의 연령을 나타낸다. 세 번째 칸은 노비 1구당 가격과 총 매매금액이 기록되었다. 그 다음 칸들에서는 노비매매에 대한 자료번호와 출처가 나타나 있으며 마지막 칸은 노비 스스로 매매[=自賣, 子賣]한 경우를 비고로 표시하였다. 특이한 점은 1760년대 이후에 빈번하게 발생하는 매매 사유가 노비 스스로 매매하는 자매라는 점이다. 이는 노비제가 철폐되는 것은 제도적으로는 1894년이지만 이미 1760년대 이후부터 시장기능에 의해 노비제의 와해가 진행되어 왔음을 보여 주고 있다.

2) 노비가격의 변화

아래 〈그림 1〉은 검정기간(1689~1893년) 동안 노비가격의 변동을 보여 주고 있다. 대체로 노비가격은 1689~1710년의 상승기, 1711~1750년의 하락기, 1751~1790년의 상승기, 1791~1820년의 하락기, 1821~1860년의 완만한 상승기, 1861~1893년의 하락기라는 변동 사이클을 보이고 있다.

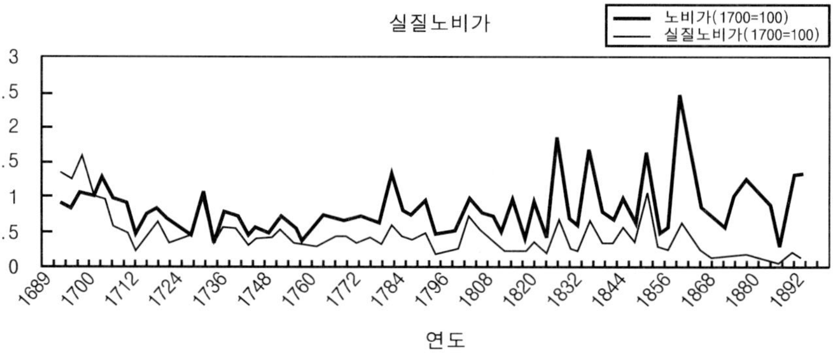

〈그림 1〉 실질노비가의 변화(1689~1893년)

〈표 1〉은 노비가격의 추세변동을 시기별로 구분하여 노비가의 年 평균 변동률을 나타내고 있다. 노비가격의 변동률은 1689~1710년에 0.14%, 1711~1750년

에 -1.48%, 1751~1790년 상승기에 1.63%, 1791~1820년에 -3.17%, 1821~1860년 상승기에 3.78%, 1861~1893년에 -0.64%의 변동을 보이고 있으며, 전 검정기간 동안 노비가격의 연평균 변동률은 0.2%이었다. 이 시기에 노비의 최소값은 1753년에 婢의 값으로서 2.9냥이었으며 奴의 값으로는 1794년과 1853년에 3.0냥이었다. 노비의 최대값은 婢가 1860년에 107냥에 거래되었으며 奴는 1717년과 1705년에 40냥에 거래되었다. 婢의 높은 가격은 앞에서 설명한 것과 같이 婢가 농업생산 목적보다는 妻妾으로 거래되었을 가능성이 크다.

〈표 1〉 노비가격의 연평균 변화율(%): 1689~1893년

연 도	노비가 변화율(%)
1689-1710 (상승기)	0.14
1711-1750 (하락기)	-1.48
1751-1790 (상승기)	1.63
1791-1820 (하락기)	-3.17
1821-1860 (상승기)	3.78
1861-1893 (하락기)	-0.64
1689-1893 (전 검정기간)	0.20

* 자료 출처: 『서울대 奎章閣』 『慶北地方古文書集成』 『嶺南古文書集成』 등.

4. 노비가, 물가, 임금, 생산성과 인구 변화

1) 물가, 임금, 생산성과 인구 자료

이 시기에 미곡은 대표적인 생산재와 소비재이었으며 교환수단으로서 화폐기능도 가지고 있었으므로 물가의 대용변수로서 미곡가를 사용하였다.[40] 미곡가는 다른

40) 조선시대의 米価에 대한 연구는 아래의 글들이 참조된다.
李正守, 「朝鮮前期의 米価変動」, 『부대사학』 17, 1993; 李憲昶, 「肅宗-正祖朝(1678-1800년간) 米価의 変動」, 『経濟史學』 21, 1996; 全成昊, 「18세기 米価推移와 米穀政策에 관한 연구」, 『史學研究』 52, 1996; 「18-19세기 物価趨勢(1744-1862) -全羅道 靈巖 場巖里 南平文氏 古文書 分析」, 『朝鮮時代史學報』 2, 1997; 「朝鮮後期 米価史 研究(1725~1875)」, 성균관대 박사학위논문, 1998; 安達義博, 「朝鮮後期の物価変動」, 『朝鮮學報』 132, 1989; 이영훈 편, 『수량경제사로 다시 본

자료들과 일관성을 유지하기 위해 지역적으로 경상도 경주지역의 자료만을 사용하였으며, 1석당 미곡가(냥)를 기준으로 하였다. 또한 같은 해에 여러 개의 자료가 있는 경우는 그 평균치를 이용했다. 경주지역의 미가 자료는 이영훈 · 박이택과 박기주의 연구에서[41] 재인용하였다. 17세기 말~19세기경 시장이 완전하지 못해서 지역 간 미곡가의 격차가 존재할 수 있지만, 17세기 후반 이후 조선에는 場市와 浦口를 중심으로 하는 전국적 유통망이 점차 형성되고 있었으며,[42] 그에 따른 米価의 지역 간 연계성도 이전에 비해서는 상당히 진전되었을 것으로 생각된다.[43] 기타 참고로 米穀価의 자료는 주로 관찬 사료에서 많이 발췌되는데, 그것은 전근대 농업경제에서 미곡이 갖는 사회경제적 중요성으로 인해 위정자들의 관심이 그만큼 컸기 때문이다. 주요 물가 자료는 관찬사료로서 『朝鮮王朝實錄』, 『備邊司謄錄』, 『承政院日記』, 일기류로서 具尙德의 『勝聰明錄』, 黃胤錫의 『頤齋亂藁』, 그리고 기타 사료로서 禹禎圭의 『経濟野言』 등에 나타나 있다.

이 시기의 노비생산성은 경상도 칠곡지역의 작인 1인당 벼 생산량을 사용하였으며, 생산성 자료는 李弼柱家 『漆谷廣州李氏古文書』에서 발췌하였는데, 김건태의 연구에서 재인용하였다.[44] 임금은 박이택이 『의궤』를 중심으로 발췌한 자료에서 비숙련노동자인 모군(특히, 산릉역)의 월급을 화폐가치(냥)로 표시한 자료를 사용하였다.[45] 『의궤』는 왕실의 의례나 출판, 건설 등이 행해질 때 그 사업과 관련된 공문서를 정리해 놓은 기록이다. 이 자료는 주로 서울 지방의 임금이어서 전국적인 고용임금을 나타내지는 못하지만 하나의 기준임금을 나타내고 있다는 점에서 유용

조선후기』, 서울대출판부, 2004.

41) 이영훈 · 박이택, 「농촌미곡시장과 전국적 시장통합, 1713-1937」, 『수량경제사로 다시 본 조선후기』, 서울대출판부, 2004; 박기주, 「재화가격의 추이, 1701-1909」, 『수량경제사로 다시 본 조선후기』, 左同.

42) 高東煥, 『朝鮮後期 서울 商業發達史 硏究』, 지식산업사 1998.

43) 18~19세기 地価의 지역 간 연동성에 대한 연구는 李正守, 「18세기~19세기 土地価格의 変動-경북과 전남 지방의 田畓賣買 明文을 중심으로-」, 『釜大史學』 23, 1999 참조.

44) 金建泰, 『16~18世紀 兩班地主層의 農業経營과 農民層의 動向』, 성균관대 박사학위논문, 1996.

45) 박이택, 「서울의 숙련 및 미숙련 노동자의 임금, 1600~1909」, 『수량경제사로 다시 본 조선후기』, 서울대출판부, 2004.

하다. 즉, 『의궤』에서 발췌된 임금은 법적으로 표준화된 임금이지만 고정된 것이 아니라 변동하고 있기에, 이는 시장임금을 대표한다고 할 수 있다(시차가 존재하기는 하겠지만). 『의궤』에서는 직업별로 임금 격차가 존재하는데 크게 원역, 장인, 모군, 장인조역, 화정 등 5개의 직업 분류가 있다. 장인은 숙련노동을, 모군은 비숙련노동을 대표하고 있기 때문에 연구 목적상 비숙련노동의 임금을 사용하였다. 참고로 모군은 일이 있을 때마다 모집되는 비정규직, 비숙련노동이다.

조선시대 인구에 대한 자료는 현재 한국의 역사인구학의 방법상 여러 가지 논란이 많지만 여기에서는 권태환 · 신용하의 연구 결과를[46] 그대로 인용하였다. 이들은 조선왕조실록에 나타난 호당 평균인구수를 이용하여서 불완전하지만 호당 평균인구와 총인구와의 관계를 가장 잘 나타낸다고 여겨지는 지수함수를 추정하고, 이를 통해 연도별 조정요인을 계산하였다. 연도별 조정요인을 정부의 공식 인구수에 곱하면 조정된 실제 인구수를 구할 수 있었다. 여기에서 문제는 추정된 조정요인이 일정하게 전 검정기간에 걸쳐 적용되기 위해서는 조사 기준과 사회적 조건이 기간별로 동일해야 한다. 그러나 당시는 노비제도의 와해, 농민층의 분해, 조세제도의 급격한 변화 등 사회경제적 구조가 급격히 변동하던 시기이어서 조정요인 또한 일정한 것이 아니라 변동했을 가능성이 크다. 인구추정에 대한 방법론적 문제에 대해서는 박희진 · 차명수의 연구를 참조하기 바란다.[47] 물가, 임금, 생산성과 인구에 대한 자세한 자료는 뒤의 〈부록 표 2〉에 나타나 있다.

2) 노비가격과 물가, 임금, 생산성, 인구의 변화

여기서는 노비가격의 특성을 살펴보고 노비가격의 변화가 물가, 임금, 생산성과 인구 변화와 일정한 상관관계를 보이는지를 살펴본다. 노비가격과 물가, 임금, 생산

46) 權泰煥 · 愼鏞廈, 「朝鮮王朝時代 人口推定에 관한 一試論」, 『東亞文化』 14, 1977.
47) 박희진 · 차명수, 「조선후기와 일제시대의 인구변동」, 『수량경제사로 다시 본 조선후기』, 서울대출판부, 2004.

성과 인구 변화의 관계를 실증 분석하기 위해 기간이 일치하는 시계열 자료가 필요하나 이들 변수의 자료가 동일한 시계열을 가지고 있지 못해서 3년을 한 기간의 단위로 하여 자료의 3년 평균값을 사용하였다. 3년 평균값을 이용한 노비가격, 물가, 임금, 생산성, 인구의 시계열은 이들 변수의 평균적인 추세를 나타낸다. 3년 평균값을 이용한 노비가격, 물가, 임금, 생산성, 인구의 연평균 변화율은 〈표 2〉에 나타나 있다.

흥미로운 사실은 검정기간에 걸쳐 물가 상승률(1.13%)은 노비가 상승률(0.20%)과 임금 상승률(0.04%)보다 훨씬 높다는 것이다. 이는 실질노비가격과 실질임금이 하락하고 있다는 것을 의미한다. 생산성이 1689~1789년까지 0.04% 하락하고 있다는 것은 이러한 실질노비가격의 하락을 뒷받침해 준다.

〈표 2〉 노비가, 물가, 임금, 생산성, 인구의 연평균 변화율(%): 1689~1893년

연도	노비가	물가	임금	생산성	인구
1689-1710	0.14	4.91	0.05	0.41	-0.3
1711-1750	-1.48	-1.00	0.07	-0.68	0.5
1751-1790	1.63	1.19	0.50	-1.07	-0.1
1791-1820	-3.17	-0.46	-0.43		0.18
1821-1860	3.78	1.93	0.10		-0.05
1860-1893	-0.64	1.83	-0.19		0.06
전 기간	0.20	1.13	0.04	-0.04	0.03

* 경상도 경주의 물가 자료: 이영훈 · 박이택(2004)에서 재인용.
* 경상도 칠곡의 노비생산성 자료: 김건태(1996)에서 재인용.
* 임금 자료: 박이택(2004)이 『의궤』에서 발췌한 자료를 재인용.
* 인구 자료: 권태환 · 신용하(1977)에서 재인용.

물가의 대용변수로서 미곡 1석당 가격은 검정기간 동안 최저 0.6냥에서 최고 14냥에 이르고 평균 6~7냥 선을 형성하며 급격한 변동을 보이고 있다. 미가는 노비가와 같이 1689~1710년의 급등기, 1711~1750년의 하락기, 1751~1790년의 상승기, 1791~1820년의 하락기, 그리고 1821~1890년대의 상승기의 추이를 보이고 있다. 임금은 1711~1750년을 제외하고는 노비가격과 유사한 변동 추이를 보이고 있다.

1689~1790년의 완만한 상승기, 1791~1820년의 완만한 하락세, 그리고 다시 1821~1860년의 완만한 상승세, 1861~1893년의 하락세로 나타낼 수 있다. 생산성은 1689~1788년까지 연평균 -0.04%의 감소세를 보이고 있는데, 이는 실질노비가격과 실질임금의 하락으로 간접적으로 설명될 수 있다. 1700년=100을 기준값으로 하여 지수로 표시한 노비가격, 실질임금, 생산성과 인구는 앞의 〈그림 1〉과 아래 〈그림 2〉, 〈그림 3〉과 〈그림 4〉에 나타나 있다.

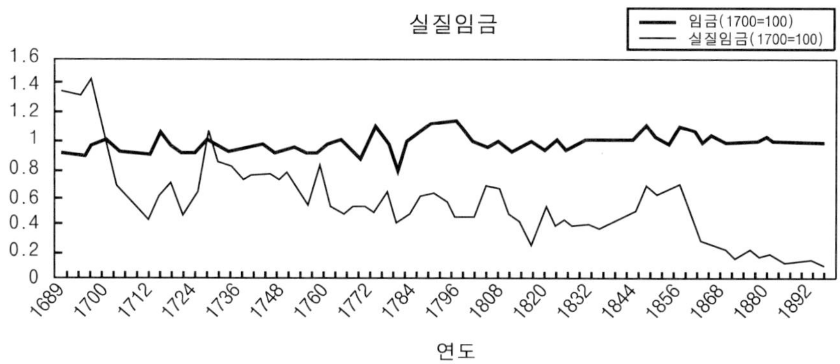

〈그림 2〉 실질임금의 변화(1689~1893년)

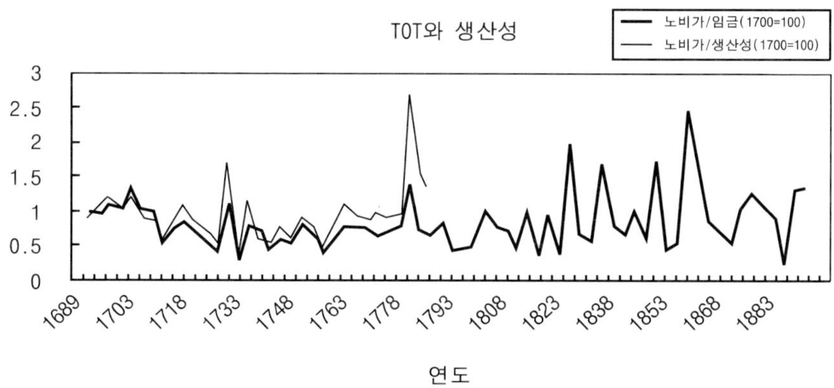

〈그림 3〉 노비가/임금, 노비가/생산성 교역조건(1689~1893년)

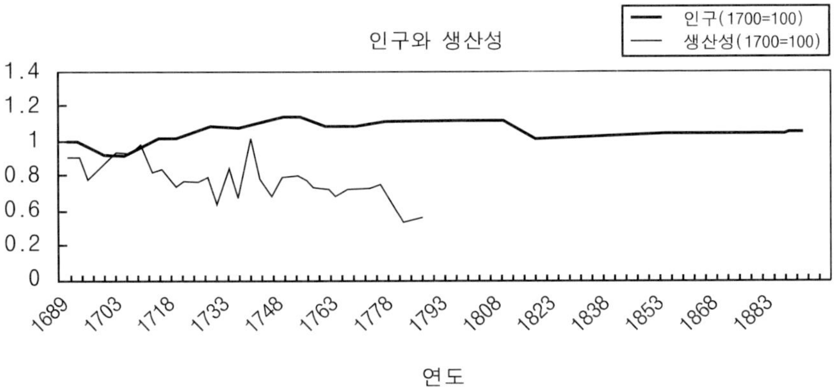

〈그림 4〉 인구와 생산성의 변화(1689~1893년)

앞의 〈그림 1〉에서 주목할 점은 물가도 노비가격과 유사한 변동 주기를 보이고 있지만 검정기간 동안 그 상승률이 연평균 1.13%로서, 노비가격의 상승률인 연평균 0.20%보다 커서 실질노비가격은 지속적으로 하락하는 추세를 보이게 된다. 특히, 디플레이션(deflation) 기간인 1711~1750년과 1791~1820년 동안 물가 하락률은 평균 -0.73%로 그리 크지 않았으나, 인플레이션(inflation) 기간인 1689~1710년과 1751~1790년, 그리고 1821~1893년 동안에는 물가 상승률이 평균 2.46%로 크게 나타나서, 물가변화는 비대칭적인 상승추세를 가지고 있는 것으로 나타났다. 반면에 노비가격은 디플레이션 기간과 인플레이션 기간에 그 변동률이 연평균 1.8%로 유사하게 나타나고 있어서 실질노비가격은 장기적으로 하락하는 추세를 보이게 된다.

〈그림 1〉에서 물가변동을 고려한 실질노비가격은 1700년대에 최고수준에 도달했다가 점차 시간이 지남에 따라 하락하여 1890년대에서는 실질노비가격이 영(0)에 근접하는 최저치에 도달하게 된다. 이러한 실질노비가격의 하락은 노비제도의 해체를 가져오게 되는 결정적인 원인을 제공하고 있다. 시장 기능적 측면에서 영(0)에 근접한 실질노비가격은 노비소유로 인한 편익이 제로에 근접하여 아무도 노비를 소유하려고 하지 않는다는 의미이다. 정석종과 이영훈도 1690년대 노비가격의 폭

락이 노비제도의 해체를 가져왔다고 설명하고 있으나,[48] 여기에서 말하는 시장 기능적 의미와 약간 다르다. 노비가격 폭락은 노비 재산가치 폭락으로 인한 것인데 먼저, 호구조사의 엄격한 실시로 인해 외거노비와 독립노비의 납세와 군역부담이 증가하였고 노비주의 부담 또한 증가하게 되었다. 또한 노비정책이 노비위주로 편향되게 변화하면서 노비소유로 인한 재산가치가 떨어지게 되었다. 하지만 이들 연구에서 노비재산 가치가 감소되어서 노비가격이 하락했다는 것을 추론할 수는 있지만 정확한 인과관계가 성립하지는 않는다. 왜냐하면 첫째, 이들 연구에서 노비가격은 명목가격으로 나타나 있어서 진정한 실질재산 가치를 반영하지 못하며, 둘째, 노비가격의 결정에는 단순히 재산가치 이외에 생산성, 대체적 임금 등 여러 가지 요인이 있기 때문이다.

〈그림 2〉에서 도시산업부분(모군)의 명목임금은 거의 일정하게 유지되고 있는 반면, 실질임금은 실질노비가격과 아주 유사하게 상승과 하락의 순환 사이클을 보이며 장기적으로 하락하는 추세를 나타낸다. 이는 노비매매와 임노동고용이 서로 대체적이며 노비시장이 효율적이라는 점을 보여 준다. 〈그림 2〉에서 도시산업부분의 실질임금은 1700년을 기점으로 지속적으로 하락하고 있다. 이는 인구증가와 농민계층의 분화로 유민과 빈농층이 증가하면서 산업부분의 생산성이 지속적으로 하락하는 추세에 있다는 것을 나타낸다. 또한 실질임금의 하락은 유민화된 농민계층이 더욱 많은 임노동을 해야 생존할 수 있음을 나타내고 있다.

〈그림 3〉은 농업부분에서 노비가격 대비 생산성을 나타낸다. 노비가와 생산성의 비율이 일정하며 1에 근접한다면 노비가격이 시장에서 생산성을 그대로 반영하고 있다는 것을 알 수 있다. 그러나 〈그림 3〉에서 노비가/생산성 비율은 검정기간 동안 크게 변동하고 있고 1780~1790년에 급격히 상승하였다. 이러한 노비가격과 생산성의 비율이 급격히 변동하고 있다는 것은 노비가격이 농업부분의 생산성을 반영하고 있지 못한다는 사실을 나타낸다. 한편, 노비가/임금의 비율은 생산성

48) 정석종, 앞의 책, 1983; 이영훈, 앞의 논문, 1998.

비율보다 훨씬 안정적이며 1에 가깝게 변화하고 있어서, 노비가격이 임금과 서로 대체적이라는 사실을 보여 준다. 한편, 노비가/임금 비율과 노비가/생산성 비율이 아주 유사하게 변화하는데, 이를 통해 시장에서 임금이 생산성을 반영하고 있다는 것을 간접적으로 확인할 수 있다.

〈그림 3〉에서 노비가격과 임금이 하락하면 농업부분에서 생산성도 하락하고 있음을 알 수 있다. 이는 단순노동이 필요한 농업생산에서 생산성을 증대시키기 위해 노비노동과 같은 강제적인 노동방식(pain incentive)은 어느 한계점을 지나면 생산성이 오히려 하락하게 된다는 것을 보여 준다. 따라서 노비소유주는 노비 관리 비용을 줄이고 노비생산성을 증가시키기 위해 강제인센티브제에서 보상인센티브제로 노비의 관리 방식을 바꾼다. 하지만 보상인센티브제에서는 강제로 노동을 시키는 것보다 자율에 의한 노동계약제가 노비소유주의 이윤을 극대화시키게 되고 결국 노비소유주는 노비제(unfree work)보다는 노동계약제(labor contract)를 택하게 된다. 이러한 노동고용계약 방식의 변화는 곧바로 노비제도를 와해시키고 임노동시장을 등장시키는 시장 기능적인 역할을 하게 된다.

〈그림 4〉에서 인구는 1680~1710년의 감소기, 1711~1750년의 증가기, 1751~1790년의 안정기, 1791~1820년의 상승기, 1821~1860년의 완만한 하락기, 1861~1893년의 상승이라는 순환적 추세를 보이고 있다. 중요한 사실은 이러한 인구 변화의 추이가 생산성, 실질노비가격과 완전히 반대방향으로 움직이고 있다는 것이다. 이는 생산성과 노비가격의 변화에서 인구가 중요한 결정요인이라는 것을 의미한다. 인구 압력은 물가상승과 빈민층의 실업화를 통해 생산성의 하락과 노비의 실질가치 하락을 가져오는 추가적인 요인으로 작용하게 되었다. 주어진 토지면적에서 인구증가는 곡물수요를 상승시키는 반면, 곡물공급은 상당히 제한적일 수밖에 없었다. 왜냐하면 곡물생산은 주어진 경작면적에서 자연적 조건에 의존할 수밖에 없었으며 인구에 의한 노동력 증가로 곡물생산의 증가 요인은 그리 크지 않았다. 따라서 인구증가와 더불어 곡물의 초과수요가 상존하게 되고 곡물가격은 급등하게 된다. 주어진 경작면적에서 인구증가는 빈농층의 실업을 증가시키고, 일하지 못하게 되는 빈농민은 도시

주변부의 유민으로 유입되어 시장의 임노동자로 변화하거나 혹은 스스로 매매를 통해 노비로 전락하게 되는 과정을 겪게 된다. Brown · Hopkins는 16세기 유럽에서 인구 압력이 비숙련 노동자의 실질임금을 급격히 하락시키는 과정을 설명하고 있는데,[49] 조선후기에도 인구 압력이 생산성과 노비가격을 하락시키고 있다는 사실을 발견할 수 있다.

〈그림 1〉에서 〈그림 4〉까지를 바탕으로, 검정기간 동안 노비가격과 다른 경제변수의 상관관계를 다른 측면에서 재해석하면 흥미로운 몇 가지 사실을 추가적으로 발견할 수 있다. 첫째, 〈그림 1〉에서 노비가격과 미곡가의 상대가격은 노비생산성을 나타낸다. 즉, 실질노비가격의 하락은 노비생산성의 하락을 의미하며, 시장기능에 의한 노비가격 결정을 나타낸다. 둘째, 노비가격과 임금의 격차는 농업생산성과 산업부분의 생산성 격차를 나타내며, 노비가격의 상대적 하락은 농업부분의 생산성이 도시산업부분의 생산성보다 빠르게 하락한다는 것을 나타낸다. 즉, 〈그림 3〉과 〈표 2〉에 나타나듯이 1689~1750년까지 농업생산성은 감소할 뿐 아니라 상대적으로 도시산업부분의 생산성보다 더욱 하락하고 있다는 사실을 알 수 있다. 그러나 1750~1893년의 농업생산성은 도시산업부분 생산성보다는 빠르게 증가하고 있다. 셋째, 〈그림 2〉에서 임금과 미곡가격의 상대가격인 실질임금은 도시산업부분과 농업부분의 교역조건(TOT)을 의미한다. 왜냐하면 임금은 산업부분의 가격(모군의 비숙련노동가치)을 나타내며, 미곡가격은 농업부분의 가격을 나타내기 때문이다. 실질임금의 하락은 산업부분의 교역조건 악화를 나타내며 도시유민이나 빈농층들의 구매력 악화를 의미한다. 따라서 도시주변으로 몰려든 유민과 빈농층들의 생활수준이 더욱 어려워지고 있다는 사실을 나타낸다.

〈그림 4〉에서 인구증가는 생산성을 감소시켜서 간접적으로 노비가격을 하락시키고 노비제도를 와해시켰으며, 흥미로운 여러 경제적인 효과를 가져왔다. 조선후

49) Brown, P., and S. Hopkins., "Wage-rates and Prices: Evidence for Population Pressure in the Sixteenth Century", Economica, 1957, pp.289-306; "Builder's Wage-rates, Prices and Population : Some Further Evidence", Economica, 1959, pp.18-38.

기에 인구가 급격하게 증가하여 1689년에 1,589만 명에서 1750년에 1,865만 명으로 60년 동안 약 300만 명의 인구가 증가하였다. 이 시기의 인구증가가 가져오는 경제적 효과를 살펴보면 다음과 같은 특징을 발견할 수 있다. 첫째, 인구증가로 주요재화인 농산물의 수요가 상승한 반면, 농산물의 공급은 상당히 제한적일 수밖에 없었다. 왜냐하면 농산물의 생산은 주어진 경작면적에서 자연적 조건에 의존할 수밖에 없었으며, 인구증가로 인한 노동력의 증가는 곡물생산에 크게 영향을 미치지 못했기 때문이다. 따라서 농산물의 초과수요가 상존하게 되고 곡물가격은 급등하게 되었다. 둘째, 주어진 경작면적에서 인구증가는 빈농층의 실업을 증가시키게 되었다. 실업의 증가는 이 당시 사회변화 중의 하나인 노비의 도망, 태업, 저항 등과 함께 노비생산성을 하락시키게 된다. 셋째, 인구증가로 일하지 못하게 되는 빈농민은 농업부분에서 반발되어 도시주변의 유민으로 전락하여 실업상태에 있거나 아니면 시장에서 임금을 받고 일을 하는 임노동자로 변화하거나 혹은 스스로 매매를 통해 노비로 전락하게 되는 과정을 겪게 된다.

넷째, 곡물가격의 급등에 비해 인구증가는 노동의 실질가치를 하락시켜 노비의 실질가격을 하락시키게 된다. 따라서 노비의 실질가치는 급격히 하락하면서 더 이상 노동력을 제공할 수 있는 자산으로서의 가치를 상실하게 된다. 다섯째, 인구증가는 소농과 빈농층을 극심한 기아와 실업에 빠지게 하면서 빈농의 유민화라는 사회적 문제를 가져오게 된다. 이 시기에 정부는 이러한 상황을 타개하기 위해 여러 가지 빈민 보호정책과 소득재분배 정책을 본격적으로 시행하게 된다. 여섯째, 곡물가격이 상승하면서 토지가격 또한 상승하게 되는데 물가 상승이 지가 상승보다 크게 되어 지주와 상인들은 토지와 그 생산물의 매매를 통해 본격적으로 부를 축적하게 된다.[50)]

50) 상대가격과 물가변화에 대한 실증적 연구는 Glejser, H., "Inflation, Productivity, and relative Prices-A Statistical Study", Review of Economics and Statistics, 47, 1965, pp.76-80 참조.

5. 실질노비가격의 결정; 시장적 요인-임금, 생산성, 인구와 제도

실질노비가격은 화폐가치로 나타낸 노비가격을 물가로 나눈 값이며 실질노비가격의 변화는 노비가격과 물가변화의 괴리를 나타낸다.[51] 실질노비가격은 1700년대에 최고치를 이루다가 그 이외의 기간 동안에는 물가에 비해 상대적으로 감소하는 추세이다. 실질노비가격의 지속적인 하락은 이 시기 농민층의 분해와 노비제도의 해체를 밝혀 주는 중요한 단서가 된다.

노비제의 해체가 노비시장의 기능에 의해 설명되기 위해서는 먼저 노비가 임노동과 시장에서 대체적이어야 하며, 이 경우 실질노비가격은 임노동시장의 실질임금과 완전히 대체적이며 그 상관관계가 거의 1에 가까워야 한다. 또한 시장이 효율적이라면 노비의 실질가치가 노비의 생산성을 그대로 반영해야 한다. 시장에서 실질노비가격을 정확히 추정하기 위해 노비소유의 한계편익을 분석해야 하나 관리비용(monitoring cost)에 대한 자료를 구할 수 없어서, 여기에서는 한계편익(marginal benefit)을 생산성으로 나타내었다. 노비소유에 따르는 한계편익은 다음 절에서 차익거래 조건을 이용하여 실제로 측정해 본다. 또한 인구와 노비정책 변화가 실질노비가격에 미치는 영향을 고려하기 위해 실질노비가격, 임금, 생산성, 인구와 정책변화의 인과 관계를 중심으로 실증 분석해 본다.

노비제도가 노비시장의 기능에 의해 해체되었으며 노비시장이 효율적이라는 가설을 검증하기 위해 검정기간 동안 노비가격, 물가, 임금, 생산성, 인구의 3년 평균자료를 사용하였다. 실질 경제변수와 실질노비가격의 관계를 분석하기 위해 먼저 이들 경제변수의 시계열에 대해 단위 근 검정(unit root test)을 실시하였는데, 자료의 관측개수(n=34)가 적어서 검정결과의 설명력이 낮게 된다. 단위 근 검정결과에서 실질노비가격, 실질임금, 생산성, 인구성장률 등의 실질변수가 파라미터

---

51) 재화와 물가의 상대가격에 대한 것은 Lucas와 Park의 논문 참조(Lucas, R., "Some International Evidence on Output-Inflation Tradeoffs", American Economic Review, 63(3), 1973, pp.326-334; Park, R., "Inflation and Relative price Variability", Journal of Political Economy, 86(1), 1978, pp.79-95).

(drift)를 고려하지 않을 때 모두 안정적인 AR(1) 과정을 가지고 있었다. 단위 근 검정 결과와 Phillips-Perron 통계량(Zp)은 〈표 3〉에 나타나 있다. 〈표 3〉의 첫 번째 줄은 AR(1) 과정으로 실질변수를 추정하였을 때 추정된 회귀계수와 표준오차(standard error)이며, 둘째 줄은 파라미터(drift)를 고려하지 않을 때 Phillips-Perron 통계량(Zp)이다. Zp통계량의 임계치(critical value)는 5% 유의수준에서 관측개수(n)가 25~50일 때 -1.95이었다. 단위 근 검정결과가 합리적으로 수행되었는지를 확인하는 Box-Pierce 통계량(Q6)은 $\chi 2$-분포를 가지며 검정결과는 전통적인 유의수준에서 모든 시계열 추정이 합리적으로 수행되었다는 것을 보여 준다.

변수의 시계열이 안정적인 경우 전통적인 방법에 의한 추정결과가 가성적이지(spurious) 않으나 Ordinary Least Square(OLS) 추정기법은 오차항(residuals)이 자기상관관계(autocorrelation)를 보여서 불편 타당한(unbiased) 추정결과를 얻을 수 없었다.[52)]

〈표 3〉 실질변수의 단위 근 검정(Phillips-Perron 통계량-Zp)

변수	로그실질노비가	로그실질임금	로그생산성	인구성장률
AR(1) 계수 (표준오차)	0.6316 (0.1345)	0.7494 (0.1120)	0.4726 (0.1688)	0.7131 (0.1210)
Z_p	−2.7390*	−2.2375*	−3.1244*	−2.3710*
Box-Pierce χ^2	Q_6=5.30(0.3803)	Q_6=5.60(0.3470)	Q_6=4.73(0.4494)	Q_6=6.46(0.2041)

*는 5% 유의수준에서 유의적이다.

이를 해결하기 위해 자기상관관계를 고려한 Newey-West 기법을 사용하였으며, 그 추정식은 식(1)과 같다.

$$LPS_t = a_0 + a_1 LWG_t + a_2 LPD_t + a_3 GPP_t + a_4 SRG_t \qquad (1)$$

52) 식(1)의 OLS 오차항이 자기상관(auto-correlation)을 보이고 있다.

여기서 LPS는 실질노비가의 자연로그이며, LWG는 실질임금의 자연로그 값이다. LPD는 생산성의 자연로그이며, GPP는 인구성장률을 나타낸다. SRG는 노비정책 변화를 나타내는 더미(dummy) 변수로, 종천법이 시행되던 시기에는 1, 그 외의 시기에는 0의 값을 부여하였다.

노비시장이 효율적이었다는 것을 보여 주기 위해 먼저 노비가 임노동과 시장에서 대체적이어야 하는데, 이 경우 실질노비가격은 임노동시장의 실질임금과 완전히 대체적이며 그 상관관계가 거의 1에 가까워야 한다. 따라서 a1은 정(+)의 값이며 그 크기는 1이다. 만약 시장이 효율적이라면 노비의 실질가치가 노비생산성을 그대로 반영해야 하며 a2는 정(+)의 값이다. 빠른 인구증가율은 유민과 빈농층을 증가시켜서 생산성을 하락시키므로 a3는 음(-)의 부호를 나타낸다. 마지막으로 종천법이 시행되면 노비공급이 증가하여 노비가치가 하락하게 되므로 a4는 음(-)의 부호를 가진다.

〈표 4〉에서 주요 숫자는 Newey-West 기법에 의해 추정된 회귀계수이며, 계수 밑 괄호 안의 값은 t-통계량이다. 여기서 실질노비가격, 실질임금, 생산성은 모두 자연로그 값이어서 회귀계수는 각 독립변수가 실질노비가격에 미치는 탄력성을 나타낸다. 한편, 생산성은 경제에서 실질임금과 인구변화에 의해 영향을 받을 수 있는 내생성(endogeneity)을 가지고 있어서 미리 생산성을 실질임금과 인구변화에 대해 회귀분석을 한 다음 생산성의 추정잔차를 식(1)에서 생산성의 대용변수로 사용하였다. 식(1)의 Newey-West 추정에서 실질임금이 포함되었을 경우와 그렇지 않을 경우 추정결과의 차이를 보여주기 위해 여러 가지 추정모형을 사용하였다. 추정결과를 보면, 실질노비가격의 결정에서 실질임금의 포함여부가 모형의 설명력(R^2)을 크게 변화시키고 있다는 사실을 알 수 있다. 실질임금, 생산성, 인구성장률 등 실질변수와 실질노비가격의 관계는 모형의 설명력(R^2)이 상대적으로 높아서 실질경제변수가 실질노비가격에 장기적이고 유의적인 영향을 미치고 있음을 알 수 있다.

〈표 4〉 실질노비가격의 Newey-West 추정결과: 1689~1789년

상수	로그 실질임금	로그 생산성	인구 성장률	노비제도	비 고
0.8940 (2.30)*	0.7744 (3.16)*	−0.1557 (−0.45)	−4.7656 (−1.24)	−0.2611 (1.87)	adj. R2=0.5750 D.W.=1.9289, MSE=0.1113
0.5667 (1.65)	1.0313 (5.09)*	−0.0281 (−0.08)			adj. R2=0.5308 D.W.=1.9430, MSE=0.1187
2.0952 (22.57)*		−0.4563 (−1.15)	−0.9473 (−2.77)*	−0.5055 (−3.16)*	adj. R2=0.4346 D.W.=1.8109, MSE=0.1481
0.6507 (1.90)*	0.9275 (4.30)*	−0.1596 (−0.45)		−0.1942 (−1.29)	adj. R2=0.5558 D.W.=1.9597, MSE=0.1164

*는 5% 유의수준에서 유의적이다.

Newey-West 추정결과에서 실질임금이 실질노비가격에 미치는 효과는 통계적으로 유의적이며 정(+)의 효과를 갖는다. 흥미로운 점은 여러 가지 설명변수를 서로 다르게 포함하는 세 가지 추정모형에서 모두 a1의 크기가 거의 1에 가깝게 나타나서 실질임금과 실질노비가격은 서로 대체적이며, 노비시장은 신분제 사회에서 노동시장의 대안으로 발달하고 있었다는 사실이다. 임금이 노비가격에 비해 저렴하다면 노비를 매매하는 대신 임노동자를 사용하고, 노비가격이 임금에 비해 싸다면 노비를 사용했을 것이다. 인구증가로 인한 빈민 농민층의 유민화, 실업화 현상은 노동시장을 발달하게 하고, 이러한 노동시장의 발달은 노비제의 와해를 촉진시켰다.

생산성이 실질노비가격에 미치는 효과(a2)는 통계적으로 유의적이지 못했으며 부호도 예측과 다르게 나타났다. 이는 실질노비가격이 시장에서 생산성을 크게 반영하지 못하고 있다는 것을 의미한다. 이 같은 결과는 〈그림 3〉에서도 나타나 있듯이, 노비가는 생산성을 반영하지 못하고 반면에 임금은 시장에서 생산성을 그대로 반영하고 있다는 것을 알 수 있다. 이는 노비가격 모형의 추정에서 실질임금이 이미 생산성의 효과를 상당부분 포함하고 있어서 그런 것으로 추정되나 여전히 의문점이 남는 부분이며, 향후의 연구과제로 남겨 둔다. 인구성장률도 실질임금을 모형에서 고려했을 때 실질노비가격에 미치는 효과(a3)가 통계적으로 비유의적이었다. 이는

인구 변화가 빈농층을 증가시켜서 생산성을 하락시키고 노비가격을 하락시켰다는 기존 연구와는 전혀 다른 결과이다. 인구증가는 농업부분과 도시산업 생산성을 감소시키지만 앞에서 설명했듯이 생산성이 노비가격으로 체화되는 연결고리가 불명확하다. 기존 연구에서 인구증가는 곡물수요를 증가시키지만 곡물공급은 비탄력적이어서 곡물가격과 물가 상승을 가져온다. 또한 인구증가는 주어진 토지면적에서 경작할 수 없는 빈농층의 실업과 유민화를 가속화시켜서 생산성과 노동의 실질가치를 떨어뜨리게 된다. 이 결과 실질노비가격은 하락하게 된다. 노비정책의 효과(a_4)는 실질임금이 노비가격의 추정모형에 포함될 때 통계적으로 유의적이 아니었다. 그러나 실질임금이 설명변수가 아닐 때 노비정책의 효과는 한계적으로 유의적이었다. 이는 노비정책에서, 종천법의 실시가 노비공급을 증가시켰으며 이러한 노비공급의 증가는 노비가격을 하락시켰을 것이라는 기존 연구의 추론과 정반대의 결과이다.

노비가격의 실증분석에서 발견할 수 있는 몇 가지 중요한 사실은 다음과 같다. 첫째, 기존 연구가 추론하고 있는 것처럼 생산성과 노비가격의 관계는 존재하지 않는다. 그러나 생산성과 임금의 관계는 아주 유의적이었다. 둘째, 기존 연구처럼 인구증가는 유민과 빈농층을 증가시켜서 노동공급을 확대하고, 생산성을 감소시킴으로써 노비가격을 하락시킨 것이 아니었다. 따라서 기존 연구와 달리 노비수요 감소, 임노동 공급확대 등이 노비가격에 미치는 효과는 그리 크지 않고 대신에 노비가격은 다른 시장 기능적인 요인, 즉, 임금과 대체성, 자매노비의 증가 등에 의해 영향을 받고 있는 것으로 나타났다.

6. 노비시장의 효율성 추정

1) 노비의 관리비용과 편익에 대한 측정

잦은 민란, 빈농층의 증가, 양인의 농업에서의 이탈, 노비의 성장, 자매노비의 거래 증가 등은 이 당시 신분제의 동요를 단적으로 보여 준다. 이러한 신분제의 동요로 노비를 관리하는 비용(monitoring cost)이 증가하면서 노비수요를 감소시키고 노비제의 해체에 결정적인 역할을 했다는 것이 기존 연구의 추론이다. 여기에서는 실제 자료를 이용하여 노비의 관리비용과 보유편익을 측정해 보고, 노비의 보유편익이 기존 연구의 추론과 같이 검정기간 동안 급격히 감소하고 있는지를 분석해 본다.

앞의 자료를 사용하여 노비의 관리비용과 보유편익을 직접적으로 측정할 수 없지만 간접적으로 시장 차익거래 조건을 이용해서 측정할 수 있다. 만약 시장이 효율적이라면 노비를 매입할 때 들어가는 비용과 노비를 매입했을 때 얻을 수 있는 한계편익이 같아야 한다. 노비의 매입에 들어가는 한 기간 동안의 금융비용은 노비가격에 이자율을 곱해 준 값이다. 반면 노비의 한계편익은 노비를 매입해서 얻을 수 있는 한계생산가치와 노비의 자산이익(capital gain)을 더한 값에서 노비의 관리비용(monitoring cost)을 뺀 값이다. 즉,

$$r\,PS_t = \lambda_t + \dot{PS}_t \qquad (2)$$

여기에서 PS는 노비가격이며 r은 이자율이다. $\lambda_t = MP_L PR_t - C_t$는 노비매입으로 인한 배당이익(dividend)이며, $\dot{PS}_t$은 노비가격 변동률이며 자산이익(capital gain)이다. MP_L는 노비생산성이며, PR_t는 미곡가격(물가), $MP_L PR_t$는 노비의 한계생산가치를 나타낸다. 그리고 C_t는 노비의 관리비용(monitoring cost)이다.

식(2)를 추정한 실제 차익거래조건은 〈그림 5〉에 나타나 있는데, 1707~1720년을 제외하고 노비로부터 얻을 수 있는 한계편익과 한계가치가 거의 동일하게 움직이고 있다는 사실을 발견할 수 있다. 이는 노비시장이 충분히 효율적이어서 노비의 금융비용과 노비의 한계편익이 같아지며, 시장에서 이러한 균형이 성립되도록 차익거래(arbitrage)가 발생한다는 것을 의미한다. 시장의 차익거래조건 식(2)를 이용하면 노비의 한계편익과 한계가치의 차이는 차익거래에 따르는 거래비용 또는 노비 관리비용(monitoring cost), $C_t = MP_L PR_t + \dot{PS}_t - r\,PS_t$이며 실제 자료를 이용하여 측정할

수 있다. 노비 관리비용(monitoring cost)은 〈그림 6〉에 자세히 나타나 있다. 〈그림 6〉에서 노비 관리비용은 화폐가 유통되고 노비매매가 증가하면서 초기에 증가했으나 점차 시장이 발달하면서 1780년대를 제외하고는 검정기간에 걸쳐 일정한 수준의 크기를 유지하고 있는 것으로 나타난다. 시장이 발달하면서 노비 관리비용이 일정하게 유지되고 있다는 점은 이 시기 신분제의 동요로 노비의 자기의식이 증가하여 노비 관리비용이 증가했을 것이라는 기존 연구의 추론과 정반대의 결과를 가져온다. 이는 노비제 해체의 한 원인으로 신분제의 불안이나 노비의 자의식 변화 등의 사회 · 제도적 원인보다는 노비시장 기능의 발달을 들 수 있다.

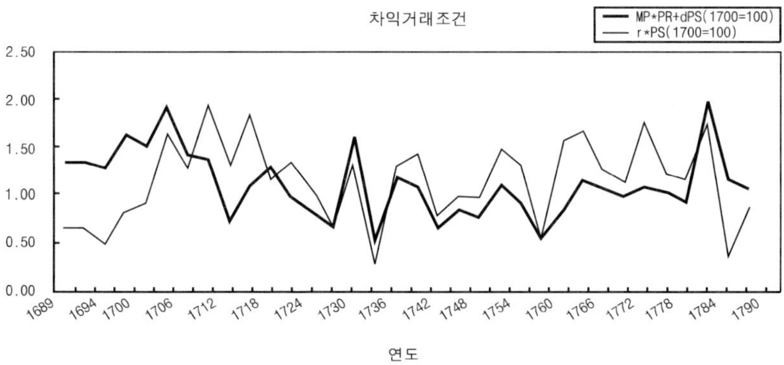

〈그림 5〉 차익거래 조건(1689~1789년)

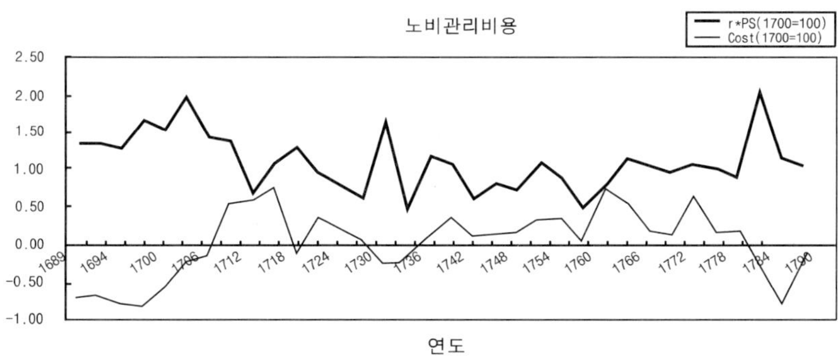

〈그림 6〉 노비 관리비용의 변화(1689~1789년)

노비의 관리비용을 측정하고 난 다음의 문제는 노비 관리비용이 검정기간 동안 추세가 있는지, 불안정한 과정을 가지고 있는지, 혹은 균형으로 회복하려는 성질이 있는지를 판단하는 것이다. 노비 관리비용의 변화를 살펴보기 위한 추정은 다음 식(3)과 같다. 식(3)에서 t는 추세를 나타내는 시간변수이고, et는 추정오차이며 백색잡음(white noise)이라고 가정한다.

$$C_t = b_0 + b_1 t + b_2 C_{t-1} + e_t \qquad (3)$$

식(3)을 이용하여 노비 관리비용의 추세를 Newey-West 기법으로 추정한 결과는 〈표 5〉에 나타나 있다. 식(3)에서 노비 관리비용이 기간에 걸쳐 증가했다는 추론을 검증하기 위해 추세를 나타내는 시간변수(t)를 사용하였으며, 또한 균형으로 회복되는(mean reverting) 성질이 있는지를 살펴보기 위해 과거 비용변수를 포함시켰다.

〈표 5〉 노비 관리비용(monitoring cost) 추정: 1689~1789년

종속변수 : $C_t = MP_L PR_t + \dot{PS}_t - rPS_t$				
변수	회귀추정계수	표준오차	t-통계량	확률
상수	−1.5182*	0.7747	−1.96	0.0595
t	0.0303	0.0257	1.18	0.2492
C_{t-1}	0.5534*	0.1434	3.86	0.0006
adj. R2=0.5191, Root MSE=1.0576, D.W.=2.156, C.V.=−45.3457				

*는 5% 유의수준에서 유의적이다.

〈표 5〉의 추정결과는 노비 관리비용에서 추세를 나타내는 시간변수가 통계적으로 유의적이지 못했다. 이는 노비의 관리비용이 시간에 따라 증가하는 것이 아니라 일정한 수준을 유지하고 있다는 것을 의미한다. 과거변수는 통계적으로 유의적이었으며 그 크기가 1보다 훨씬 작게 나타났다. 이는 관리비용이 자기상관을 보이고 있으나 균형으로 회복하려는 성질(mean reverting)을 가지고 있다는 것이다. 이 같은 실증결과는 〈그림 6〉에서 나타난 노비 관리비용의 변화패턴에 의해 강하게 지지되고 있다. 노비 관리비용은 시장이 발달하면서 초기 일시적으로 상승한 후에

추세는 없고 검정기간에 걸쳐 일정한 수준의 크기를 유지하고 있는 것으로 나타난다. 이는 조선후기 노비의 자기의식 발달로 인해 노비 관리비용이 꾸준히 증가했을 것이라는 기존 연구와 정반대의 결과이다.

2) 노비매매, 자매와 노비가격

노비시장의 기능을 분석하면서 남아 있는 의문점은 자매노비 매매가 노비시장의 기능을 활성화시키는 신호(signal) 기능을 가지고 있는가 하는 점이다. 결론부터 말하면 자매노비의 매매 증가는 노비가격의 변화를 통해 노비시장의 기능을 효율적으로 유도하고 있다는 것이다. 자매노비의 시장기능에 대해 구체적으로 분석하기 위해서는 보다 충분한 자료와 문헌조사가 필요하다. 여기에서는 뒤의 〈부록 표 1〉에 나타난 자매노비의 매매에 대한 단순한 자료를 가지고 자매노비의 시장기능을 서술적으로 분석해 보고자 한다.

〈표 6〉 총 노비매매 대비 자매노비 매매 건수와 비율: 1689~1893년

연도	노비매매 건수		자매노비 매매비율(%)	노비가격 변화율(%)	임 금 변화율(%)	인 구 변화율(%)
	자매	전체				
1689-1710	0	36	0	0.14	0.05	−0.3
1711-1750	0	54	0	−1.48	0.07	0.5
1751-1790	5	41	12	1.63	0.50	−0.1
1791-1820	9	36	25	−3.17	−0.43	0.18
1821-1860	3	48	6.4	3.78	0.10	−0.05
1861-1893	8	12	67	−0.64	−0.19	0.06
전 기간	25	227	11	0.201	0.04	0.03

* 노비매매 자료: 〈부록 표 1〉에서 발췌.
* 임금 자료: 박이택(2004)이 『의궤』에서 발췌한 자료를 재인용.
* 인구 자료: 권태환 · 신용하(1977) 자료를 재인용.

〈표 6〉에서 자매노비의 매매는 1767년에 처음으로 나타나며 자매 노비매매 건수는 1751~1790년의 총 노비매매 건수 41건 중에서 5건으로, 자매노비 매매비율은 12%이었다. 1791~1820년에는 총 노비매매 건수 36건 중 9건으로 그 비율이 25%로

증가하였다. 1821~1860년에는 총 노비매매 건수 48건 중에서 3건으로 그 비율이 6.4%로 낮아졌으나, 1861~1893년에는 총 노비매매 건수 12건 중 8건으로 그 비율이 67%로 급격히 증가하였고, 1894년에는 노비제도가 완전히 폐지되었다.

자매노비의 매매비율에 따라 노비가격의 변화를 살펴보면, 흥미로운 사실을 발견할 수 있다. 그것은 자매노비의 매매건수와 비율이 증가하면 노비가격이 정반대 방향으로 하락하고 있다는 것이다. 특히, 자매노비의 거래가 자주 나타나기 시작하는 1700년대 후반부터 이러한 자매노비 매매와 노비가격의 역관계 현상은 두드러진다. 1791~1820년에 자매노비 매매비율이 25%로 증가할 때 노비가격은 연평균 -3.17%로 감소하였고, 1821~1860년 자매노비의 매매비율이 6.4%로 낮아졌을 때 노비가격은 3.78%로 증가하였다. 또한 1861~1893년에는 자매노비의 매매비율이 67%로 급격히 증가할 때 노비가격은 -0.64%로 감소하였다. 결국 전체 노비거래에서 자매노비의 매매비율이 증가할수록 노비가격은 하락하는 음(-)의 효과가 나타나고 있다. 〈그림 7〉은 이러한 노비가격과 자매노비의 매매비율의 역 관계를 나타내고 있는데, 기간별로 자매노비의 매매비율이 높을수록(낮을수록), 노비가격은 하락(상승)하고 그 변동성은 급증하는 것으로 나타났다.

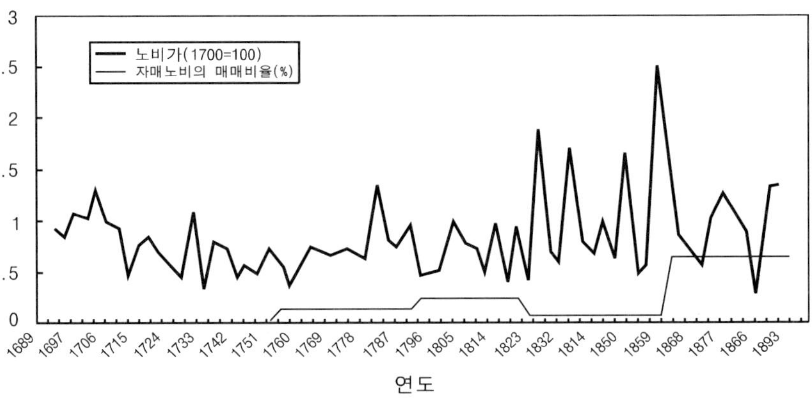

〈그림 7〉 자매노비의 거래비율(1689~1893년)

한편, 자매노비와 임금 간의 관계를 나타내는 〈표 6〉에서 자매노비의 매매비율이 증가할수록 임금은 하락하는 것으로 나타났다. 김재호가 추론했듯이 인구증가는 유민과 빈농층을 증가시켜서 빈곤과 생활 곤궁으로 인한 자매노비의 매매를 증가시키는 중요한 원인이 된 것 같다.[53]

결론적으로 자매노비의 매매는 시장에서 가격신호의 기능을 가지고 있으며 자매노비의 매매 비율이 증가할수록 노비가격과 임금은 하락하는 것으로 나타났다. 이는 자매노비 매매가 증가할수록 임노동 공급이 확대되고 노비수요가 감소되었다는 기존 연구의 추론을 간접적으로 입증하는 것이다. 하지만 노비의 자기성장과 관리비용이 증가해서 노비수요가 감소했다는 기존 연구의 추론은 반대로 입증되었다. 또한 인구증가는 생산성을 하락시키나 생산성과 노비가격의 관계는 불분명하다. 노비정책 변화는 기존 연구와 달리 노비가격과 시장에 유의적인 영향을 미치지 못했으며, 노비제도의 와해는 1894년 갑오개혁 이전에 시장기능에 의해 시작되었음을 알 수 있다.

다음으로, 노비매매가 증가하면 노비인구가 줄어들고 노비제가 해체되었을까? 하는 점이 의문이다. 이를 살펴보기 위해 기간별 노비매매 건수와 노비인구 비율의 변화를 〈표 7〉에 비교 정리해 보았다. 노비매매는 조선중기까지 고문서의 소실 등으로 자료가 충분하지 않을 수도 있으나 토지매매와 같이 실제 노비의 매매가 많이 이루어지지 않았을 것으로 생각된다. 〈부록 표 1〉의 노비매매 자료를 발췌한 동일한 사료를 사용하여 1423~1690년까지 노비매매 건수를 분석하였는데 노비매매 건수는 총 44건에 그치고 있어서 이 시기 노비매매는 많이 이루어지지 않았다는 것을 보여 준다. 하지만 1690년 이후 시장이 발달하면서 노비매매가 급격히 증가하고 있으며, 기간에 따라 전체 인구에서 노비가 차지하는 비율도 점차 감소하고 있다는 것을 알 수 있다. 이는 노비시장의 기능과 노비매매 활성화가 노비인구 비율을 감소시키고 있다는 사실을 간접적으로 파악할 수 있다.

---

53) 김재호, 앞의 논문, 2005.

〈표 7〉 조선후기 노비매매 건수와 노비인구 비율(1423~1893년)

연도	노비/전체인구 비율(%)		노비매매 건수
	戶	口	
1423-1500	37.1	43.1	1
1501-1600			15
1601-1689			28
1690-1732	26.6	32.4	73
1733-1782	5.0	15.9	62
1783-1858	1.5	31.3	81
1859-1893			12
전 기간	17.6	30.7	272

* 노비인구 비율: 이영훈(1998)에서 재인용.
* 노비매매 자료: 〈부록 표 1〉에서 발췌.

7. 맺음말

이 연구는 시장이 발달하는 1689년부터 노비제도가 해체되는 1893년까지 약 200년간 노비가격의 장기시계열 자료를 구축하여, 지금까지 시도되지 않았던 노비의 시장기능 측면을 분석하고 있다. 이를 위해 다양한 노비매매 문서를 분석하였고, 노비시장의 특성과 노비가격의 변화가 임금과 생산성 등 시장변수에 의해 설명될 수 있는지를 살펴보았다. 이 시기 노비는 신분제 사회에서 임노동을 대체하는 성격을 가지고 있으며, 자매노비의 매매는 이러한 노비시장의 기능을 보여 주는 신호로 해석된다. 또한, 노비시장이 충분히 효율적이라면 노비매매에 차익거래가 발생하며, 차익거래의 균형조건을 이용하여 노비의 관리비용을 실제로 측정할 수 있었다. 기존 연구와 달리, 측정된 관리비용은 노비의 자기의식 발달과 더불어 일시적으로 증가하였으나 다시 일정한 수준으로 회복되고 있었다. 노비정책의 변화는 노비시장과 가격에 유의적인 영향을 미치지 않는 것으로 나타났다. 이 같은 결과는 노비를 신분제의 문제 틀 속에서 분석하기보다는 시장 기능적인 측면에서 분석하였기 때문으로 생각된다. 따라서 노비제도의 와해는 1894년 갑오개혁 훨씬 이전에 시장기능에 의해 해체과정을 거쳐 왔다는 사실을 확인할 수 있었다.

이 연구는 노비에 대한 기존 연구의 추론을 반박하는 실증결과를 제시하고 있다.

첫째, 기존 연구의 추론 - 인구증가는 유민과 빈농층을 증가시키고 임노동 공급을 확대해서 노비수요를 감소시켰다. 하지만 이 추론은 임노동과 노비가 서로 시장에서 대체적이라는 근거를 전혀 제시하지 않은 상태에서 하고 있다. 여기에서는 노비와 임노동이 신분제 사회에서 서로 완전 대체적이라는 실증결과를 제시하고 있다.

둘째, 기존 연구의 추론 - 노비가격은 시장에서 생산성을 반영하며 인구증가와 유민의 증가는 생산성과 노비가격의 하락을 가져왔다. 여기에서는 도시산업부분의 임금은 생산성을 정확하게 반영하나 농업부분의 노비가격과 생산성은 서로 연관성이 없으며 두 변수의 연결고리에 대한 의문점이 여전히 남아 있다.

셋째, 기존 연구의 추론 - 신분제가 동요되면서 노비 관리비용이 증가하고 노비수요가 감소되었다. 여기에서는 노비시장이 효율적이라서 노비와 임노동시장 간에 차익거래가 이루어지며, 그 결과 검정기간 동안 노비 관리비용이 일정한 것으로 추정되었다.

넷째, 기존 연구의 추론 - 노비정책 변화가 노비신분과 노비공급에 영향을 미쳐서 노비가격을 하락시키는 원인이 되었다. 여기에서는 실제 노비정책의 변화는 노비시장과 노비가격에 거의 영향을 미치지 못하는 것으로 나타났다.

다섯째, 기존 연구의 추론 - 노비계약과 인센티브의 변화로 인해 노비수요가 감소하고 노비제가 와해되었다. 여기에서는 노비계약은 시장기능에 의해 파레토 안정상태(pareto-stable)를 추구하는 과정에서 노동계약으로 수정되었으며, 효율성 측면에서 노비노동보다 노동계약이 더욱 효율적이었다.

노비계약의 시장 기능적 의미는 다음과 같다. 노비는 단순한 노동형태인 농업노동에 사용되었는데, 단순작업노동(work-effort labor)에서 생산성을 증가시키기 위한 인센티브 중 하나는 강제노동방식(pain incentive)이었다. 하지만 이러한 강제노동방식에서는 노동생산성이 어느 한계에 도달하면 노비들이 더 이상 열심히 일하지 않으려는 파레토 안정상태에 도달하게 된다. 강제노동방식에서 노비소유주가 노비의 생산성을 높이기 위해 강제적으로 일을 시키게 되면 노비의 태업과 저항 등으로 오히려 생산성이 하락하게 된다. 이에 따라 소유주의 노비 관리비용(monitoring cost)은 더욱 증가하고, 노비생산성은 추가적으로 하락하게 되는 과정이 발생한다. 노비의 관리비용은 증가하는 반면 노비생산성은 떨어지면서 노비소유로 인한 한계편익(marginal benefit)은 줄어들고 노비의 실질가치는 하락하게 된다. 노비소유주는 노비의 관리비용을 줄이고 생산성을 증가시키기 위해서 강제인센티브제(pain incentive)에서 보상인센티브제(reward incentive)로 전환하게 되지만 보상인센티브제에서는 노비제(unfree work)보다는 노동계약제(labor contract)가 파레토 최적(pareto optimal)이 된다. 결국 시장에서 파레토 최적을 위한 노비계약은 신분제 사회에서 점차적으로 노동계약제로 대체되며 결국 노비제가 사라지게 되는 것이다.

〈부록 표 1〉 1689~1893년 奴婢価 자료

내용 / 연대	노비수(연령)		가 격		자료 번호	출 전	기타
	노	비	1口価	총 가			
1689-02(숙종 15)	2(24,29)		錢 35	銀 28냥	729	慶古集(權)	
1690-05(숙종 16)	1(?)	6(?)	錢 40	銀 100냥	4	義城金古	
1692 (숙종 18)	2(?)	3(73, ?)	錢 11.8	錢 50냥	238071	奎古	
1693 (숙종 19)	1(12)		錢 26.7	錢 20냥	238083	奎古	
1693-04(숙종 19)		1(15)	銀 17.3	銀 13냥	23	嶺古集2(獨)	
1694-02(숙종 20)		2(11,34)		正木 17필, 大牛 1	5	扶安金古	
1696 (숙종 22)	1(27)		錢 15	錢 15냥	238084	奎古	
1696 (숙종 22)	2(9,21)	2(13,48)	錢 5.7	錢 20냥	238076	奎古	
1696-02(숙종 22)	1(37)		銀 10	銀 10냥	730	慶古集(孫)	
1696-05(숙종 22)		1(15)	錢 30	錢 30		慶州崔古	
1696-10(숙종 22)		3(2,6,31)	錢 18.8	京錢 47냥	25	海南尹古	
1697-01(숙종 23)		1(18)	錢 20	錢 20냥	8	義城金古	
1697-02(숙종 23)	1(18)		錢 20	錢 20냥	731	慶古集(孫)	
1699-05(숙종 25)	1(14)		錢 24	錢 18냥	732	慶古集(權)	
1699-12(숙종 25)		1(31)	銀 18	銀 18냥	1	天理大古	
1700 (숙종 26)	1(26)		錢 20	錢 20냥	238087	奎古	
1700 (숙종 26)	1(5)	1(40)	錢 28.6	錢 50냥	238095	奎古	
1700 (숙종 26)		1(15)	錢 26.7	錢 20냥	207779	奎古	
1701 (숙종 27)		1(13)		錢 40냥	238053	奎古	
1701 (숙종 27)	1(8)	3(13,24,46)	錢 14.3	錢 50냥	234698	奎古	
1701 (숙종 27)	1(45)		錢 10	錢 10냥	238081	奎古	
1701-02(숙종 27)	1(13)		錢 13.3	錢 10냥	7	扶安金古	
1702-04(숙종 28)	2(3,14)	4(3,28,31,54)		錢 20, 租 全20석	26	海南尹古	
1703 (숙종 29)	1(41)	1(39)	錢 20	錢 40냥	238090	奎古	
1703-10(숙종 29)	2(43,47)		錢 30	錢 60냥	27	海南尹古	
1704-02(숙종 30)	1(24)	1(13)	錢 14.3	錢 25냥	8	扶安金古	
1705 (숙종 31)	1(14)	1(21)	錢 40	錢 70냥	207763	奎古	
1705 (숙종 31)		1(21)	錢 40	錢 40냥	167794	奎古	
1705-03(숙종 31)	1(13)		錢 20	錢 15냥	28	海南尹古	
1707-01(숙종 33)	2(4,30)	3(7,25,33)	錢 15.6	錢 70냥	19	海南尹古	
1708-12(숙종 34)		1(17)	錢 20	錢 20냥		光山金古	
1709 (숙종 35)	1(7)	2(16,44)	錢 10.9	錢 30냥	238094	奎古	
1710-*7(숙종 36)		1(7)		錢 21냥		京都大古	
1710 (숙종 36)	1(28)		錢 20	錢 20냥	134998	奎古	
1710-01(숙종 36)	1(29)	1(3)	錢 10.3	錢 18냥	28	載寧李古(1)	
1710-01(숙종 36)	1(29)	2(?)	錢 6.6	錢 18냥	733	慶古集(李)	
1711 (숙종 37)		1(11)	錢 26.7	錢 20냥	238059	奎古	
1712 (숙종 38)	4(4,12,23,51)	1(9)	錢 7.1	錢 30냥	222417	奎古	
1713-04(숙종 39)	2(7, 5)	1(34)		錢 45냥	2-1	天理大古	
1713 (숙종 39)	1(75)		錢 26.7	錢 20냥	234257	奎古	
1713 (숙종 39)		3(6,9,38)	錢 14	錢 35냥	71175	奎古	
1713 (숙종 39)	4(21,48,61,?)		錢 7.5	錢 30냥	229033	奎古	
1715 (숙종 41)	1(41)		錢 9	錢 9냥	238089	奎古	
1716 (숙종 42)	2(5,12)	3(9,16,43)		錢 60냥	2	慶州崔古	
1716 (숙종 42)	1(13)		錢 22.7	錢 17냥	150343	奎古	
1716 (숙종 42)	2(18,30)	2(62, ?)	錢 20	錢 80냥	238066	奎古	

〈부록 표 1〉 계속

연대 \ 내용	노비수(연령)		가 격		자료 번호	출 전	기타
	노	비	1口價	총 가			
1717 (숙종 43)	1(?)		錢 11	錢 11냥	238045	奎古	
1717 (숙종 43)		1(26)	錢 40	錢 40냥	238029	奎古	
1718 (숙종 44)	2(5,15)	2(11,33)	錢 7.7	錢 25냥	238091	奎古	
1718 (숙종 44)	1(1)	1(22)	錢 7.4	錢 13냥	238092	奎古	
1718-01(숙종 44)	1(13)		錢 20	錢 15냥	30	海南尹古	
1719-10(숙종 45)	1(19)	2(12,19)		錢 60냥	3	龍山書院古	
1719 (숙종 45)		1(62)		正租 25두	238025	奎古	
1720 (숙종 46)		1(18)	錢 25	錢 25냥	224197	奎古	
1720-08(경종 00)	2(4,7)	2(10,37)	錢 8.6	錢 28냥	31	海南尹古	
1721-01(경종 01)	1(?)		錢 18	錢 18냥	52	海南尹古	
1723 (경종 03)	1(12)	1(31)	錢 8.6	錢 15냥	127186	奎古	
1723 (경종 03)	1(3)	3(11,29,35)	錢 5.7	錢 20냥	207769	奎古	
1723 (경종 03)	1(19)		錢 5	錢 5냥	207755	奎古	
1724-02(경종 04)	1(25)			錢 13냥	3	豊山柳古	
1724 (경종 04)	1(?)		錢 8	錢 8냥	135031	奎古	
1724 (경종 04)	1(1)	2(6,27)	錢 6.4	錢 16냥	207768	奎古	
1724 (경종 04)	1(2)	1(25)	錢 9.1	錢 16냥	238021	奎古	
1724-07(경종 04)	1(1)	1(28)	錢 17.7	錢 31냥	35	海南尹古	
1725 (영조 01)	3(?)	4(?)	錢 11.2	錢 70냥		慶古集(孫)	
1725 (영조 01)	1(3)	2(8,39)	錢 8	錢 20냥	207736	奎古	
1727-12(영조 03)	3(10,15,17)	2(7,39)	錢 8.2	錢 35냥	34	海南尹古	
1728 (영조 04)		3(2,4,28)	錢 10	錢 25냥	83151	奎古	
1728-09(영조 04)		2(2,29)	錢 11.4	錢 20냥	33	海南尹古	
1728-10(영조 04)	3(?)	11(?)	錢 4.1	錢 50냥	32	海南尹古	
1730 (영조 06)	1(3)	1(27)	錢 22.9	錢 40냥	82365	奎古	
1731 (영조 07)		1(12)	錢 18.7	錢 14貫	222415	奎古	
1732 (영조 08)		1(17)	錢 20	錢 20냥	136654	奎古	
1734-08(영조 10)	1(7)	2(?, 34)		錢 18냥	3	晉陽河古(雲)	
1734 (영조 10)	1(6)	1(30)	錢 8.6	錢 15냥	207760	奎古	
1735 (영조 11)	3(2,10,20)	2(26,52)	錢 3.8	錢 17냥	232837	奎古	
1736 (영조 12)		1(17)	錢 14	錢 14냥	222416	奎古	
1736-12(영조 12)	1(?)		錢 6	錢 6냥	9	義城金古	
1737 (영조 13)		1(17)	錢 20	錢 20냥	136552	奎古	
1739-01(영조 15)	1(20)		錢 12	錢 12냥	40	嶺古集2(獨)	
1740 (영조 16)		1(18)	錢 20	錢 20냥	207781	奎古	
1741 (영조 17)	1(1)	1(22)	錢 8.6	錢 15냥	207774	奎古	
1741-02(영조 17)	2(?)	3(?)		錢 50냥		勝聽明錄	
1742 (영조 18)	3(5,29,41)	5(4,8,23,32,61)	錢 5.1	錢 37냥	238093	奎古	
1743 (영조 19)		1(20)	錢 10	錢 10냥	238022	奎古	
1743-02(영조 19)		1(26)	錢 12	錢 12냥	41	嶺古集2(獨)	
1745-10(영조 21)	1(21)		錢 8	錢 8냥	29	載寧李古(1)	
1746-01(영조 22)		3(3,7,39)	錢 6	錢 15냥	32	嶺古集2(獨)	
1746 (영조 22)		1(18)	錢 18	錢 18냥	167793	奎古	
1746 (영조 22)		1(11)	錢 17.3	錢 13냥	157598	奎古	
1747 (영조 23)		1(25)	錢 10	錢 10냥	238035	奎古	
1749 (영조 25)		1(26)	錢 10	錢 10냥	167790	奎古	
1749 (영조 25)	1(12)	2(2,37)	錢 8	錢 20냥	155833	奎古	
1750 (영조 26)		3(12,16,39)	錢 10.2	錢 28냥	234695	奎古	

〈부록 표 1〉 계속

연대 \ 내용	노비수(연령)		가 격		자료 번호	출 전	기타
	노	비	1口価	총 가			
1751 (영조 27)	2(3,36)	3(1,13,43)	錢 4.9	錢 21냥	218195	奎古	
1751 (영조 27)	1(25)		錢 7	錢 7냥	205826	奎古	
1751 (영조 27)	2(4,8)	2(15,37)	錢 6.2	錢 20냥	167797	奎古	
1752 (영조 28)	1(30)	2(56, ?)	錢 26.7	錢 80냥	211702	奎古	
1753 (영조 29)		2(11,40)	錢 9.7	錢 17냥	167795	奎古	
1755 (영조 31)	1(20)	3(10,18, ?)	錢 10.7	錢 40냥	127188	奎古	
1756 (영조 32)	1(19)	1(?)	錢 15	錢 30냥	135286	奎古	
1756 (영조 32)	1(17)		錢 10	錢 10냥	205861	奎古	
1757-01(영조 33)		3(?)	錢 2.9	錢 8냥	151	嶺大図古	
1758 (영조 34)	1(15)	1(11)	錢 6.7	錢 10냥	211920	奎古	
1759 (영조 35)	1(25)		錢 11	錢 11냥	234088	奎古	
1761 (영조 37)	5(2,7,15,43, 45)	4(4,22,24,27)	錢 6.3	錢 50냥	238016	奎古	
1761-03(영조 37)	3(17,?)	2(23,49)	錢 6.3	錢 30냥	10	扶安金古	
1762 (영조 38)		1(23)	錢 14	錢 14냥	207784	奎古	
1763 (영조 39)		1(?)	錢 13	錢 13냥	192340	奎古	
1764 (영조 40)		1(18)	錢 16	錢 16냥	234181	奎古	
1766 (영조 42)		4(1,6,19,32)	錢 14.3	錢 50냥	167788	奎古	
1766 (영조 42)		1(?)	錢 25	錢 25냥	238058	奎古	
1766-03(영조 42)		1(18)	錢 12	錢 12냥	172	嶺大図古	
1767-05(영조 43)		1(?)		錢 10냥	1	慶州崔古	自賣
1769 (영조 45)	2(5,7)	2(3,27)	錢 12.3	錢 40냥	167791	奎古	
1770 (영조 46)	3(25,45,47)	2(17,43)	錢 10	錢 50냥	154857	奎古	
1772-02(영조 48)	2(8,12)	1(15)	錢 13.8	錢 31냥	33	嶺古集2(獨)	
1773 (영조 49)		1(22)	錢 30	錢 30냥	238017	奎古	
1776 (영조 52)	3(10,13,16)	3(5,7,45)	錢 12	錢 60냥	167796	奎古	
1777 (정조 01)	1(?)		錢 10	錢 10냥	205856	奎古	
1777 (정조 01)	6(11,11,14,15, 17,20)	4(6,13,46,50)	錢 17.7	錢 150냥	167792	奎古	
1779-01(정조 03)	1(23)		錢 11.5	錢 11.5냥	10	義城金古	
1782 (정조 06)		1(22)	錢 25	錢 25냥	205843	奎古	
1783 (정조 07)		2(?)	錢 21.1	錢 37냥	70483	奎古	
1784-03(정조 08)	1(9)	3(2,6,31)	錢 14.7	錢 33냥		嶺古集2(吳)	
1784-01(정조 08)	1(?)			錢 8냥	2	慶州崔古	自賣
1785 (정조 09)		1(?)	錢 30	錢 30냥	211943	奎古	
1785 (정조 09)	2(6,15)	1(34)	錢 6	錢 15냥	82366	奎古	
1785 (정조 09)		1(10)	錢 8	錢 6냥	233542	奎古	自賣
1786 (정조 10)	4(3,8,12,20)	2(16,47)	錢 9.5	錢 50냥	167800	奎古	自賣
1786-08(정조 10)	2(12,26)	3(8,19,50)	錢 17.8	錢 80냥	11	扶安金古	
1787-02(정조 11)	2(2,7)	1(25)	錢 12	錢 30냥	157	嶺大図古	自賣
1787 (정조 11)	1(6)	2(3,31)	錢 11.2	錢 28냥	224201	奎古	
1789-02(정조 13)		1(?)		錢 10냥	3	慶州崔古	
1789 (정조 13)		1(22)	錢 15	錢 15냥	238060	奎古	
1790 (정조 14)		1(26)	錢 10	錢 10냥	207778	奎古	
1792 (정조 16)		1(12)	錢 26.7	錢 20냥	149207	奎古	
1793-05(정조 17)		1(17)	錢 10	錢 10냥		光山金古	
1794-01(정조 18)	1(?)		錢 3	錢 3냥	734	慶古集(玉)	
1795 (정조 19)	1(17)	2(4,13)	錢 16	錢 40냥	205020	奎古	
1795-09(정조 19)	1(23)		錢 10	錢 10냥	30	載寧李古(1)	

〈부록 표 1〉 계속

연대 \ 내용	노비수(연령)		가 격		자료번호	출 전	기타
	노	비	1口価	총 가			
1797 (정조 21)	1(13)	2(9,42)	錢 7.2	錢 18냥	207772	奎古	
1798 (정조 22)		3(7,10,36)	錢 14	錢 35냥	205019	奎古	
1798-04(정조 22)	1(?)		錢 7	錢 7냥	735	慶古集(玉)	
1799-01(정조 23)	1(?)		錢 4	錢 4냥	736	慶古集(玉)	
1800 (정조 24)	1(?)		錢 20	錢 20냥	204440	奎古	
1800-04(정조 24)		2(?)	錢 5.7	錢 10냥	152	嶺大図古	
1801-02(순조 01)		2(7,10)		錢 17냥	4	慶州崔古	自賣
1801-02(순조 01)	1(18)	1(13)	錢 13.7	錢 24냥	54	嶺古集2(獨)	自賣
1801-03(순조 01)		1(?)		錢 5냥	1	金海金古	自賣
1802-12(순조 02)		2(27, ?)	錢 12.5	錢 25냥		嶺古集1(趙)	
1804-04(순조 04)		1(?)		錢 27냥	2	金海金古	
1805 (순조 05)	2(2,18)	2(12,42)	錢 17.1	錢 60냥	238947	奎古	
1805 (순조 05)	2(2,18)	2(12,42)	錢 17.1	錢 60냥	238947	奎古	
1807 (순조 07)	2(9,28)	4(1,4,11,32)	錢 11	錢 55냥	238037	奎古	
1808 (순조 08)	1(9)	3(6,13,40)	錢 13.9	錢 45냥	229432	奎古	
1809 (순조 09)		1(13)	錢 26.7	錢 20냥	238038	奎古	
1809-12(순조 09)	4(?)		錢 10	錢 35냥	58	嶺古集2(獨)	自賣
1809-12(순조 09)	2(?)	3(?)	錢 4.4	錢 20냥	31	載寧李古(1)	自賣
1810-02(순조 10)	2(12, ?)	2(23,45,)		錢 30냥		文化柳古	
1810 (순조 10)		1(14)	錢 14.7	錢 11냥	238039	奎古	
1811-02(순조 11)	2(?)	1(?)		錢 25냥	1	載寧李古(2)	
1811 (순조 11)	1(19)		錢 8	錢 8냥	77451	奎古	
1812 (순조 12)	1(19)		錢 8	錢 8냥	178040	奎古	
1812-11(순조 12)		2(12,25)		錢 20냥	5	慶州崔古	自賣
1812-11(순조 12)		4(4,8,15,46)	錢 10.8	錢 35냥	59	嶺古集2(獨)	自賣
1813-02(순조 13)	1(?)		錢 10	錢 10냥	738	慶古集(玉)	
1814-11(순조 14)		1(15)	錢 10	錢 10냥	1	天理大古	自賣
1814 (순조 14)		1(15)	錢 20	錢 15냥	82678	奎古	
1837-12(헌종 03)	1(24)		錢 9	錢 9냥		眞城李古	
1837 (헌종 03)		1(25)	錢 20	錢 20냥	155865	奎古	
1837 (헌종 03)		2(2,23)	錢 14.3	錢 25냥	82716	奎古	
1838 (헌종 04)		1(?)	錢 19	錢 19냥	213447	奎古	
1839-12(헌종 03)	2(5,10)	1(37)		錢 17냥	25	載寧李古(2)	
1839 (헌종 05)		2(?)	錢 57.1	錢 100냥	207746	奎古	
1840 (헌종 06)		1(13)	錢 24	錢 18냥	234025	奎古	
1840 (헌종 06)		1(17)	錢 20	錢 20냥	69791	奎古	
1840 (헌종 06)		1(13)	錢 20	錢 15냥	207742	奎古	
1840-12(헌종 06)	1(25)		錢 8	錢 8냥	743	慶古集(이)	
1841 (헌종 07)		1(15)	錢 17.3	錢 13냥	42510	奎古	
1842-03(헌종 08)		1(17)	錢 15	錢 15냥	13	義城金古	
1843-09(헌종 09)	1(?)			錢 6냥	8	慶州崔古	自賣
1843 (헌종 09)		1(10)	錢 49.3	錢 37냥	69793	奎古	
1844-09(헌종 10)		1(?)		錢 25냥	27	載寧李古(2)	
1852-02(철종 03)		1(12)		錢 40냥	32	密城朴古	
1844 (헌종 10)		1(18)	錢 40	錢 40냥	236617	奎古	
1844 (헌종 10)		2(7,25)	錢 21.1	錢 37냥	207750	奎古	
1846 (헌종 12)		1(19)	錢 16	錢 16냥	234736	奎古	
1846 (헌종 12)		2(?)	錢 37.1	錢 65냥	83930	奎古	

〈부록 표 1〉 계속

연대 \ 내용	노비수(연령)		가 격		자료 번호	출 전	기타
	노	비	1口価	총 가			
1849-11(철종 00)	2(8,14)	2(4,45)	錢 10.8	錢 35냥	14	義城金古	
1850 (철종 01)		1(11)	錢 37.3	錢 28냥	234337	奎古	
1852 (철종 03)		1(10)	錢 46.7	錢 35냥	149276	奎古	
1852 (철종 03)	1(?)	2(36, ?)	錢 6.5	錢 18냥	222430	奎古	
1853 (철종 04)	2(14, ?)	3(37, ?, ?)	錢 4	錢 18냥	222436	奎古	
1853 (철종 04)	1(31)		錢 3	錢 3냥	229698	奎古	
1855 (철종 06)	1(4)	1(29)	錢 14.3	錢 25냥	178006	奎古	
1856 (철종 07)		1(?)	錢 10	錢 10냥	234909	奎古	
1860 (철종 11)		1(17)	錢 107	錢 107냥	69792	奎古	
1860 (철종 11)		1(13)	錢 107	錢 80냥	221078	奎古	
1861 (철종 12)		1(8)	錢 46.7	錢 35냥	233782	奎古	
1866-05(고종 03)	1(12)		錢 20	錢 15냥	153	嶺大図古	子賣
1867 (고종 04)		2(?)	錢 80	錢 140냥	70945	奎古	
1873-10(고종 10)		2(2, ?)	錢 10	錢 20냥	88	嶺古集2(獨)	自賣
1876-07(고종 13)		1(10)	錢 26.7	錢 20냥	154	嶺大図古	子賣
1814 (순조 14)		2(19,29)	錢 25	錢 50냥	238044	奎古	
1817-01(순조 17)	1(30)			錢 7냥	6	慶州崔古	自賣
1822 (순조 22)	1(16)		錢 14	錢 14냥	234079	奎古	
1822 (순조 22)	1(23)	1(20)	錢 25	錢 50냥	217554	奎古	
1822 (순조 22)	1(16)		錢 16	錢 16냥	212613	奎古	
1824 (순조 24)		1(21)	錢 80	錢 80냥	178007	奎古	
1825-01(순조 25)	2(5,15)	1(49)	錢 7.6	錢 19냥	63	嶺古集2(獨)	
1825-02(순조 25)	1(29)			錢 10냥	7	慶州崔古	自賣
1826 (순조 26)		1(10)	錢 46.7	錢 35냥	207786	奎古	
1827-05(순조 27)	1(2)	3(8,10,31)	錢 35.4	錢 115냥	32	載寧李古(1)	
1829-01(순조 29)	1(14)		錢 8	錢 6냥	34	載寧李古(1)	子賣
1829-05(순조 29)	1(?)			錢 10냥	4	慶州崔古	
1831-06(순조 31)	2(1,4)	3(7,9,35)	錢 17.3	錢 69냥	742	慶古集(玉)	
1832 (순조 32)	2(4,13)	3(7,11,35)	錢 12.5	錢 50냥	178008	奎古	
1833-05(순조 33)	1(20)			錢 11냥	20	載寧李古(2)	
1833 (순조 33)		4(2,6,9,36)	錢 3.1	錢 10냥	204811	奎古	
1833 (순조 33)	1(12)	4(4,4,9,16)	錢 11.3	錢 45냥	154860	奎古	
1833 (순조 33)		1(16)	錢 40	錢 40냥	207751	奎古	
1833 (순조 33)		1(18)	錢 45	錢 45냥	207740	奎古	
1834 (순조 34)		1(21)	錢 80	錢 80냥	69773	奎古	
1836 (헌종 02)		1(19)	錢 50	錢 50냥	207749	奎古	
1877-03(고종 14)		1(14)	錢 18.7	錢 14냥	35	載寧李古(1)	自賣
1877-04(고종 14)	4(?)	4(?)	錢 28.6	錢 200냥	15	義城金古	
1884-04(고종 21)		1(14)	錢 21.3	錢 16냥	36	載寧李古(1)	自賣
1885-05(고종 22)		1(11)		錢 12냥		晉陽河古(丹)	子賣
1888-12(고종 25)	1(?)		錢 5	錢 5냥	155	嶺大図古	自賣
1891-10(고종 28)	1(37)	1(29)	錢 100	錢 50냥	2	天理大古	自賣
1893 (고종 30)	1(33)	1(6)	錢 657	錢 1150냥	234335	奎古	

* 자료 출처: 『経國大典』『續大典』『서울대 奎章閣』『慶北地方古文書集成』『嶺南古文書集成』『嶺南大図書館』『光山金氏烏川古文書』『扶安金氏愚磻古文書』『古文書集成 -載寧李氏篇(1),(2)』『古文書集成 -海南尹氏篇』『古文書集成 -義城金氏篇』『古文書集成 -慶州崔氏篇』『古文書集成 -豊山柳氏篇』『古文書集成 -丹牧 晉陽河氏篇(1)』『古文書集成 -雲門 晉陽河氏篇』『古文書集成 -眞城李氏篇』『古文書集成 -文化柳氏篇』『古文書集成 -密城朴氏篇』『古文書集成 -海南 金海金氏篇』『天理大所藏 韓國古文書』『京都大所藏 韓國古文書』『勝聰明錄』

〈부록 표 2〉 물가, 임금, 생산성, 인구, 노비제: 1689~1893년

연도	물 가(냥/1석) 경상도(경주)지역	인 구(명)	임 금 (모군월급/냥)	노동생산성(두/1명) 경상도(칠곡)지역	노비제(종천법=1)
1689		15,894,000.00		164.30	1.00
1690		16,026,000.00	6.80	134.20	1.00
1691		16,027,000.00		139.90	1.00
1692		16,029,000.00		142.00	1.00
1693		16,030,000.00		175.50	1.00
1694		15,748,000.00	6.80		1.00
1695		15,471,000.00	6.40	96.30	1.00
1696		15,199,000.00	6.80	151.20	1.00
1697	0.64	14,932,000.00		115.30	1.00
1698		14,669,000.00	6.80	157.30	1.00
1699		14,411,000.00	7.70		1.00
1700		14,359,000.00			1.00
1701		14,307,000.00	8.10	168.40	1.00
1702		14,255,000.00	6.80	135.50	1.00
1703		14,345,000.00		193.50	1.00
1704		14,436,000.00			1.00
1705	1.28	14,528,000.00	6.80	120.90	1.00
1706		14,667,000.00		175.50	1.00
1707		14,807,000.00		179.30	1.00
1708		14,948,000.00		115.10	1.00
1709	1.75	15,116,000.00		137.90	1.00
1710		15,285,000.00		210.60	1.00
1711		15,457,000.00		148.80	1.00
1712		15,623,000.00		185.80	1.00
1713	1.60	15,791,000.00	6.80	112.30	1.00
1714	2.26	15,961,000.00		97.00	1.00
1715	1.50	16,089,000.00	8.00	166.10	1.00
1716	1.93	16,217,000.00		106.50	1.00
1717	1.72	16,347,000.00		135.00	1.00
1718	1.28	16,394,000.00	7.30	133.30	1.00
1719	1.30	16,440,000.00	6.80	139.30	1.00
1720		16,487,000.00	7.30	78.80	1.00
1721		16,534,000.00		122.60	1.00
1722	1.85	16,628,000.00	6.80		1.00
1723	1.86	16,722,000.00			1.00
1724	1.16	1,6843000.00	7.30	156.00	1.00
1725	0.63	16,966,000.00	6.40	91.80	1.00
1726	2.35	17,089,000.00	6.80	115.60	1.00
1727		17,247,000.00	6.80	107.20	1.00
1728	0.90	17,406,000.00	8.40	124.70	1.00
1729		17,567,000.00		153.40	1.00

연도	물 가(냥/1석) 경상도(경주)지역	인 구(명)	임 금 (모군월급/냥)	노동생산성(두/1명) 경상도(칠곡)지역	노비제(종천법=1)
1730		17,611,000.00	7.30	149.60	1.00
1731		17,654,000.00		52.20	1.00
1732		17,698,000.00	6.80	85.20	0.00
1733		17,620,000.00		130.50	0.00
1734		17,542,000.00		137.30	0.00
1735		17,465,000.00	6.80	155.00	0.00
1736	1.15	17,488,000.00		138.30	0.00
1737	0.83	17,512,000.00		87.70	0.00
1738	1.78	17,535,000.00		74.10	0.00
1739		17,657,000.00	7.60	195.20	0.00
1740		17,780,000.00	6.80	160.60	0.00
1741		17,904,000.00			0.00
1742	1.50	18,027,000.00		161.70	0.00
1743	1.00	18,150,000.00		63.50	0.00
1744		18,275,000.00	7.30	146.00	0.00
1745	1.50	18,364,000.00	6.80	97.80	0.00
1746	1.19	18,454,000.00		104.80	0.00
1747	0.97	18,544,000.00	6.80	107.90	0.00
1748	1.34	18,582,000.00		139.00	0.00
1749	0.89	18,619,000.00		108.40	0.00
1750	1.27	18,657,000.00		131.40	0.00
1751	1.44	18,657,000.00	7.30		0.00
1752	1.63	18,656,000.00	6.90	129.40	0.00
1753	1.13	18,656,000.00	7.30	129.30	0.00
1754	1.00	18,575,000.00		125.50	0.00
1755	1.50	18,494,000.00	6.80		0.00
1756	2.50	18,413,000.00	6.80		0.00
1757	0.87	18,239,000.00	7.30		0.00
1758	1.03	18,067,000.00			0.00
1759	1.21	17,897,000.00	6.40		0.00
1760	1.16	17,849,000.00			0.00
1761	1.38	17,793,000.00			0.00
1762	2.80	17,741,000.00	7.30		0.00
1763	3.13	17,721,000.00			0.00
1764	1.37	17,702,000.00	7.40	105.40	0.00
1765	1.55	17,682,000.00			0.00
1766	1.37	17,686,000.00			0.00
1767	1.78	17,689,000.00			0.00
1768	1.90	17,693,000.00			0.00
1769	1.81	17,725,000.00			0.00
1770	1.11	17,757,000.00	6.40		0.00
1771	1.67	17,789,000.00			0.00

연도	물 가(냥/1석) 경상도(경주)지역	인 구(명)	임 금 (모군월급/냥)	노동생산성(두/1명) 경상도(칠곡)지역	노비제(종천법=1)
1772	1.63	17,835,000.00	8.40		0.00
1773	3.26	17,881,000.00			0.00
1774	1.65	17,927,000.00			0.00
1775	1.51	17,965,000.00			0.00
1776	1.55	18,003,000.00	8.10	115.70	0.00
1777	1.44	18,041,000.00	6.80	126.50	0.00
1778	2.03	18,069,000.00	5.80	81.90	0.00
1779	1.86	18,098,000.00		87.60	0.00
1780	1.50	18,126,000.00		128.70	0.00
1781	1.46	18,165,000.00		68.80	0.00
1782	2.11	18,203,000.00		56.00	0.00
1783	2.52	18,242,000.00	7.60	98.00	0.00
1784	1.88	18,282,000.00	8.40	96.90	0.00
1785	1.24	18,321,000.00		77.70	0.00
1786	1.97	18,361,000.00	7.60	55.10	0.00
1787	1.16	18,339,000.00	8.40	81.70	0.00
1788	1.63	18,318,000.00			0.00
1789	2.30	18,296,000.00	8.40		0.00
1790	1.72	18,225,000.00			0.00
1791	1.43	18,154,000.00			0.00
1792	2.48	18,083,000.00			0.00
1793	3.15	18,126,000.00			0.00
1794	2.15	18,170,000.00	8.70		0.00
1795	2.20	18,214,000.00	8.70		0.00
1796	1.51	18,257,000.00			0.00
1797	2.02	18,301,000.00			0.00
1798	3.28	18,345,000.00			0.00
1799	2.80	18,389,000.00			0.00
1800	1.72	18,443,000.00	7.30		0.00
1801	1.90	18,497,000.00			0.00
1802		18,517,000.00	7.30		0.00
1803		18,538,000.00			0.00
1804	1.30	18,558,000.00	6.80		0.00
1805	1.15	18,578,000.00	7.50		0.00
1806		18,599,000.00			0.00
1807	1.70	18,619,000.00	7.30		0.00
1808	1.91	18,540,000.00			0.00
1809	1.56	18,461,000.00			0.00
1810	2.20	18,383,000.00	6.90		0.00
1811		18,305,000.00			0.00
1812	2.10	17,971,000.00			0.00
1813	2.47	17,643,000.00			0.00

연도	물 가(냥/1석) 경상도(경주)지역	인 구(명)	임 금 (모군월급/냥)	노동생산성(두/1명) 경상도(칠곡)지역	노비제(종천법=1)
1814	3.23	17,321,000.00			0.00
1815	5.55	17,022,000.00	7.60		0.00
1816	2.69	16,728,000.00			0.00
1817	1.40	16,599,000.00			0.00
1818	1.40	16,471,000.00	6.80		0.00
1819	2.10	16,343,000.00			0.00
1820	2.11	16,217,000.00			0.00
1821	2.44	16,217,000.00	7.30		0.00
1822	2.74	16,216,000.00	7.70		0.00
1823	2.10	16,216,000.00	6.80		0.00
1824	2.06	16,256,000.00			0.00
1825	1.80	16,297,000.00	6.80		0.00
1826	1.93	16,337,000.00			0.00
1827	2.00	16,377,000.00			0.00
1828	3.27	16,416,000.00			0.00
1829	3.17	16,456,000.00			0.00
1830	2.09	16,476,000.00	7.60		0.00
1831	2.15	16,496,000.00			0.00
1832	2.33	16,516,000.00	6.80		0.00
1833	3.35	16,507,000.00			0.00
1834	2.07	16,498,000.00	7.90		0.00
1835		16,489,000.00	8.10		0.00
1836		16,484,000.00	7.30		0.00
1837		16,479,000.00	7.30		0.00
1838		16,487,000.00			0.00
1839	2.10	16,495,000.00			0.00
1840		16,503,000.00			0.00
1841	1.99	16,546,000.00			0.00
1842	1.80	16,589,000.00			0.00
1843	2.00	16,632,000.00	7.60		0.00
1844	2.00	16,604,000.00			0.00
1845	1.50	16,577,000.00			0.00
1846	1.40	16,549,000.00	8.40		0.00
1847	1.97	16,531,000.00			0.00
1848	1.58	16,512,000.00	7.50		0.00
1849	1.22	16,494,000.00	7.60		0.00
1850	1.46	16,476,000.00			0.00
1851		16,512,000.00	7.30		0.00
1852		16,549,000.00	7.30		0.00
1853		16,625,000.00			0.00
1854	1.50	16,701,000.00			0.00
1855		16,779,000.00	8.10		0.00

연도	물 가(냥/1석) 경상도(경주)지역	인 구(명)	임 금 (모군월급/냥)	노동생산성(두/1명) 경상도(칠곡)지역	노비제(종천법=1)
1856	1.64	16,856,000.00	8.40		0.00
1857	1.70	16,850,000.00	7.70		0.00
1858	3.37	16,845,000.00	8.00		0.00
1859	4.00	16,839,000.00	7.30		0.00
1860		16,800,000.00			0.00
1861	3.00	16,762,000.00	7.50		0.00
1862	4.09	16,770,000.00			0.00
1863	3.79	16,778,000.00	7.80		0.00
1864		16,786,000.00			0.00
1865		16,795,000.00	7.30		0.00
1866	5.19	16,803,000.00			0.00
1867	3.14	16,811,000.00			0.00
1868	3.13	16,819,000.00			0.00
1869	7.65	16,827,000.00			0.00
1870	7.10	16,835,000.00			0.00
1871	4.30	16,843,000.00			0.00
1872	4.49	16,852,000.00			0.00
1873	4.55	16,860,000.00			0.00
1874		16,868,000.00			0.00
1875		16,876,000.00			0.00
1876	6.22	16,884,000.00			0.00
1877		16,893,000.00			0.00
1878		16,901,000.00	7.60		0.00
1879	5.94	16,909,000.00			0.00
1880		16,917,000.00	7.30		0.00
1881		16,925,000.00			0.00
1882	7.45	16,934,000.00			0.00
1883	6.26	16,942,000.00			0.00
1884	10.52	16,950,000.00			0.00
1885	9.25	16,958,000.00			0.00
1886	8.72	16,966,000.00			0.00
1887	6.93	16,975,000.00			0.00
1888	6.50	16,983,000.00			0.00
1889	7.48	16,991,000.00			0.00
1890	5.72	16,999,000.00	7.30		0.00
1891	5.87	17,008,000.00			0.00
1892	7.50	17,016,000.00	7.30		0.00
1893	14.75	17,024,000.00			0.00

* 노비 자료: 『서울대 奎章閣』 『慶北地方古文書集成』 『嶺南古文書集成』 『光山金氏烏川古文書』 등.
* 물가 자료: 경상도 경주의 물가로 이영훈 · 박이택(2004)에서 재인용.
* 임금 자료: 박이택(2004)이 『의궤』에서 발췌한 자료를 재인용.
* 생산성 자료: 김건태(1996)에서 재인용.
* 인구 자료: 권태환 · 신용하(1977)에서 재인용.

제7장 조선후기 토지집중과 노비소유방식

1. 문제 시각

이 연구는 조선후기 토지소유규모와 노비수요의 관계를 분석하고 있다. 연구의 중요한 논점은 경제사학계에서 널리 받아들여지고 있는 토지규모의 하향평준화 현상이 조선후기의 일반적인 사실인가 하는 것이다.[1] 토지집중도는 단순하게 자본축적과 경제발전, 소득 불평등의 문제뿐 아니라 여러 가지 특징적인 경제현상을 가져온다. 이 시기 특징적으로 나타나는 노비제 해체와 임노동시장의 등장은 토지소유규모의 변화와 동일선상에서 분석되어야 한다. 여기서는 토지와 노비 매매시장이 활성화되는 17세기 후반 이후 여러 사료를 통해 토지소유규모의 변화가 시장내부에서 어떻게 노비제를 와해시키고 있는지를 보여 주고자 한다.

이를 위해 먼저 문헌에 나타난 일반적인 토지소유규모를 파악해야 하나 토지규모의 영세화와 집중화 현상이 시기별, 장소별로 서로 다르게 나타나고 있어서 어느 것이 더 일반적 현상이라고 단정적으로 결론 내릴 수 없다.[2] 여기서는 소농과 광작 경영형태 등 토지소유규모를 문헌자료를 통해 직접적으로 파악하기보다는 각 농업

1) 이영훈, 「韓國史에 있어서 近代로의 移行과 特質」, 『経濟史學』 21, 1996; 「한국사에 있어서 奴婢制의 추이와 성격」, 『노비, 농노, 노비 -隷屬民의 比較史』, 一潮閣, 1998.

2) 金容燮, 『증보판 朝鮮後期農業史硏究 Ⅱ』, 지식산업사, 1990; 이영훈, 앞의 논문, 1998; 金建泰, 「17~18世紀 전답 소유규모의 영세화와 양반층의 대응」, 『韓國史學報』 9, 2000; 「朝鮮後期 農家의 農地所有 現況과 그 推移 -晋州地方을 중심으로-」, 『歷史學報』 172, 2001; 「조선후기 私奴婢 파악방식」, 『歷史學報』 181, 2004.

경영형태에 따르는 생산이윤과 토지와 노비 수요의 변화를 통해 연역적으로 토지집중 정도를 파악하고자 한다. 특히 토지소유규모를 단편적 사료와 추상적 논리가 아닌 시장 기능적인 측면에서 집중적으로 분석하고자 한다.

16~17세기에 지주는 토지를 家作과 作介 방식으로 경영하고 있었다. 작개노비들은 언제든지 가작노비로 전환될 수 있어서 신분적으로 불완전한 상태였다. 그러나 16세기 중반 이후 농업기술(이앙법 · 시비법 등)이 발전하면서 작개노비는 자립적인 소농으로 성장할 수 있게 되었다. 소농의 자립 안정화로 노비수요가 줄고 소농경영이 확대되면서, 토지소유규모는 점차 영세화되는 과정을 겪게 된다. 자립적 소농경영은 노비에게 있어서 면천의 기회와 기대를 가져다주면서 노비의 자기노력 확대를 가져왔다. 노비의 자기노력 확대는 그들의 도망, 저항, 태업으로 나타나고, 결국 노비의 생산성 하락을 가져와서 노비수요가 감소하게 되었다.[3)]

한편, 광작지주들은 농업기술의 발달로 노동력을 절감하게 되면서 더욱 집중화된 광작경영이 가능하게 되었다. 이 과정에서 소농과 빈농들의 토지규모는 영세화되고 토지소유규모가 양극화되었다. 농업의 계절적 특성으로, 富農은 농업경영에 있어 노비소유로 인해 발생하는 비효율성을 제거하기 위해 계절적으로 임노동을 고용하면서 노비수요를 감소시키게 된다.[4)]

이처럼 학자에 따라 조선후기 토지집중 정도에 대해 상반된 견해를 갖고 있음에도 불구하고(토지소유규모의 하향영세화, 또는 집중화와 양극화), 공통적으로는 노비수요가 감소하고 노비제가 해체되고 있다는 사실을 보여주고 있다. 즉, 노비인구의 감소와 노비제 해체과정은 조선후기의 특징적인 현상인 것이다.[5)] 그렇다면 노비수요의 감소가 가지고 있는 경제적 특징을 이용하면 조선후기 토지집중 정도를 연역적으로 추론할 수 있지 않을까? 하는 의문을 갖게 된다. 17세기 후반부터 19세기까지 일반적인

---

3) 이영훈, 앞의 논문, 1996, 1998.

4) 金容燮, 앞의 책, 1990; 宋贊植, 「朝鮮後期 農業에 있어서의 廣作運動」, 『李海南博士華甲紀念史學論叢』, 1970; 李世永, 「18 · 19세기 兩班土豪의 地主経營」, 『韓國文化』 6, 1985.

5) 全炯澤, 『朝鮮後期奴婢身分硏究』, 一潮閣, 1989; 이영훈, 앞의 논문, 1998; 김건태, 앞의 논문, 2004; 김재호, 「자매노비와 인간에 대한 재산권, 1750-1905」, 『経濟史學』 38, 2005.

경제현상 중 하나인 노비수요의 감소가 어느 특징적인 토지소유규모에 따라 발생되는 것이라면, 노비수요의 변화를 이용하여 역으로 토지집중도를 밝혀낼 수 있을 것이다.

이를 위해 이 장에서는 사료에 나타난 한 가지 중요한 사실, 즉, 토지와 노비 매매의 시장기능을 다시 관찰한다. 1678년 법정화폐인 상평통보가 도입되면서 천한 행위로 치부되던 상거래가 활성화되고 고정요소로 생각되던 토지와 노비가 시장에서 본격적으로 매매되기 시작한다.[6] 시장기능이 활성화되면서 토지와 노비 매매에 대한 정보가 시장가격과 거래량에 반영되고, 이들 사료들의 시장정보를 이용하면 토지와 노비의 시장적 특징을 파악할 수 있다.

연구의 결론을 정리하면 다음과 같다. 먼저, 조선후기에 소농경영과 광작경영 형태 중 어느 것이 일반적 현상인가 하는 질문은 올바르지 못하다. 왜냐하면 두 가지 토지소유규모가 모두 이 시기에 나타나는 일반적인 현상이기 때문이다. 하지만 토지소유규모에 따라 노비수요가 어떤 경제채널을 통해 감소했을까 하는 것은 노비수요가 가지고 있는 시장특성을 이용하면 연역적으로 파악할 수 있다.

첫째, 기존 연구와 달리 노비수요의 감소는 자립형 소농경영의 확대 때문이 아니라 소농경영으로 인해 소작농과 자작농의 이윤이 감소하기 때문이다. 즉, 소농경영에서 지대, 환곡, 고리대, 각종 부세 부담 등으로 소농의 생산이윤이 지속적으로 감소하면서, 소농 스스로 해체되어 빈농, 유민화되는 과정을 겪게 된다. 이들 빈농, 유민화된 소농민은 도시 주변부로 몰려가서 노동을 매매하는 임노동자로 전락하는 도시화 현상(urbanization)을 보이게 된다. 결국, 소농경영형태는 노비수요를 감소시켰다기보다는 임노동의 공급을 확대시킨 것으로 해석되어야 한다.

둘째, 광작경영형태에서 노비의 자기노력 확대로 그들의 도망, 태업, 저항 등이 많이 발생한다. 따라서 광작지주의 경우 노비소유로 인한 관리비용은 증가하는 데 반해 노비생산성은 하락하면서 노비소유에 따르는 한계편익(marginal benefit)이 감소하게 된다. 또한 광작경영에서 농업의 계절적 특징으로 비효율적인 노비보다

---

6) 앞의 6장 참조.

는 계절적으로 임노동을 사용하게 된다. 따라서 광작지주는 노비수요보다는 일시적인 임노동자를 선호하며, 노비매매 계약보다는 임노동 계약을 통해 시장에서 파레토 최적(pareto optimal)을 추구하게 된다. 결국, 광장경영형태는 노비수요를 감소시켰다기보다는 임노동의 수요를 확대시킨 것으로 해석되어야 한다.

종합하면, 조선후기에는 광장경영과 소농경영 형태가 공존하고 있었다고 생각된다. 토지소유규모의 특성별로 소농경영은 임노동의 공급을 확대시켰고, 광작경영은 임노동의 수요를 확대시켰다. 그 결과 임노동시장이 발달하게 되고 노비시장은 노비수요의 감소로 자연스럽게 사라지게 된다. 흥미로운 점은 기존 경제사학계에서 주장하는 것과 같이 노비제 와해가 소농경영이라는 어느 한 가지 농업경영형태에 의해 일방적으로 발생한 것이 아니라는 사실이다.[7] 시장기능이 활성화되면서, 토지의 소유규모에 따라 소농경영과 광작경영 형태가 서로 다른 경제채널로 시장 최적화를 추구하는 과정에서 노비 매매가 임노동 매매로 대체되는 현상을 보이게 된다. 따라서 토지집중화 정도는 노비제를 와해시킨 것이 아니라 임노동시장을 확대시킨 것으로 재해석되어야 한다. 17세기 후반 이후 화폐도입과 시장발달, 노동주체로서 노비의 자기노력 확대, 대지주의 임노동 선호 등은 파레토 최적을 추구하는 시장기능이 작동하는 환경을 마련했던 것이다. 다음에서는 토지소유규모와 농업경영형태에 따라 지주와 소농(자작농 · 소작농), 노비 등 각 생산주체가 농업생산에서 얻을 수 있는 이윤을 구해보고 각 주체의 경제행동을 예측해 본다. 이를 통해 농업생산에서 노비수요가 감소되는 현상을 설명하고자 한다.

2. 병작경영에서 지주와 소농의 생산이윤

여기에서는 조선후기 토지집중 정도와 노비소유 방식의 관계를 분석하기 위해,

7) 이영훈, 앞의 논문, 1998.

먼저 병작경영에서의 지주의 소작이윤과 소작인의 생산이윤을 분석해 본다. 지주와 소작농의 이윤변화에서 노비수요의 감소 원인을 찾을 수 있을 것이다. 연구의 결론에서 병작경영하의 소작인은 소작료, 환곡과 고리대, 조세 부담 등으로 그 이윤이 지속적으로 감소되고 있다는 것을 발견할 수 있었다. 이것은 경제사학계에서 주장하는 것처럼 소작경영이 토지소유규모의 영세화를 가져왔다고 말할 수 있지만, 그 경제적 의미에 있어서는 전혀 다른 측면으로 해석할 수 있다. 즉, 소작경영 자체가 토지수요규모의 영세화를 가져온 것이 아니라 소작경영으로 생산이윤이 급감하면서 소작농 스스로 와해되어 토지규모가 영세화되었다는 사실이다. 생산이윤의 감소로 스스로 해체된 소작농은 도시 주변부로 흘러들어 임노동화(urbanization)할 뿐 아니라 여러 차례 민란에 가담하여 중앙정부와 신분제 사회에 대해 적극적으로 저항하는 결과를 보인다.

1) 소작농의 생산이윤과 소작농 해체

병작경영에서 소작농의 생산이윤 감소를 통해 소작농이 해체되는 과정을 살펴본다. 소작인은 농경에 있어 여러 가지 생산비용을 부담하게 되는데, 18세기 후반에 토지생산량은 점차 줄어드는 반면 생산비용은 점차 증가하면서 이윤은 감소되고 스스로 해체되는 과정을 겪게 된다. 소작인의 생산비용은 소작료, 각종 조세 부담, 부채에 대한 고리이자에 더하여 노동을 계속하기 위한 최소 생계비용 등이 추가적으로 필요하다.

소작농의 생산이윤을 구체적으로 살펴보기 위해 18~19세기 소농의 구체적 사정을 전하고 있는 박지원과 정약용의 소농 가계의 실정에 대한 언급을 주요한 근거로 삼고자 한다.

우선, 연암 朴趾源(1737~1805)이 1799년(정조 23) 충청도 면천군수로 재직할 당시 그곳 소농층의 일반적인 생활을 직접 목격하고 묘사한 18세기 말의 농가 사정은 다음과 같다.

그리하여 매 가호에 전결을 고르게 나눠 보면 계산상 1가호의 배당이 旱田 42부 5속, 水田 60부 20속이 됩니다. 따라서 농부 한 사람이 경작할 농토는 한전과 수전을 합하여 겨우 1결 2부 8속에 불과합니다. … 1가호 당 수확량의 도합은 39석 12두 5승이 됩니다. 田稅가 72두이며 種子穀 49두 7승을 제하고 나면 실제 남는 것은 33석 10두 8승이 됩니다. 이것이 바로 1가구 5명 식구의 1년간의 식량이 되는 셈입니다. 그런데 땔감 · 소금의 비용이며, 여름과 겨울철의 의복 비용이 어디에서 나오겠습니까. … 이 모두가 결국 1결의 수확 내에서 판출(辦出)되어야 한다면, 앞서 매호당 고르게 나누어진 33석의 곡식도 남는 것이라고는 이미 거의 없게 될 것입니다. 게다가 또 農牛 한 마리가 먹는 것이 사람 둘의 몫이나 되어야 하는 데는 더 말해서 무엇하겠습니까. … 그리하여 농민들 간의 속담에는 '죽도록 한 해 농사를 지어도 소금 값도 남지 않는다.'라는 말이 있을 정도입니다. 더욱이 현재 민호 가운데서 자기 소유의 토지를 自耕하고 있는 경우는 열에 한둘도 되지 않고, 따라서 公賦는 10분의 1이지만 私稅로 바치는 賭租로 절반을 떼이고 있습니다. 이 公私의 부세를 합치면 이미 전 수확량의 10분의 6이나 됩니다.[8]

이처럼 박지원은 1799년(정조 23) 면천군수로 재직할 당시 그곳 농민층의 일반적인 생활상을 묘사하면서, 5명 정도의 노동력과 소 1마리를 가지고 논과 밭 모두 합쳐 약 1결 2부(약 50마지기) 정도를 경작하는 소작농을 예로 들고 있다. 이 정도의 토지에서 연간 皮穀[租] 약 600斗를 생산하는데, 지대 300두와 田稅 72두를 납부하고 49두 7승을 종자용으로 남겨 둘 경우, 이 농가가 1년 동안 사용할 곡식은 180두 정도, 쌀로 계산하면 4석 8두 정도밖에 남지 않는다. 게다가 군역 · 환곡과 같은 각종 부세와 땔감 · 의복 · 소금과 같은 생활필수품을 여기에서 충당해야 했으므로,

8) 朴趾源, 『課農小抄』 〈限民名田議〉: "故每戶以結分排 則一戶所得 旱田四十二負五束 水田六十負三束 一夫所耕 合田不過一結二負八束 … 一戶所收合穀三十九石十二斗五升 賦租爲七十二斗 除置各穀種子四十九斗七升 實余三十三石十斗八升 此其一戶五口一年之食也 然而薪蘇塩藏之費 夏葛冬綿之資 將安所出乎 … 又況農家一牛之飯 兼人兩口之食者乎 … 故農人諺云 終年勤作 不賸塩価 而況見戶之中 有田自耕者 十無一二 而公賦什一 私稅分半 並計公私 則已爲十六."

위의 소농은 곧 심각한 적자 상태에 직면할 수밖에 없다. 과중한 지대와 조세 부담 때문에 이 농가는 만성적인 적자 상태에서 벗어날 수 없다고 판단하였다. 그래서 소농들은 자기 소유의 전답을 어쩔 수 없이 조금씩 방매하게 되어 당시 민호 가운데서 자기 소유의 토지를 自耕하고 있는 경우는 열에 한둘도 되지 않는다고 전하고 있다.

다음은 다산 丁若鏞(1762~1836)이 묘사한 당시 일반 양인들의 생활 실정에 대한 내용이다.

> 1결의 논에서 수확하는 곡식이 많으면 800두요, 적게는 600두요, 더 적으면 400두일 뿐이다. 농부들은 제 땅이 없고 모두 남의 땅을 경작하는데 일 년 내내 고생하여도 여덟 식구의 식량과 이웃에 주는 품삯을 치러야 하는 데다가 추수 때가 되면 田主가 수확의 반을 나누어 가니 600두를 추수한 농부가 제 몫으로 가지는 것은 300두뿐이다. 종자를 제하고 빚을 갚고 歲前의 양식을 제하면 남는 것은 100두가 되지 않는데 부세로 긁어 가고 빼앗아 가는 것이 이와 같이 극도에 이르니, 슬프다 이 가난한 백성들이 어찌 살겠는가.[9]

이처럼 정약용이 묘사한 당시의 일반 소농민들의 구체적인 실태와 생활은 위의 박지원의 언급과 거의 대동소이하다.

위의 두 문헌에 나타난 소농민의 생산 자료를 사용하면 소작농의 생산이윤을 구해 볼 수 있다. 소작인의 실질생산량으로 표시한 실질이윤(π)은 다음과 같다.

9) 丁若鏞, 『牧民心書』 戶典, 稅法 下: "請試思之 民其堪乎 一結之田 其得穀多者 八百斗也 少者 六百斗也 下者 四百斗而已 農夫無田 皆耕人田 終歲勤苦 八口食糧 四鄰酬傭 及秋之成 田主割其半矣 六百斗者 其所自領三百斗而已 除其種子 除其仮貸 除其歲前之糧 其所贏余 不滿百斗 而稅賦之剝割攘奪至於此極 哀此下民 何以活矣."

$$\frac{\Pi}{P} = \pi = Y - \bar{\gamma}\,\bar{Y} - \tau\,\bar{Y} - C_y - i\bar{C} - \bar{C} \qquad (1)$$

여기에서 P는 미곡가격, Y는 미곡생산량, $\bar{Y}$는 기존 생산량이다. $\bar{\gamma}$는 정률소작료, τ는 결세부담률, C_y는 종자비용 등 가변 생산비용이다. i는 연 고리이자율, $\bar{C}$는 소작인의 최저 생계비용이다. 변수 위의 바(bar) 표시는 고정변수를 나타낸다. 다만 앞에서 언급한 비용 이외에 군역 등 부세나, 의복과 주거비용 등 다른 생계비용이 있지만 이것은 생산비용에서 제외하였다.[10]

이 시기 조선은 농업경제이었으며 농업생산이 수요를 결정하는 고전적 법칙(Say's law)이 적용된다. 생산요소인 토지공급량은 거의 변화가 없고 일정하므로 곡물생산량은 노동과 기후조건에 절대적으로 의존하게 된다.[11] 기후조건이 악화되어 생산량이 줄게 되면 시장가격이 폭등하게 되며 농업경제의 특성상 곡물가격 변동은 다른 산업재의 가격 변동보다 훨씬 큰 변동을 보이게 된다.[12]

조선후기 병작경영에서 지주는 소작인에게 소농지를 책임 분할해 주고 가을 수확기에 생산량에 대해 정률소작료(일반적으로 50%)를 지대로 회수하였다. 소작농이 책임경영으로 이윤을 축적할 수 있다는 의미에서 일종의 사적 인센티브로서 해석되고 있다.[13] 하지만 시장기능의 관점에서 볼 때 이는 소작인에게 주는 인센티브가 아니라 지주가 자신의 이윤을 극대화하기 위해서 선택한 하나의 생산방식이라는 점이다.

정률소작료의 경우 자연재해 등으로 인해 흉작을 당했을 때 생산량이 적어서

---

10) 전국 토지 경작면적은 1689~1719년: 1,395,333결, 1719~1769년: 1,411,990결, 1770~1821년: 1,456,592결이었으며 토지 1결당 20두락을 기준으로 했다. 8道의 土地結數 변동 중 1689~1719년과 1719~1769년의 수치는 『增補文獻備考』 권142 田賦考 2(1719년, 숙종 45)와 同書 권149 田賦考 9(1769년, 영조 45)에서, 1770~1821년의 수치는 『万機要覽』 財用編 2 田結條(1807년, 순조 7)의 기록을 근거로 하였다.

11) 이 시기 평민을 위주로 한 농지개간은 토지를 확대시켰다고 볼 수 있으나 그 규모는 크지 않았다(김건태, 앞의 논문, 2004).

12) 김희호 · 이정수, 「물가의 주기적 변동과 화폐의 초과수요: 1689~1821년 한국의 경우」, 『금융학회지』 3권 2호, 1998.

13) 이영훈, 앞의 논문, 1998.

물가가 급격히 상승하는 기간에도 기존 생산량($\overline{Y}$)에 대해 정률의 소작료를 징수하는 문제가 있었다. 이 경우 정률소작료는 생산변동률만큼 소작료를 더 내게 되며 생산량이 장기적으로 하락하는 18세기 후반에는 소작농이 감당해야 하는 실질 소작료는 급격히 증가하게 된다.

한편, 조세율의 경우 대동법 실시 이후 모든 조세는 점차 현물로 대납하게 된다. 結稅는 처음에 양반지주가 부담했지만, 18세기 후반 들어 점차 소작인에게 전가되면서 소작인의 부담이 증가하였다. 또한 18세기 후반으로 가면서 토지생산량이 감소하면서 지주는 소작인에게 결세뿐 아니라 種子도 부담시킴으로써 소작인은 기존에 비해 수확량의 15%에서 20% 정도의 추가 부담이 증가하였다.[14] 따라서 결세(τ)와 종자 부담은 소작농의 추가적인 생산비용이 되었으며, 대동법 실시 이후 17~19세기에 걸쳐 부세도 점차 증가 일로에 있었다고 생각된다.

정률소작료와 결세가 적용되는 기존 생산량($\overline{Y}$)이 실제 생산량과 차이가 나는데, 이는 하나의 준조세로서 소작농의 생산비용을 상승시키는 역할을 하게 되었다. 즉, 정률소작료와 결세가 실제 생산량(Y)이 아닌 기존 생산량($\overline{Y}$)에 부과됨으로써 발생하는 준조세 부담은 두 생산량의 차이에 지대와 조세를 곱해준 값과 같다. 즉, $\tau_a = (\overline{Y} - Y)(\gamma + \tau)$이다. 생산량($Y$)이 감소하면 두 생산량의 차이가 증가하여 준조세(τ_a)는 증가하게 된다.

양반지주는 작인들의 최소생계를 위해 봄에 고리대를 빌려주었다가 가을에 갚게 했는데 보통 年利 50% 수준이었다. 특히 작인들에게 고리대가 큰 부담으로 작용했던 것은 이자에 대한 현물대납 방식이었다. 봄 춘궁기 때 작인에게 생계를 위한 돈을 빌려주고 가을 수확기에는 원금과 이자를 곡물로 갚게 하여 단순 이자율에서 화폐가치의 하락분까지 작인에게 전가함으로써 소작농에게는 추가적인 생산비용이 되었다. 추가적인 화폐가치 하락분은 특히 디플레이션 기간인 1710~1750년의

---

14) 김건태는 18세기 후반 소작인들의 수입은 두락당 생산량의 감소, 1인당 경지면적의 축소, 지주제 관행의 변화 등으로 인해 18세기 초반 소작인들에 비해 대략 4할 정도 감소하였다고 보았다(金建泰, 『16~18世紀 兩班地主層의 農業経營과 農民層의 動向』, 성균관대 박사학위논문, 1996, 249~253쪽).

경우 소작농에게 더욱 심한 부담이 되었다.[15]

마지막으로 병작경영에서 소작농이 노동주체로서 계속 일을 하고 생계를 영위할 수 있는 최소의 미곡소비가 필요한데 이는 최소 생계비용과 같게 된다. 만기요람의 진휼곡 자료를 인용하면 이 시기 최소 소비량은 생산량의 약 10% 정도로 추정된다.[16] 그러나 소작농의 경우 문제는 최소 소비량($\bar{C}$)이 미곡 생산량(Y)에서 결세와 소작료, 종자비용을 제외하고 남은 가처분 생산량(Y_d)의 일정비율(최소 한계소비성향($\bar{c}$))이라는 점이다. 즉, 소작농에게 가처분 생산량의 최소 소비량은 $\bar{C}=\bar{c}\,Y_d$ 이며, 가처분 생산량은 $Y_d = Y-\gamma Y-\tau Y-C_y$ 이다. 여기에서 한계소비성향($\bar{c}$)은 저축이 불가능한 농업경제에서 1과 같다. 정률소작료 50%, 결세 15%, 종자비용 10%를 적용하여 가처분 생산량을 실제 생산량(Y)으로 환원하여 최소 소비량을 다시 구하면 새로운 한계소비성향은 $\bar{c}(1-\gamma-\tau-C'_y)$ =1.0*(0.25)=0.25가 된다. 즉, 소작농의 소비성향은 실제 생산량의 약 25%이다. C'_y는 생산량 변화에 따르는 종자비용의 변화를 나타낸다.

생산량이 증가할 때 소작농의 생산이윤이 어떻게 변화하는지를 알아보기 위해 식(1)을 생산량에 대해 일차 미분한 결과는 다음과 같다.

$$\frac{\partial \pi}{\partial Y}=\pi'=1-\bar{\gamma}-\tau-C'_y-i\bar{c}-\bar{c}-\tau'_a \qquad (2)$$

τ'_a는 생산량 변화에 따르는 준조세비용의 변화를 나타낸다. 생산량이 변화할 때 소작농의 실질이윤 변화를 살펴보기 위해 시뮬레이션을 시도하였다. 앞에서와

---

15) 김희호 · 이정수, 「물가의 주기적 변동과 화폐의 초과수요: 1689~1821년 한국의 경우」, 『금융학회지』 3권 2호, 1998 참조.

16) 빈곤층에 있는 농민의 한계소비량은 진휼곡에서 명시된 하루 최소 소비량을 기준으로 하여 총생산량에 대한 비율로 구하였으며 측정된 크기는 0.115이었다. 진휼곡에서 최소 소비량은 남자 장년은 5홉, 여자 장년은 4홉, 남녀 노인은 4홉, 그리고 남녀 아동은 3홉이었다. 5인 가족을 기준으로 남자 장년 1인, 여자 장년 1인, 남녀 노인 1인, 남녀 아동은 2인으로 가족을 구성하였을 때 전체의 인구에서 각 남녀 노소의 비율을 구할 수 있고, 이들의 최소 소비량을 가중치로 사용하면 실질 총소비량을 얻을 수 있다. 남녀 연령별 진휼곡 분급액(1일)의 자료는 『万機要覽』 財用篇 荒政과 『牧民心書』 賑荒六條, 「居官大要」 賑政(『朝鮮民政資料 牧民篇』), 「四政考」(『朝鮮民政資料叢書』)에서 발췌하였다.

같이 18세기 후반까지 정률소작료는 거의 50% 수준이었으며 결세 부담률은 15%로 하였다. 종자비용은 10% 정도이었으며, 이자율은 연 50% 고정이율을 적용하였다. 그 이유는 검정기간이 화폐남발로 인해 이자율의 급격한 변화가 있기 전의 기간이고 특정 기간과 지역에 대한 이자율 자료는 확인할 수 있었으나 장기적인 시계열 자료를 확보하는 데는 어려움이 많기 때문이다.[17]

부채가 있는 소작인에게 정률소작료, 결세, 종자비용, 고리대와 최저생계비를 모두 고려한다면 소작농의 생산이윤은 오히려 마이너스 -12.5%로 나타났다. 즉, $\partial\pi/\partial Y = -0.125-\tau'_a$이다. 이러한 소작농의 이윤감소는 준조세비용인 τ'_a의 크기에 따라 다르게 결정되지만 고리대의 현물대납 부담, 군역 등 부세나 의복과 주거비용 등 다른 생계비용을 고려하지 않은 것이어서 실제 이윤감소는 이보다 큰 것으로 나타났다. 소작농의 생산이윤 감소율에 대한 simulation 결과는 〈표 1〉에 나타나 있다.

〈표 1〉 소작농의 생산이윤 변화: simulation 결과

π′	정률 소작료 ($\bar{\gamma}$)	조세 부담률 (τ)	종자 생산비용 (C_y)	고리 이자율 (i)	한계 소비성향 ($\bar{c}$)	준조세 부담률 (τ'_a)	비고 (부채 유무)
−0.175	0.5	0.15	0.1	0.5	0.25	0.05	유
−0.05	0.5	0.15	0.1	0.5	0.25	0.05	무
0.05	0.5	0.15	0.1	0.5	0.10	0.05	유

* 자료 출처: 박지원의 『課農小抄』 〈限民名田議〉와 정약용의 『牧民心書』 戶典, 稅法 下.

〈표 1〉에서 준조세 부담률은 5%로 가정하였으며, 한계소비성향은 25%와 10%로 각각 달리 적용하였고, 그리고 부채도 있는 경우와 없는 경우로 나누어서 계산하였다. 준조세가 5%이고 한계소비성향이 25%일 경우, 부채가 있는 소작농의 생산이윤은 -17.5%이었으며, 동일한 조건에서 부채가 없는 소작농의 생산이윤은 -5%로 된다. 한편, 한계소비성향을 10%로 적용할 경우는, 부채가 있는 소작농의 생산이윤은 +5%가

---

17) 조선시대 利子率에 대한 것은 다음의 연구가 참조된다.
徐吉洙, 「朝鮮前期의 貸借關係 및 利子에 관한 硏究」, 『國際大學論文集』 10, 1982; 「朝鮮後期 貸借關係 및 利子에 관한 硏究(1) -法定利子率의 變遷과 行錢의 影響을 중심으로-」, 『경제학연구』 31, 1983; 崔承熙, 「朝鮮後期의 古文書를 통해 본 高利貸의 實態」, 『韓國文化』 19, 1997; 김재호 · 박기주, 「농촌 이자율의 장기변동, 1742~1953 -靈巖 지방 契 利子率을 중심으로-」, 『수량경제사로 다시 본 조선후기』, 서울대출판부, 2004; 金炫榮편, 『大丘月村丹陽禹氏文書』, 한국고문서학회, 1994.

된다. 따라서 조선후기 부채가 있는 소작농의 경우 다른 비용을 고려하지 않고도 마이너스 생산이윤을 나타내며, 장기적으로 이윤감소를 겪고 있다는 사실을 알 수 있다.

소작농은 생산이윤 하락으로 토지경작 규모도 감소하고, 장기적으로 스스로 해체되어 농업에서 반발되는 과정을 겪게 된다. 이들은 빈농, 유민화되어 도시화를 거쳐 임노동시장을 형성하게 된다. 소작농이 스스로 해체되는 과정은 상당히 일반적이며 설득력이 있는 가설이다. 어느 한 해의 흉년이나 천재지변으로 소작인은 적자를 볼 수 있으며, 이 경우 고리대와 환곡을 통해 생계를 위한 돈을 빌리게 되고 이에 따라 생산비용에 이자율과 물가 부담을 더하게 된다. 일단 한 번 채무를 지게 되면 매년 소작으로 인한 적자(-17.5%)가 그렇지 않을 때의 적자(-5%)보다 3.5배가 많아 적자에서 벗어날 확률이 계속 줄어들게 된다. 소작농이 수백 년 동안 기후 조건과 상관없이 매년 소작 생산으로 흑자를 보았을 가능성은 매우 희박하다.

〈그림 1〉은 경상도 칠곡의 소작인 1인당 소작면적을 기간별로 나타낸 것이다.[18] 화폐가 도입되고 시장이 발달하는 1689~1710년을 제외하고 소작인의 1인당 경작면적은 지속적으로 감소하고 있다는 것을 알 수 있다. 이는 소작농의 생산이윤이 지속적으로 감소하여 장기적으로 스스로 해체되는 결과를 초래한다는 가정을 강하게 뒷받침해 준다.

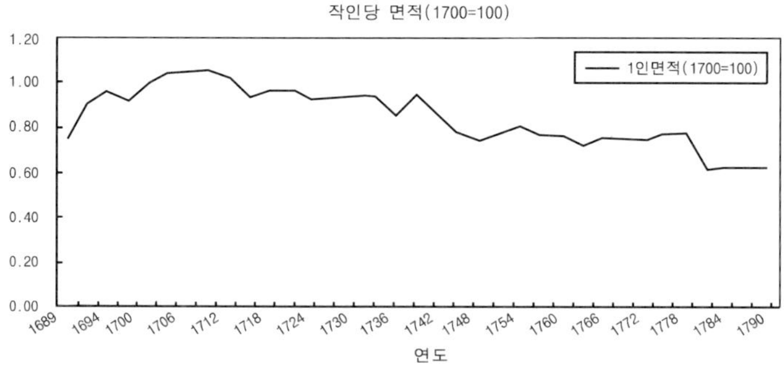

〈그림 1〉 작인 1인당 소작면적 변화(1689~1790년) [1700년=100]

18) 김건태, 앞의 논문, 1996에서 소작 면적에 대해 재인용.

〈표 2〉에서 경상도 경주지역의 물가는[19] 전 검정기간에 걸쳐 연 1.13% 상승하는 추세인 데 반해 소작인의 1인당 경작면적은 0.2% 감소하고 있다는 것을 보여 주고 있다. 소작인 1인당 경작면적은 1689~1710년 물가와 지가가 상승하는 기간에 1.6% 상승하였으나 이를 제외하고는 지속적으로 경작면적이 감소하였다는 것을 알 수 있다. 여기서 미곡가격으로 나타낸 물가는 농업경제에서 생산량과 반비례 관계에 있다.

〈표 2〉 물가와 1인당 연평균 경작면적의 변화율(%)

연도	물가(냥/1石)	작인 경작면적(두락/1인)
1689-1710	4.91	0.016
1711-1750	-1.00	-0.008
1751-1790	1.19	-0.004
전 기간	1.13	-0.002

* 물가 자료: 경상도 경주지역, 이영훈 · 박이택(2004)에서 재인용.
* 작인의 경작면적 자료: 경상도 칠곡지역, 김건태(1996)에서 재인용.

2) 지주의 소작이윤

소작인의 경우 장기적으로 생산이윤이 감소해서 스스로 해체되는 과정을 겪는 반면 토지의 소작을 허락한 양반지주의 소작이윤은 잘 알려져 있지 않다. 또한 이 시기 토지집중이 기존 양반지주를 중심으로 이루어지지 못하고, 왜 상인이나 상업을 영위한 양반, 혹은 평민 부농을 위주로 이루어지고 있는가에 대한 설명이 필요하다. 17세기 말 이후 조선 사회는 금속화폐가 도입되고 公 · 私 무역이 활발하던 시기였다. 따라서 외부적으로 경제에 유동성 공급이 급격히 늘어나면서 이를 바탕으로 부를 축적한 상인과 평민들은 토지 매입에 주력하였다. 그 이면에는 기존

19) 물가 자료는 분석의 일관성을 유지하기 위해 경상도 경주지역의 미가 자료를 이영훈 · 박이택의 연구에서 재인용하였다(이영훈 · 박이택, 「농촌미곡시장과 전국적 시장통합, 1713-1937」, 『수량경제사로 다시 본 조선후기』, 서울대출판부, 2004).

양반 대지주의 토지가 분할되고 토지시장에서 매매되는 과정이 숨겨져 있다. 여기에서는 소농에게 소작을 준 지주의 이윤과 병작경영의 장기 지속성을 검증하고자 한다.

양반지주는 일부 家作地의 직영경작과 함께 佃戶에게 소작을 주는 지주제 방식을 겸영하였다. 그런데 양반지주들은 1710~1750년대 사이 물가가 일반적으로 하락하는 디플레이션(deflation) 기간 동안에 농업생산 이익이 감소하는 것을 소작농에게 전가하기 시작한다. 즉, 봄 춘궁기에 소작농에게 빌려 준 명목채무를 가을 수확기에 곡물로 갚게 하였는데, 이는 높은 고리대(연 50%)에 더하여 물가하락의 부담을 소작농에게 전가시켰던 것이다. 또한 국가의 조세 부담을 소작농에게 점차 전가시키면서 소작농의 생산이윤은 장기적으로 감소되는 구조를 가지고 있었다. 물가하락과 조세부담을 소작농에게 전가시키는 행위는 단기적으로 소작농의 생산이윤을 착취하여 양반지주의 소작이윤을 증가시키는 것같이 보인다. 하지만, 장기적으로 소작농의 생산이윤이 감소하여 소작농이 스스로 해체되는 과정을 겪게 되고, 그것은 구조적으로 양반지주의 생산이윤도 떨어지게 하는 결과를 가져온다.

양반지주의 소작이윤은 소작농의 생산이윤 식(1)을 원용하여 구할 수 있다.

$$\pi = \bar{\gamma}\,\bar{Y} + i\bar{C} \tag{3}$$

여기에서 $\bar{Y}$는 미곡생산량으로 소작농에게 요구하는 최소생산량(즉, 전년 생산량 또는 관행적으로 정해진 일정 생산량)이다. $\bar{\gamma}$는 정률소작료, i는 고리이자율이다. $\bar{C}$는 최소 소비량을 나타내며 $\bar{C} = \bar{c}\,Y_d$이라고 하자. 만약 소작농이 채무가 없다면 지주의 소작이윤은 정률소작료($\bar{\gamma}\,\bar{Y}$)와 같으며, 부채가 있다면 지주는 정률소작료와 고리이자율($\bar{\gamma}\,\bar{Y} + i\bar{C}$)을 소작농에게 부담시키는 것이다.

생산량 변화에 따라 소작을 준 양반지주의 이윤을 분석하기 위해 양반지주의 이윤을 생산량에 대해 일차 미분하였다.

$$\pi' = \bar{\gamma} + i\bar{c} > 0 \tag{4}$$

여기에서 정률소작료를 적용하는 생산량($\overline{Y}$)과 실제 생산량(Y)의 차이에서 발생하는 준소작료의 추가이익(τ'_a)은 없다고 하자. 생산량이 증가하는 기간 동안 지주의 소작이윤은 일시적으로 상승하게 되나, 생산량이 하락하는 18세기 후반에는 지주의 소작이윤은 감소하게 된다. 이때 장기적으로 소작농의 생산이윤이 감소하면서 소작농이 스스로 해체되는 과정을 겪게 되고 생산량은 줄어들게 된다. 즉, 생산량이 늘어나는 디플레이션 기간에는 일시적으로 단기 소작이윤이 증가하나, 생산량이 감소하는 인플레이션 기간에는 소작농의 생산 감소와 더불어 장기적인 지주의 소작이윤도 감소하는 것이다. 식(1)에서 병작경영이 지속적으로 유지되기 위해서는 소작농의 이윤이 최소한 정률소작료와 고리대를 감당할 수 있어야 한다.

$$Y - \tau\overline{Y} - C_y - \overline{C} \geq \bar{\gamma}\,\overline{Y} + i\overline{C}$$

그러나 장기적으로 소작농의 생산이윤이 감소하여 소작농 스스로 영세화되면서 소작료를 내고 남을 만큼의 생산이윤이 불가능한 것이다. 이 같이 양반지주의 소작이윤이 장기적으로 감소하면서 그들의 토지소유규모는 점차 하향화되는 과정을 보이게 된다. 양반지주의 토지소유규모가 점차 줄어들게 되고, 소작농이 스스로 해체되면서 병작경영은 쇠퇴하게 된다. 이는 조선후기 토지집중을 통한 자본축적이 기존 양반지주를 중심으로 이루어지기보다는 오히려 중간계층인 중인이나 평민과 상인, 혹은 상업을 겸영한 양반을 중심으로 이루어지고 있다는 사실과 밀접한 관련이 있다고 생각된다.[20]

20) 김용섭, 앞의 책, 1990.

3. 자작경영에서 소농의 생산이윤

앞에서는 병작경영형태에서의 지주와 소작농의 생산이윤을 살펴보았다. 한편, 조선후기 병작경영이나 광작경영 형태와는 별도로 고민해야 하는 문제는 소농민의 자작경영 형태이다. 자작농의 경우 소규모의 토지를 가지고 자기 가족의 노동력을 중심으로 농업을 영위했다. 자작 소농의 생산이윤을 구체적으로 살펴보기 위해, 앞에서 인용한 18~19세기 소농의 구체적 사정을 전하는 것으로 여겨지는 박지원과 정약용의 소농 가계의 실정에 대한 언급을 주요한 근거로 삼고자 한다. 이 두 문헌에 나타난 소농민의 생산 자료를 사용하면 자작 소농민의 생산이윤을 구해 볼 수 있다.

먼저 자작 소농민은 농업생산에 필요한 각종 비용과 각종 부세를 스스로 부담하게 된다. 위의 박지원과 정약용의 언급을 바탕으로, 자작 소농의 부담을 추정해 보자. 우선, 약 15%의 田稅와 기타 군역 · 환곡 등의 부세, 그리고 10%의 종자비용이 들어간다. 또한 소농민이 스스로 노동하기 위해 최소 생계비용이 발생하는데 가처분 생산량 대신, 실제 생산량을 사용하면 생산량의 약 25%라고 하자. 또한 부채를 지고 있는 소농민의 경우 연 50%의 고리대 비용이 존재한다. 소농민은 자작생산이므로 토지사용에 대한 소작료는 없지만 토지사용에 대한 기회비용은 여전히 존재하는데, 일반적으로 50%인 소작료와 일치한다. 하지만 토지생산성이 감소하면 토지사용에 대한 기회비용이 증가하게 된다. 보다 자세한 내용은 뒤에서 설명하기로 한다. 소농민의 자작경영으로 인한 생산이윤은 다음과 같다.

$$\frac{\Pi}{P} = \pi = Y - iL_d - \tau\overline{Y}\cdot - C_y - i\overline{C} - \overline{C} \qquad (5)$$

여기에서 L_d는 자작 소농민이 보유하고 있는 토지면적이며, 미곡가격과 지가는 유사하게 변화한다고 가정한다. 생산량이 변화할 때 자작농의 생산이윤이 어떻게 변화하는지를 알아보기 위해 식(5)를 생산량에 대해 일차 미분한 결과는 다음과 같다.

$$\frac{\partial \pi}{\partial Y} = 1 - i\frac{\partial L_d}{\partial Y} - \tau - C'_y - i\bar{c} - \bar{c} - \tau'_c \tag{6}$$

토지의 한계생산성과 평균생산성이 같다면 $\frac{\partial L_d}{\partial Y} = \frac{L_d}{Y}$ 이며 노동투입계수와 같다. 노동투입계수는 토지생산성의 역수이다. τ'_c는 결세가 적용되는 생산량과 실제 생산량의 차이로 발생하는 준조세부담률이다.

생산량 변화에 대한 소농민의 자작생산 이윤변화를 살펴보기 위해 시뮬레이션을 시도하였다. 이 시기 토지의 기회비용인 토지생산성의 시장가치는 정률소작료와 일치한다고 하자. 나머지 변수는 모두 앞에서 설명한 소작농의 경우와 같은 값을 갖는다고 하자. 즉, 토지생산성을 나타내는 소작료는 거의 50% 수준으로, 결세 부담률은 15%로 하였다. 종자비용은 10% 정도이었으며, 이자율은 연 50% 고정이율을 적용하였다. 또한 최저 생계비용은 실제 생산량의 일정비율로서 25%를 적용하였다.

부채가 있는 소농민의 경우 토지생산성으로 나타낸 소작료, 결세부담률, 종자생산비용, 고리이자율과 최저생계비, 준조세를 모두 고려한다면 자작농의 생산이윤은 감소하게 된다. 즉, $\pi' = -0.125 - \tau'_c < 0$ 이다. 동일한 조건에서 부채가 없는 경우 자작농의 생산이윤은 $-\tau'_c$으로 감소하고 있었다. 이러한 자작농의 이윤감소는 준조세비용인 τ'_c의 크기에 따라 다르게 결정되지만 소작농의 경우와 같이 고리대의 현물대납 부담, 군역 등 부세나, 의복과 주거비용 등 다른 생계비용은 고려하지 않은 것이어서, 실제 이윤감소는 이보다 큰 것으로 나타났다. 자작농의 생산이윤 감소율에 대한 simulation 결과는 소작농의 그것과 유사하며 〈표 3〉에 나타나 있다. 여기에서 준조세의 부담이 증가할수록 자작농의 생산이윤은 감소하게 된다. 준조세 부담률은 5%로 일정한 것으로 가정하였으며, 한계소비성향은 25%와 10%로 각각 달리 적용하였고, 그리고 부채도 있는 경우와 없는 경우로 나누어서 계산하였

다. 준조세가 5%이고 한계소비성향이 25%일 경우, 부채가 있는 자작농의 생산이윤은 -17.5%이었으며, 동일한 조건에서 부채가 없는 자작농의 생산이윤은 -5%가 된다. 한편, 한계소비성향을 10%로 적용할 경우, 부채가 있는 자작농의 생산이윤은 +5%를 보였으나 토지생산성이 감소하여 토지기회비용이 60%로 증가하면 생산이윤은 -5%로 된다. 여기에서도 조선후기 부채가 있는 자작농의 경우 다른 비용을 고려하지 않고도 마이너스 생산이윤을 나타내며, 장기적으로 이윤감소를 겪고 있다는 사실을 알 수 있다.

〈표 3〉 자작농의 생산이윤 변화: simulation 결과

π'	토지기회 비 용 $(i\frac{L_d}{Y})$	결 세 부담률 (τ)	종 자 생산비용 (C'_y)	고 리 이자율 (i)	한 계 소비성향 $(\bar{c})$	준조세 부담률 (τ'_c)	비 고 (부채 유무)
−0.175	0.5	0.15	0.1	0.5	0.25	0.05	유
−0.05	0.5	0.15	0.1	0.5	0.25	0.05	무
0.05	0.5	0.15	0.1	0.5	0.10	0.05	유
−0.05	0.6	0.15	0.1	0.5	0.10	0.05	유

* 자료 출처: 박지원의 『課農小抄』 〈限民名田議〉와 정약용의 『牧民心書』 戶典, 稅法 下.

자작농의 생산방식에서 흥미로운 점은 소작농의 생산과 다르게 생산이윤이 토지생산성에 따라 변화한다는 사실이다. 즉, 18세기 후반 토지생산성이 하락하면서 동일한 생산에 더욱 많은 토지투입이 필요하게 되어 토지투입계수가 증가하고 토지비용이 증가하면서 자작농의 생산이윤은 더욱 감소하게 되는 것이다. 〈표 3〉에서 준조세가 5%이고 토지생산성이 감소하여 투입계수가 50%에서 60%로 증가했을 때 자작농의 생산이윤은 감소하여 -5%로 악화되었다.

〈표 3〉의 주어진 자료에서 부채가 있는 소농민의 자경 생산이윤이 제로(0)보다 크게 될 수 있는 유일한 방법은 토지비용이 약 17.5% 이상 감소하는 것이다. 이를 위해서는 토지비용의 역수인 토지생산성이 최소한 17.5% 이상 증가해야 하는데, 문헌에서도 나타난 바와 같이 18세기 후반에 토지생산성이 감소하는 추세이기 때문에[21] 소농민의 자경 생산이윤은 지속적인 적자 상태였음을 유추해 볼 수 있다.

이처럼 병작경영하의 소농과 자작 소농의 생산이윤을 검토한 결과 18세기 후반 생산성이 감소하는 추세에서 소농경영은 지속적인 생산이윤의 적자 상태를 보였을 것으로 생각된다. 따라서 소농경영은 안정적이지 못했으며 장기적으로 하향 안정화가 아니라 하향 해체되는 과정을 겪게 된 것이다. 자작 소농의 경우도 자기 토지를 보유하고 있어서 약 5할대에 달하는 소작료를 내지 않아도 되었으므로 소작농과는 달리 안정적인 생산경영구조를 가지고 있는 것처럼 보이지만 여전히 농업생산의 구조적 문제를 그대로 가지고 있었다. 즉, 토지생산성이 감소하는 추세에서 여전히 과중한 부세와 고리대가 존재하면서 소농의 자작경영도 장기적인 적자구조를 가지고 있는 것이다. 결국, 소농경영형태는 이앙법과 시비법 발달 등으로 인해 일정기간 동안은 농업생산력의 증진을 이루었지만 그 이후 기술혁신이 지속적으로 이루어지지 못함으로써 농업생산성의 정체 내지 하락을 가져왔다고 생각된다.

이러한 토지생산성의 하락은 경상도의 칠곡 · 대구 · 예천 · 경주 지역과 전라도의 영암 · 해남 · 남원 · 영광 등의 지주제 경영에 있어 畓의 斗落당 도조가 장기간 감소하고 있다는 사실을 통해서도 알 수 있다. 전라도 영암의 사례를 구체적으로 보면, 1740년대의 두락당 20두(벼) 전후에서 1820년대 12두로, 다시 1880년대는 5두 수준으로 떨어지고 있는데, 약 140년 동안에 도조량이 1/4 수준으로 급락하고 있음을 볼 수 있다.[22] 한편, 18세기 경상도 칠곡의 廣州李氏家, 전라도 영암의 南平文氏家, 충청도 부여 昌原黃氏家 등 양반가의 농업경영에 있어 도지제의 추이를 검토한 결과도 흥미롭다. 이들 집안의 농업경영을 검토한 결과, 처음 책정된 도지액이 실제 100% 수취된 해가 거의 없었으며, 18세기 후반 이후로 갈수록 도지의 수납률이 점차 떨어지고 있었다.[23] 이는 18세기 후반으로 갈수록 토지생산성이

---

21) 金建泰, 앞의 논문, 1996; 「1743~1927年 全羅道 靈巖 南平文氏門中의 農業経營」, 『大東文化研究』 35, 1999; 鄭勝振, 「19 · 20世紀前半 在地地主의 土地所有와 農業経營 -靈光 辛氏家의 事例分析-」, 『朝鮮時代史學報』 10, 1999; 이영훈 · 박이택, 앞의 논문, 2004.

22) 김건태, 앞의 논문, 1999, 299~303쪽.
또 주목되는 것은 전라도 영광 辛氏家의 사례이다. 신씨가의 1830~1935년 사이 두락당 지대량(벼)의 추이를 보면, 1830~1844년까지는 9斗 정도, 1860년대는 5~6斗 정도, 1876~1895년은 2~3두로 급격히 하락하고 있다. 그리고 지대 수납률도 1850년대 이후 급격히 하락하여 20~40%대로 떨어지고 있다(정승진, 앞의 논문, 1999, 112~116쪽).

하락했다는 사실과 깊은 관련이 있을 것으로 생각된다. 이처럼 소농경영은 토지생산성의 꾸준한 증가가 없는 농업생산구조를 그대로 가지고 있었기 때문에 하향 안정화되면서 확대되는 것이 아니라 오히려 하향 분해되기에 이르렀다.

지금까지 역사학계에서 중요한 논란이 되고 있는 것 가운데 하나는 조선후기 소농경영의 하향 안정화에 대한 추론이다. 17세기 이래 소농경영이 안정화되고 점차 확대되어 이것이 조선후기 일반적 양상이며, 또한 토지소유규모의 하향평준화가 진행되고 있었다는 가설이다. 하지만 앞에서 소농경영의 생산이윤을 분석한 결과 토지생산성의 꾸준한 증가가 없는 농업생산구조 하에서 과연 소농경영형태가 안정적일 수 있을까? 또한 소농경영이 확대될 수 있을까? 라는 근본적인 의문을 갖게 한다. 결국, 일부에서 주장하는 조선후기 소농경영의 안정화와 점차적인 확대는 상당히 어려웠을 것으로 생각되며, 그 주요 원인으로는 토지생산성 감소와 농업생산구조의 불안정성을 들 수 있다. 소농경영이 하향 안정화되면서 확대되는 것이 아니라 오히려 하향 분해하게 되었는데, 이로 인해 소농경영이 일시적으로 확대되는 것처럼 보이는 착시 현상을 가져온 것은 아닌지 의문이다.

4. 광작경영에서 지주의 노비와 토지 수요

여기에서는 광작경영을 하는 지주의 생산이윤과, 토지와 노비의 수요를 살펴보기로 한다. 연구의 결과에서 광작지주는 노비의 자기의식 확대로 관리비용이 증가하고 노비생산성이 감소하면서 노비보유의 한계편익이 떨어지게 되었다. 또한 농업의 계절적 비효율성을 극복하고 생산이윤을 확대하기 위해 노비 대신에 임노동계약을 통해 임노동의 수요를 확대하게 되었다. 17세기 후반 이후 화폐도입과 시장발달로 인해 토지소유규모는 한편으로는 영세화되고, 다른 한편으로는 양극화되는

23) 김건태, 앞의 논문, 1996, 178~198쪽.

과정을 동시에 거치게 된다. 토지소유규모의 영세화와 양극화 현상은 이 시기 임노동시장을 확대하고 노비제를 와해시키게 된다.

1) 광작지주의 생산이윤과 노비수요

임노동과 노비시장이 발달하기 전에는 광작경영을 하는 지주는 일종의 고정요소인 노비를 주로 사용하여 농업생산을 하였다. 광작지주의 생산비용은 앞에서 살펴본 병작경영에서의 생산비용과는 완전히 다르게 결정된다. 즉, 소작농의 소작료 대신에 직접생산에 필요한 토지요소비용(토지소유의 기회비용으로서 지대)과 노비소유의 기회비용이 포함된다. 또한 지주가 직접 광작경영을 하는 경우 국가의 조세를 부담했다. 광작지주의 농업생산은 생계유지를 목적으로 하기보다는 그 토지생산물의 판매와 유통을 통한 이윤의 극대화를 추구하였을 것이다. 따라서 광작경영을 하는 지주의 명목이윤은 다음과 같이 표현할 수 있다.

$$\Pi = P^{*}\, Y(L_d, L_s) - i\, L_d P_d - i\, L_s P_s - C_s - \bar{\tau}\, \overline{Y}\, P \qquad (7)$$

여기에서 P는 미곡가격, Y는 미곡 생산량, L_d와 L_s는 광작지주의 토지면적과 노비숫자이며, P_d와 P_s는 각각 토지가격과 노비가격이다. Cs는 노비를 보유하여 생산할 때 투입되는 노비보유 비용으로, 노비 관리비용과 노비 생계비용(maintenance cost)에다 노비자산 가치의 변동이익을 뺀 값이다. 광작지주의 경우 소농경영의 소작인이나 자작농과는 달리 생산이윤을 극대화하기 위해 토지와 노비를 얼마나 사용할까를 고민했을 것이다. 광작경영에서 생산이윤을 극대화하는 최적의 노비수요를 구하기 위해 식(7)을 노비에 대해 일차 미분하였다.

$$\frac{\partial \Pi}{\partial L_s} = P\, MP_{Ls} - i\, P_s - MCs = 0 \qquad (8)$$

광작경영에서 이윤을 극대화하는 일차 조건식(8)을 다시 정리하면 다음과 같다.

$$MCs = PML_{Ls} - iP_s \qquad (8)'$$

여기에서 노비보유로 인한 한계비용은 $MCs = C_{sm} + C_{sl} - \dot{P}_s$이며, C_{sm}, C_{sl}, $\dot{P}_s$는 각각 노비 관리비용과 노비 생계비용, 노비 자산이익(capital gain)이다. 노비시장이 완전하다면 노비보유의 한계편익과 노비보유의 한계비용이 일치해야 한다.[24] 식(8)′에서 노비보유의 한계비용을 노비의 관리 및 생계비용으로 다시 정의하면 다음과 같다.

$$MC_s' = C_{sm} + C_{sl} = PML_{Ls} - i\,P_s + \dot{P}_s = MB_s \qquad (9)$$

여기에서 노비의 한계편익(MBs)은 노비를 이용하여 얻을 수 있는 한계생산가치(PML_{Ls})와 노비 자산이익에서 노비보유의 기회 금융비용을 뺀 값($\dot{P}_s - iP_s$)이다. 식(9)를 이용하면 이 시기의 노비보유에 따르는 한계비용과 한계편익을 실제 측정할 수 있다.

노비의 성장으로 그들의 도망, 저항, 태업 등이 자주 발생하고, 그로 인해 노비의 생산성은 감소하는 반면 관리비용은 급격히 증가하게 되었다. 그 결과 노비보유의 한계비용은 급격히 증가하는 데 반해 노비보유의 한계편익은 감소하게 되면서, 노비를 사용한 광작경영의 생산이윤은 점차 감소하게 되었다. 따라서 광작지주는 노비수요를 점차 줄이고 그 대신 계절적 임노동자를 고용하여 생산이윤의 증대를 추구하게 된다. 이로 인해 노비수요는 감소하고 임노동수요가 증가하게 되었다. 임노동 계약이 확대되면서 노비매매로 인한 신분적 관계보다는 지주와 임노동자 간의 경제적 계약관계가 발전하게 된다. 흥미로운 점은 광작지주가 생산이윤을

24) 앞의 6장 참조.

극대화하는 과정에서 자연스럽게 시장의 파레토 최적의 노동계약(임노동 계약)을 발견하게 되었다는 것이다. 따라서 노비수요의 감소는 정부의 노비정책 개선이나 신분제 쇠퇴로 인해서 유발된 측면보다는 시장이 발달하면서 지주가 파레토 최적을 추구하는 과정에서 임노동 계약을 선호하게 됨에 따라 자연스럽게 진행된 현상이었다.[25] 노비시장의 차익거래 조건과 노비의 한계편익은 〈그림 2〉와 〈그림 3〉에 자세히 나타나 있다. 노비가격, 물가와 노비생산성, 이자율에 대한 자료 출처와 대용변수는 앞의 6장에서 자세히 언급하였다.

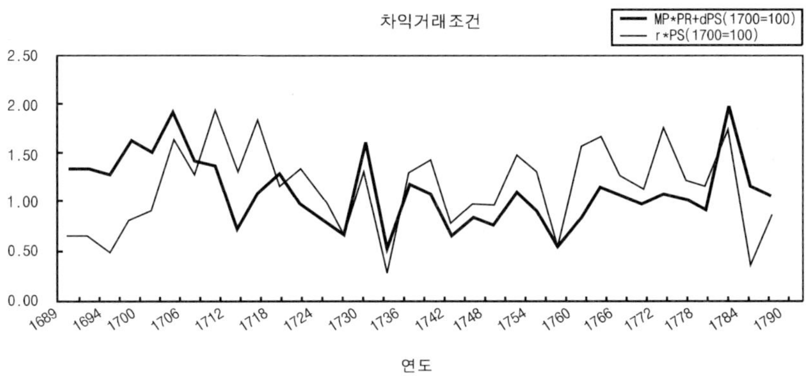

〈그림 2〉 노비시장의 차익거래 조건(1689~1789년)

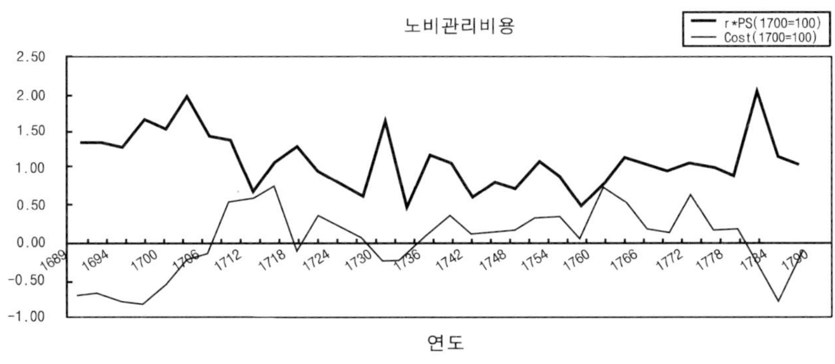

〈그림 3〉 노비 한계편익의 변화(1689~1789년)

25) 앞의 6장 참조.

〈그림 2〉는 식(8)′에서 노비시장의 차익거래 조건을 나타내는데, 1705~1720년을 제외하고는 노비의 한계편익과 노비의 가치가 거의 동일하게 움직이고 있음을 알 수 있다. 이는 노비시장이 충분히 효율적이어서 노비의 가치와 한계편익이 같아지며, 시장에서 이러한 균형이 성립되도록 차익거래(arbitrage)가 발생한다는 것을 의미한다. 또한 이러한 시장기능이 유지될 수 있도록 노비의 거래가 충분하게 존재했다는 것을 나타낸다.

〈그림 3〉에서 노비의 한계편익은 화폐가 유통되고 노비매매가 증가하면서 초기에는 증가했으나 점차 시장이 발달하면서 일정한 수준의 정(+)의 크기를 유지하다가 1780년 이후 급격하게 감소하는 것으로 나타났다. 한계편익의 감소는 노비의 태업과 도망 등으로 노비생산성이 떨어지면서 나타나는 현상으로 보인다. 한편, 시장이 발달하고 신분제가 동요되면서 노비의 자기의식이 성장하여 노비 관리비용은 급격히 증가하였다. 노비의 한계편익 감소와 관리비용의 증가는 광작경영에서 노비수요를 줄이고 임노동수요를 증가시키는 원인으로 작용했다. 노비수요 감소는 시장관점에서 보면 광작지주가 토지의 생산이윤을 극대화하기 위해 의도적으로 도출해 낸 파레토 최적(pareto optimal)이라는 점에서 시장 기능적 의미가 강하다. 특히, 이러한 파레토 최적의 인센티브가 노비매매에서 임노동 계약으로 변화하고 있다는 것을 보여 준다.

이러한 광작지주의 노비수요 감소는 경상도 칠곡 이씨가의 고문서에 나타난 家作地 면적과 노비 보유수 변화의 상관관계를 검토하여 보면 입증될 수 있다. 우선 칠곡 이씨가의 가작 답의 면적 변화를 보면, 이담명(1646~1701년)대는 20~30두락, 이세침(1671~1731년)대는 0~20두락, 그리고 이대운(1744~1789년)대는 30~50두락 사이의 추세를 보인다. 가작 답은 18세기 초반에는 잠시 줄었지만 1747년 이후부터 다시 증가하고 있다. 그러나 이 집안의 노비 보유수의 변화를 보면 토지보유규모와 반대로 1720~1750년까지는 크게 증가하였는데, 1750~1770년대는 정체국면을 맞고, 1780년대부터는 급격히 감소하고 있다. 따라서 가작 답과 노비소유규모 사이에는 오히려 반비례 관계가 성립되고 있다는 것을 알 수 있다. 노비 보유수는 1750년을 전후하여 줄어들었으나 가작 답은 오히려 그 시기부터 늘어났다.[26] 가작지의 주요 노동력이었던 노비가 급격히 감소함에도 불구하고 가작지가 증가한다는 것은 바로 노비 대신 임노동으로 노동력이 대체되고 있음을 강력히 시사하는 것이라 생각된다.

Fenoaltea는 시장 기능적으로 노비계약의 변화과정을 잘 설명하고 있다.[27] 노비는 단순한 노동형태인 농업노동에 주로 사용되었는데, 농업노동은 세심한 주의가 필요한 노동(care-effort)이 아니라 많은 단순 작업시간이 필요한 노동(work-effort)이다. 좀 더 세심한 기술이 필요한 작업은 장인층들이 맡아서 하였다. 단순작업노동에서 생산성을 증가시키기 위한 인센티브 중 하나는 강제노동방식(pain incentive)이다. 하지만 이러한 강제노동방식에서는 노동생산성이 어느 한계에 도달하면 노비들이 더 이상 열심히 일하지 않으려는 파레토 안정상태(pareto-stable)에 도달하게 된다. 강제노동방식에서 노비주가 노비생산성을 높이기 위해 강제적으로 일을 시키게 되면 노비의 태업과 저항 등으로 인해 생산성은 오히려 하락하게 된다. 소유주의 노비 관리비용은 더욱 크게 증가하고, 노비생산성은 추가적으로 하락하게 되는 악순환이 발생한다. 이로 인해 노비소유로 인한 한계편익(marginal benefit)은 줄어들고 노비의 실질가치는 하락하게 된다.

한계편익을 증가시키기 위해 노비소유주는 기존의 강제노동방식에서 높은 노동생산성에 대해 보상해 주는 방식(reward incentive)으로 노비노동에 대한 인센티브(incentive)를 변화시키게 된다. 하지만 보상인센티브방식에서는 강제로 노동을 시키는 노비제보다 자율에 의한 노동계약제가 노비주의 이윤을 극대화시켜 주므로, 노비주는 노비제(unfree work)보다는 노동계약제(labor contract)를 택하게 된다. 이러한 시장기능(효율성)에 의한 노동고용계약 방식의 변화는 19세기 말 조선에서 노비제를 와해시키고 대체적인 임노동시장을 등장시키는 결정적인 역할을 하게 된다.

26) 金建泰, 앞의 논문, 1996, 198~206쪽.

27) Fenoaltea, S., "Slavery and Supervision in Comparative Perspective: A Model", Journal of Economic History, 44(3), 1984.

2) 광작지주의 토지수요

여기에서는 1689~1788년까지 광작경영을 하는 지주의 토지수요를 살펴보고자 한다. 광작지주의 토지수요에서 중요한 점은 노비가 토지수요에 의해 파생되는 파생수요라는 점이다. 따라서 광작지주의 토지소유규모가 증가하면 노비수요도 함께 증가하는데, 이로 인해 노비의 관리비용이 증가하면서 생산성은 떨어지게 된다. 광작지주는 농업의 계절적 특성을 고려하여 생산성이 떨어지는 노비수요 대신에 임노동수요를 확대하게 된다.

물가상승률은 장기적으로 볼 때, 지가상승률보다 크게 나타나서 실질지가는 하락하게 된다. 그것은 토지가 자본재인 동시에 미곡과는 다르게 파생수요이며 지가가 물가와 서로 다른 결정요인에 의해 결정되기 때문이다.[28] 광작지주의 생산이윤은 생산물 수입에서 토지와 노비의 요소비용과 세금을 뺀 값이다. 여기에서 광작지주의 토지소유가 증가하면 보유 노비와 노비 관리비용도 증가했을 것이다. 즉,

$$C_s = c_s * L_s(L_d) \tag{10}$$

C_s는 노비보유의 한계비용(MCs)을 나타낸다. 생산이윤을 극대화할 수 있는 토지수요를 파악하기 위해 식(10)을 식(7)에 대입하여 생산이윤을 토지에 대해 일차 미분하였다.

$$\frac{\partial \Pi}{\partial L_d} = PMP_{Ld} - iP_d - MC_s * L_s{}' = 0 \tag{11}$$

$L_s{}' = \frac{\partial L_s}{\partial L_d}$는 토지소유규모에 따라 필요한 추가적인 노비숫자이며 일정하다고

---

28) 이정수 · 김희호, 「1689~1821년 지가와 물가변화의 비대칭성」, 『釜山史學』 37, 1999.

가정한다. 보유 토지가 증가하면 농업생산에 필요한 노비도 증가하므로, L_s'는 일반적으로 제로(0)보다 크고 1보다 작다. $MC_s = C_{sm} + C_{sl}$이며 앞에서와 같이 C_{sm}와 C_{sl}는 노비 관리비용과 생계비용이다. 광작경영의 생산이윤을 극대화하는 토지수요는 다음과 같다.

$$P_d = \frac{PMP_{Ld}}{i} - \frac{MC_s}{i} * L_s' \qquad (11)'$$

식(11)′의 첫째 항은 토지생산으로 발생하는 미래 생산물수입의 현재 할인가치(Present Discount Value)이며, 둘째 항은 미래 생산비용의 할인가치를 뺀 값과 동일하다. 즉, 토지가격(수요)은 토지생산으로 인한 미래 생산물수입의 할인가치와 미래 노비 관리비용의 할인가치의 차이와 같다. 결국 광작지주의 생산이윤을 극대화하는 토지수요는 토지생산성과 노비의 관리비용에 따라 결정된다.[29] 흥미로운 사실은 기존 연구와 달리 인구 압력이 토지수요와 지가에 직접 영향을 미치고 있지 않다는 것이다. 그 이유는 인구 압력이 직접적으로 지가에 영향을 미치기보다는 물가와 생산성 변화를 통해 간접적으로 실질지가에 영향을 미치기 때문인 것으로 추론된다.[30]

앞에서 물가(P)가 상승하는 추세에서 노비의 관리비용은 증가하고 한계편익은 감소한다는 것을 보았다. 노비 관리비용이 증가하면 토지생산성이 감소하게 되는데, 이를 고려한다면 식(11)에서 물가 상승은 지가(Pd)를 상승시키지만 물가 상승폭보다는 작게 나타난다. 〈그림 4〉는 지가 변동이 토지생산성(석/1두락)과 노비의 한계편익(-한계비용) 변동에 의해 설명되고 있다는 것을 보여 준다.

---

29) 지가에 대한 연구는 李正守, 「16세기 土地価格의 変動-경북지방 田畓賣買 明文을 중심으로」, 『古文書硏究』 12, 1997; 「18세기~19세기 土地価格의 変動-경북과 전남 지방의 田畓賣買 明文을 중심으로-」, 『釜大史學』 23, 1999 참조. 경북지방의 地価 자료는 月城郡 孫東滿氏家 소장의 田畓賣買 明文을, 전라지방의 지가 자료는 海南尹氏家 소장의 전답매매 명문을 이용하였다.

30) 인구 압력과 지가에 대한 연구는 박상대, 「조선후기의 인구 -토지압력에 대하여」, 『한국사회학』 21, 1987 참조.

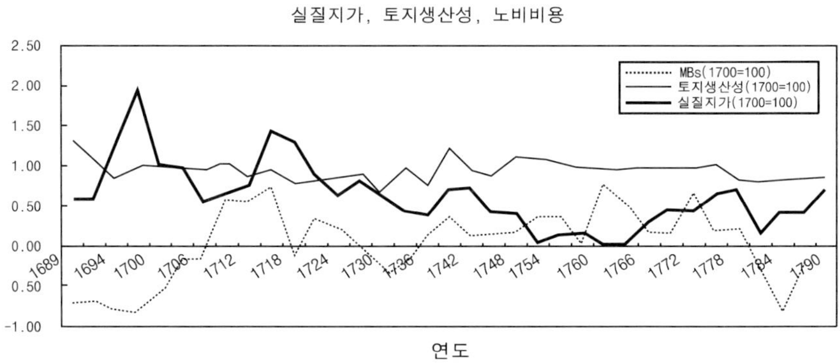

〈그림 4〉 실질지가, 토지생산성, 노비 관리비용의 변화(1689~1789년)

〈표 4〉 지가, 토지생산성과 노비 한계편익의 연평균 변화율(%): 1689~1790년

연도	지가(냥/1斗落)	토지생산성(석/1斗落)	노비한계편익
1689－1710	0.06	－0.01	0.05
1711－1750	－0.07	0.02	－0.04
1751－1790	0.03	－0.01	0.03
전 기간	0.01	－0.004	0.002

* 토지생산성, 노비한계편익 자료: 김건태(1996)에서 재인용.
* 지가 자료: 이정수(1999)에서 재인용.

〈표 4〉는 지가와 토지생산성, 노비 한계편익의 변화율을 기간별로 구분하여 세 변수의 상관관계를 보여 주는데, 지가와 토지생산성은 음(-)의 관계로 변화하고 있다. 즉, 검정기간 동안 지가는 1.2% 상승한 것에 반해 토지생산성은 오히려 0.4% 감소했다. 이는 지가를 명목가치로 표시하면서 나타난 결과로 해석된다. 시장에서 토지의 실질가치(실질지가)는 정확하게 토지생산성을 반영하나, 명목지가는 이와 다르게 변화할 수 있다. 이는 물가의 비대칭적 변동으로 실질지가와 명목지가가 서로 다르게 변화하기 때문이다. 지가와 노비소유의 편익은 정(+)의 관계를 가지며,

이는 광작지주의 토지수요가 노비 관리비용에 따라 결정되고 있다는 것을 보여준다.

5. 지가의 결정

이론에 따르면 광작경영에서 생산이윤을 극대화하려는 지주는 실질지가를 토지생산성에서 노비의 관리비용을 빼 준 값과 일치시킨다. 노비의 관리비용을 직접적으로 측정할 수 없어서 그 대용변수로 노비의 한계편익을 미리 측정하여 사용하면 실질지가의 결정을 분석할 수 있다. 물가와 지가, 토지생산성과 노비의 한계편익에 대한 자료는 앞의 6장과 같다.

1) 지가 결정에 대한 실증분석

물가, 지가, 토지생산성과 노비의 한계편익을 이용하여 실질지가의 결정요인을 추정할 수 있다.

$$RP_{dt} = b_0 + b_1\,MP_{Ldt} + b_2\,MC_{st} + e_t \tag{12}$$

RP_{dt}는 현재(t) 실질지가의 자연로그, MP_{dt}는 토지생산성을 나타낸다. MC_{st}는 노비의 관리비용인데, 그 대용변수로 한계편익을 측정하여 사용하였다. 실질지가의 결정요인을 분석하기 위해 설명변수의 동일한 시계열 자료를 사용해야 하나 변수의 시계열은 서로 다른 시계열 구간을 가지고 있다. 그래서 실증분석이 용이하도록 동일한 시계열 구간을 마련하기 위해 변수의 시계열 구간을 3년을 한 기간 단위로 하여 자료의 3년 평균값을 사용하였다.[31] 실질지가의 결정요인을 분석하기 위해 먼저 이들 변수의 시계열에 대해 단위 근 검정(unit root test)을 실시하였는데 자료의

관측개수(n=34)가 작아서 검정결과의 설명력이 아주 낮았다. 단위 근 검정결과에서 실질지가, 토지생산성, 노비편익이 모두 안정적인 AR(1)과정을 가지고 있었다.[32)]

안정적인 시계열을 사용한 전통적인 OLS(Ordinary Least Square) 기법의 추정결과는 가성적이지는(spurious) 않으나, 오차항이 자기상관관계(autocorrelation)를 보여서 불편타당한(unbiased) 추정결과를 얻을 수 없었다.[33)] 이를 해결하기 위해 Newey-West 기법을 사용하였으며 추정결과는 〈표 5〉에 나타나 있다.[34)] 추정결과에서 회귀계수 아래의 값은 t-통계량이다. Newey-West 추정에서 토지생산성과 노비편익이 실질지가에 미치는 효과는 설명력(R2)이 비교적 높아서 토지생산성과 노비편익이 실질지가에 장기적으로 영향을 미치고 있음을 알 수 있다. 또한 실증분석에서 독립변수 간 다중 공선성(multi-collinearity)을 검토하였는데, 토지생산성과 노비편익의 변수 간에는 공선성이 없는 것으로 나타났다. 이론에서 토지생산성이 실질지가에 미치는 효과(b1)는 정(+)의 효과를 보이며, 노비편익이 실질지가에 미치는 효과(b2)는 부(-)의 효과를 갖는다.

Newey-West 추정에서 노비가격과 경작면적이 포함되었을 경우 추정결과의 차이를 보여 주기 위해 여러 가지 추정모형을 사용하였다. 추정결과에서 토지생산성이 실질지가에 미치는 효과(b1)는 통계적으로 유의적이지 못했으며 예측과 다르게 부(-)의 효과를 보였다.

---

31) missing values를 추정하는 여러 방법이 있으나 방법에 따라 일정한 제약이 필요하기 때문에 산술평균값을 사용하였다. 제약을 이용한 missing value 추정방법은 Box-Jenkins와 de Boor의 논문 참조(Box, G.E. and M. Jenkins., Time Series Analysis: Forecasting and Control, revised ed. San Francisco: Holden-Day, 1976; De Boor, C., Practical Guide to Splines, N.Y, Springer-Verlag, 1981).

32) Phillips-Perron 통계량(Zp)은 로그실질지가의 경우 -2.7419, 토지생산성은 -4.8155, 노비편익은 -2.5974, 로그노비가격은 -6.9650으로 모두 유의적이어서 단위 근이 없는 것으로 나타났다. Zp-통계량의 임계치(critical value)는 5% 유의수준에서 관측개수(n)가 25~50개일 때 -1.95이었다. 단위 근 검정결과가 합리적으로 수행되었는지를 확인하는 Box-Pierce 통계량(Q6)은 $\chi 2$-분포를 가지며 검정결과는 전통적인 유의수준에서 모든 시계열 추정이 합리적으로 수행되었다는 것을 보여준다.

33) OLS 검정에서 durbin-watson(DW) 통계량이 3.136으로 나타나서 OLS 오차항이 자기상관(auto-correlation)을 보이고 있음을 알 수 있다.

34) Newey, W., and West, K., "A Simple, Positive Semidefinite Heteroscadasticity and Autocorrelation Consistent Covariance Matrix", Econometrica, 55, 1987, pp.703-708.

〈표 5〉 실질지가의 Newey-West 추정결과: 1689~1788년

상 수	로그토지생산성	노비편익	로그실질노비가격	로그노비경작면적	비 고
3.1603 (0.90)	−0.5991 (−0.61)	−0.3238 (−2.96)*			adj. R2=0.5638 D.W.=1.8539, MSE=0.1234
3.5952 (0.97)	−0.6852 (−0.65)	−0.3280 (−2.85)*	−0.0675 (−0.18)		adj. R2=0.5651 D.W.=1.7838, MSE=0.1423
0.0957 (0.02)	−0.9131 (−0.89)	−0.2766 (−2.54)*		2.5766 (1.72)*	adj. R2=0.5915 D.W.=1.8825, MSE=0.1425

*는 5% 유의수준에서 유의적이다.

하지만 노비소유의 편익이 실질지가에 미치는 효과(b2)는 모두 통계적으로 유의적이었으며 부(-)의 효과를 나타냈다. 흥미로운 점은 예측과는 달리 실질지가를 결정하는 요인으로 토지생산성이 아니라 노비 관리비용이나 한계편익 등 노비관련 변수가 중요한 영향을 미치고 있다는 것이다. 이는 앞에서 지적한 것과 같이 이 시기의 토지소유규모가 노비소유 방식과 서로 밀접하게 연관되어 있는 것이다. 즉, 광작경영을 하는 지주에게 있어서 노비수요는 토지의 소유규모에 따라 결정되는 파생수요인 것이다.

광작경영에서 지주는 농업의 계절적인 비효율성과 노비의 관리비용 증가로 노비수요 대신에 임노동수요로 노동계약방식을 전환하면서 임노동시장이 발달하게 되고 노비제의 와해를 촉진시켰다. 이는 실질지가가 시장에서 토지생산성을 반영하기보다는 노비의 관리비용을 더 많이 반영하고 있다는 의미이다. 이 결과는 실질지가의 추정에서 노비생산성이 토지생산성의 효과를 상당부분을 포함하고 있기 때문이라고 추정되나 여전히 의문점이 남는다.

2) 물가와 지가의 추이

실질지가의 변동에 있어 흥미로운 사실은 물가와 지가 변동 추이가 서로 다르다는 것이다. 그것은 토지수요가 미곡의 수요로부터 파생되는 것이므로 동일한 교란

에 대해 서로 다른 반응을 보이기 때문이다. 미곡가격이 상승하면 미곡수요는 비탄력적으로 감소하고 토지로부터 얻을 수 있는 생산물 가치인 지가는 미가 상승보다 작게 상승한다. 앞에서 살펴본 바와 같이 지가는 생산성과 노비의 관리비용에 따라 결정되는 반면, 물가는 미곡 생산량에 절대적으로 영향을 미치는 인구와 기후조건에 따라 결정된다.

물가의 대용변수로서 미곡 1석당 가격은 검정기간 동안 최저 0.6냥에서 최고 3.2냥에 이르고 평균 1.8냥 정도를 형성하며 급격한 변동을 보이고 있다. 조선후기에 미가는 1689~1710년경의 상승기, 1711~1750년경의 하락기, 1751~1790년경 완만한 상승기의 추이를 보이고 있다. 畓으로 표시한 토지 1두락당 가격은 최저 2냥에서 최고 16냥에 이르고 평균 7~8냥을 유지하면서 변화를 보이고 있으며, 1715년경에 최고치에 도달하였고 1765년에 최저치에 접근한다.[35] 지가는 1689~1725년의 급격한 상승기, 1726~1764년의 하락기, 1765~1790년의 상승기로 구분된다.[36] 물가와 지가의 변화는 〈그림 5〉에 자세히 나타나 있다. 〈그림 5〉에서 물가는 지가에 비해 일정한 시차를 두고 선행되고 있다는 것을 알 수 있다. 즉, 이 시기에 사람들은 물가 변화에 따라 지가를 즉시 조정하는 것이 아니라 일정한 시차를 두고 반영한 것이다. 물가 변화를 지가에 즉시 반영할 정도로 사람들이 갖고 있는 정보가 완전하지 못하며 또한 물가 변화에 대한 정보를 가지고 있다 하더라도 자본재 가격인 지가에 이를 반영하는 데는 인식과 실행의 시차가 존재한다.[37]

조선후기의 지가와 물가는 1750~1765년을 제외하고는 대체적으로 유사한 변화를 보이고 있다. 1750~1765년 사이에 지가는 하락하고 있는 반면 물가는 상승하는 패턴을 보이다가 다시 물가 하락을 동반하고 있다.[38] 실질지가는 1700년대에 최고

35) 이정수 · 김희호, 「1689~1821년 지가와 물가변화의 비대칭성」, 『釜山史學』 37, 1999.

36) 이 책의 2장 참조.

37) 이 시기에 물가는 화폐에 의해 크게 영향을 받는 것으로 나타났으며 화폐 수요와 공급의 불안정성은 물가를 불안정하게 변화시킨다. 화폐와 물가에 관한 연구는 김희호 · 이정수, 앞의 논문, 1998 참조.

38) 재화와 물가의 상대가격에 대한 것은 Lucas와 Park의 논문 참조(Lucas, R., "Some International Evidence on Output-Inflation Tradeoffs", American Economic Review, 63(3), 1973, pp.326-334; Park, R., "Inflation and Relative price Variability", Journal of Political Economy, 86(1), 1978, pp.79-95).

치에 도달하였다가 그 이후 장기적으로 감소하는 추세를 보인다. 검정기간 동안 실질지가는 물가에 비해 급속히 감소하고 있는데 이는 물가 변화가 지가 변화보다 크기 때문이다.

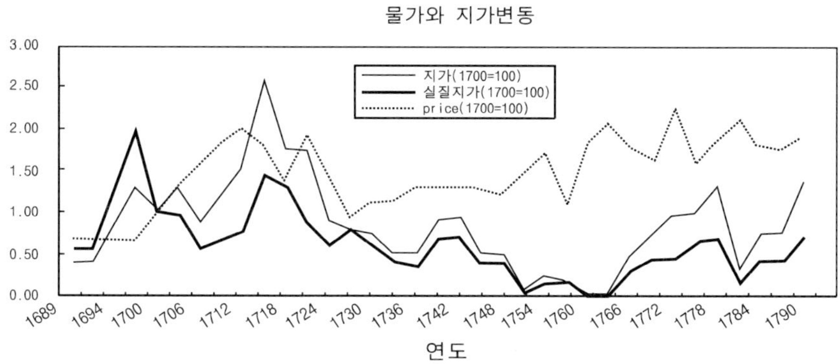

〈그림 5〉 물가와 지가의 상대가격 변화(1689~1790년)

실질지가 하락은 물가 상승이 지가 상승을 초과하고 있다는 의미이며, 이는 토지집중을 통해 곡물생산을 독점한 지주 계층에게 생산잉여와 유통독점 이익을 가져온다. 한편, 이러한 실질지가의 하락은 소작농에게는 토지임대비용과 생산비용을 상승시킨다. 또한 지주는 지가 상승을 초과하는 미가 상승으로 얻은 이익을 통해 새로운 토지를 매입하고 부의 축적을 확대할 수 있지만 소작농은 잉여상실과 상대적 손실을 입게 된다. 3년 평균값을 이용한 지가, 물가, 생산성, 노비편익의 시계열과 이들 변수의 연평균 변화율은 〈표 6〉에 나타나 있다.

물가와 지가의 비대칭적 변동 추이가 표현하는 경제적 의미는 유통이익의 확대라고 할 수 있다. 만약 상인이 토지집중을 통해 곡물생산을 독점하면, 이는 다시 유통독점으로 이어지면서 막대한 유통이익을 창출하게 된다. 즉, 토지를 독점적으로 소유하고 있는 지주는 생산물인 미곡을 독점적으로 공급하게 되면서 미곡의 유통과정에서 독점적인 유통이익을 얻을 수 있는 것이다. 미곡가로 표시한 물가 변동폭이 지가 변동폭보다 커지면서 미곡의 유통이익이 토지소유로 인한 자산이익

(capital gain)보다 훨씬 크게 나타나게 된다. 따라서 대규모 토지를 축적한 양반, 상인이나 평민 등의 지주는 농업생산 이윤에 더하여 독점적 유통이윤을 얻게 되며, 이렇게 축적된 유통자본은 다시 토지매매를 통해 생산 자본화하게 된다.

〈표 6〉 노비가, 물가, 지가, 토지생산성, 노비편익의 연평균 변화율(%): 1689~1790년

연도	노비가 (냥/1口)	물가 (냥/1石)	지가 (냥/1斗洛)	토지생산성 (석/1斗洛)	노비한계편익
1689-1710	0.14	4.91	0.06	-0.01	0.05
1711-1750	-1.48	-1.00	-0.07	0.02	-0.04
1751-1790	1.63	1.19	0.03	-0.01	0.03
전 기간	0.20	1.13	0.01	-0.004	0.002

* 물가 자료: 이영훈 · 박이택(2004)에서 재인용.
* 노비가 자료: 이 책의 6장 〈부록 표 1〉 참조.
* 지가 자료: 이정수(1999) 재인용.
* 토지생산성과 노비편익 자료: 김건태(1996)에서 재인용.

6. 맺음말

이 연구는 화폐가 도입되고 시장이 발달하는 17세기 후반 이후의 토지소유규모와 노비수요의 관계를 분석하고 있다. 또 토지집중 형태가 시장 메커니즘을 통해 어떻게 노비제를 와해시키고 있는지를 밝히고 있다. 토지소유가 하향화 또는 집중화되는 현상은 시기별, 장소별로 다르게 나타나고 있어서 어느 것이 일반적이라고 말할 수 없다.

따라서 여기서는 자료를 통해 토지집중을 정의하기보다는 토지집중도에 따라 다르게 나타나는 노비제의 와해 정도를 분석하여 연역적으로 토지집중도를 파악하고자 하였다. 연구 결과를 바탕으로, 소농경영과 광작경영 형태 모두 시장 기능적으로 노비제를 해체하고 임노동시장을 촉진시켰다는 사실을 확인할 수 있었다.

이앙법과 시비법 등 농업기술의 발전은 생산성을 증가시켰고, 소농경영과 광작경영 모두에서 노동력을 절감시켜서 노비수요의 감소를 가져왔다. 문제는 노비수요의 감소가 소농경영과 광작경영 중 어느 토지소유규모에 더 크게 영향을 받았는

가 하는 것이다. 1678년 금속화폐가 도입되면서 이전에 고정요소로 생각되던 토지와 노비가 시장에서 본격적으로 매매되기 시작한다. 시장기능이 활성화되면서 토지와 노비 매매에 대한 모든 정보는 시장가격과 거래량으로 나타나게 되는데, 이 시장정보를 이용하여 토지와 노비 시장의 특징을 파악할 수 있다.

연구의 결과를 정리하면 다음과 같다.

첫째, 소농경영에서 노비수요가 감소되는 것은 생산력 발전에 따른 소농의 자립 때문이 아니라 소농경영으로 인한 이윤 감소 때문이다. 즉, 소농경영은 정률소작료, 환곡과 고리대, 각종 부세 부담 등이 과중하여 소작농과 자작농의 이윤을 지속적으로 감소시키고, 그 결과 다수의 소작농과 자작농은 스스로 해체되어 빈농, 유민화의 길을 겪게 된다. 빈농, 유민화된 소농은 도시 주변부로 몰려가서 스스로 노동을 파는 임노동자로 전락함으로써 도시화 현상(urbanization)을 보이게 된다. 결국, 소농경영은 노비수요를 감소시켰다기보다는 임노동의 공급을 확대한 것으로 해석되어야 한다.

둘째, 광작경영에서는 이 시기 노비의 성장으로 인해 그들의 도망, 태업, 저항 등이 더욱 잦아졌다. 광작지주의 경우 노비소유로 인한 관리비용은 증가하는데 노비생산성은 하락하면서, 노비소유에 따르는 한계편익(marginal benefit)이 감소하게 되었다. 따라서 광작경영에서 비효율적인 노비를 사용하기보다는 농업의 계절적 특징을 살려 임노동자의 고용을 확대하게 된다. 즉, 광작지주는 노비를 소유하기보다는 일시적인 임노동자를 선호하며, 노비매매보다는 임노동 계약을 통해 경제에서 파레토 최적(pareto optimal)을 추구하게 된다. 결국, 광작경영은 노비수요를 감소시켰다기보다는 임노동의 수요를 확대한 것으로 해석되어야 한다.

요약하면, 조선후기에는 광작경영과 소농경영 형태가 공존하고 있었으며, 토지소유규모의 특성별로 소농경영은 임노동의 공급을 확대시켰고, 광작경영은 임노동의 수요를 확대시켰다. 그 결과 임노동시장이 발달하게 되고 노비시장은 수요 감소로 자연스럽게 사라지게 되었다. 흥미로운 점은 기존 연구에서 주장하는 것과 같이, 노비제 와해 또는 임노동시장 확대의 주요 원인이 정부의 노비정책 개선이나 신분제의 변화로 인한 것이 아니라는 사실이다. 시장기능이 활성화되면서, 토지의 소유 규모에 따라 소농과 광작 경영이 서로 다른 채널로 시장 최적화를 추구하는 과정에서 노비제가 임노동제로 대체되는 현상을 보이게 되었다.

참 고 문 헌

1. 資 料

『朝鮮王朝實錄』 『備邊司謄錄』 『承政院日記』
『日省錄』 『経國大典』 『續大典』
『大典續錄』 『增補文獻備考』 『万機要覽』
『大典後續錄』 『受教輯錄』 『新補受教輯錄』
『大典會通』 『磻溪隨錄』 『潛谷遺稿』
『課農小抄』 『牧民心書』 『経世遺表』
『星湖僿說』 『藿憂錄』 『迂書』
『農圃問答』 『龍湖問錄』 『経濟野言』
『大東野乘』 『國朝人物考』 『山林経濟補說』
「居官大要」 「四政考」 『漆谷廣州李氏古文書』
『서울대 奎章閣所藏 奴婢賣買明文』

韓國精神文化研究院, 『光山金氏烏川古文書』, 1982.
韓國精神文化研究院, 『扶安金氏愚磻古文書』, 1983.
韓國精神文化研究院, 『古文書集成 2 -扶安 扶安金氏篇』, 1998.
韓國精神文化研究院, 『古文書集成 3 -海南尹氏篇 正書本』, 1986.
韓國精神文化研究院, 『古文書集成 5 -義城金氏篇(1)』, 1989.
韓國精神文化研究院, 『古文書集成 6 -義城金氏篇(2)』, 1990.
韓國精神文化研究院, 『古文書集成 7 -義城金氏篇(3)』, 1990.
韓國精神文化研究院, 『古文書集成 5~7 -義城金氏篇 正書本』, 1990.
韓國精神文化研究院, 『古文書集成 33 -寧海 載寧李氏篇(1)』, 1997.

韓國精神文化硏究院, 『古文書集成 69 -寧海 載寧李氏篇(2)』, 2004.
韓國精神文化硏究院, 『古文書集成 37 -求礼 文化柳氏篇(1)』, 1998.
韓國精神文化硏究院, 『古文書集成 38 -求礼 文化柳氏篇(2)』, 1998.
韓國精神文化硏究院, 『古文書集成 39 -海南 金海金氏篇』, 1998.
韓國精神文化硏究院, 『古文書集成 41 -安東 眞城李氏篇(1)』, 1999.
韓國精神文化硏究院, 『古文書集成 42 -安東 眞城李氏篇(2)』, 1999.
韓國精神文化硏究院, 『古文書集成 47 -晉州 丹牧 晉陽河氏 滄洲後孫家篇(1)』, 2000.
韓國精神文化硏究院, 『古文書集成 50 -慶州崔氏 龍山書院篇(1)』, 2000.
韓國精神文化硏究院, 『古文書集成 51 -慶州崔氏篇 龍山書院篇(2)』, 2000.
韓國精神文化硏究院, 『古文書集成 52 -河回 豊山柳氏篇 正書本』, 2000.
韓國精神文化硏究院, 『古文書集成 57 -晉州 雲門 晉陽河氏篇』, 2001.
韓國精神文化硏究院, 『古文書集成 72 -南原 · 求礼 朔寧崔氏篇(1)』, 2004.
韓國精神文化硏究院, 『古文書集成 75 -南原 · 求礼 朔寧崔氏篇(2)』, 2004.
韓國精神文化硏究院, 『古文書集成 76 -密陽 密城朴氏 · 德南書院篇』, 2004.
韓國精神文化硏究院, 『頤齋亂藁 1~9冊』(韓國學資料叢書 3), 1994~2003.
韓國精神文化硏究院, 『勝聰明錄』(韓國學資料叢書 7), 1995.
韓國精神文化硏究院, 『松澗日記』(韓國學資料叢書 18), 1998.
國史編纂委員會編, 『瑣尾錄』 上 · 下(韓國史料叢書 第14), 1962.
國史編纂委員會編, 『默齋日記』 上 · 下, 韓國史料叢書 41, 1998.
國史編纂委員會, 『日本所在 韓國古文書 -脫草本-』(韓國史料叢書 제46 上), 2002.
國史編纂委員會, 『日本所在 韓國古文書 -影印本-』(韓國史料叢書 제46 下), 2002.
朝鮮史編修會編, 『眉巖日記草』 全5冊(朝鮮史料叢刊 第8), 한국학진흥원, 1982.
朝鮮總督府編, 『通文館志』, 민창문화사, 1991.
朝鮮總督府中樞院, 『秋官志』, 동양문화사, 1992.
李樹健編, 『慶北地方古文書集成』, 영남대출판부, 1981.
영남대 민족문화연구소編, 『嶺南古文書集成』 Ⅰ · Ⅱ, 영남대출판부, 1992.
開校 50周年紀念 『古書 · 古文書展示會』, 영남대 중앙도서관, 1997.
金炫榮편, 『大丘月村丹陽禹氏文書』, 한국고문서학회, 1994.
崔洪奎 譯註, 『國譯 課農小抄』, 아세아문화사, 1987.
全鎣大 · 朴敬伸 譯註, 『譯註 丙子日記』, 예전사, 1991.

李佑成編, 『各樣買得田畓導掌貢物奴婢都案』(栖碧外史海外蒐佚本 77), 아세아문화사, 1999.

2. 單行本

국내서적

姜万吉, 『朝鮮後期 商業資本의 發達』, 고려대출판부, 1973.
高東煥, 『朝鮮後期 서울 商業發達史研究』, 지식산업사, 1998.
權泰檍, 『한국근대면업사연구』, 일조각, 1989.
金大吉, 『朝鮮後期 場市研究』, 국학자료원, 1997.
金德珍, 『朝鮮後期 地方財政과 雜役稅』, 국학자료원, 1999.
金東哲, 『朝鮮後期 貢人研究』, 한국연구원, 1993.
金錫亨, 『朝鮮封建時代 農民의 階級構成』, 신서원(국내 复刊本), 1993.
金容晩, 『朝鮮時代私奴婢研究』, 집문당, 1997.
金容燮, 『朝鮮後期農學史研究』, 일조각, 1988.
金容燮, 『증보판 朝鮮後期農業史研究 Ⅰ』, 지식산업사, 1995.
金容燮, 『증보판 朝鮮後期農業史研究 Ⅱ』, 지식산업사, 1990.
金鐘圓, 『近世 동아시아 關係史 研究』, 혜안, 1999.
金泰永, 『朝鮮前期 土地制度史研究』, 지식산업사, 1983.
김건태, 『조선시대 양반가의 농업경영』, 역사비평사, 2004.
김성우, 『조선중기 국가와 사족』, 역사비평사, 2001.
閔成基, 『朝鮮農業史研究』, 일조각, 1988.
朴魯昱, 『朝鮮時代 記上田畓의 所有主 研究』, 경인문화사, 2005.
朴平植, 『朝鮮前期商業史研究』, 지식산업사, 1999.
白南雲, 『朝鮮社會経濟史』, 改造社, 1933.
白承哲, 『朝鮮後期 商業史研究』, 혜안, 2000.
卞光錫, 『朝鮮後期 市廛商人 研究』, 혜안, 2001.
宋贊植, 『李朝의 貨幣』, 한국일보사, 1975.
宋贊植, 『李朝後期 手工業에 관한 研究』, 서울대출판부, 1973.

吳　星, 『朝鮮後期 商人研究』, 일조각, 1989.
吳斗煥, 『韓國貨幣史』, 한국연구원, 1991.
元裕漢, 『朝鮮後期 貨幣史研究』, 한국연구원, 1975.
元裕漢, 『朝鮮後期貨幣流通史』, 정음사, 1979.
柳承宙, 『朝鮮時代 鉱業史研究』, 고려대출판부, 1993.
유승주 · 이철성, 『조선후기 중국과의 무역사』, 경인문화사, 2002.
劉元東, 『李朝後期商工業史研究』, 한국연구원, 1968.
윤용출, 『조선후기의 요역제와 고용노동』, 서울대출판부, 1998.
李景植, 『朝鮮前期土地制度研究』, 일조각, 1986.
李成茂, 『朝鮮初期 兩班研究』, 일조각, 1980.
李樹健, 『韓國中世社會史研究』, 일조각, 1984.
이영훈 편, 『수량경제사로 다시 본 조선후기』, 서울대출판부, 2004.
李榮薰, 『朝鮮後期社會経濟史』, 한길사, 1988.
李在洙, 『朝鮮中期 田畓賣買研究』, 집문당, 2003.
이정수 · 김희호, 『朝鮮의 貨幣와 貨幣量』, 경북대출판부, 2006.
李宗峯, 『韓國中世度量衡制研究』, 혜안, 2001.
李俊九, 『朝鮮後期身分職役変動研究』, 일조각, 1993.
李哲成, 『朝鮮後期 對清貿易史 研究』, 국학자료원, 2000.
李泰鎭, 『朝鮮儒教社會史論』, 지식산업사, 1989.
李泰鎭, 『韓國社會史研究』, 지식산업사, 1986.
李鎬澈, 『朝鮮前期商業経濟史』, 한길사, 1986.
張東杓, 『朝鮮後期 地方財政研究』, 국학자료원, 1999.
全炯澤, 『朝鮮後期奴婢身分研究』, 일조각, 1989.
鄭奭鍾, 『朝鮮後期社會変動研究』, 일조각, 1983.
鄭成一, 『朝鮮後期對日貿易』, 신서원, 2000.
鄭勝振, 『韓國近世地域経濟史』, 경인문화사, 2003.
池斗煥, 『朝鮮時代 思想과 文化』, 역사문화, 1998.
池承鍾, 『朝鮮前期奴婢身分研究』, 일조각, 1997.
崔承熙, 『增補版 韓國古文書研究』, 지식산업사, 1989.
崔完基, 『朝鮮後期 船運業史研究』, 일조각, 1989.

최윤오, 『朝鮮後期 土地所有權의 발달과 地主制』, 혜안, 2006.
崔虎鎭, 『韓國貨幣小史』, 서문당, 1974.
平木實, 『朝鮮後期 奴婢制度 研究』, 지식산업사, 1982.
허종호, 『조선봉건말기의 소작제 연구』, 사회과학원출판사, 1965.
許興植, 『한국의 古文書』, 민음사, 1988.
洪承基, 『高麗時代奴婢研究』, 한국연구원, 1981.
홍희유, 『조선상업사』, 과학백과사전종합출판사, 1989.
홍희유, 『조선수공업사』, 공업종합출판사, 1991.
近代史研究會編, 『韓國中世社會 解体期의 諸問題 (下)』, 한울, 1987.
歷史學會編, 『노비 · 농노 · 노예 -隷屬民의 比較史-』, 일조각, 1998.
연세대학교 국학연구원 편, 『개항전후 한국사회의 변동』, 태학사, 2006.

국외서적

宮本又郎 · 速水融 編著, 『経濟社會の成立 17~18世紀』, 岩波書店, 1988.
梅村又次 · 速水融 編著, 『日本経濟の發展 -近世から近代へ』, 日本経濟新聞社, 1976.
山崎隆三, 『近世物価史研究』, 塙書房, 1983.
小野晃嗣, 『日本産業發達史の研究』, 至文堂, 1941.
小葉田淳, 『金銀貿易史の研究』, 法政大出版局, 1969.
小葉田淳, 『貨幣と鉱山』, 思文閣出版, 1999.
新保博, 『近世の物価と経濟發展』, 東洋経濟新報社, 1978.
岩橋勝, 『近世日本物価史の研究』, 大原新生社, 1981.
原田敏丸 · 宮本又郎 編著, 『歷史のなかの物価』, 同文館, 1985.
田代和生, 『近世日朝通交貿易史の研究』, 創文社, 1981.
田村洋幸, 『中世日朝貿易の研究』, 三和書房, 1967.

3. 論 文

학위논문

金建泰, 『16~18世紀 兩班地主層의 農業経營과 農民層의 動向』, 성균관대 박사학위논문, 1996.

金鐘圓, 『朝淸交涉史硏究 -貿易關係를 中心으로-』, 서강대 박사학위논문, 1983.

朴魯昱, 「16~18세기 扶安金氏의 財産實態硏究 -扶安金氏愚磻古文書를 중심으로-」, 충남대 석사학위논문, 1988.

朴容淑, 『朝鮮後期 鄕村社會硏究』, 경북대 박사학위논문, 1986.

成伯鏞, 「17~18세기 전반 동전유통구조의 성립과 錢荒」, 부산대 석사학위논문, 1996.

安承俊, 『朝鮮前期 私奴婢의 社會経濟的 性格』, 韓國精神文化硏究院 박사학위논문, 1999.

廉定燮, 『조선시대 농서의 편찬과 농법의 발달』, 서울대 박사학위논문, 2000.

오인택, 『17 · 18세기 量田事業 硏究』, 부산대 박사학위논문, 1996.

李正守, 『16세기의 米価変動과 民의 動向』, 부산대 박사학위논문, 1997.

全成昊, 『朝鮮後期 米価史 硏究(1725~1875)』, 성균관대 박사학위논문, 1998.

崔淵淑, 『朝鮮時代 立案에 관한 硏究』, 한국학중앙연구원 박사학위논문, 2000.

국내논문

權泰煥 · 愼鏞廈, 「朝鮮王朝時代 人口推定에 관한 一試論」, 『東亞文化』 14, 1977.

金建泰, 「1743~1927年 全羅道 靈巖 南平文氏門中의 農業経營」, 『大東文化硏究』 35, 1999.

金建泰, 「17~18世紀 전답 소유규모의 영세화와 양반층의 대응」, 『韓國史學報』 9, 2000.

金建泰, 「朝鮮後期 農家의 農地所有 現況과 그 推移 -晋州地方을 중심으로-」, 『歷史學報』 172, 2001.

金建泰, 「韓末 日帝下 羅州 朴氏家의 農業経營」, 『大東文化硏究』 44, 2003.

金建泰, 「조선후기 私奴婢 파악방식」, 『歷史學報』 181, 2004.

金東仁, 「朝鮮初期 雇工硏究」, 『崇實史學』 1, 1983.

金東珍, 「16世紀 星州와 林川地域의 官屯畓 経營 -李文楗家와 吳希文家를 중심으로-」, 한국교원대 석사학위논문, 2001.

金東哲, 「18 · 19세기 京主人權의 집중화 경향과 도고활동」, 『釜大史學』 13, 1989.

金東哲, 「18 · 19세기 營主人의 상업활동과 邸債問題」, 『歷史學報』 130, 1991.

金東哲, 「19세기 牛皮貿易과 東萊商人」, 『韓國文化研究』 6, 1993.

金錫禧, 「慶尙道丹城縣戶籍大帳에 關한 研究; 18世紀 逃亡 · 移去戶를 中心으로」, 『人文論叢』(부산대) 24, 1983.

金聖洙, 「16世紀 鄕村医療의 實態와 士族의 대응」, 『韓國史研究』 113, 2001.

金盛祐, 「조선사회의 사회 · 경제적 변화와 시기구분」, 『역사와 현실』 18, 1995.

金素銀, 「16세기 兩班 士族의 수입과 경제생활 -『黙齋日記』를 중심으로-」, 『崇實史學』 15, 2002.

金素銀, 「李文楗家의 경제 운영과 지출 -槐山入鄕을 관련하여-」, 『고문서연구』 21, 2002.

金素銀, 「16세기 매매관행과 문서 양식」, 『古文書研究』 24, 2004.

金容晩, 「朝鮮時代 17 · 18세기 民衆의 動向 -奴婢層을 中心으로-」, 『國史館論叢』 37, 1992.

金容燮, 「山林経濟의 (補說)과 그 農業経營論」, 『邊太燮博士華甲紀念論叢』, 삼영사, 1985.

金容燮, 「朝鮮後期의 経營型富農과 商業的農業」, 『증보판 朝鮮後期農業史研究 Ⅱ』, 지식산업사, 1990.

金炫榮, 「16세기 한 양반의 일상과 재지사족」, 『朝鮮時代史學報』 18, 2001.

金炫榮, 「조선전기 '士族支配体制論'의 새로운 전망 -16세기 慶尙道 星州地方을 소재로 하여-」, 『韓國文化』 23, 서울대 한국문화연구소, 1999.

金炫榮, 「『黙齋日記』 解題」, 國史編纂委員會(韓國史料叢書 41), 1998.

김건태, 「16세기 양반가의 '작개제'」, 『역사와 현실』 9, 1993.

김경숙, 「16세기 사대부 집안의 제사설행과 그 성격 -李文楗의 『黙齋日記』를 중심으로-」, 『韓國學報』 98, 2000.

김재호, 「자매노비와 인간에 대한 재산권, 1750-1905」, 『経濟史學』 38, 2005.

김재호 · 박기주, 「농촌 이자율의 장기변동, 1742~1953 -靈巖 지방 契 利子率을 중심으로-」, 『수량경제사로 다시 본 조선후기』, 서울대출판부, 2004.

김희호 · 이정수, 「물가의 주기적 변동과 화폐의 초과수요: 1689~1821년 한국의 경우」, 『금융학회지』 3권 2호, 1998.

柳承宙, 「朝鮮後期 對淸貿易의 展開過程」, 『白山學報』 8, 1970.

文叔子, 「解題 -古文書를 통해 본 龍仁 海州吳氏 가문의 사회적 基盤-」, 『古文書集成』 36(韓國精神文化研究院), 1988.

文淑子, 「載寧李氏 寧海派 家門의 分財記 分析」, 『淸溪史學』 9, 1992.

박기주, 「재화가격의 추이, 1701~1909 -慶州 지방을 중심으로-」, 『수량경제사로 다시 본 조선후기』, 서울대출판부, 2004.

박상대, 「조선후기의 인구 -토지압력에 대하여-」, 『한국사회학회』 21, 1987.

朴成壽, 「雇工研究」, 『史學研究』 18, 1964.

朴容淑, 「18 · 19세기의 雇工」, 『釜大史學』 7, 1983.

박이택, 「서울의 숙련 및 미숙련 노동자의 임금, 1600~1909」, 『수량경제사로 다시 본 조선후기』, 서울대출판부, 2004.

朴平植, 「朝鮮前期의 行商과 地方交易」, 『東方學志』 77 · 78 · 79합집, 1993.

박희진 · 차명수, 「조선후기와 일제시대의 인구변동」, 『수량경제사로 다시 본 조선후기』, 서울대출판부, 2004.

방기중, 「17 · 18세기 前半 金納租稅의 成立과 展開」, 『東方學志』 45, 1984.

방기중, 「19세기 前半 租稅收奪構造의 特質과 基盤」, 『國史館論叢』 17, 1990.

백승철, 「16세기 부상대고(富商大賈)의 성장과 상업활동」, 『역사와 현실』 13, 1994.

徐吉洙, 「朝鮮前期의 貸借關係 및 利子에 관한 研究」, 『國際大學論文集』 10, 1982.

徐吉洙, 「朝鮮後期 貸借關係 및 利子에 관한 研究(1) -法定利子率의 変遷과 行錢의 影響을 중심으로-」, 『경제학연구』 31, 1983.

宋洙煥, 「朝鮮前期의 王室奴婢」, 『民族文化』 13, 1990.

宋在璇, 「16세기 綿布의 貨幣機能」, 『邊太燮博士華甲紀念史學論叢』, 삼영사, 1985.

宋贊植, 「朝鮮後期 農業에 있어서의 廣作運動」, 『李海南博士華甲紀念史學論叢』, 1970.

沈羲基, 「18세기 초 安東府 田畓決訟立案의 法制的 分析」, 『古文書研究』 9 · 10, 1996.

沈羲基, 「16世紀 李文楗家의 奴婢에 대한 体罰의 實態分析」, 『國史館論叢』 97, 2001.

安承俊, 「16~18世紀 海南尹氏 家門의 土地 · 奴婢 所有實態와 経營 -海南尹氏 古文書를 中心으로-」, 『淸溪史學』 6, 1990.

安承俊, 「1554年 在京士族의 農業経營文書 -安氏治家法制-」, 『季刊書誌學報』 8, 1992.

安承俊, 「求礼 雲鳥樓 文化柳氏家와 그들의 古文書」, 『古文書集成 37 -求礼 文化柳氏篇(Ⅰ)』(解題), 1998.

안승준, 「16세기 李文楗家의 奴婢使喚과 身貢收取 -『黙齋日記』를 중심으로-」, 『古

文書硏究』 16 · 17, 2000.
吳　星, 「朝鮮初期 商人의 活動에 대한 一考察」, 『國史館論叢』 12, 1990.
吳美一, 「18 · 19세기 貢物政策의 변화와 貢人層의 변동」, 『韓國史論』 14, 1986.
吳仁澤, 「朝鮮後期의 量案과 土地文書」, 『釜大史學』 20, 1996.
禹大亨, 「조선후기 인구압력과 상품작물 및 농촌직물업의 발달」, 『개항전후 한국사회의 변동』(연세대학교 국학연구원 편), 태학사, 2006.
우정임, 「『默齋日記』에 나타난 明宗代 지방의 書籍流通 실태」, 『지역과 역사』 17, 2005.
元裕漢, 「18世紀에 있어서의 貨幣政策-銅錢의 鑄造事業 중심-」, 『史學硏究』 19, 1967.
元裕漢, 「朝鮮後期 貨幣流通에 대한 一考察 -錢荒問題를 중심으로-」, 『韓國史硏究』 7, 1972.
元裕漢, 「朝鮮前期 貨幣流通政策의 歷史的 意義」, 『東國歷史敎育』 7 · 8, 1999.
尹用出, 「17 · 18세기 募軍의 勞動條件」, 『釜大史學』 8, 1984.
尹用出, 「柳馨源의 役制 改革論」, 『韓國文化硏究』 6, 부산대 한국문화연구소, 1993.
李景植, 「16世紀 地主層의 動向」, 『歷史敎育』 19, 1976.
李景植, 「16世紀 場市의 成立과 그 基盤」, 『韓國史硏究』 57, 1987.
李炳天, 「朝鮮後期 商品流通과 旅客主人」, 『経濟史學』 6, 1983.
李成妊, 「16世紀 朝鮮 兩班官僚의 仕宦과 그에 따른 收入 -柳希春의 『眉巖日記』를 중심으로-」, 『歷史學報』 145, 1995.
李成妊, 「朝鮮中期 어느 兩班家門의 農地経營과 奴婢使喚 -柳希春의 『眉巖日記』를 중심으로-」, 『震檀學報』 80, 1995.
李成妊, 「朝鮮中期 柳希春家의 物品購買와 그 性格」, 『한국학연구』 9(인하대 한국학연구소), 1998.
李成妊, 「조선중기 吳希文家의 商行爲와 그 성격」, 『朝鮮時代史學報』 8, 1999.
李世永, 「18 · 9세기 穀物市場의 형성과 流通構造의 변동」, 『韓國史論』 9, 서울대, 1983.
李世永, 「18 · 19세기 兩班土豪의 地主経營」, 『韓國文化』 6, 1985.
李樹健, 「古文書를 통해 본 朝鮮社會史의 一硏究 -慶北地方 在地士族을 中心으로-」, 『韓國史學』 9, 1987.
이영훈, 「韓國史에 있어서 近代로의 移行과 特質」, 『経濟史學』 21, 1996.

李榮薰, 「古文書를 통해 본 朝鮮前期 奴婢의 経濟的 性格」, 『韓國史學』 9, 1987.

李榮薰, 「한국사에 있어서 奴婢制의 추이와 성격」, 『노비 · 농노 · 노예 -隷屬民의 比較史-』, 일조각, 1998.

이영훈, 「조선후기 이래 소농사회의 전개와 의의」, 『역사와 현실』 45, 2002.

李榮薰 · 全成昊, 「米価史 資料의 現況과 解說」, 『古文書硏究』 18, 2000.

이영훈 · 박이택, 「농촌미곡시장과 전국적 시장통합, 1713-1937」, 『수량경제사로 다시 본 조선후기』, 서울대출판부, 2004.

李潤甲, 「18, 19세기 경북지방의 농업변동」, 『韓國史硏究』 53, 1986.

李在洙, 「16世紀 田畓賣買의 實態 -慶北地方 田畓賣買明文을 中心으로」, 『歷史教育論集』 9, 1986.

이재윤, 「18世紀 貨幣経濟의 發展과 錢荒」, 『學林』 18, 1997.

李正守, 「朝鮮前期의 米価変動」, 『釜大史學』 17, 1993.

李正守, 「朝鮮前期 常平倉의 展開와 機能 -物価変動과 관련하여」, 『釜山史學』 27, 1994.

李正守, 「朝鮮前期의 物価変動 -米穀 이외의 商品을 중심으로」, 『國史館論叢』 68, 1996.

李正守, 「16세기 도적 발생과 그 사회 · 경제적 의미」, 『韓國史硏究』 92, 1996.

李正守, 「16세기 土地価格의 変動-경북지방 田畓賣買 明文을 중심으로」, 『古文書硏究』 12, 1997.

李正守, 「18세기~19세기 土地価格의 変動-경북과 전남 지방의 田畓賣買 明文을 중심으로-」, 『釜大史學』 23, 1999.

李正守, 「16세기 중반~18세기 초의 貨幣流通 실태 -生活日記類와 田畓賣買明文을 중심으로-」, 『朝鮮時代史學報』 32, 2005.

李正守, 「『黙齋日記』를 통해 본 지방 匠人들의 삶」, 『지역과 역사』 18, 2006.

이정수 · 김희호, 「1689~1821년 지가와 물가변화의 비대칭성」, 『釜山史學』 37, 1999.

이종범, 「20세기 초 自營(小)地主의 農業経營과 農民生活: 구례군 토지면 오미동사례」, 『學林』 16, 1994.

이종범, 「19세기 후반 賦稅制度의 운영과 社會構造」, 『東洋學』 89 · 90합집, 1995.

이지원, 「16 · 17세기 전반 貢物 防納의 構造와 流通経濟的 性格」, 『李載龒博士還

曆紀念 韓國史學論叢』, 1990.

李泰鎭, 「16세기 東아시아 경제변동과 정치 · 사회적 동향」, 『朝鮮儒教社會史論』, 1989.

李泰鎭, 「16세기 국제교역의 발달과 서울 상업의 성쇠」, 『서울상업사연구』, 서울학연구소, 1998.

이해준, 「雲鳥樓柳氏家의 生活日記考. 한말 · 일제시기의 촌락과 농민생활상」, 『전남문화재』 4, 1992.

이해준, 「한말~일제시기 생활일기를 통해 본 촌락사회상 -求礼柳氏家의 『是言』과 『紀語』를 중심으로-」, 『한국민족운동사연구』(우송조동걸선생정년기념논총), 1997.

李憲昶, 「肅宗-正祖朝(1678-1800년간) 米価의 変動」, 『経濟史學』 21, 1996.

李憲昶, 「1678~1865년간 貨幣量과 貨幣価値의 推移」, 『経濟史學』 27, 1999.

林學成, 「朝鮮後期 戶籍台帳에 보이는 私奴婢의 二重登載相에 대하여」, 『古文書研究』 3, 1992.

장국종, 「18세기 동화주조와 전황문제」, 『력사과학』 1, 1963.

張弼基, 「朝鮮後期 在地士族의 奴婢相續 및 所有實態 -恩津居 扶余徐氏家의 戶口單子 · 準戶口 등을 중심으로-」, 『國史館論叢』 43, 1993.

전경목, 「日記에 나타나는 朝鮮時代 士大夫의 일상생활」, 『정신문화연구』 19-4(통권 65), 1996.

全成昊, 「18세기 米価推移와 米穀政策에 관한 연구」, 『史學研究』 52, 1996.

全成昊, 「18-19세기 物価趨勢(1744-1862) -全羅道 靈巖 場巖里 南平文氏 古文書 分析」, 『朝鮮時代史學報』 2, 1997.

全成昊, 「『各樣買得田畓導掌貢物奴婢都案』의 解題」, 아세아문화사, 1999.

田壽炳, 「朝鮮 太宗代의 貨幣政策 -楮貨流通을 中心으로-」, 『韓國史研究』 40, 1983.

全炯澤, 「朝鮮後期 內奴婢의 土地所有」, 『歷史教育』 35, 1984.

全炯澤, 「朝鮮後期 奴婢勞動에 있어서의 雇立制의 전개」, 『邊太燮博士華甲紀念史學論叢』, 삼영사, 1985.

全炯澤, 「17 · 18세기 內奴婢의 土地所有 -'無後奴婢個人量案'을 중심으로-」, 『朝鮮後期奴婢身分研究』, 일조각, 1989.

全炯澤, 「朝鮮後期 奴婢의 土地所有 -「記上田畓」을 중심으로-」, 『韓國史研究』 71,

1990.
全炯澤, 「노비의 저항과 해방」, 『역사비평』 34, 1996.
全炯澤, 「한국 奴婢의 존재양태」, 『노비, 농노, 노비 -隷屬民의 比較史-』, 일조각, 1998.
鄭万祚, 「朝鮮時代 龍仁地域 士族의 動向」, 『韓國學論叢』 19, 국민대 한국학연구소, 1996.
丁淳佑, 「『松澗日記』 解題 -松澗日記의 資料的 性格과 意味-」, 韓國精神文化研究院(韓國學資料叢書 18), 1998.
鄭勝振, 「19 · 20世紀前半 在地地主의 土地所有와 農業経營 -靈光 辛氏家의 事例分析-」, 『朝鮮時代史學報』 10, 1999.
崔炳云, 「朝鮮太祖朝의 奴婢의 辨正에 關하여」, 『全北史學』 2, 1978.
崔承熙, 「朝鮮後期의 古文書를 통해 본 高利貸의 實態」, 『韓國文化』 19, 1997.
崔承熙, 「京都大學所藏 韓國古文書 解題」, 『日本所在 韓國古文書 -脫草本-』, 國史編纂委員會, 2002.
崔完基, 「朝鮮中期의 穀物去來와 그 類型」, 『韓國史研究』 76, 1992.
崔元奎, 「韓末 · 日帝下의 農業経營에 관한 研究 -海南 尹氏家의 事例-」, 『韓國史研究』 50 · 51, 1985.
崔潤晤, 「18 · 19세기 농업고용노동의 전개와 발달」, 『韓國史研究』 77, 1992.
최윤오, 「조선후기 사회경제사 연구와 근대 -지주제와 소농경제를 중심으로-」, 『역사와 현실』 45, 2002.
韓明基, 「17세기초 銀의 유통과 그 영향」, 『규장각』 15, 1992.
韓相權, 「16世紀 對中國 私貿易의 전개 -銀貿易을 중심으로-」, 『金哲俊博士華甲紀念史學論叢』, 1983.
韓榮國, 「朝鮮 中葉의 奴婢結婚樣態 -1690년의 蔚山戶籍에 나타난 事例를 중심으로-」, 『歷史學報』 75 · 76합, 77, 1977, 1978.
韓榮國, 「朝鮮後期의 雇工」, 『歷史學報』 81, 1979.

국외논문

宮嶋博史, 「李朝後期における朝鮮農法の發展」, 『朝鮮史研究會論文集』 18, 1981.
宮本又郎, 「江戶時代物価史: ファインデイソグスと問題点」, 『大阪大學経濟學』 32-2 · 3,

1983.

四方博, 「李朝人口に關する身分階級別的觀察」, 『朝鮮経濟の硏究』, 京城帝國大學法學會, 1938.

小野晃嗣, 「本邦木綿機業成立の過程」, 『日本産業發達史の硏究』, 至文堂, 1941.

安達義博, 「朝鮮後期の物価変動」, 『朝鮮學報』 132, 1989.

田代和生, 「對馬藩の朝鮮輸出銅調達 -幕府の銅統制と日鮮銅貿易の衰退」, 『朝鮮學報』 66, 1973.

田代和生, 「德川時代における銀輸出と貨幣在庫」, 『日本経濟の發展 -近世から近代へ』, 日本経濟新聞社, 1976.

周藤吉之, 「高麗末期より朝鮮初期に至る奴婢の硏究」, 『歷史學硏究』 9-1 · 2 · 3 · 4, 1939.

周藤吉之, 「朝鮮後期の田畓文記に關する硏究」, 『歷史學硏究』 7 · 8 · 9, 1937.

Brown, P., and S. Hopkins., "Wage-rates and Prices: Evidence for Population Pressure in the Sixteenth Century", Economica, 1957.

Brown, P. and S. Hopkins., "Builder's Wage-rates, Prices and Population : Some Further Evidence", Economica, 1959.

Glejser, H., "Inflation, Productivity, and relative Prices-A Statistical Study", Review of Economics and Statistics, 47, 1965.

Akaike, H., "Statistical Predictor Identification", Annals of the Institute of Statistical Mathematics, 22, 1970.

Lynn, R., Personality and National Character, Oxford Univ. Press, 1971.

Lucas, R., "Some International Evidence on Output-Inflation Tradeoffs", American Economic Review, 63(3), 1973.

Canarella, G., and J. Tomaske., "The Optimal Utilization of Slaves", Journal of Economic History, 35, 1975.

Box, G.E., and M. Jenkins., Time Series Analysis: Forecasting and Control, revised ed. San Francisco: Holden-Day, 1976.

Park, R., "Inflation and Relative price Variability", Journal of Political Economy, 86(1), 1978.

De Boor, C., "Practical Guide to Splines" N.Y, Springer-Verlag, 1981.

Fenoaltea, S., "Slavery and Supervision in Comparative Perspective: A Model", Journal of Economic History, 44(3), 1984.

Newey, W., and West, K., "A Simple, Positive Semidefinite Heteroscadasticity and Autocorrelation Consistent Covariance Matrix", Econometrica, 55, 1987.

찾아보기